KB268165

하나님을 믿는 신앙을 지성적으로 변론할 수 있을까? 불행하게도 우리는 이 질문에 부정적으로 답해야만 지성인으로 인정받는 세상에 살고 있다. 학문과 진리를 탐구하는 상아탑에서조차도 신앙을 갖는 것은 매우 어색한 일이 되었다. 철학과 과학 등의 학문은 기독교 신앙과 대립하고 양립할 수 없는 것처럼 보인다. 정말 그럴까? 이 책의 기고자들은 하나같이 그에 대해 "아니다!"라고 외친다. 그들은 철학과 과학, 역사와 성경에 대해 질문을 던지고 철저하게 탐구하면서 기독교 신앙의 정당성을 강력하게 변론한다. 그리고 그런 변론은 탁월한 성공을 거둔다. 베드로 사도는 "소망에 관한 이유를 묻는 자에게 대답할 것을 항상 준비하라"고 조언했다. 하나님을 지성적으로 변론하길 바라고 준비하는 기독 지성인이나 기독교 대학의 학부생과 신학대학원생들은 이 책을 필독서로 꼭 읽고, 베드로 사도의 조언을 따라서 기독교를 적극적으로 변론하길 소망한다.

류호준 | 백석대학교 신학대학원 교수

전통적으로 변증이 반기독교와 기독교의 양 진영을 흑백으로 나누는 구도로 진행되었다면, 최근의 기독교 변증은 극단적인 회의와 맹목적인 신념이라는 양 극단 사이에서 다수의 다른 입장이 가능하다는 합의로 전환된 듯하다. 창조와 진화의 대결이나 대화에서 지적 설계론이 갖는 위치는 더도 말고 덜도 말고, 딱 "중도"다. 이 책은 이를 기준으로 삼아 예수, 성경, 바울, 구원 등 다양한 질문을 던져 복음적이면서도 지성적인 목소리들을 한데 잘 모아냈다. 이 책을 들고 한 번 소리칠 만하다. "이 시대의 중도여! 모여라."

박영호 | 한일장신대학교 신학부 교수

이 책은 우리를 기독교 변증학이라는 풍성한 학문 세계로 안내한다. 그리고 신과 우주와 세계와 생명과 삶과 역사와 성경과 관련된 다양하고 깊은 논의들을 변증학적으로 다루는 것이 무엇인지를 맛보게 한다. 이 책의 저자들은 인간의 이성이 살아 계시는 하나님을 모조리 파악할 수 없음을 인정한다. 하지만 오늘날 유행하는 불가지론과 회의론, 그리고 무신론의 여러 주장을 학문적으로 예리하게 분석하고 검토하며 대안을 제시한다. 우리는 온전한 진리를 추구하고 노력하는 저자들의 글을 읽으면서 현시대를 이끄는 세계관과 사상, 문화들을 만나 풍성하게 대화를 나눌 수 있다. 이것은 우리에게 하나님께로 나아가는 길이 다채롭고 더 풍성하다는 깨달음을 가져다준다. 현대 세계를 이끄는 세계관과 사상과 문화를 알기 원하고, 그 속에서 하나님을 변론하기 원하는 이들에게 이 책을 적극적으로 추천한다.

백충현 | 장로회신학대학교 조직신학 교수

20세기 이후로 교회가 절대 피할 수 없는 사명 중 하나가 기독교 변증이다. 21세기 한국교회는 자신의 정당성에 대하여 끊임없는 질문과 도전을 받고 있다. 『기독교를 위한 변론』은 기독교 변증학에 관한 풍성한 콘텐츠를 담은 종합 교과서다. 이 책이 지금 출간된 것은 지금의 한국 교회에 매우 시의적절하다. 철학적 변증부터 각종 논쟁 사건까지 이 책 안에는 기독교 변증을 위한 도구가 총망라되어 있다. 이 책이 끊임없는 질문과 도전을 받는 한국 교회에서 의미 있는 역할을 할 것을 기대하며 독자들께 진지하게 일독을 권한다.

송태근 | 삼일교회 담임목사

우리는 무신론 철학과 자연주의 과학, 그리고 예수와 성경을 허구로 취급하는 시대를 살고 있다. 이런 시대 속에서 기독교인들이 네 가지 영역, 곧 철학, 과학, 예수, 성경의 질문들에 대해서 사람들에게 논리적인 변증을 하기란 쉽지 않다. 이런 쉽지 않은 일에 대해 이 책은 "하나님과 악의 존재" 또는 "고난의 이유"에 관한 철학적인 질문, "생명의 기원에 유일한 과학적 이론인 진화론"과 그 대안 이론으로서 "지적 설계"에 관한 과학 논쟁, "예수의 존재와 죽음, 부활"에 관한 기독교 변증과 "성경과 복음서"의 다양한 입장을 총 50가지 질문으로 나누어서 종합적으로 살펴본다. 각 분야의 세계적인 석학 37명의 저자가 50가지 질문에 대해서 평이한 문체로 개론적인 답변들을 제시했다. 그리고 기독교 변증학자인 마이클 리코나와 지적 설계론자인 윌리엄 뎀스키가 이 주옥같은 글들을 일관성 있게 편집했다. 전문가가 아닌 일반 독자들도 이 책을 통해서 논리적인 기독교 변증을 이해할 수 있을 것이다.

이 책이 제시하는 설득력 있는 답변들은 기독교인들뿐만 아니라 "소망에 관한 이유를 묻는 자"인 불가지론자 및 무신론자들에게도 필요하다. 누구든지 이 책을 읽어본다면 오직 물질에 의해서 우주와 생명체가 발생했다는 자연주의(무신론)를 받아들이는 것이 우주와 생명체의 창조자인 성경의 하나님과 예수를 받아들이는 것보다 더 큰 믿음이 필요함을 알게 될 것이다.

이승엽 | 서강대학교 기계공학과/융합의생명공학과 교수

Evidence for God

50 Arguments for Faith from the Bible, History, Philosophy, and Science

Edited by William A. Dembski·Michael R. Licona

기독교를 위한 변론

신앙을 위한 성경과 역사와 철학과 과학의 50가지 논증

낸시 피어시·벤 위더링턴 3세·크레이그 L. 블롬버그
크레이그 A. 에반스·개리 R. 하버마스 외 지음

윌리엄 A. 뎀스키·마이클 R. 리코나 편집
박찬호 옮김

Holy
WavePlus

기독교 변증학을 가르치는
모든 교사에게

그들의 숫자가
더 많아지기를 바라며

차례

서론

2003년 봄 학기에 데릭 맥카슨은 미국 노스캐롤라이나 주의 채플힐에 있는 노스캐롤라이나 주립대학교에서 대학 생활을 시작했다. 신실한 그리스도인 이었던 데릭은 "신약성경 입문"에 수강 신청을 했다. 수업 첫날, 그는 자신이 신청한 수업에 약 5백 명의 학생들이 등록한 것을 보고 놀랐다. 담당 교수인 바트 어만은 강의실에 걸어 들어와 통명스럽게 말했다. "제가 하는 질문에 거수로 대답해주길 바랍니다. 오늘 이 강의실에 있는 학생 중에서 성경이 사실이라는 것을 믿는 그리스도인들이 얼마나 많은지 알 수 있을까요? 어서 손을 들어보세요. 부끄러워하지 마시고." 대략 6-7명의 학생이 손을 든 것을 확인한 후에 어만은 말했다. "좋아요. 오늘 이 수업에 참석한 학생들 중에는 그래도 그리스도인들이 좀 있는 것 같군요. '신약성경 입문'을 듣기 위해 온 여러분을 환영합니다. 이번 학기 목표는 그리스도인 학생들이 성경과 예수 에 대해 알고 있다고 생각한 모든 것을 완전히 새롭게 바꾸는 것입니다."

이와 비슷한 일들이 북미 전역의 수많은 대학에서 일어났고 지금도 계속 일어나고 있다. 학생들은 우리에게 자신들이 강의실에서 만난 무신론 교수들에 관해 이야기해주었다. 강의 첫날, 그 무신론 교수들은 자신들의 목표가 수업에 참석한 그리스도인 학생들이 강의 마지막 시간에 그들의 신앙을 포기하도록 하는 데 있다고 말했다고 한다.

　　지금 잠깐 살펴본 이런 이념 전쟁은 미국에 사는 자유주의자들과 보수주의자들 사이에서 벌어지는 통상적인 정치 논쟁을 넘어서고 있다. 심지어 그것은 종교와 세속주의 사이에서 벌어지는 전투를 넘어선다. 곧, 그런 이념 전쟁은 복음적인 그리스도인들을 반대하는 것을 목표로 하고 있다. 쥬이시 커뮤니티 리서치가 발간한 토빈과 와인버그의 2007년 보고서는 다음 사실을 보여준다. 미국 대학의 교수들은 "무슬림이 미국 정치에 종교적인 영향력을 행사하는 것에 대해서는 훨씬 덜 비판적이고 심지어 그것에 지지를 보내고" 있다. 반면에 "기독교의 영향력이 줄어드는 것을 보고자 하는 자신들의 바람을 강력하게 드러낸다[냈다]." 토빈과 와인버그는 보고서에 다음 내용을 덧붙였다. "무신론자인 교수와 신앙이 없는 교수, 그리고 종교가 전혀 중요하지 않다고 생각하는 교수들의 공통된 성향을 보면 흥미로울 뿐만 아니라 당황스럽기까지 하다. 그들은 무슬림이 그들의 신앙을 미국 정치에 표현할 수 있는 권리를 변호하도록 돕는다. 반면에 근본주의자인 그리스도인들에게는 공개적으로 적대적인 견해를 드러낸다."[1] 게다가 이런 교수들은 복음적인 그리스도인을 분별없는 편협한 사람이자 근본주의자라고 생각한다.

　　연구자들은 "설문 조사를 통해 발견한 가장 난감한 사실"은 미국의 교수진이 "다른 어떤 종교 그룹보다도 복음주의자들을 훨씬 덜 긍정적으로 대한다는 것"이라고 덧붙였다. 설문 조사는 다음과 같은 것을 보여주었다. 그리스도인 교수는 마치 존재하지 않는 양 지극히 소수만이 있는 것으로 나타났다. 그리고 무슬림은 미국의 정치 무대에서 자신들의 종교 신념을 옹호했을 때 사람들에게 훨씬 더 많은 지지를 얻었다. 게다가 다른 종교 그룹에 관용이 적용되면 그것은 하나의 미덕으로 간주된다. 하지만 그것이 복음적인

---

1) Gary A. Tobin and Aryeh K. Weinberg, "Religious Beliefs and Behavior of College Faculty," in *Profiles of the American University* (Roseville, CA: Institute for Jewish and Community Research, 2007), 73, 76-77.

그리스도인들에게 적용되면 관용은 부적절하다고 여겨진다. 연구자들에 따르면, 이런 발견은 "캠퍼스에서 복음적인 그리스도인 교수와 학생들이 어떤 취급을 받고 있는지에 대한 심각한 우려"를 불러일으킨다.[2]

복음적인 그리스도인 학생들이 직면해 있는 이런 편견은 그리스도인들에게 탄식해야 할 이유를 제공할지도 모른다. 하지만 우리는 이것을 기회로 본다. 정말이지 많은 대학 캠퍼스에서의 이런 편견은 복음주의자들에게 장점으로 작용할 수 있다. 결국 그리스도인들은 자신들의 신앙을 변호하라고 부름 받고 있는 것이다(벧전 3:15). 그리고 신앙을 변호하면서 우리는 그것을 나눌 기회도 함께 얻는다. 하지만 불행하게도 많은 교회가 젊은이들로 하여금 신앙을 나누는 임무를 갖게 하는 데 실패하고 있다. 결과적으로 그리스도인들은 철학과 과학, 역사가 모두 기독교의 하나님이 존재하시며, 나사렛 예수의 인격 안에서 하나님 자신을 인류에 강력하게 계시하는 풍성한 증거를 제공하고 있음을 깨닫지 못하고 있다.

이 책은 뛰어난 그리스도인 학자와 과학자들이 기고한 50개의 논문으로 구성되었다. 과학자들은 우주와 생명 그 자체가 어떻게 무한한 지성과 능력을 지닌 설계자가 만든 산물임을 드러나게 하는지에 관한 과학적인 논증들을 제시한다. 학자들은 설계자의 선함과 초월성과 영원성을 드러내는 철학적 논증을 제공한다. 그들은 그 설계자가 2,000년 전 나사렛 예수를 통해 이 땅에 오셨음을 보여주는 역사적인 논증도 제시하고 있다(예수가 사역을 시작하기 전 설계자로서, 특별히 목수로서의 삶을 사셨다는 것은 결코 우연이 아니다).

이 책에 있는 그 외의 다른 논문들은 왜 선하고 전능하신 하나님이 악과 고난을 허용하시는가, 예수가 하나님께 이르는 유일한 길인가와 같은 질문을 소개한다. 이런 주제에 관심이 있는 사람은 http://www.4truth.net에서

---

2) Ibid., 86.

훨씬 더 많은 논문을 여러 나라의 언어로 읽을 수 있을 것이다. 이 책의 목표는 기독교 신앙에 대한 종합적인 변호가 아니라 기독교 변증학이라는 흥미롭고 열매 많은 분야로 독자들을 뛰어들게 하는 도약대로서의 기능을 하는 데 있다. 바트 어만 같은 인습 타파자들(iconoclast)을 다루어야만 하는 그리스도인 학생들은 이 책에서 영혼을 새롭게 하고 지성을 만족시킬 만한 많은 내용을 발견할 것이다.

1부

철학의 질문

데이비드 베크(David Beck) 버지니아 주 린치버그에 있는 리버티 대학교에서 30년 이상 철학을 가르치고 있고, 1989년 이후부터는 대학원 과정을 책임지고 있다. 신 존재 증명, 특히 우주론적 증명과 기독교 대학의 본성, 세계관 통합 연구에 주된 관심이 있고 그 주제를 중심으로 저술하고 있다. 과정철학에서 철학과 신학의 관계를 주제로 박사 학위 논문을 작성해 보스턴 대학교에서 철학 박사 학위를 취득했고, 그는 암스테르담에 있는 틴데일 신학교와 아테네에 있는 그리스도 성경대학교, 서던에반젤리컬 신학교에서 정기적으로 강의하고 있다. 미국 철학회와 기독교철학회, 복음주의철학회의 회원이기도 하다.

■ 데이비드 베크　　"우주론적 논증"이라는 용어는 다음과 같은 공통된 결론을 내리는 논증이나 사고 유형 모두를 지칭한다. 곧 우주론적 논증은 어떤 존재가 우리 주변의 사물들을 존재하도록 만들지 않았다면 그 사물들은 존재할 수 없었다는 주장에 기초해서 하나님이 실재하신다는 결론을 도출한다. 예를 들어 다이아몬드와 민들레, 낙타 같은 것은 모두 주변 요소와 원인들 전체와 떨어져서 존재할 수 없다. 이 논증은 우리가 하나님을 사물이나 사건을 시작하게 하는, 또는 기원하게 하는 원인으로 생각해야만 한다고 말한다. 우리가 우리 주변의 것들을 존재하게 하는 원인을 무한히 소급하는 것이 불가능하기 때문이다.

이 논증은 모든 문화와 종교에 존재하는 것 같다. 고대 그리스 철학자 플라톤(Plato, 기원전 427-347)과 아리스토텔레스(Aristotle, 기원전 384-322)가 이 논증을 분명한 형태로 발전시켰다. 기독교와 유대교 그리고 이슬람교 전통은 모두 이 논증을 알고 있다. 이 논증은 아프리카와 불교 그리고 힌두교의 문헌들에서도 찾아볼 수 있다.

서구 전통에서 가장 잘 알려진 것은 토마스 아퀴나스(Thomas Aquinas, 1225-1274)가 『대이교도 대전』(*Summa contra gentiles*) 15장에서 간략하게 진술한 것이다. 그는 다음과 같이 말한다. "우리는 세상에서 존재할 수 있거나 존재할 수 없는 것들을 본다. 지금 존재할 수 있는 모든 것은 그것에 대한 원인을 갖고 있다. 그러나 우리는 무한정 원인을 소급할 수 없다.…그러므로 우리는 필연적인 어떤 존재를 상정해야만 한다."[1]

내가 이해하기로 이 논증에는 세 가지 기본적인 단계가 있다.

■ 1단계   우리가 살고 있는 우주에서 관찰하고 경험하는 것은 우연적이다.

이것은 우리가 주변에 펼쳐져 있는 실재 세계를 실제로 보고 아는 일들에 대한 관찰임에 유의하라. 이것은 우주 안에 있는 모든 일과 관련된 것이 아니라, 우리가 실제로 경험하는 것만을 대상으로 한다. 위의 굵은 글씨로 쓴 문장에서 중심 단어는 "우연적"이라는 단어다. 이 문맥에서 "우연적"이라는 단어는 어떤 것이 다른 어떤 존재에게 그 존재를 빚지고 있음을 의미한다. 어떤 것은 그 자체로 존재하지 않는다. 그것은 원인을 필요로 한다. 그리고 우리가 그것에 대해 아는 모든 것은 우연적이다.

따라서 우주는 일련의 원인과 그런 원인들의 네트워크로 구성되어 있는데 이것은 다시금 원인들의 전체 체계와 연계되어 있다. 즉 a는 b에 의해 발생하고 b는 다시 c에 의해 발생하며 이런 식으로 계속 사건들이 발생한다. 우리가 아는 모든 것은 인과 연쇄(causal chain) 안에 있는 다른 요인들에 의해 발생했을 때만 존재하고 기능한다. 우리는 자기가 자기에게 원인이 되는 행동을 자발적으로 시작하는 그 어떤 것도 알지 못한다(여기서는 우리가 모든 것을

---

1) Thomas Aquinas, *Summa contra gentiles*, 15.124. (분도출판사 역간, 2015).

                                               기독교를 위한 변론

알아야만 한다는 데 관심이 있지 않음에 유의하라. 심지어 어떤 것이 자발적으로 존재한다고 드러난다 해도 그것은 우주론적 논증에 아무런 영향을 미치지 못한다).

■ 2단계 인과적으로 의존적인 우연들의 네트워크는 무한할 수 없다.

여기서 기본 개념은 인과적인 우연들의 연속 또는 체계가 아무리 복잡하고 상호연결되었다 하더라도 무한할 수는 없다는 것이다. 예를 들어 토마스 아퀴나스는 손이 막대기를 움직인다고 설명한다. 그리고 이 막대기는 다시 공을 움직인다. 최근 논의에서는 기차가 가장 흔한 예로 제시되고 있다.

우선 당신이 당신 옆을 빠르게 지나가는 기차를 보고 있다고 상상해보라. 당황한 당신은 그 기차를 움직이는 것이 무엇인지 궁금해한다. 이윽고 당신은 그 기차를 이루고 있는 앞의 한 객차(客車)가 그 뒤의 다른 객차를 끌고 있음을 알게 된다. 당신은 이런 식으로 기차를 보는 것을 넘어 선로를 따라 내려간다.

이 그림을 통해 우리는 사회에서 흔하게 들을 수 있는 다양한 무신론자의 창작 시나리오를 마음속에 그려볼 수 있다. 이런 무신론자들의 시나리오는 우리가 사는 우주에 사물들이 어떻게 존재하는지를 묘사하려고 시도한다. "우주는 생명의 거대한 순환이다"라는 말을 우리는 듣는다. 하지만 원으로 된 우주를 빙 둘러서 기차의 첫 객차와 마지막 객차 모두를 연결하더라도, 이것은 기차의 다른 객차는 말할 것도 없고 첫 객차의 움직임도 설명할 수 없을 것이다. 만일 우연한 일들이 서로서로 원으로 존재하도록 하는 데 원인이 된다면, 인과적인 과정을 시작하는 데 있어 그 어느 것도 여전히 원인은 되지 못할 것이다. 무신론자는 다음과 같은 가능성이 더 큰 시나리오를 제공할지도 모른다고 말한다. "우주는 그 안에서 모든 것이 다른 모든 것과 인과적 관계를 맺고 있는 복잡한 진화 생태계다." 모든 객차는 상상할 수도 없으리만치 복잡한 철도여행 체계 속에서 우주를 채우고 있다. 마치 어떤 방식으로 모든 객차가 다른 모든 객차에 연결되어 있고, 그래서 **모든** 객차가 그 첫 번째 객차를 끌고 있는 것처럼 말이다. 여전히 우리는 첫 번째 객차의 움직임을 설명하지 못하고 있다. 마찬가지로 진화하는 생태계라는 어떤 개념도 우리가 사는 우주에 실재하는 어떤 사물의 존재에 관해 설명하지 못한다.

물론 각각의 객차가 그 앞에 있는 객차에 의해 이끌리고 있음을 아는 것으로 충분하다고 말하고 싶은 유혹이 우리에게 항상 있다. 어떤 의미에서 객차 b가 객차 a를 이끌고 있다는 것은 분명한 사실이다. 그러나 b가 a를 끌 수 있는 것은 동시에 c가 b를 끌고 있기 때문에 가능한 일이다. b의 끄는 행동은 c로부터 온다. 그렇다면 c가 a를 끌고 있다고도 말할 수 있다. 물론 이것은 d나 e 그리고 여타의 것들에 대해서도 동일하게 적용된다. 실제적으로 에이즈가 HIV에 의해 발생하는 것을 아는 것으로 충분하다. 하지만 만일 진정으로 실재를 이해하기를 원한다면, 우리는 계속해서 질문을 하는 것이 때때로 중요하며, 이것은 언제나 가능하다.

마지막 남은 선택지는 다음과 같다. 단지 무한한 객차가 있다고 상상해보자. 무신론자는 다음과 같이 말할 것이다. "우주의 복잡성은 무한한 복잡성에서 상실된다." 하지만 무한한 객차의 배열이 아무리 복잡하다고 하더라도, 그것은 여전히 우리의 첫 번째 객차가 왜 움직이는지, 그리고 왜 그 무한한 객차 중 어떤 것이 움직이는지를 설명해주지는 못하고 있다. 원인들의 질문을 무한히 소급시키는 것은 결국 어떤 것도 설명하지 못한다.

■ 3단계   인과적으로 의존적인 우연적 사물들의 네트워크는 유한함이 틀림없다.

이 마지막 생각은 2단계로부터 분명한 결론을 간단하게 도출한다. 만일 네

                                                기독교를 위한 변론

트워크가 무한할 수 없다면 그것은 유한해야만 한다. 우리가 어떤 것도 실제로 존재하지 않는다고 논증하기 원한다면 모를까, 그 외 어떤 다른 선택지가 없다. 그 어떤 다른 선택지는 합리적인 선택지가 아니다.

■ **결론**　　**우연적인 원인의 네트워크에서는 제일원인이 있어야만 한다.**

인과적인 연쇄가 유한하다면, 정의(定意)에 의해서 하나의 제일원인이 있어야만 한다. "제일원인"이라는 개념은 두 가지 생각을 분명히 포함한다. 만일 그것이 **제일**원인이라면, 그것은 그 자체의 원인을 갖고 있지 않고 요구하지도 않는다. 제일은 말 그대로 제일이다! 따라서 제일원인은 연쇄 안에 있는 다른 모든 원인과 근본적으로 다르다. 제일원인은 절대적으로 다른 어떤 것에 의존하지도 않고, 그것에 의해 제한되지도 않으며, 그것 때문에 존재하지도 않는다. 인과관계를 진정으로 시작하는 것이 제일원인이다.

반면에 그것이 제일원인이라는 결론을 말하는 것은 네트워크 안에 있는 다른 모든 것과 그것의 관계를 규정하는 것이다. 즉 그것은 그 모든 것의 원인이다. 제일원인은 각각 이어지는 원인이 따라오는 일련의 것들의 한 원인이라는 사실을 부정하지 않고 모든 인과적인 행동을 시작한다.

기차의 유비로 돌아가 보면, 움직이는 객차에 대한 유일한 설명은 어딘가에 그 기차 전체를 끄는 힘을 가진 기관차가 있다는 것이다. "제일원인"이라는 개념은 처음 볼 때보다 지금 더 풍성해졌다. 어떤 것의 존재를 일으키는 것에 관한 질문에는 두 가지 바른 대답이 항상 있다. 곧 제일원인뿐만 아니라, 직접적인 원인(들)이 있다는 것이 동일하게 바른 대답이다. 기관차와 a라는 객차 앞에 있는 객차, 즉 b는 a의 움직임의 원인이다.

몇 가지 반론

무신론자들은 이 논증에 대해 전형적으로 네 가지 반론을 제기한다. 우주론적 논증에 대해 가장 흔하게 제기되는 첫 번째 반론은 "그것은 하나님이 아니다"라는 반론이다. 그 결론이 가져다주는 것은 우주의 시원적인 원인으로서의 단지 막연하고 정의되지 않은 제일원인이다. 이것은 단지 빅뱅일 수도 있고, 기초적인 입자일 수도 있고, 에너지 상태일 수도 있으며, 심지어는 근원적인 공간일 수도 있다. 어떤 경우든지 그 결론은 인격적이고 관계적인 무한한 창조자 하나님의 존재를 증명해주지는 않는다.

이에 대한 대답으로 우리는 우주론적 논증이 우리에게 주는 것은 결국 하나의 제일원인이자 원인이 없는 원인이라고 주장할 수 있을 것이다. 이미 이것은 무신론적 자연주의를 논파하기에 충분하다. 무신론적 자연주의는 우주가 어떤 외적인 원천 없이 단지 자연적이고 유한한 성분만으로 구성된 그 자체로 존재하는 복잡한 인과론적인 체계라고 주장한다. 하지만 우주론적 논증은 최소한 하나의 비우연적 요소가 존재한다는 것을 증명해준다.

반면에 만일 반론이 그 결론은 너무 "초라하고", 하나님은 그보다 훨씬 더 크다고 제시된다면, 우리는 바로 그 반론에 동의해야만 한다. 우주론적 논증은 우리에게 하나님에 대해 아주 조금만 말해주고 있다. 이런 반론을 사용하는 사람들은 종종 우리가 하나님에 관한 **모든 것**을 알지 않는다면 우리는 그분에 관해 아무것도 알지 못한다고 생각하는 듯하다. 이것은 명백한 오류다. 우리는 어떤 것에 관하여 모든 것을 알지 못하면서도 많은 것을 알 수 있다.

가능한 두 번째 반론은 "무한한 연속이 가능하다"는 주장이다. 우주론적 논증은 무한한 연속의 원인을 부정하고 있다. 하지만 우리 모두가 초등학교에서 배운 것처럼 기수(基數)의 연속은 무한하다. 우리가 인과적인 연쇄에서 각각의 숫자를 기수에 배당할 수 있다면 우리는 무한한 인과의 연쇄를 생각할 수 있다.

이런 반론은 우주론적 논증이 주장하고 있는 원인의 네트워크의 특징을 간과하고 있다. 우주론적 논증은 네 가지 결정적인 특징을 가지고 있다.

1. 우주론적 논증은 원인과 결과라는 서로 연결된 네트워크로 이루어진 체계다.
2. 각각의 원인은 우연적이며 그 자체로 하나의 원인을 필요로 한다.
3. 아리스토텔레스적이고 토마스 아퀴나스적인 우주론적 논증에서 의존 관계는 시간적인 것이 아니라 동시적이다. 그것은 하나의 원인들의 체계 안에서의 동시적인 의존 관계를 말한다(움직이는 객차를 생각하라).
4. 일반적인 우주론적 논증이 언급하고 있는 특수한 관계는 **존재** 자체를 발생시키는 것이다.

우주론적 논증에서 관건은 위의 네 가지 특징을 모두 가지고 있는 무한한 원인의 연계는 있을 수 없다는 것이다. 이것은 시간 안에서 원인들의 발생순서와 관련한 연계(부모와 아이의 관계 같은 연계) 같은 매우 유사한 것들을 포함해서 다른 종류의 무한한 연계가 있을 수 없다는 것을 말하는 것이 아니다. 하지만 우연적인 일들의 무한한 연속은 있을 수 없다.

세 번째 전형적인 반론은 "우리는 전체 우주에 대해 알 수 없다"는 주장이다. 우리는 모든 것이 우연적이라는 것을 알 수 있는 방법이 없다. 이런 반론에 대답할 수 있는 가장 단순한 방법은 그것이 사실이라는 것을 받아들이는 것이다. 분명 우리는 우주에 있는 모든 것을 알 수 없다. 하지만 그럼에도 결론은 유지된다. 이 논증이 보여주는 것은 만일 우연적인 어떤 것이 존재한다면 그렇지 않은 어떤 것도 존재해야만 한다는 것이다.

우선적으로 이것은 다수의 신들이 존재한다는 가능성을 남겨두는 것처럼 보일지 모른다. 우주론적 논증은 그 자체로 그런 선택지를 배제하지 않는다는 점을 인정하자. 하지만 아퀴나스가 아리스토텔레스에게서 배운 것처럼(그리고 파르메니데스[Parmenides]가 훨씬 더 일찍 이해했던 것처럼), 단 하나의 유일한 원인 없는 존재 또는 무한한 존재가 있을 수 있을 뿐이다. 제 2의 무한한 존재는 어떤 방식으로든 첫 번째 것과 달라야 하지만, 하나의 무한한 존재는 다른 것의 그 이상도 그 이하도 될 수 없다. 우리 모두는 무한에 무엇을 더하거나 빼더라도 여전히 무한이라는 것을 일찍이 초등학교 시절에 배웠다. 따라서 단 하나의 무한한 존재가 있을 수 있다.

네 번째 반론은 그렇다면 "하나님의 원인은 무엇인가?"라는 반론이다. 우주가 원인과 결과의 네트워크라면, 당신은 주관적으로 어떤 지점에 멈추어 그것을 "하나님"이라고 부를 수 없을 것이다. 하지만 이것은 논증 전체의 논점을 놓치고 있다. 우주론적 논증은 우연적인 존재의 연속이 유한해야만 한다는 것을 보여준다. 결국 우주론적 논증은 우연적이지 않는 것으로 인도해야만 한다. 무엇이 이 제일원인을 야기했는지 묻는 것은 무의미하다. 따라서 이 반론은 그저 논증을 제대로 이해하지 못한 것이다.

결론적으로 두 가지 사실을 지적하는 것이 좋을 것 같다. 첫째, 물론 이 글은 오래되고 다양한 역사를 가진 논증을 매우 간략하게 단순화해서 논의를 진행했다. 우주론적 논증에 관한 책이 이미 많이 출간되었고, 지면 관계상 이 글은 우주론적 논증을 제대로 다 다루지는 못했다. 둘째, 우주론적 논증은 비우연성이라는 개념에서 추가적으로 나오는 결론을 더 풍성하게 한다. 게다가 이 두 가지 사실은 단순한 우주론적 논증 자체에서 분명하게 증명되지 않은 하나님에 관한 훨씬 더 온전한 개념을 완성해준다. 이런 주장들 모두는 우주론적 논증에 관해 더 많은 연구를 권장한다. 결국 이 논증은 존재하시는 진짜 하나님을 떠나서 우리가 살고 있는 실재인 우주를 이해할 수 없다는 것을 보여준다.

 기독교를 위한 변론

폴 코판(Paul Copan, 마케트 대학교 Ph.D.) 플로리다 주 팜비치애틀랜틱 대학교에서 철학과 윤리학을 가르치는 석좌 교수다. 『카페에서 하나님께 묻다』(*When God Goes to Starbucks*, 새물결플러스 역간, 2016), 『진짜 예수는 일어나주시겠습니까?』(*Will the Real Jesus Please Stand Up?*, 누멘 역간, 2010), *True for You But Not for Me*, *That's Just Your Interpretation*, *How Do You Know You're Not Wrong?*, *Loving Wisdom: Christian Philosophy of Religion*의 저자다. 역사적 예수에 대한 책 3권을 편집했고, 기독교 변증학에 대한 책 이외에도 종교 철학에 대한 책 3권을 저술했다. 현재 그는 복음주의철학회의 의장으로 활동하고 있고, 아내 재클린과 다섯 아이와 함께 플로리다 웨스트팜비치에서 살고 있다.

2

하나님의 존재를 위한 도덕론적 논증

■ 폴 코판

철학자 존 리스트가 다음과 같은 주장을 했다는 점에서 그는 옳다. "윤리적인 기초에 관한 현대 서구의 논의가 위기에 처해 있다는 사실은 지금 폭넓게 인정되고 있다."[1] 궁극적으로 이 위기는 하나님을 언급하지 않고 윤리학에 접근한 결과 초래된 것으로 보인다. 도덕성이 신학적인 뿌리에서 잘려나갈 때 세속 윤리학은 그 자체를 유지할 수 없다. 그것은 시들고 결국 죽는다.

이 장에서는 하나님과 객관적인 도덕 가치가 서로 연결되어 있다는 사실을 아주 간략하게 변호할 것이다(다른 곳에서 이 관계를 보다 자세하게 다루었다).[2] 나는 객관적인 도덕 가치가 존재한다면, 하나님도 존재하신다고 논

---

1) John Rist, *Real Ethics* (Cambridge: Cambridge University Press, 2003), 1.

2) Paul Copan, "Is Michael Martin a Moral Realist? *Sic et Non*," *Philosophia Christi* 1, no. 2 (1999): 45-72; idem, "Atheistic Goodness Revisited: A Personal Reply to Michael Martin," *Philosophia Christi* 2, no. 1 (2000): 91-104; "The Moral Argument," in *The Rationality of Theism*, ed. Paul Copan and Paul K. Moser (London: Routledge, 2003), 149-74; "A Moral Argument," in *To Everyone an Answer: A Case for the Christian Worldview: Essays in Honor of Norman L. Geisler*, ed. Francis Beckwith,

증할 것이다. 객관적인 도덕 가치는 정말로 존재한다. 따라서 하나님도 존재하신다. 우리에게 발생한 윤리적인 위기를 해결하기 위해서는 선하신 하나님(그분의 형상으로 소중한 인간들이 만들어졌다)이라는 인격을 윤리와 인간의 권리, 그리고 인간 존엄성의 필연적인 기초로서 인정해야만 한다.

객관적인 도덕 가치들이 존재한다. 그 가치들은 올바른 기본이다

도덕 가치들이 존재한다. 어떤 사람이나 문화가 이런 ("객관적인") 가치들을 믿든지 믿지 않든지 상관없이 말이다. 정상적으로 기능하는 인간 존재들은 자신들의 행복과 번영을 위해 이 가치들을 기본적인 것으로 인정한다.

사람들이 성경을 읽고 도덕을 발견하지는 않는다. 모든 사람이 도덕에 관한 지식에 접근할 수 있다. 로마서 2:14-15은 사람들이 하나님의 특별계시(성경과 예수 그리스도)를 받아들이지 않아도 옳고 그른 것을 분별할 수 있다고 말한다. 사람들은 하나님의 기본적인 도덕 법칙에 관한 일반계시를 자신들의 양심으로 가지고 있다. "[모세의] 율법을 가지고 있지 않은 이방인이 율법의 일을 본성적으로 행한다"(롬 2:14). 이것은 당연하다. 모든 사람은 하나님의 설계를 따라 살아갈 때 바르게 기능할 수 있도록 지음받았다. 그래서 완악하지 않은 마음을 가졌거나 자기 기만적인 의지를 갖고 있지 않은 (무신론자들을 포함해서) 사람들은 그리스도인들과 동일한 도덕적 본성을 갖

William Lane Craig, and J. P. Moreland (Downers Grove, IL: InterVarsity, 2004), 108-23; "Morality and Meaning Without God: Another Failed Attempt," *Philosophia Christi* 6, no. 1 (2004): 295-304; "God, Hume, and Objective Morality," in *In Defense of Natural Theology: A Collection of New Essays in the Philosophy of Religion*, ed. Douglas R. Groothuis and James R. Sennett (Downers Grove, IL: InterVarsity, 2005), 200-25.

고 있다. 즉 그들은 강간이나 간음 또는 재미로 아기들을 괴롭히는 것은 잘 못이고 친절은 좋은 것이라는 생각을 본성적으로 갖고 있다.

어떤 사람이 "살인이나 강간은 정말로 나쁜 것이 아니야"라고 말할 때, 그는 그것에 대해 논증할 필요가 없다. 그는 자기를 기만하고 있다. 그가 살인이나 강간이 나쁘지 않다고 정말로 믿고 있다면, 이 사람은 영적 혹은 심리적인 도움이 필요하다. 왜냐하면 그는 그저 적절하게 기능하지 않고 있기 때문이다. 어떤 가치는 어떤 사람에게는 진실이지만 또 다른 사람에게는 그렇지 않을 수 있다고 주장하는 상대주의자들조차도 "나는 권리를 가지고 있어" 또는 "당신은 관용을 베풀어야만 해"라고 말하는 사람들과 별반 다르지 않다. 권리와 관용은 아무런 의미가 없다. 만일 상대주의가 옳다면 말이다. 오히려 권리와 관용은 객관적인 도덕 가치가 존재한다는 사실을 함축하고 있다.

우리가 일반적으로 우리의 감각과 지각을 신뢰할 만한 것으로 받아들이는 것처럼(우리가 그런 감각과 지각들을 의심해야 할 정당한 이유가 있지 않는 한에서), 일반적인 도덕적 직관(재미로 아기들을 괴롭히고 강간하고 살인하는 것에 대해 혐오감을 느끼는 것)이 잘못된 것으로 입증되기 전까지는 그런 도덕적 직관들을 문제 없는 것으로 취급해야만 한다. 왜 우리는 우리의 오감을 신뢰할까? 대부분의 사람은 우리의 오감이 일반적으로 신뢰할 만하다는 것을 발견한다. 간혹 우리가 사물들을 잘못 인식한다고 하더라도 우리는 우리의 감각을 끊임없이 의심하기보다는 그 감각 자료들에 주의를 기울이는 것이 더 현명하다. 마찬가지로 우리는 기본적인 도덕적 본성을 가지고 있다. 예컨대 무죄한 사람의 생명을 빼앗는 행위나 강간에 대한 역겨움("웩 요인"), 혹은 우리 자녀들의 행복에 대해 느끼는 자기만족에 대한 내적인 확신("그래 요인") 같은 것 말이다. 만일 누군가 기본적인 도덕 원칙들을 부정한다면, 그런 사실에 대한 증명의 책임(burden of proof)은 기본적인 도덕 원칙들을 부정하거나 의문시하는 사람들에게 있다. 우리는 이런 기본적인 도덕적 본성에 주의를 기울이는 것이 현명하다. 이런 직관이 때때로 미세 조정을 필요로 할지도 모르지만 말이다.

도덕적으로 예민한 사람들은 기본적인 도덕성에 관해 올바르게 이해할 수 있다. 『인간 폐지』의 부록에서[3] C. S. 루이스(C. S. Lewis, 1898-1963)는 시대와 문화를 넘어서 (예컨대 그리스와 이집트와 바빌로니아 사람들과 아메리카 원주민, 그리고 인도와 히브리 사람들에게) 통용되는 다양한 가치를 열거하고 있다. 이런 다양한 나라의 법전에서 부모를 공경하고 결혼 서약을 지키는 것은 칭찬을 받지만, 도둑질과 살인은 동일하게 정죄되고 있다.

어떤 사람은 다음과 같이 주장할지도 모른다. 하지만 도덕적인 불일치 역시 존재하지 않는가? 예컨대 어떤 문화는 일부다처제를 허용한다. 맞는 말이다. 하지만 혼인관계를 결속해주는 결혼 관습과 서약은 모두 간통을 금지하고 있다. 도덕 원리의 **적용**과 **표현**은 문화마다 다를지 모르지만, 문화권을 뛰어넘는 기본적인 도덕 원리는 분명히 존재한다. 우리가 (최소한 표면적으로) 대립하는 도덕적 원리를 만날 때 어떤 일이 일어나는가? 이때 우리는 도덕적으로 분명한 경우에서 시작하여 불분명한 경우로 나아간다. 명확한 도덕적 대립이 있다는 것을 고려해서, 도덕성을 상대적이라고 결론짓는 것은 잘못된 비약이다. 사전 편찬자인 새뮤얼 존슨(Samuel Johnson)이 다음과 같이 말한 것처럼 말이다. "황혼이 있다는 사실이 우리가 낮과 밤을 구별할 수 없다는 것을 의미하지는 않는다."

도덕적인 원칙은 발견되는 것이지 발명되는 것이 아니다. 객관적인 도덕 가치가 존재하지 않는다면 (노예제를 폐지하고 여성의 참정권을 지지하고 흑인들의 인권을 함양하는) 도덕적인 개혁은 아무런 의미가 없다. 개혁하기 위한 환경을 조성하는 데 (심지어 수 세기의) 시간이 걸릴 수는 있지만, 이 일이 인

---

3) C. S. Lewis, *The Abolition of Man* (1944; 재판, San Francisco: HarperSanFrancisco, 2001). 『인간 폐지』(홍성사 역간, 2006).

간의 역사를 통해서 도덕성이 진화했고 도덕성은 단지 인간의 발명품에 불과하다는 것을 의미하지는 않는다. 도리어 그런 사실은 엄청난 대가를 치르고서라도 발견하고 추구해야 할 도덕적 원칙이 있음을 보여준다.

무신론 철학자 카이 닐슨(Kai Nielsen)도 바로 이런 점을 다음과 같이 인정한다. "우리는 어떤 일들[아내를 폭행하고 자녀를 학대하는 것]이 악한지 알 수 없다거나 또는 그런 일들을 악하다고 합리적으로 생각할 수 없다는 어떤 회의주의자의 이론을 믿는 것보다 그런 일들을 악하게 생각하는 것이 훨씬 합리적이다.…나는 이것이 근본이며 옳다고 확고하게 믿는다. 이것을 믿지 않는 사람은 자신의 도덕적인 신념의 근거를 아주 깊이 있게 살펴볼 수 없을 것이다."[4]

하나님과 객관적인 도덕성은 밀접하게 연결되어 있다

우리는 "하나님이 계시지 않아도 무신론자들은 선할 수 있다"라는 말을 흔하게 듣는다. 미국의 무신론 철학자 마이클 마틴(Michael Martin)은 유신론자들이 강간을 정죄하기 위해 무신론자들과 동일한 이유를 제시한다고 주장한다. 하지만 강간은 희생자의 권리를 침해하고 사회에 해악을 끼친다. 마틴은 무신론자들이 하나님을 믿지 않고서도 선할 수 있다는 것을 정말 말하고 싶어 했지만, 그들은 하나님 없이는(고유한 가치 또는 도덕적 책임을 갖는 의미에서) 선할 수 없다(하나님 없이는 그 어떤 것도 존재할 수 없다). 즉 인간은 하나님의 형상으로 만들어졌기 때문에 선한 것을 알 수 있다. 비록 그들이 하나님을 믿지 않는다고 해도 말이다. 무신론자와 유신론자들이 동일

---

4) Kai Nielsen, *Ethics Without God* (Amherst, NY: Prometheus Books, 1990), 10-11.

한 가치를 인정할 수 있다. 하지만 유신론자들은 인간의 권리와 존엄에 대한 신념의 근거를 제시할 수 있다. 왜냐하면 우리 모두는 지극히 가치 있는 존재의 형상으로 지음 받았기 때문이다.

다음을 생각해보라. 아무리 오랜 시간이 흘러도, 본래적으로 가치 있고 사고하는 인격들은 비인격적이고 무의식적이며 아무런 안내자가 없는 무가치한 과정에서 탄생하지 않는다. 인격적이고 자기 의식적이며 목적을 갖고 계신 선하신 하나님이 가치 있고 권리를 지닌 도덕적으로 책임 있는 인간들에게 필요한 자연과 삶의 환경을 제공하신다. 즉 인격과 도덕은 필연적으로 연결되어 있다. 도덕적 가치는 인격에 뿌리를 내리고 있다. (인격적인 존재이신) 하나님이 계시지 않는다면, 그 어떤 인격도—그래서 어떤 도덕적인 가치도—결코 존재할 수 없다. **인격성이 없다면 도덕적 가치도 없다.** 하나님이 존재하셔야만 도덕적인 특성이 실현될 수 있다.

유신론적이지 않은 도덕적 이론은 불완전하고 부적절하다

몇몇 세속주의자들은 우리가 하나님을 언급하지 않고도 윤리적인 체계를 가질 수 있다고 제안하곤 한다(예를 들어 아리스토텔레스와 칸트처럼 말이다). 하지만 그들이 (도덕적 덕성/성품이나 보편적인 도덕적 의무에 관한) 윤리적 토론에 매우 적극적으로 이바지함에도 불구하고, 그들의 체계는 여전히 불완전하다. 그들은 인간 존재가 왜 본래적인 가치와 권리와 도덕적 의무를 져야 하는지에 대한 이유를 말해주지 않는다.

선과 악에 대한 인식과 도덕적 의무에 대한 인식이 우리가 생존하고 번식하는 데 도움이 된다는 자연주의적 진화론의 윤리학(naturalistic evolutionary ethics)은 어떤가? 이때 윤리적인 인식은 단지 생물학적인 가

　　　　　　　　　　　　　　　　　　　　기독교를 위한 변론

치만을 가진다.[5] 그런 접근 방법은 우리에게 다음의 문제를 남겨준다. 첫째, 만일 우리가 투쟁하여 필요한 것을 충족하며, 해로운 것을 멀리해 번식하려고 애쓰는 자연주의적 진화의 산물에 불과하다면, 우리는 우리의 지성을 신뢰할 수 있을까? 찰스 다윈(Charles Darwin, 1809-1882)은 인간의 지성이 하위 동물로부터 발전했다면 사람들이 그것을 믿으려고 할지에 대한 "끔찍한 의심"을 가지고 있었다. 왜 원숭이의 지성이 가져다주는 확신을 신뢰하는가?[6] 자연주의적 진화의 과정은—참된 신념이 아니라—적합성과 생존에 관심을 가진다. 그래서 객관적인 도덕성이 허물어지고 합리적인 사고도 약화된다. 도덕적인 신념을 포함한 우리의 신념이 우리가 **생존하는 데** 도움이 될지는 모르지만 그 신념들이 **참이라고** 생각할 이유는 없다. 즉 객관적인 도덕성이나 인간 존엄성에 관한 신념이 우리가 생존하는 데 도움을 줄 수는 있지만 전적으로 틀린 것일 수도 있다. (도덕적 회의론을 포함하여) 회의론이 가진 문제는 다음과 같은 결론에 도달하는 믿을 만한 추론 과정을 가정하고 있다. 곧 나는 나의 추론을 신뢰할 수 없다! 만일 우리가 우리의 합리적이고 도덕적인 능력을 신뢰한다면, 우리는 다음과 같은 유신론적인 관점을 가정하게 될 것이다. 믿을 만하고 합리적이며 선하신 존재의 형상으로 지음 받았다는 사실은 우리가 우리의 감각과 도덕적인 직관을 신뢰할 수 있는 이유가 된다.

더 나아가 우리는 다음과 같은 문제를 안고 있다. 만일 인간 존재가 그저 자연주의적 진화의 산물이라면 우리는 도덕적인 의무와 인간의 존엄성에 대한 아무런 기반도 가질 수 없다. 이 사실은 도덕적인 동기 부여를 쉽사리 허물어버릴 것이다. 성포식자이자 인육을 먹은 살인범 제프리 다머(Jeffrey

---

5) Michael Ruse, *The Darwinian Paradigm* (London: Routledge, 1989), 262.

6) Charles Darwin, "Letter to Wm. G. Down (3 July 1881)," in *The Life and Letters of Charles Darwin*, ed. Francis Darwin (London: John Murray, 1887), 1:315-16.

Dahmer)[7]는 이 문제의 심각성을 다음과 같이 인정했다. "이 모든 일이 자연적으로 발생했다면, 무엇 때문에 하나님이 필요하지? 나 자신이 내 삶의 규칙을 세울 수 없단 말인가? 누가 나를 소유할 수 있지? 나는 바로 내가 소유할 뿐이다."[8]

이 점을 더욱 확실하게 보여주기라도 하듯이 수많은 무신론자와 회의론자들이 하나님과 도덕성의 관련을 언급했다. 고인이 된 무신론 철학자 J. L. 맥키(J. L. Mackie)는 자연주의에는 도덕적인 특성이 "색다르게" 주어져 있다고 말했다. "만일 객관적인 가치들이 존재한다면, 그 가치들은 그것들이 존재하지 않을 때보다 신의 존재를 더욱더 개연성 있게 해준다. 따라서 우리는 도덕성에서 신의 존재로 나아가는 변호할 만한 논증을 하고 있다."[9] 불가지론자 폴 드레이퍼(Paul Draper)는 "도덕적인 세상은 유신론에 의존해야 더욱 개연적이다"라고 주장한다.[10]

미국 독립선언서가 주장하는 것처럼 인간은 "창조자에게 양도 불가능한 권리를 부여받았다." 이런 선하신 창조자는 윤리의 진정한 기초이며 현재 위기에 처해 있는 윤리를 구출할 궁극적인 소망이 된다.

---

7) Jeffrey Dahmer는 1978년부터 1991년까지 미국 밀워키 주 또는 위스콘신 주에서 십대를 포함한 남성 17명을 강간, 살인하고 사체를 토막 낸 연쇄살인범이다. 사체를 토막 낸 후 그는 인육을 먹기도 했다. 그는 경계선 인격 장애, 정신이상, 정신분열 인격 장애를 앓고 있다는 의학적 진단을 받았음에도, 흉악 살인범으로 기소되어 15번의 종신형을 선고받고 복역 중 동료 죄수에게 맞아 죽었다―역자 주.

8) "Jeffrey Dahmer: The Monster Within," *Biography*, A&E, 1996.

9) J. L. Mackie, *The Miracle of Theism* (Oxford: Clarendon, 1982), 115-16.

10) In Greg Ganssle, "Necessary Moral Truths," *Philosophia Christi* 2, no. 1 (2000): 111.

개리 R. 하버마스(Gary R. Habermas, 미시간 주립 대학교 Ph.D.) 버지니아 주 린치버그에 있는 리버티 대학교의 연구 교수이자 철학과와 신학과의 학과장이다. 36권의 책(예수의 부활을 주제로 한 18권)을 출간했고, 가장 최근에는 앤터니 플루, 그리고 데이비드 바게트와 함께 『부활 논쟁』(*Did the Resurrection Happen?*, IVP 역간, 2012)을 출간했다. 여러 책에 기고자로 참여했으며 학회지나 다른 정기 간행물에도 100편 이상의 논문을 발표했다. 지난 10년 동안 그는 미국과 해외에 있는 15개의 대학원과 신학교에서 방문 교수와 외래 교수로 수십 개의 과목을 가르쳤다. http://www.garyhabermas.com에 있는 그의 웹사이트를 보라.

3
임사체험
사후 세계에 대한 증거?

■ 개리 R. 하버마스 임사체험(near death experience)에 관한 설명은 결코 현대에 국한되지 않는다. 이는 유사한 현상과 함께 인류 역사 전체를 통해 보도되고 있다. 지난 몇십 년 동안 임사체험은 큰 흥미를 불러일으키고 있다. 많은 독자가 경험자들의 다음과 같은 보도 자체의 초자연적인 음성에 매혹될 것이다. 임사체험을 경험한 어떤 이들은 자신의 죽은 육신 위를 떠돌았고, 어두운 터널을 따라 여행했으며, 사랑스러운 빛의 존재를 만났고, 심지어는 그 존재에게 환대를 받았다고 한다. 그들은 이미 세상을 떠난 사랑하는 사람들을 만났고, 아름다운 소리를 들었으며, 놀라운 색채들을 보았고 그리고는 죽음의 두려움을 잊어버렸다고 주장한다.

어떤 증거가 있는가?

많은 사람이 임사체험에 쏟는 광범위한 관심에 대한 설명은 이런 현상만으로도 충분할 것이다. 하지만 비판자들은 이와 유사한 목격담이 인간들에게 공통적으로 뇌 화학(brain chemistry)이 현존하는 것 그 이상의 것을 나타내지 않는다고 비판한다. 임사체험은 단지 인간의 뇌가 개인적이고 최종적인 소멸의 상태에 도달했을 때 발생하는 것일 뿐이라는 주장이다.

하지만 어떤 임사체험 보고는 분명한 주장을 수반한다. 이럴 때 죽어가는 사람은 흔히 확증될 수 있는 자료를 보고한다. 어떤 사람이 죽음에 더 가까이 가면 갈수록 그 증거로 제시된 보고는 더욱 상세해진다. 그리고 그 체험은 공통적인 뇌 생리학이 제시하는 주관적인 주장보다 훨씬 더 실제적이다.

예를 들어 수십 명의 임사체험 경험자들은 자신들이 다음과 같은 상황을 겪었다고 주장했다. 그들은 자신들이 응급 처치를 받는 동안에 벌어진 일들을 실제로 관찰할 수 있었다. 이 일들은 그들의 주변에서 무슨 일이 일어나고 있는지 절대 알 수 없는 상태일 때 응급실에서 발생한 것일 수도 있다. 때때로 그들은 그런 응급 상황에서 멀리 떨어진 곳에서 일어난 사건을 보고하는가 하면, 심지어는 자신들의 감각을 정상적으로 건강하게 사용하고 있었다면 그 사람의 위치에서는 관찰할 수 없었을 일도 보고한다.

더 명백한 보고에 따르면, 어떤 죽어가던 사람은 심장 박동 없이 지낸 긴 시간 동안에 일어난 일을 관찰하여 보고했다. 드문 경우지만, 어떤 사람에게는 뇌 활동도 전혀 없었다. 게다가 시각장애인들도 자신들이 처해 있던 주변 환경에 대해 정확하게 묘사했다. 그들은 그 환경을 본 적도, 들은 적도 없었다.

거의 익사할 뻔하여 19분 동안이나 맥박이 전혀 뛰지 않았던 어린 소녀에 관한 이야기도 문서로 잘 보관되어 있었다. 응급실에서 이 아이를 담당했던 소아청소년과 의사 멜빈 모스(Melvin Morse)는 자신이 "중환자실에서 케이티의 맥박 없는 몸을 바라보고 있었다"라고 말했다. 응급실에서 CT 촬영을 한 결과, 케이티의 뇌가 엄청나게 부풀어 있음이 나타났고 구역질 반

 기독교를 위한 변론

사도 없는 "심각한 혼수상태"에 빠졌음이 드러났다. 모스는 상황을 다음과 같이 묘사했다. "내가 처음 그녀를 보았을 때 그녀는 눈동자가 움직이지 않고 흐리멍덩했는데, 이것은 회복 불가능한 뇌 손상이 확실하게 발생했음을 의미했다." 케이티의 호흡은 인공 심폐기로 간신히 유지되고 있었고, 소생할 가능성은 거의 없어 보였다.

그러나 사고 발생 3일 후 뜻밖에도 케이티는 완전히 회복되었다. 회복 후 그녀는 놀랍게도 자신이 누워 있었던 응급실에 관해 많은 것을 이야기했다. 특히 자신에게 일어난 일들에 관해 아주 상세히 말했고 자신을 치료했던 두 명의 의사의 외모에 대해서도 자세히 묘사했다. 그녀가 완전히 혼수상태에 빠져 있을 때, 곧 뇌 기능이 전혀 없었던 때에 일어난 모든 일을 말한 것이다. 모스는 다음과 같이 말한다. "케이티와 같은 증상의 환자는 뇌 기능이 전혀 없어 아무것도 이해할 수 없다."

그녀가 최근에 일어난 모든 일을 상세히 회고하는 데는 거의 한 시간이 걸렸다. 하지만 어떤 이야기는 일반적인 의학 용어로는 이해가 되지 않았다. 케이티는 자신이 혼수상태에 빠진 동안 엘리자베스라는 이름을 가진 천사가 찾아왔고, 이 천사가 집에 있는 자신의 가족을 볼 수 있게 해주었다고 말했다. 그러면서 자신의 형제자매가 그때 무엇을 하고 있었는지 매우 상세하고 정확하게 알려주었다. 심지어 그녀의 언니가 들은 유행하는 록 음악과, 아버지가 보고 있었던 것, 엄마가 요리하고 있던 음식까지도 정확하게 맞추었다. 그것은 구운 통닭과 밥이었다. 또한 그녀는 자기 가족들이 입고 있던 옷과 그들이 어디에 있었는지도 말했다. 후에는 단지 며칠 전에 일어났던 이런 상세한 내용을 그녀의 부모님에게 말해 그들을 놀라게 했다.[1]

---

1) 이 상세한 내용과 인용은 Melvin Morse(Paul Perry와 함께)가 저술한 *Closer to the Light: Learning from the Near-Death Experiences of Children* (New York: Random House, 1990), 3-14; *Transformed by the Light: The Powerful Effect of Near-Death Experiences on People's Lives* (New York: Random House, 1992), 22-23에서 가져온 것이다.

개리 R. 하버마스

어떻게 사람이 응급실에서 일어난 일뿐만 아니라 응급실과 멀리 떨어져 있는 장소에서 일어난 일까지 그렇게 확실하게 회상할 수 있겠는가? 뇌 활동이 전혀 이루어지지 않은 상태에서 말이다. 이런 임사체험을 자연스럽게 설명해보려는 시도들이 이루어지고 있다. 일례로 환각이나 잘못된 기억 같은 심리적인 요인들과 함께 산소부족이나 대뇌 측두엽의 발작 같은 의학적인 요인들이 제시되고 있다. 하지만 각각의 경우가 가지고 있는 의학적 문제나 다른 문제에 더하여, 이런 주관적인 접근 방법들은 한 가지 주된 문제를 공유하고 있다. 곧 그런 접근 방법들은 그 개인과 관련한 어떤 내적인 조건을 다루고 있다. 그래서 방금 언급한 특수한 외적 관찰을 설명해주지 못하기에 증거 보고로 확증되지는 못한다. 이것은 특별히 그런 증거가 멀리 떨어진 곳에서 발생할 때 더욱 그렇다.

예컨대 뇌의 내부 상태는 사건들, 특히 다른 지역에서 벌어진 고도로 상세한 사건들을 정확하게 설명하거나 제시할 수 없다. 뇌의 내부 상태는 앞을 보지 못하는 시각장애인들이 자신들을 둘러싼 환경을 보고하는 능력을 설명해줄 수도 없다. 어떤 사람의 심장이나 뇌 또는 그 두 가지 모두 작동하지 않는 경우에, 그것들은 문제가 되는 현상들을 적절하게 설명할 수 있는 자연스러운 설명이 가능하지 않음을 더욱 확고하게 한다.

기독교적 관점에서 본 임사체험

임사체험은 성경적 신앙과 충돌하는가? 실제로 임사체험과 유사한 현상은 성경에서도 보고되고 있다. 예컨대 부자와 나사로에 관한 예수의 이야기에서 우리는 천사들이 거지 나사로를 낙원으로 옮겼다는 내용을 볼 수 있다(눅 16:22). 이런 내용은 현대의 보고들과 다소 비슷해 보인다. 초기 교회의

의로운 지도자 스데반은 돌에 맞아 죽기 바로 직전에 하나님 우편에 서 계신 영광스러운 예수를 보았다(행 7:55-56). 바울은 자신이 몸 안에 있었는지 바깥에 있었는지 알 수 없는 상태에서 "셋째 하늘"에 이끌려 간 경험을 했다고 설명한다(고후 12:1-5). 몇몇 주석가들은 이 사건의 시점이 루스드라에 가는 도중에 바울이 돌에 맞아 죽은 줄로 알고 버려졌던 것과 일치한다고 생각한다(행 14:19-20). 이외에도 바울은 죽음의 문턱까지 갔던 경험을 여러 차례 했다(고후 11:23-25).

이 주제와 관련하여 몇 가지 어려운 문제들이 아직 남아 있음을 인정하지 않을 수 없다. 예를 들어 그리스도인이 아닌 자들도 임사체험으로 매우 극적인 경험을 했다고 말한다. 하지만 그들은 심판에 대해서는 거의 언급하지 않는다.

하지만 이런 개개인들은 생물학적으로 (또는 회복 불가능하게) 죽은 상태가 아니라, 거의 죽은 상태였기 때문에 우리는 그들이 맞게 될 미래의 영원한 상태를 알 수는 없다. 게다가 임사체험을 하고 생존한 사람들이 종종 자신들이 천국이나 지옥에 있었다고 묘사할 때, 그들은 지상에서 그들 주위에서 일어난 사건에 대해 현실적인 보고 이상의 것을 하곤 한다. 따라서 그들은 위에서 언급한 것처럼 자신들 주변의 일상적인 사건들에 관한 공통된 지각을 묘사하지 않고, 완전히 또 다른 실체에 관한 개인적인 **해석**을 묘사하고 있다.[2] 또한 천국이나 지옥을 묘사하는 경우에는 **증거**가 너무 적어 그런 지각이 정확한지를 확인하는 일이 예외적으로 어려움을 지적할 수 밖에 없다. 왜냐하면 임사체험자들은 지옥불을 생생하게 본 것을 포함해 예외적으로 소름 끼치는 부정적인 경험[3]을 했다고 보고하기 때문이다.

---

2) 여기에서 탁월한 응답을 보려면 Michael Sabom, *Light and Death: One Doctor's Fascinating Account of Near-Death Experiences* (Grand Rapids: Zondervan, 1998), 213-14을 보라. 그리고 104-41을 참조하라.

3) 한 가지 매혹적인 실례는 Howard Storm, *My Descent into Death: A Second Chance at*

신비하거나 사탄적인 내용을 담고 있는 임사체험 보고는 어떤가? 때때로 그런 측면들이 보고된다는 것을 부인할 수 없고 여기에는 분명 주의가 필요하다. 하지만 실제적인 임사체험 자체에 신비한 요소가 들어 있는 것 같지는 않다. 임사체험자들은 그저 자신들이 매우 어려웠던 시기에 경험했던 것을 설명할 뿐이다. 그리스도인들은 사후에 즉각적으로 어떤 일들이 일어나리라고 기대하는가? 그러나 신비하고 사탄적인 현상을 보고하는 대다수가 이전에는 그러한 것에 관심이 전혀 없던 그리스도인들이다. 비록 그들의 체험이 초자연적인 것처럼 보이지만 그렇다고 그 체험들이 자동으로 불가사의한 것은 아니다. 게다가 만일 우리 말이 맞다면 유사한 체험이 성경에도 보고되고 있다고 말할 수 있을 것이다(실례를 들자면 눅 16장과 고후 12장이다). 그러므로 전체적으로 삶에서 경험하는 어떤 체험들은 신비하고, 또 다른 체험들은 그렇지 않은 것처럼 보인다.

임사체험과 관련한 어려운 질문이 아직도 많다. 이에 대한 연구가 여전히 필요하다. 임사체험을 강하게 반대하는 것처럼 보이는 것이 있지만, 반면에 매우 확실하게 입증된 상황들도 많이 있다는 것을 기억해야만 할 것이다.

임사체험 연구의 중요성

임사체험 연구는 여러 이유로 인해 가치가 있다. 우선 사람들의 흥미를 끄는 이야기로서 임사체험은 대단히 매혹적인 읽을거리다. 임사체험보다 더 나은 이야깃거리가 거의 없을 정도다. 이야깃거리를 넘어 그런 설명들은 논쟁의 여지가 있는 죽음의 고유한 특성과 사후 삶의 가능성 같은 인생의

Life (New York: Doubleday, 2005), 특별히 14-23이다. 심지어 Storm은 자신의 임사체험 후 무신론에서 기독교로 개종하게 된 과정을 상세하게 설명하고 있다(4장).

중요한 신비가 무엇인지 소개해준다.

임사체험을 자연 현상으로 설명하려는 대안적인 시도들은 특히 증거가 더욱 확실한 경우들을 설명하지 못하고 있다. 위에서 언급한 것처럼 자연 현상으로 설명하는 대안들은 먼 곳에서 있었던 일을 보고하는, 특별히 심장이나 뇌가 활동하지 않을 때 이루어지는 관찰을 설명할 수 없다. 논쟁의 소지가 있기는 하지만, 이 마지막 경우들은 죽음의 시점이 가까워 올 때 어떤 일이 일어나는지에 관한 강력한 증거를 잠재적으로 제공해준다. 비록 그 논증을 여기서 다시 진술할 수는 없지만 나는 다른 책에서 임사체험이 실제로 사후 삶의 시초 단계를 최소한 입증해준다고 주장했었다.[4]

임사체험 연구에 등장하는 자료들은 경쟁 관계에 있는 유신론적 세계관들을 전혀 구별하지 않고, 어느 것이 옳은지도 결정하지 않는 것처럼 보인다. 이 유신론적 대안들은 아마도 유신론 논증에 별다른 심각한 문제를 초래하지 않는 것 같다. 하지만 초자연적인 것이나 사후 삶에 관한 결론이 사실이라면 그것은 자연주의 견해는 물론, 우주가 모든 물질로 구성되어 있다는 자연주의의 주장에 대혼란을 가져올 것으로 보인다. 임사체험은 자연법칙을 폐지하거나 무시하지 않기에 기적적인 사건은 아니다. 하지만 이 사건들은 현실에서 인정되는 물질을 넘어서는 초자연적인 실체를 지지해준다. 세계관 형성과 관련해서 임사체험 연구가 가장 크게 기여하는 것이 바로 이 부분이다.

우리는 임사체험 연구에 여전히 어려운 문제가 남아 있다고 말했다. 하지만 이 연구는 계속되는 종교적·철학적 논의에 매우 가치 있는 증거가 될 만한 자료를 산출할 수 있을 것처럼 보인다.

---

4) Gary R. Habermas and J. P. Moreland, *Beyond Death: Exploring the Evidence for Immortality* (Wheaton: Crossway, 1998; 재판, Eugene, OR: Wipf and Stock, 2003), 7-9장.

L. 러스 부시 3세(L. Russ Bush III, 사우스웨스턴 침례신학교 Ph.D.) 저명한 철학자이자 기독교 변증가로 폭넓은 주제의 책을 출간한 저자다. 노스캐롤라이나 주 웨이크포레스트에 있는 사우스이스턴 침례신학교에서 종교 철학 분야의 탁월한 교수로 섬겼고, 톰 네틀즈(Tom Nettles)와 함께 *Baptist and the Bible*을 공동으로 저술했다. 많은 사람이 이 책을 1980년대에 남침례교 총회의 보수주의가 다시금 일어나게 하는 근간이 되었다고 평가하고 있다. 부시 교수는 그가 가르친 수천의 학생에게 사랑을 받은 겸손한 사람이었고, 2년 동안 암과 싸우다 2008년 1월에 하나님의 부름을 받았다.

4

자연주의

하나의 세계관

▪ L. 러스 부시 3세 자연이라는 단어는 보통 일상적인 조건으로 존재하는 물리 세계를 지칭한다. 어떤 일이 "자연적"이라면 그것은 인간의 (지적인) 행위로 변모되지 않았음을 의미한다. 우리 가운데 많은 사람이 "자연"을 사랑한다. 사람들은 손상되지 않은 야외 풍경, 숲과 강과 산과 시냇물로 이루어진 세계를 사랑한다.

하지만 자연에 **주의**를 첨가하면서 우리는 자연과 관련이 있는 다른 의미의 단어를 가진다. **"자연주의"**는 최종적인 분석에서 자연이 존재하는 모든 것이고, "자연"은 본질적으로 그 자체 이외의 어떤 것에 의해 변모되지 않는다는 신념이다. 다른 말로 설명하자면 자연 자체가 궁극적인 실체가 된다.

자연은 역동적이며 활동적이다. 하지만 "자연주의"로 알려진 세계관에 따르면 자연에 영향을 미치는 인과적인 것은 자연 너머에 존재하지 않는다. 하나님은 존재하지 않거나 혹은 존재하더라도 자연에 아무런 영향이나 결과를 미칠 수 없다. 어떤 사람들은 자연 자체가 창조적인 존재로 생각될 수 있다고 제안한다. 자연주의는 지상의 생명이 자연이라는 목적을 위해 자연선택에 의해 자연적인 실체들로부터 생겨났다고 주장한다. 적절하게 **초자연적**이라고 불릴 수 있는 그 어떤 실재도 존재하지 않는다. 자연주의에 따르면 영적인 실재는 환영이거나 단지 복합적이고 일상적이지 않은 자연적인 실재들에 불과하다.

18세기 이후 서구 세계에서는 유물론적 철학이 영향력을 발휘했다. 18세기 이전에는 대부분의 서구인이 세계를 하나님이 만드신 피조물이라고 믿었다. 하지만 자연주의적인 사고가 그런 견해에 점차적으로 도전했고, 우선 그것을 자연주의적인 방법으로 그다음에는 보다 포괄적인 자연주의 철학으로 대체하려고 했다.

자연주의가 중요한 세계관(또는 포괄적인 사고방식)으로 발흥하기 이전, 대부분의 서구인은 하나님이 세상을 창조하셨고 그분이 세상의 형태와 존재를 책임지신다고 믿었다. 그들은 태초에 하나님이 만물을 창조하셨기에 그분이 능력의 말씀으로 만물을 붙들고 계신다고 이해했다. 하나님은 살아계신 존재이므로 세상에서 생명을 기대하는 것이 논리적으로 타당했다. 왜냐하면 생명은 생명으로부터 나오기 때문이다. 20세기 자연주의는 우주(와 생명 자체를 포함한 그 안에 있는 모든 것)가 자연적인 양자 요동(quantum fluctuation) 때문에 (또는 다른 엄격하게 자연적인 수단에 의해) 생겨났고, 원래의 자연 상태에서 현재의 자연 상태에 이르는 자연적인 과정에 의해 발전했다는 생각에 근거한다. 한마디로 그들은 생명이 무생물에서 생겨났다고 믿는다.

자연주의는 비인격적이고 살아 있지 않으며 아무런 설계도 없는 물리화학(physical chemistry)이라는 신 이외의 어떤 신도 인정하지 않는다. 변화의 자연스러운 과정은 본질적으로 임의적이고 목적이 없지만, 자연적인 과정은 "더욱더 우월하거나" 강한 것이 생존하고 다른 것은 멸절한다는 의미에서 실제로는 어떤 과정이나 행동을 "선택하는" 것 같다. 자연주의자들은 임의적인 유전적 요동(즉 변이)을 따라 이런 무의식적이고 무목적적인 "선택" 과정이 우리가 오늘날 알고 있는, 살아 있는 것들로 이루어진 세계의 기원을 설명해주는 관건이 된다고 믿고 있다.

따라서 자연주의적 세계관은 자연 그 자체가 존재하는 모든 것이라는 전반적인 믿음이다. 하나님은 세계를 설계하지 않았다. 지성 자체는 자연 세계의 한 결과이지 원인이 아니다. 자연은 엄격하게 자연 과정을 통해 그 자신을 형성했다. 이런 주장은 몇 가지를 함축한다.

지구에는 일군의 다양한 의식적 인격성이 존재하는 것처럼 보인다. 자연주의는 그 정의상 인격이 비인격적인 것, 즉 단지 물질이요 에너지였던 것에서 생겨났다(진화했다)고 말한다. 인격적인 것은 자연적인 우주에는 본질적으로 존재하지 않는다.

인격은 비인격적인 것에서 생겨났음이 틀림없을 뿐만 아니라, 아마도 어떤 인격적인 근원으로부터의 지시나 인도 없이 자발적으로 생겨났을 것이다. 이것은 인과관계라는 자연법칙을 위반하는 것처럼 보인다. 에너지는 흩어지고, 복잡성은 단순화되면서 변화한다. 어떤 체계도 자발적으로 더 복잡해질 수 없다. 추가적인 에너지와 질서가 바깥에서 그 체계에 첨가되지 않는다면 말이다. "원인"은 "결과"를 그 안에 포함하거나 그렇지 않고 덜 복잡한 "결과"를 산출하려면 충분히 복잡해야만 한다. 하지만 인격성은 자연에서 관찰되는 사물들의 자연적인 화학적 질서와 물리적 질서보다 훨씬 더 복잡하다. 이것을 어떻게 설명할 수 있겠는가? 자연주의자들은 대개 그런 질문들을 지적인 쓰레기통에 던져버린다. 그러나 인격적인 존재가 지금 이곳에 존재한다(자연주의자들과 당신과 내가 존재한다). 따라서 자연주의자들은 비지성적·무의식적 물질이라는 비인격적인 실재에서 고도로 복잡하고 지적이며 자기 의식적인 인격이 자연적으로 발생하는 것이 대단히 불가능하다고 생각하면서도 그런 사실을 받아들인다.

생명에 있어서도 사정은 동일하다! 자연주의자들은 생명이 존재한다는 것을 인정한다. 하지만 그들은 자신들의 자연주의를 주장하기 위해 자연이 목적이나 외적 원인 없이, 그리고 자발적으로 무생물에서 생명을 산출했다고 주장한다. 그런 종류의 사건에 대한 증거가 모자라고 가능성이 희박하다고 해도 그들은 자연주의를 단념하지 않는다. (그들이 말하길) 그런 사건은 과거에 단 한 번만 일어나면 되기 때문이다. 사실 모든 생명이라는 형태의 유전적인 유사성은 모든 생명이 하나의 단순한 세포나 작동하는 세포에 근접하는 일련의 화학적 과정에 의해서 생겨났음이 틀림없다고 가정하도록 자연주의자들을 이끈다. 이 단순한 세포는 오랜 세월에 걸쳐 마음대로 (그리고 목적이나 프로그램 없이) 질서정연하게 에너지를 사용하고 일련의 과정에 따라 복제를 시작했다. 화학적 활동과 물리적 변화는 아마도 그때 돌연변이를 통해 새로운 방향으로 에너지를 사용하고 복제를 시작해 더욱 복잡한 배열에 이르렀을 것이다. 시간이 지나 더욱더 복잡한 과정들이 지적 설계 없이 임의대로 생겨났고, 짐작건대 모든 살아 있는 것은 이런 단순하고 임의대로 수집된 자연적인 화학 물질에서 생겨났을 것이다.

또한 이것은 후기 단계의 발전에서 합리적인 정신 상태가 전적으로 비합리적인 선행 물질에서 생겨났음을 의미한다. 자연주의자들에게 합리적인 사고는 단지 자연적인 화학적 상호작용의 복잡한 형태에 불과하다. 자연 과정과 비이성적 과정은 결코 이성의 발생을 의도하지 않았다. 왜냐하면 의도는 합리적인 특징을 가지고 있기 때문이다. 따라서 의도나 목적은 이성이 존재하게 될 때까지는 존재할 수 없다. 하지만 자연주의자들은 이성이 태초에 존재했다는 것을 부인하고 있다. 이성은 그저 자연 과정의 끝에서 진화한 것이다. 이성이 출현하기 전에는 단지 비이성으로 특징되는 실체들이 있을 따름이었다.

마지막으로 이것은 우리에게 매우 중요한 통찰력을 갖게 해준다. 자연

기독교를 위한 변론

주의적 세계관에서 이성 자체는 특별히 임의적으로 변화하는 원래 물질 조각의 자연적·임의적 결과에 지나지 않는다. 이성은 정말이지 그 자체를 비판할 수 있는 독립적인 평가 과정을 가질 수 없다. 이성은 단순히 화학이 자기 배열과 자기 조직을 통해 허락하는 것일 뿐이며, 논리와 합리성과 문법적인 언어의 형성은 진리나 의미와는 필연 관계가 전혀 없는 설계되지 않은 과정의 우연한 산물에 불과하다. 그들에 따르면 모든 진리는 단지 실용적으로 다듬어진 생각의 집합에 불과할 것이다. 자연주의자들은 어떤 본래의 진리도 존재하지 않고 자연주의 자체만이 진리라고 주장한다. 하지만 그들의 이런 주장이 과연 불가피한 회의론의 결론을 피할 수 있을까? 어떤 것도 확실하게 객관적으로 참이라고 알려질 수 없다. 왜냐하면 그 당시 우연히 사용하고 있었던 화학적인 유형 이외에 그 어떤 표준도 존재하지 않기 때문이다. 왜 이성을 신뢰해야 하는가? 어떻게 자연주의가 참이라고 알려질 수 있는가? 그 대답은 그럴 수 없다는 것이다.

따라서 자연주의는 그 자신의 진리 주장을 유지하는 데 실패하고 만다. 사실 모든 지식은 단지 두뇌 안에서의 잠정적인 화학적 행동에 불과하다. 이것은 무의미하고 임의적인 화학 과정의 산물이다. 당신과 나는 현재 잠정적으로 배치된 두 개의 화학 과정들의 집합 그 이상이 아니다. 어떤 것도 전통적인 의미에서 진리일 수 없다. 왜냐하면 객관적인 기준이 전혀 존재하지 않기 때문이다. 인간의 지성은 단지 화학적 과정의 특수한 집합이 지니는 잠정적인 결과에 불과하고, 그래서 인간은 사실과 실재에 대한 진정한 관찰자일 수 없다.

자연주의자들은 자연주의가 진리를 탐구하는 데 가장 탁월한 과학적 방식이라고 주장한다. 하지만 자연주의는 우리가 신적인 계시에 기초해 사는 세계에 대한 지식의 객관적인 뿌리를 망각하는 극단적인 순환논리의 한 실례에 불과하다("태초에 하나님이 천지를 창조하시니라"[창 1:1]). 우리는 인격적이고 살아 있는 지적인 원인을 유신론에서만 찾을 수 있다. 유신론만이 세상에 존재하는 생명에 관한 충분한 설명을 제공한다. 하나님은 필연적인 존재이시다. 하지만 자연주의는 이 사실을 부정한다. 따라서 자연주의에서는 이성이 상실되고, 진리가 상실되며, 지식도 상실된다. 그리고 의미도 상실된다.

자연주의는 성공적인 것 같지만 이내 사멸하고 만다.

브루스 A. 리틀(Bruce A. Little)　노스캐롤라이나 주 웨이크포레스트에 있는 사우스이스턴 침례신학교에서 종교 철학으로 철학 박사 학위를, 조지아 주 디케이터에 있는 컬럼비아 성경 신학교에서 목회학 박사 학위를 취득했다. 현재는 사우스이스턴 침례신학교에서 철학 교수로 있으면서 러스 부시 신앙과 문화 센터의 책임자로 봉사하고 있다. 1995년 이래로 동유럽에 있는 수많은 주립대학교와 국립대학에서 강의했고 학회에서 논문을 발표했으며 변증학에 관한 워크숍을 진행했다. 우크라이나 심페로폴에 있는 타브리체스키 국립대학교의 러시아 철학자들과 함께 4권의 책을 출간하기도 했다. 또한 해마다 헝가리 에게르에서 모이는 유럽 리더십 포럼의 정기 강사이자 나이지리아, 말레이시아, 오스트리아에 있는 신학교의 객원 교수이기도 하다. 그는 다양한 학술저널들에 논문을 발표했고 최근에는 『창조질서 신정론: 하나님과 불필요한 악』을 저술했으며, 곧 출간될 프란시스 쉐퍼의 생애와 사역에 대한 책의 편집자이기도 하다.

5

무엇 때문에 고난을 겪는가?

■ 브루스 A. 리틀

교회사를 가볍게 훑어보거나 그리스도인들의 기도 모임에 정기적으로 참석해보면 의심의 여지 없이 그리스도인들도 고통을 당하고 있다는 사실을 알게 된다. 사실 이 글을 읽는 모두는 아니겠지만 대부분의 사람이 어떤 형태의 고통을 어느 정도 직접 경험했을 것이다. 물론 이 세상에서 고난을 겪는 것은 그리스도인들만이 아니다. 세상은 고난으로 가득 차 있기 때문이다. 그런데도 우리 앞에 주어진 주제는 왜 특별히 그리스도인들이 고난을 겪고 있는가에 관한 문제다. 이것은 왜 하나님께서는 그리스도인들이 고난을 겪도록 허용하시는가에 관한 질문이나, 도대체 왜 그리스도인들이 고난을 겪지 않으면 안 되는가의 질문이 아니다. 주님이 주시는 징계를 받을 때 그리스도인들이 겪는 고난의 문제(히 12:3-17을 보라)를 살펴보려는 것도 아니다. 이런 각각의 질문은 그 자체로 살펴볼 가치가 있다. 하지만 여기서는 다른 질문에 관한 대답을 탐구할 것이다. 우리가 지금 다룰 주제는 다른 범주의 그리스도인의 고난이다. 이것은 암 투병 같은 특수한 고난의 경험이 어떤 것인지에 대한 관찰이 아니라, 도리어 고난이라는 특수한 행동이 자리할 수 있는 광범위한 범주를 살펴보는 것이다. 이런 일을 하는 이유는 고난에 관한 성경의 약속이 어떤 범주의 고난에만 적용되는지를 살펴보기 위해서다. 나는 다음과 같은 세 가지 범주가 있다고 주장할 것이다. (1) 그리스도인은 하나님을 위해 의롭게 살고자 할 때 고난을 겪을 수 있다. (2) 그리스도인들은 타락한 세상에서 사는 인류의 한 부분이기에 종종 고난을 겪는다. (3) 그리스도인들은 자신들이 악행을 저지르는 자로 행동할 때 고난을 겪을 수 있다.

성경은 그리스도인들이 그리스도인이기 때문에 고난을 겪는다는 사실을 숨기지 않는다. 바울은 디모데에게 무릇 경건하게 살고자 하는 사람들은 핍박을 받을 것이라고 상기해주고 있다(딤후 3:12). 예수 역시 고난을 당하셨으며 우리는 종이 그 상전보다 더 크지 못하다는 것을 알고 있다(요 13:16). 성경에서 믿음으로 살아간 위대한 사람들의 삶을 기록한 믿음의 장은 하나님을 위해 그들이 이루었던 성취뿐만 아니라(히 11:1-34), 그들이 믿음을 위하여 견뎌야만 했던 끔찍한 고난에 대해서도 말해주고 있다(히 11:35-40). 그러므로 아버지의 뜻을 실천하며 어려운 시기를 통과했고 지금도 통과하고 있는 것은 결코 놀라운 일이 아니다. 산상수훈에서 예수는 의를 위해 핍박을 받는 자가 복이 있다고 가르치셨다(마 5:10). 바울은 우리가 그리스도를 위해 고난을 겪을 때 받을 위로에 관해 언급한다(고후 1:3-7). 또한 베드로는 우리가 겪는 믿음의 시련이 사라져 없어질 금보다 더 귀하다고 말한다(벧전 1:6-7). 나중에 그는 우리가 그리스도의 이름으로 고난을 받으면 복이 있다고 말한다(벧전 3:14). 야고보는 "내 형제들아, 너희가 여러 가지 시험을 당하거든 온전히 기쁘게 여기라. 이는 너희 믿음의 시련이 인내를 만들어내는 줄 너희가 앎이라"라고 말하고 있다(약 1:2-3).

이 모든 성경 구절은 분명히 의를 위해 받는 고난을 언급하고 있다. 결과적으로 우리는 그런 범주의 고난에만 적용되는 의를 위해 겪는 고난과 관련이 있는 축복을 고려해야 한다. 우리가 의를 위해 고난을 겪을 때 약속된 복은 악을 행해서 겪는 고난이나 그저 타락한 세상에 살고 있기 때문에 겪는 고난에는 적용되지 않는다. 위에서 언급한 대부분의 본문은 복을 약속하지만 어떤 형태의 복인지에 대해서는 언급하지 않는다. 하지만 믿음으로 행하고 보는 것으로 행하지 않는 우리는 말씀 가운데 하나님을 알아가며 그분이 보시기에 적절한 복을 주시도록 축복의 사역을 하나님께 맡겨야 한다.

의를 위해 겪는 고난의 문제에 주의를 요하는 또 다른 성경 구절은 로마서 8:28이다. "우리가 알거니와 하나님을 사랑하는 자 곧 그의 뜻대로 부르심을 입은 자들에게는 모든 것이 합력하여 선을 이루느니라." 이 말씀은 우리가 어려움에 부닥쳤을 때 가장 흔하게 인용된다. 그리스도인이 심장마비에 걸렸을 때 이 말씀이 인용된다. 사랑하는 사람이 죽거나 끔찍한 사고를 당했을 때도 사용된다. 하지만 이 구절의 말씀이 정말 가르치는 것이 하나님을 사랑하는 자들에게 모든 상황에서 "모든 것"이 합력하여 선을 이룬다는 것인가? 나는 다음과 같은 내용을 주장할 것이다. 곧 로마서 8장 전체의 문맥을 살펴보면 "모든 것"은 우리가 그리스도를 위해서 담대하게 살아갈 때 직접적인 결과로서 일어나는 일들에만 적용된다.

나는 우선 로마서 8:17에서 내 탐구를 시작하고자 한다. 분명히 여기서 주제는 육체를 따라 사는 것이 아니라 성령 안에서 행하는 것이다. 17절은 예수와 함께 고난을 겪고, 그분과 함께 영화로워지는 것을 말하고 있다. 바울 사도는 이 지점에서 고난에 관한 논의를 시작한다. 우리는 17절의 고난이 예수를 위해 살아가기 때문에 겪는 고난으로 이해할 수 있다. 바울 사도는 이 세상에서의 고난이 그날에 우리에게 나타날 영광과 족히 비교할 수 없다는 것을 말한다(롬 8:18). 심지어 그는 피조세계까지도 얼마나 그날을 기다리고 있는지를 말하고 있다(롬 8:19-25). 그런 다음 그는 우리가 우리 자신을 위해 어떻게 기도해야 할지 알지 못할 때 성령이 우리를 위해 어

브루스 A. 리틀

떻게 기도하시는지를 말한다(롬 8:26-27). 이 문맥은 우리가 의를 위하여 고난을 받고 마땅히 기도할 바를 알지 못할 때 성령이 아버지의 뜻대로 우리를 위해 기도하신다는 사실을 말하고 있다. 이어서 바울은 하나님을 사랑하는 사람들에게 "모든 것"이 합력하여 선을 이루도록 하나님이 역사하시는 것을 우리가 안다고 말한다. 그래서 우리는 비록 어떻게 기도해야 할지 알지 못할지라도, 우리가 의를 위하여 고난 받을 때 하나님이 우리 편에서 역사하고 계심을 계속해서 알 수 있다. 본문은 왜 하나님이 우리의 복지를 위해 일하고 계시는지를 우리가 확신해야만 하는 이유를 계속해서 제시한다(롬 8:29-35). 바울은 실제적으로 그리스도인들이 견뎌내고 있는 특수한 종류의 고난 중 일부를 열거하고 있다(롬 8:35). 그리고는 이런 고난이 주님을 위해 살기 때문에 겪는 고난이라고 말한다. "우리가 종일 주를 위하여 죽임을 당하게 되며"(롬 8:36). 결론은 "모든 것"이 단지 이런저런 고난을 가리키는 것이 아니라 특별히 의롭게 살아갈 때 겪는 고난이라는 것이다. 로마서 8장을 마치면서 바울은 그 어떤 것도 우리를 "그리스도 예수 우리 주 안에 있는 하나님의 사랑에서" 끊을 수 없으므로(롬 8:39) 살아가면서 의를 위해 겪는 고난을 두려워해서는 안 된다고 결론 내린다. 따라서 나는 로마서 8:28이 단지 우리가 의롭게 살아가기 때문에 임하는 고난에만 적용된다고 결론을 내린다. 의롭게 살아가는 모든 그리스도인에게 핍박이 올 때, 그들은 하나님이 역사하시고 계심을 알 수 있다. 또한 하나님이 자신들을 위해 일하고 계시며 그로 인해 마침내 복을 받을 것임도 알 수 있다. 고난 중에 그리스도인들은 하늘 아버지의 위로와 은혜와 자비를 알 수 있다.

두 번째 범주는 그리스도인들이 타락한 세상에 살고 있기에 겪는 고난이다. 타락 이후 지구에서 일어나는 여러 일에 변화가 생겼고, 고통과 고난이 피조세계에 임했다. 지진이나 토네이도 같은 것에서 볼 수 있는 것처럼 자연계에는 격변이 존재한다. 이런 일들은 이 세상의 한 부분으로서 그리스도인들과 불신자들에게 동일하게 영향을 미친다. 게다가 악한 사람들은 다양한 범위와 강도로 부정적인 결과를 일으키는 나쁜 일들을 행한다. 이런 일들은 종종 그리스도인들에게도 영향을 미친다. 우리가 그리스도인이라는 것 때문에 이 세상의 깨어짐에서 예외가 되지는 않는다. 더 나아가 우리가 잘못된 선택을 할 경우에 그 선택은 다른 사람과 우리 모두에게 부정적인 결과를 초래한다. 그리스도인과 불신자들 모두 심장마비에 걸리고 암과 투병하며 무서운 질병으로 자녀를 잃기도 한다. 둘 사이에 차이가 있다면, 그것은 그리스도인들이 끔찍할 정도로 망가진 이 세상의 고난에서 면제된 것이 아니라 그들이 고난을 견디는 방법과 관련이 있다. 바울이 가지고 있었던 육체의 가시처럼 하나님은 고난을 겪는 자들을 붙드시는 충분한 은혜를 주실 수 있다. 그리스도인들이 하나님을 믿는 믿음의 실재 세계를 증언하는 것은 바로 이런 하나님의 붙들어주시는 은혜가 나타나는 것이다. 병원에 누워 고난을 겪는 성도들은 매우 자주 하나님의 은혜를 증언하곤 한다. 하지만 이런 고난은 의를 위한 것이 아니다. 그러므로 우리는 의를 위한 고난에 해당하는 약속들을 이런 상황에 적용해서는 안 된다. 우리가 해야 할 일은 하나님이 적절하게 여기시는 구원을 위한 기도 가운데 열심히 하나님의 얼굴을 구하고, 모든 일 가운데서 우리를 붙들어주시는 하나님의 은혜에 의지하는 것이다. 만일 그런 구원이 치료의 형태로 온다면 그때는 하나님께 감사하라. 그것이 하나님의 풍성한 은혜라면 하나님 안에서 즐거워하라. 그것이 어떤 방식으로든 회복을 의미한다면 하나님의 섭리하시는 역사를 증거로 삼으라. 이것은 직접적으로 고난을 겪는 사람들과 그들 곁에서 간접적으로 고난을 겪는 사람 모두에게 적용된다. 하나님의 은혜(그것이 어떤 형태든지 상관없이)는 세상에 대한 놀라운 증거가 될 수 있다. 그런 증거를 통해 어떤 사람들이 예수를 믿는 믿음으로 나아올는지 누가 알겠는가?

고난의 세 번째 범주는 잘못된 행동에 연루되어서 일어나는 고난이다.

브루스 A. 리틀

우리가 지속적으로 죄를 짓고 있다면 하나님의 징계의 손이 달갑지 않을 것이다(하지만 유익하다. 히 12:6-13). 그 경우에 만일 우리가 죄를 자백하고 거기서 돌이킨다면 징계는 우리 삶에 의의 평강한 열매를 맺게 할 것이다. 반면에 어떤 경우 우리는 국가의 시민법을 범하여 죄인으로서 고난을 겪을 수도 있다(벧전 4:15). 베드로는 단지 악행하는 자로서 고난을 받지 말라고 말한다. 바울 역시 이렇게 말하는 이유는 분명하다. 행정당국은 악을 행하는 자들을 심판하는 하나님의 사역자들이다(롬 13:1-4). 따라서 그리스도인들이 악을 행하여 고난당할 때 그들은 불평하지 말고 마땅한 벌을 받아야만 한다. 여기서는 모든 것이 합력하여 선을 이룬다는 약속이 적용될 수 없다. 그들은 하나님을 경외하는 태도로 자신들에게 부여된 형벌을 받아들여야 하며, 하나님의 은혜뿐만 아니라 그들이 회개하고 은혜를 받았음을 증언하는 데 자신들의 죄를 고백해야만 한다. 또한 그리스도인들은 자신들이 있는 곳에서, 그리고 자신들에게 내려진 형벌이 어떤 것이든 간에 모든 상황에서 예수를 위한 증인이 되어야만 한다. 나의 나쁜 행동을 보고 어떤 사람들이 구주를 받아들이는 경우와 관련하여, 결과가 좋다고 그 결과의 원인이었던 나쁜 행동에 대한 핑계로 로마서 8:28을 인용하는 것은 여전히 잘못된 적용이다.

고난을 겪을 때마다 우리는 왜 고난을 겪는지 아는 것이 중요하다. 의심할 것도 없이 때때로 그것이 다른 사람들에게는 분명하지 않을지 모르지만, 그리스도인에게는 분명해야만 한다. 왜 고난을 겪는지 확정하고 난 후 우리는 거기에 따라 반응해야만 한다. 의를 위해 고난을 겪고 있다면 그때는 즐거워할 수 있다. 고난이 세상의 깨어짐에서 기인한 것이라면 하나님의 보좌 앞에 기도를 드리고 그분이 주시는 은혜의 풍성하심 가운데 위로를 얻을 수 있을 것이다. 악을 행하는 자로서 고난을 겪고 있다면 그때는 죄를 고백하고 회개하며 순종하는 그리스도인으로서 우리의 벌을 받아들일 필요가 있다. 고난에 직면한 다른 사람이나 우리 자신을 격려하기 위해 성경의 어느 구절을 인용할 때는 각별한 주의를 기울이도록 하자. 어떤 범주의 고난을 겪고 있는지에 따라 고난 가운데 주어지는 약속과 책임이 다르다. 고난의 상황에 약속을 적용할 때 분별력을 가져야 한다. 사실 세 가지 범주의 고난 모두에서, 하나님은 우리 힘으로 감당할 수 없는 상황뿐만 아니라 우리의 삶에서도 분명히 역사하실 수 있다. 하지만 우리가 의를 위해 고난받을 때에만 축복의 약속을 적용해야만 한다. 다른 모든 고난 가운데서는 항상 하나님의 은혜가 족한 줄로 확신하며 하나님의 은혜에 우리의 삶을 맡겨야만 한다.

데이비드 우드(David Wood) 뉴욕 주에 있는 포담 대학교에서 악의 문제에 초점을 맞춘 논문으로 철학 박사 학위를 취득했고 현재는 이곳에서 철학을 가르치고 있다. 예전에는 무신론자였지만, 예수의 부활에 관한 역사적 증거들을 탐구한 이후에 그리스도인이 되었다. 변증학 연구소(Acts 17 Apologetics Ministries)의 공동책임자이자 무슬림 및 무신론자들과 함께 수십 차례 토론을 벌였던 미국 기독교철학회의 회원이기도 하다. 지금은 뉴욕 주의 브롱크스에서 아내 마리와 아들 루시안, 블레즈, 리드와 함께 살고 있다.

6

악으로부터의 논증에 대한 답변

유신론자들이 취할 수 있는 세 가지 접근방법

■ 데이비드 우드　　몇 주 전에 5살인 내 아들 루시안은 하나님의 존재를 부정하는 자신의 첫 번째 논증을 찾아냈다. 그는 하나님이 보이지 않기 때문에 존재하지 않는 게 틀림없다고 추론했다. 그것을 논리적 형식으로 표현해보면 다음과 같다.

1. 만일 내가 X를 볼 수 없다면 X는 존재하지 않는다.
2. 나는 하나님을 볼 수 없다.
3. 그러므로 하나님은 존재하지 않는다.

물론 첫 번째 전제부터가 거짓이다. 그리고 눈으로 보는 것만이, 어떤 대상이 존재하는지 알 수 있는 유일한 방법이 아님을 어린 루시안에게 알려주는 것은 그다지 어렵지 않았다. 예를 들자면 우리는 결과로 인해 어떤 대상이 존재한다는 것을 안다. 따라서 이런 논증은 쉽게 논박되었다(나는 5살짜리와의 논쟁에서 패배하지 않고 있다). 그럼에도 나는 내 아들이 논증을 만들어내는 것을 그만둘지 의심이 간다. 아들 녀석이 언제든 자신 앞에 있는 결정적인 자료에 기초해서 나에게 훨씬 더 강력한 논증을 제시하는 것은 시간 문제일 것이다.

2007년 11월에 나의 둘째 아들 리드(Reid)가 태어났다. 그는 움직이지도, 숨을 쉬지도 않았다. 그가 살아 있다는 유일한 증거는 그의 심장박동뿐이었다. 아들에게 인공호흡기가 씌워졌고 결국에는 기관절개수술을 받았다. 우리는 진단을 위하여 여러 달을 기다려야만 했으며 마침내 이 아이가 근육을 극도로 약하게 만드는 희귀한 유전자 질환인 근세관성 근병증(myotubular myopathy)에 걸렸다는 것을 알게 되었다. 리드는 근육이 너무 약하여 자신의 머리를 들 수 없었고 지속적으로 숨을 쉴 수 없었으며 필요할 때 삼킬 수도 없었고 소리를 내어 울 수도 없었다.

우리 부부는 두 아들에게 하나님이 전지하시고 전능하시며 전적으로 선하신 분이라고 가르친다. 나는 앞으로 몇 년 안에 루시안이 분명 다음과 같이 추론하게 될 것이라고 확신한다.

1. 하나님은 정의에 의하면 전지하시고 전능하시며 전적으로 선하시다.
2. 하나님이 모든 것을 아신다면 그분은 아이들이 근세관성 근병증에 걸리지 않게 하는 방법도 알고 계신다.
3. 하나님이 모든 것을 하실 수 있다면 그분은 아이들이 근세관성 근병증에 걸리지 않게 하는 능력도 갖고 계신다.
4. 하나님이 완벽하게 선하시다면 그분은 아이들이 근세관성 근병증에 걸리지 않기를 원하실 것이다.
5. 내 동생은 근세관성 근병증을 앓고 있다.
6. 그러므로 하나님은 존재하지 않는다.

이 논증은 이전의 논증처럼 쉽게 논박되지는 않는다. 유신론자들(즉 하나님이 존재하시고 우리의 세계에서 행동하신다고 믿는 사람들)은 이 논증에 어떻게 반응해야만 하는가? 악으로부터의 논증에 응답할 때 우리가 취할 수 있는 세 가지 주된 접근방법이 있다. 먼저 우리는 그 논증에 있는 문제들을 지적할 수 있다. 고난을 설명하려고 시도할 수도 있다. 그리고 유신론자들을 위하여 유신론에 반대되는 어떤 증거를 능가하는 부가적인 논증을 제공할 수도 있다. 이런 응답들에 더욱더 가까이 접근해서 살펴보자.

악으로부터의 논증이 지닌 문제

악으로부터의 논증은 논증이기 때문에 그 논증이 옳다는 증명의 책임은 그 논증의 옹호자들에게 있다. 그러므로 우리가 취할 수 있는 첫 번째 접근 방법은 악으로부터의 논증 자체가 지니고 있는 문제, 즉 일관적이지 않음, 증명되지 않은 가정 또는 모호한 용어를 지적하는 것이다.

일관적이지 않음

무신론자들이 악으로부터의 논증을 제시할 때 일반적으로 그들은 일관되지 않은 많은 잘못을 범하곤 한다. 매우 일반적인 비일관성 하나를 살펴보자. 악으로부터의 논증의 가장 흔한 설명은 다음과 같다.

1. 하나님이 존재하신다면 무의미한 고난은 없을 것이다.
2. 우리는 하나님이 고난을 허락하시는 이유를 생각할 수 없으므로 아마도 어떤 고난은 무의미할 것이다(예컨대 상처를 입은 사슴이 숲에서 서서히 죽어갈 때 무의미한 고통을 겪는 것과 같은 경우 말이다).

3. 그러므로 하나님은 존재하지 않을 것이다.

하지만 무신론자들이 주장하는 것에 유의하라. **어떤 고난에는**(가능한 대로) 최소한의 의미도 없어(우리가 의미를 생각할 수 없어서) 하나님은 아마도 존재하지 않을 것이다. 그리고는 무신론자는 우리가 불가능해 보이는 어떤 것을 믿어서는 안 된다고 주장한다. 그러나 무신론자들이 일종의 설계 논증에 직면할 때 어떤 일이 일어나는가? 유신론자는 다음과 같이 주장한다. "자, 생명이 그 자체로 형성되거나 우주가 단지 생명을 위해 정교하게 조정되는 것은 절대로 **불가능하다.** 그러므로 생명과 세계는 아마도 설계자가 있을 것이다." 여기에 대해 무신론자는 이렇게 대답한다. "맞다, 그런 일들은 아마도 불가능할 것이다. 그러나 나는 어쨌거나 그런 일들을 믿을 것이다." 이것은 분명히 일관적이지 않은 태도다. 이것은 마치 논증 A를 토론할 때는 개연성(가능성)에 반대하는 논증을 펼치지 않다가, 다른 논증 B를 토론할 때는 개연성에 반대하는 논증을 펼치는 것을 완벽하게 받아들이는 것과 같다.

이런 비일관성에만 근거해서 유신론자가 고난에 대해 아무런 설명을 하지 못한다고 하더라도, 우주의 기원이나 삶의 복잡성에 대해 설명을 전혀 하지 못하는 무신론자보다 유신론자가 더 궁색한 것은 결코 아니다. 하지만 유신론자들이 악으로부터의 논증에는 다른 문제들이 있다는 것을 보여줄 수 있고, 하나님께서 고난을 허락하시는 이유를 제시할 수 있다면, 유신론자들은 무신론자들보다 훨씬 더 나은 기초 위에 서 있는 셈이다.

모호한 용어

어떤 말은 사람에 따라 매우 다른 의미를 내포할 수 있다. 예컨대 만일 내가 무신론자에게 "나는 하나님에 대한 **믿음**이 있다"고 말한다면, 그 무신론자는 내 말을 하나님에 대한 나의 믿음이 증거와는 아무런 관련이 없다는

 기독교를 위한 변론

의미라고 생각할 것이다. 그러나 이것은 내가 **믿음**이라는 말로 이야기하려는 바가 전혀 아니다. 하나님에 대한 믿음이 있다고 말했을 때 나는 내가 하나님에 대해 아는 것에 근거하여 하나님을 **신뢰한다**는 의미를 내포했다.

모호한 용어가 논증에서 사용될 때 심각한 문제를 일으킬 수 있다. 간단하게 **선하다**는 말을 살펴보자. 유신론자들은 하나님이 전적으로 선하시다고 말한다. 하지만 우리는 이 말로 무엇을 전하려고 하는가? 악으로부터의 논증에 대한 여러 설명을 살펴볼 때 나는 무신론자들이 선이라는 용어를 내가 사용하는 것과는 매우 다르게 사용한다는 사실을 발견했다. 무신론적 논증을 주의 깊게 살펴보면 우리는 "선한" 존재가 **즐거움(pleasure)을 극대화**하고 **고통을 극소화**해주는 존재라는 것을 발견할 수 있다. 이런 정의를 내린 다음 우리는 왜 악으로부터의 논증이 사람들에게 그토록 설득력이 있어 보이는지를 알 수 있게 된다.

1. 하나님이 존재하신다면 그분은 우리의 즐거움을 극대화하고 고통은 극소화할 것이다.
2. 우리의 즐거움은 극대화되지 않고 고통도 극소화되지 않는다.
3. 그러므로 하나님은 존재하지 않는다.

이 논증의 전제들이 참이라면 결론도 참일 것이다. 하지만 우리가 하나님의 선하심이 많은 즐거움을 부여하는 것을 함축한다는 주장을 거부하며 첫 번째 전제에 도전한다면 어떻게 될까? 유신론자들은 즐거움이나 고통보다 훨씬 더 중요한 어떤 일이 있다고 믿는다. 즉 선한 사람이 되고 덕성을 계발하고 우리가 우주의 중심이 아니라는 사실을 배우며 우리의 모든 마음을 다해 하나님을 찾는 것, 이 모든 일이 즐거움이나 고통의 결여보다 훨씬 더 중요하다. 그러므로 유신론자들이 하나님을 전적으로 선하시다고 말할 때, 우리는 **선하다**는 용어를 기독교적 가치의 틀 안에서 적용한다. 기독교적 가치의 틀 안에서 즐거움은 단순히 우리의 우선순위의 맨 꼭대기에 있지 않다.

증명되지 않은 가정

어떤 논증을 할 때 우리는 다양한 일을 가정한다. 예를 들어 지성이 적절하게 기능하고 있다거나, 건전한 논리가 진리를 유지한다는 등의 가정을 한다. 그런 일들은 거의 의문에 붙여지지 않는다. 그럼에도 어떤 가정이 논증에 결정적으로 중요한데, 그 가정을 믿어야 할 정당한 이유가 없을 때 그 논증은 매우 불안정한 근거를 가지게 된다. 대부분의 악으로부터의 논증에서 다음과 같은 절대적으로 중요한 인식 가정(awareness assumption)을 살펴보자. 하나님이 악을 허용하실 만한 이유가 있으시다면 우리는 그런 이유를 인식할 수 있을 것이다.

나는 악으로부터의 논증을 주장하는 사람이 어떻게 이런 가정이 사실임을 보여주기를 희망할 수 있는지 이해할 수 없다. 하나님의 지식과 지혜는 무한하다. 반면에 아무리 가장 뛰어난 인간 존재라 하더라도 하나님과 비교하자면 실제적으로 아무것도 알지 못한다. 하지만 이런 가정[1] 없이는 악으로부터의 논증은 대부분 출발조차 할 수 없을 것이다.

고난을 설명하기

악으로부터의 논증에 많은 문제가 제시된 것을 고려해볼 때(우리는 단지

---

1) 위의 단락에서 이야기한 인식 가정을 말한다—역자 주.

몇 가지 문제만을 살펴보았다), 나는 유신론자들이 고난을 설명해야 할 의무가 있다고 생각하지는 않는다. 하지만 하나님이 고난을 허락하시는 **타당한 것 같은 이유**를 찾아낼 수 있다면, 그것은 유신론의 전체적인 타당성을 높여줄 것이다.

유신론자들은 두 가지 중요한 방식으로 고난을 설명할 수 있다. 우리는 기독교 교리에 호소함으로써 **신학적으로** 고난을 설명할 수 있다. 그리고 철학자들이 "신정론"이라 부르는 것에 호소함으로써 **철학적으로** 고난을 설명할 수 있다.

기독교 교리

악으로부터의 논증에 직면할 때 고려해야 할 가장 중요한 종교적인 주장은 인간이 하나님께 반역한 상태에 놓여 있다는 것이다. 무신론자는 아마도 그런 주장을 거부할지 모르지만, 악으로부터의 논증은 인류가 엄청나게 끔찍한 상태에 처해 있고 또 그렇게 될 수 있다는 사실에 의존해 있다는 것을 염두에 두는 것이 중요하다. 무신론자들은 고난의 증거를 제시할 때 전형적으로 홀로코스트나 난징 대학살 또는 참혹하게 희생당하는 아이들을 언급한다. 그런 사건은 인류가 하나님으로부터 떠나 있다는 생각과 잘 어울린다. 다르게 표현하자면 무신론자가 자신의 논증을 지지하기 위해 도덕적 악의 실례를 더욱더 많이 제시할수록, 인류가 대단히 죄 많은 존재라는 증거를 더욱더 많이 제시하는 것이다. 그러므로 "인간 존재는 믿을 수 없을 정도로 죄악이 가득하며 하나님과의 전쟁 상태에 있다. 하지만 하나님은 우리에게 온전히 즐거움으로 가득 찬 세상을 제공하고 어떤 일이 잘못될 때마다 우리를 서둘러 도우셔야만 한다"라고 하는 것은 말이 되지 않는다.

신정론

신정론은 하나님이 악을 허용하시는 것과 관련해서 도덕적으로 충분한 어떤 이유가 있을 수 있는가라는 질문에 대답하려는 시도다. 우리는 가장 중요한 두 가지 유형의 신정론을 아래에서 살펴보려고 한다.

첫째, 두 가지 중심적인 개념에 기초하고 있는 자유 의지 신정론(free will theodicy)이 있다.

1. 자유로운 존재를 포함하는 세상이 자유로운 존재가 없는 세상보다 더 낫다. 왜냐하면 자유로운 존재만이 선을 선택할 수 있고, 진정으로 사랑하거나 의미 있는 방식으로 도덕적일 수 있기 때문이다.
2. 진정한 자유는 우리가 악을 선택할 자유가 있고, 사랑하지 않거나 도덕법칙에 순종하지 않을 자유가 있다는 것도 함축한다.

이런 견해에서 도덕적 악은 도덕적 자유에 대한 **남용**이다. 하지만 자유 자체는 놀라운 선물이다.

둘째, 영혼을 형성하는 신정론(soul-building theodicy)이 있다. 위에서 언급한 것처럼 사람들은 아주 일반적으로 다음과 같이 생각한다. 곧 하나님이 존재하신다면, 그분의 주된 목표는 우리의 즐거움을 극대화하는 것이어야만 한다. 그런 견해는 기독교적 틀에 잘 들어맞지 않는다. 왜냐하면 그것은 우리가 좋아하는 방식으로 우주를 유지하는 "우주적 온도조절장치"로 하나님의 중요 업무를 바꾸는 것이기 때문이다. 영혼을 형성하는 신정론의 지지자들은 하나님께서 즐거움이나 고통의 결여보다 더 중요한 일을 염두에 두고 계신다고 주장한다. 삶이 편안할 때 인생이라는 무대를 뚫고 나가는 것은 놀라운 일일지 모르지만, 그런 삶의 무대에서는 많이 성숙할 수 없다는 것이 인간 경험의 단순한 사실이다. 따라서 성숙한 인간 존재(또는 성숙한 그리스도인)가 되는 것이 중요하다면 고통이 있는 세상이 고통이 없는 세상보다 더 낫다.

나는 이런 신정론들이 세상에 존재하는 모든 악에 대해 전부 설명할 수 있다고는 믿지 않는다. 그리고 한 사람의 유신론자로서 나는 하나님이 고난을 허락하시는 모든 이유를 인간이 다 파악할 수 있다고 생각하지도 않는다. 우리가 고난에 대한 (우리의 유한한 지식에도 불구하고) **몇 가지** 타당한 설명을 찾아낼 수 있다는 사실은 그 자체가 악으로부터의 논증에 대한 치명타가 될 것이다.

악으로부터의 논증을 뛰어넘기

악으로부터의 논증은 단지 유신론을 반대하는 일정량의 증거를 제시한다고 주장하기 때문에, 비록 우리가 악으로부터의 논증이 좋은 논증이라고 생각하더라도, 그 논증에서 얻은 증거가 다른 증거에 의해 잠재적으로 논파될 수 있음에 유의해야만 한다. 그러므로 유신론자들은 자신들의 입장을 지지하기 위해 수많은 논증을 모을 수 있다. 전체적으로 보았을 때 이 논증들이 악으로부터의 논증보다 더 강력한 사례를 제공한다면 다시 한 번 우리는 악으로부터의 논증이 유신론에 심각한 위협이 아니라는 결론을 내려야만 할 것이다. 하나님의 존재를 입증해주는 수십 가지 논증이 있지만 우리는 세 가지 논증을 간략하게 살펴볼 것이다.

설계 논증

설계 논증(design argument)에는 두 가지 주된 형식이 있다. 그것은 (1) 미세 조정(fine-tuning)으로부터의 논증과, (2) 생물학적 복잡성(biological complexity)으로부터의 논증이다. 물리학자들은 우리가 사는 우주의 근본적인 상수(fundamental constant)가 생명을 위해 미세하게 조정되어 있는 것 같다는 사실을 알고 있다. 중력의 힘, 약한 핵력, 강한 핵력, 그리고 전자기력이 아주 조금이라도 다르게 조정되었다면 인간은 존재할 수 없었을 것이다. 자연주의는 이런 중요한 것들이 생명체에 완전하게 적합해야만 하는 이유를 설명하지 않는다. 하지만 우주의 미세 조정은 지성적인 설계자에 대한 강력한 증거를 제시해준다.

그러나 생명을 위해 미세하게 조정된 우주가 우리에게 생명을 부여하지는 않는다. 살아 있는 세포와 다세포 유기체, 온전한 생태계 그리고 특히 의식적이고 자기 반성적인 존재에 이르기 위해서는 부가적인 단계가 필요하다. 가장 기본적인 살아 있는 유기체(더욱 진보된 생명의 복잡성은 차치하고)의 복잡성은 지성적인 설계자에 대한 추가적인 증거가 될 수 있을 것이다.

우주론적 논증

유신론을 위한 많은 논증은 우주가 원인, 즉 어떤 특정한 형태의 원인을 가지고 있어야만 한다는 것을 보여주려고 시도한다. 그런 논증 가운데 하나는 다음과 같이 시작한다.

1. 존재하기 시작하는 어떤 것이든지 원인이 있어야만 한다.
2. 우주는 존재하기 시작했다.
3. 그러므로 우주는 어떤 원인을 가져야만 한다.

첫 번째 전제는 자명하다. 두 번째 전제는 과학적으로 밝혀질 수 있다. 그러므로 결론이 도출된다. 하지만 우리는 우주가 존재하게 된 원인의 특성을 살펴봄으로써 훨씬 더 멀리 나갈 수 있다. 과학적 증거는 우주가 존재하기 시작했을 때 물질과 시간도 존재하기 시작했음을 보여주기 때문에, 첫 번째 원인은 비물질적이고 무시간적이어야만 한다(비물질적이고 무시간적인 속성은 하나님의 속성이다). 동시에 첫 번째 원인은 창조가 가능할 정도로 대단히 강력하고 자유로워야만 한다. 이런 속성들은 유신론과 완벽하게 일치한다. 그것들은 무신론을 무색하게 한다.

도덕성으로부터의 논증

셋째, 다음의 논증을 살펴보자.

1. 하나님이 존재하지 않는다면 객관적인 도덕 가치들이 존재하지 않는다.
2. 객관적인 도덕 가치들이 존재한다.
3. 그러므로 하나님은 존재한다.

첫 번째 전제는 확실히 참이다. 객관적인 도덕 가치들이 존재한다고 말할 때, 우리는 인간 존재가 그런 가치들에 동의하든 그렇지 않든 간에 참이라고 할 수 있는 도덕적 주장들이 존재한다고 말하고 있다. 따라서 "강간은 부도덕하다"라는 주장은, 지상에 존재하는 모든 인류가 그 주장에 대해 다르게 결정하더라도 여전히 참이어야 한다. 하지만 인간 존재들이 객관적인 도덕성을 위한 근거가 될 수 없다면 무엇이 그런 근거가 될 수 있을까? 이는 인간 존재를 완벽하게 초월하는 존재만이 가능할 것이다.

두 번째 전제는 어떤가? 흥미롭게도 악으로부터의 논증의 지지자들은 종종 자신들의 논증에서 이 전제를 인정하곤 한다. 무신론자들은 고난이 악하다고 선언하면서 선과 악을 구별하는 객관적인 도덕적 기준이 존재한다는 것을 인정했다. 그들이 도덕적 기준이 존재한다는 것을 인정했다면, 놀랍게도 무신론자들은 하나님의 존재를 반대하는 주장을 하면서도 실제로는 하나님이 존재하신다고 증명하는 우리를 돕고 있다!

평가

지금까지 악으로부터의 논증에 답할 때 유신론자들이 취할 수 있는 세 가지 접근방법을 살펴보았다. 하지만 우리는 적절한 상황에서 각각의 방법을 조심스럽게 사용해야 한다. 욥은 세상에서 가장 훌륭한 친구들이 있었지만, 그들의 입을 닫게 하는 데 그토록 오랜 시간이 걸렸음을 기억할 필요가 있다. 욥이 겪었던 극심한 고난의 시기는 인간의 고통이 무엇인지에 대해 심오한 철학적·신학적 분석이 필요한 적절한 상황이 아니었다.

이와 비슷하게, 나의 아들 루시안이 나에게 와서(그가 결국에는 그렇게 할 것이라고 내가 알고 있는 것처럼) "왜 하나님은 리드가 아픈 것을 허락하셨어요?"라고 말할 때 "글쎄, 내가 너에게 영혼 형성의 신정론을 설명해줄까?"라고 몰아세우며 말하는 것은 적절한 반응이 아니다. 확신 있는 대답을 줄 수 없을 때 특별하고 확신에 찬 대답을 주는 것은 우리가 어떤 일들에 대해 하나님이 그렇게 하시는 이유를 다 알고 있는 것처럼 잘난 체하는 것이다. 인간의 괴로움은 강력하며, 때로는 말보다 훨씬 더 강력하다.

그럼에도 적절한 시기에 우리는 악으로부터의 논증에 답변해야만 한다. 무신론자들은 자신들의 논증이 유신론을 논박했다고 주장한다. 하지만 그들은 자신들의 원칙을 적용하는 데 있어 일관적이지 못하고 증명되지 않은 가정과 가치에 대한 왜곡된 위계질서를 남몰래 끌어들이고 있다. 유신론자들이 고난의 꽤 많은 부분을 설명할 수 있다(이것은 제한된 존재에게서 합리적으로 기대할 수 있는 모든 것이다)는 사실, 하나님을 믿는 신앙을 지지하는 강력한 증거를 가지고 있다는 사실, 그리고 무신론자들이 가진 문제들을 결합해보면, 무신론자들에게 유일하게 중요한 논증인 악으로부터의 논증이 다양한 수준에서 실패하고 있음이 분명하다.

데이비드 우드(David Wood) 뉴욕 주에 있는 포담 대학교에서 악의 문제에 초점을 맞춘 논문으로 철학 박사 학위를 취득했고 현재는 이곳에서 철학을 가르치고 있다. 예전에는 무신론자였지만, 예수의 부활에 관한 역사적 증거들을 탐구한 이후에 그리스도인이 되었다. 변증학 연구소(Acts 17 Apologetics Ministries)의 공동책임자이자 무슬림 및 무신론자들과 함께 수십 차례 토론을 벌였던 미국 기독교철학회의 회원이기도 하다. 지금은 뉴욕 주의 브롱크스에서 아내 마리와 아들 루시안, 블레즈, 리드와 함께 살고 있다.

7

하나님, 고통, 그리고 산타클로스

유신론과 무신론의 설명 능력

■ 데이비드 우드 6장에서 우리는 악으로부터의 논증에 대해 답변할 때 취할 수 있는 세 가지 접근방법에 관해 살펴보았다. 이번 장에서는 그와 관련된 한 가지 주제를 소개하고자 한다. 그것은 우리가 사는 세상에 고난이 존재하는 **이유를 설명할 수 없으므로** 유신론을 거부해야만 한다는 주장이다.

악으로부터의 논증은 유신론이 우리가 관찰하고 경험하는 악에 대해 합리적인 설명을 제공할 수 없다고 주장하며, 유신론의 **설명 능력**(explanatory power)에 종종 도전한다. 이 사실을 설명하기 위해 가설들이 전제되곤 한다. 우리가 사는 세상에 대한 중요한 사실(세상이 엄청난 양의 고난을 포함한다는 사실)을 설명할 수 없다면 유신론은 비합리적인 가설이 아닌가?

이런 주장의 단점을 발견하기 위해 우리는 유신론의 설명 능력을 무신론의 설명 능력과 간략하게 비교할 것이다. 하지만 유신론에 대한 보다 피상적인 생각 몇 가지를 먼저 다루는 것이 적절해 보인다. 그 일은 내가 제시하는 중심 논점을 분명하게 하는 데 도움을 줄 것이다.

산타 반론

유년시절과 청소년기에 나는 하나님, 천사와 악마, 영들, 외계인, 이의 요정(tooth fairy)과 부활절 토끼, 그리고 산타클로스의 존재를 믿지 않았다. 게다가 이런 (존재하지 않는) 존재들을 대략적으로 동일한 범주, 즉 미신적이고 무지하며 허구적인 범주에 배치했다. 많은 무신론자와 마찬가지로, 왜 하나님을 믿지 않느냐는 질문을 받을 때, 나는 하나님을 믿는 것과 산타클로스를 믿는 것을 비교하곤 했다. 그러나 결국 이 유사한 평행관계가 무너져 내림을 알게 되었다.

어린아이는 산타가 크리스마스트리 아래에 놓여 있는 선물을 설명해준다고 믿는다. 이 설명은 그 아이가 관찰한 자료에 대해 말해준다는 점에 유의하라. 그렇다면 왜 아이들이 결국에는 산타 가설을 거절할까? 그들은 성장하면서 그 자료에 대한 더 간단한 설명이 있음을 알게 된다. 트리 아래에 선물을 놓아두는 것은 그들의 부모다. 이 가설은 동일한 자료를 설명해준다. 하지만 알려지지 않은 실재에 호소하지 않고 그렇게 한다(여기서는 어떤 결과에 대해 두 가지 가능한 원인이 존재하는데 그중 한 가지 원인은 존재한다고 알려진 원인이고 다른 원인은 존재한다고 알려지지 않은 원인이라면, 존재한다고 알려진 원인에 호소하는 것이 더 설득력이 있다고 생각한다).

무신론자가 하나님과 산타를 비교한다면, 우리는 그들이 더 우월한 가설을 선호하여 다른 가설을 내어버리는 동일한 패턴을 대충 발견할 수 있을 것이다. 그가 유신론을 버리고 무신론을 선택하는 것을 말이다. 이런 비교를 검토하기 위해 "하나님 가설"로 이야기를 전환해보자.

  기독교를 위한 변론

유신론의 설명 능력

우리가 a, b, c, d, e, f, g로 상징되는 일련의 사실들을 가지고 있다고 생각해보자. 그리고 우리는 이런 사실들을 해명해주는 설명을 구하고 있다. 더 나아가 가설 x가 a, b, c, d, e, f라는 사실들을 해명해주지만, 사실 g를 해명해주는지는 분명하지 않다고 생각해보자. 여기서 가설 x의 비판자들이 "이 가설은 g를 중심으로 생각해보면 아무런 의미가 없다. 그러므로 우리는 가설 x를 거절해야만 한다"라고 말하기는 대단히 쉬울 것이다. 하지만 우리가 설명하려고 시도하는 거의 모든 사실을 해명해주는 가설을 내어버리는 것이 과연 합리적인가?

무신론자들은 유신론이 고난에 대해 설명하지 못하기 때문에 좋지 못한 가설이라고 주장한다. 하지만 분명히 유신론은 우리 세계에 있는 수많은 의미심장한 사실들에 대해 설명해준다. 단지 몇 가지만 살펴보도록 하자. 첫째, 유신론은 왜 세상이 존재하는지를 설명해준다. 하나님께서는 창조의 능력이 있으시고 세상을 창조하실 때 이 능력을 사용하셨다. 우리는 우주에 시작이 있음을 과학적으로 알고 있다. 그리고 존재하기 시작한 것은 무엇이든 그 원인을 가지고 있어야만 한다는 것을 철학적으로 알고 있다. 유신론은 우주를 창조하기에 충분한 능력이 있는 원인을 상정한다.

둘째, 유신론은 왜 우리의 세상이 생명을 위해 미세하게 조정되어 있는지를 설명해준다. 물리학자 폴 데이비스(Paul Davies)[1]는 "아주 작은 수치상의 변이에도 극도로 예민하게 반응하는 것을 보면, 우주의 현재 구조는 더욱더 사려 깊은 생각에서 기인했다는 인상을 지우기 어렵다"라고 말했다.[2]

---

1) Paul Davies는 1995년 *The Mind of God*(1992)으로 종교계의 노벨상이라고 불리는 템플턴 상을 수상했다—역자 주.

2) Paul Davies, *God and the New Physics* (New York: Simon & Schuster, 1983), 189. 『현대물리학이 발견한 창조주』(정신세계사 역간, 2000).

셋째, 유신론은 우리 주변에 있는 생명의 다양성과 복잡성뿐만 아니라 생명의 기원을 설명해준다. 가장 기본적인 살아 있는 유기체에 대해 배우면 배울수록 우리는 그 복잡성에 더 많이 놀라게 된다. 유신론은 이런 놀라운 복잡성을 설명해준다.

넷째, 유신론은 의식의 출현에 대해 설명해준다. 인간은 생각하고 묵상하고 의심하며 확증하고 판단하는 데 너무나 익숙해서 그런 활동이 얼마나 놀라운 것인지를 제대로 파악하지 못하곤 한다. 많은 전문가에게는 인간의 지성이 단순히 신호를 전달하는 신경세포(neurons firing)에 불과하다는 것은 생각조차 할 수 없는 일이다. 신경 생리학자인 존 에클스(John Eccles)[3]는 여러 증거를 보고 다음과 같이 말했다. "인간의 지성은 독특한 자의식적 지성이나 자아 또는 영혼의 초자연적 기원이라고 부를 수 있는 것이 존재한다고 믿게" 한다.[4] 이런 견해는 유신론과 매우 잘 어울린다.

다섯째, 유신론은 객관적인 도덕적 가치를 설명해준다. 도덕성이 단지 생물학적이거나 사회적인 진화의 부산물에 지나지 않는다면 도덕성에 객관적인 어떤 것도 있을 수 없다. 도덕성에 절대적인 기초가 없다면, 우리의 도덕적 가치는 문화와 상황 등등에 따라 상대적인 것이 되고 만다. 하지만 우리가 자신에게 정직하다면, 우리는 강간을 하거나 이기적인 유익을 위해 타인을 이용하고 아이들을 괴롭힌 사람들이 단지 문화적인 것 이상의 어떤 선(line)을 넘었다는 것을 인정해야만 한다. 인간이 만물의 척도라면 그런 절대성은 아무런 의미를 갖지 못한다. 하지만 하나님이 절대적인 도덕 기준이라면 그런 절대성은 완벽한 의미가 된다.

여섯째, 유신론은 기적을 설명해준다. 역사 전반에 걸쳐서 그리고 우리

---

3) 1963년 노벨 생리의학상을 받았다—역자 주.
4) Karl Popper and John Eccles, *The Self and Its Brain* (New York: Springer-Verlag, 1977), 559-60.

　　　　기독교를 위한 변론

시대의 사람들 역시 기적을 보았다고 주장하고 있다. 회의론자들은 이런 사건들을 무시해버린다. 하지만 기적에 관한 몇 가지 주장은 더 진지한 탐구를 요청한다. 예를 들어 우리가 이용할 수 있는 모든 역사적 증거에 따르면 예수는 십자가에 못 박혀 돌아가셨다. 또한 우리는 역사적으로 예수의 무덤이 그가 묻힌 지 삼 일 후에 비어 있었다는 것을 알고 있다. 그리고 예수의 친구들이나 적들 모두 곧이어 예수가 죽음에서 부활하여 그들 앞에 나타났다고 주장했다. 이런 사실을 압박감 없이 (집단 환각과 같은 어처구니없는 현상에 호소하지 않고) 설명할 수 있는 유일한 방법은 예수가 죽음에서 부활하셨다는 것이다. 유신론은 어떻게 그런 기적들이 가능한지를 설명해준다.

따라서 무신론자들이 말하길 유신론이 고난에 관해 설명하지 못한다고 할 때, 우리는 무신론자들이 그 점에서는 옳을지 모르지만 유신론은 다른 모든 것을 능히 설명한다는 점을 잊어서는 안 된다. 이것을 넘어서 많은 유신론자가 유신론이 고난을 설명해내지 못한다는 무신론자들의 주장에 도전하곤 한다. 이때 인류의 타락이나 인간의 부패와 같은 종교적인 교리에 호소하거나, 자유 의지 신정론(이것은 하나님이 자유 의지를 가치 있게 여기셨기 때문에 도덕적인 악을 허락하신다고 주장한다)과 영혼을 형성하는 신정론(이것은 고난을 포함하고 있는 세상이 우리가 도덕적으로 그리고 영적으로 성장하는 데 도움이 된다고 주장한다)과 같은 철학적인 설명에 호소하면서, 유신론자들은 하나님 가설이 최소한 (전부는 아닐지 모르지만) 어느 정도 인간의 고난을 설명해준다는 것을 보여줄 수 있다.

그러나 우리는 무신론에 대해서도 같은 것을 말할 수 있을까?

무신론이 수행하는 설명의 무능함

무신론은 문자적으로 아무것도 설명하지 못한다. 무신론은 우리가 사는 우주의 존재도 설명하지 못하고 우주가 미세하게 조정되어 있다는 것도 설명하지 못한다. 생명의 기원과 다양성도 설명하지 못한다. 의식의 출현이나 객관적인 도덕 가치 또는 기적에 대한 증거도 설명하지 못한다. 심지어 무신론은 악으로부터의 논증의 기초가 되는 악도 설명하지 못한다. 왜냐하면 참으로 악한 어떤 것이 있으려면 객관적인 도덕 기준이 요구되기 때문이다.

기껏해야 무신론자는 다음과 같이 말할 것이다. "자, **만일 우리가 어쨌든** 미세하게 조정된 우주와 다양한 생명으로 끝난다면 고난은 놀라운 것이 아니야. 왜냐하면 우리를 보호해줄 하나님은 존재하지 않기 때문이지." 그러나 우리는 무신론이 (비록 우리가 너그럽게 봐주더라도) 매우 조금 밖에는 설명하지 못한다는 사실을 무시해서는 안 된다.

무신론자들은 무신론이 어떤 설명으로 취해지는 것을 원치 않는다고 제안함으로써 답할지도 모른다. 그러나 도리어 이것은 유신론이 거부하는 것이다. 왜 이런 대답이 성립할 수 없는지 산타 반론으로 돌아가 보자.

앞서 살펴본 것처럼 산타가 트리 아래 있는 선물들에 관한 설명을 제시해준다고 믿는 사람들은 그 자료에 관한 훨씬 더 합리적인 설명이 존재한다는 것을 인식할 때 산타 가설을 거부한다. 그런데 또 다른 사람이 다가와서 "산타는 그 선물들을 거기에 놓지 않았어. 그리고 네 부모님도 그렇게 하지 않으셨지. 선물은 그냥 거기에 있었어. 선물의 존재는 적나라한 사실에 불과해"라고 선언한다고 상상해보자.

이런 반응이 지닌 문제는 실제로 자료를 설명해주는 설명(산타와 어떤 어린이의 부모)을 제거하고 그 자료를 설명할 수 있는 아무런 대안을 제시하지 못하면서, 아무런 설명도 없이 자료만 가진다는 것이다. 정말이지 "산타가

기독교를 위한 변론

거기에 선물을 두었다"는 것과 "아무도 거기에 선물을 두지 않았다"는 것 중에서 어떤 한 가지를 선택해야만 한다면 우리 중 대부분은 최소한 "산타가 거기에 선물을 두었다"는 설명이 더 우월하다고 생각하고 이 설명을 선택할 것이다. 그것이 선물에 대해 설명해주기 때문이다.

현재의 논점은 무신론자들이 유신론자가 유신론에 대한 거부를 신중하게 고려하기를 원한다면, 그들은 최소한 유신론과 같은 강력한 가설을 제공해야만 한다는 것이다. 하지만 무신론은 세상에 관한 가장 기본적인 사실들조차도 설명할 수 없다. 즉 무신론자의 사고의 핵심에는 분명히 이중적인 기준이 존재한다. 가설이 자료를 설명해주지 못하기 때문에 그 가설을 거부해야 한다면, 우리는 유신론을 거부하기 훨씬 이전에 무신론을 거부해야만 한다.

감사의 에필로그

지금까지 설명 능력이라는 용어로 유신론과 무신론을 분석했는데 아주 쉽게 감사라는 용어로 논의의 틀을 잡을 수도 있다. 아이들은 (최소한 이상적으로) 자신들이 받는 선물에 감사한다. 어릴 때는 산타에게 감사하고, 결국에 산타 가설을 거부하게 될 때 그들은 자신들의 감사를 산타로부터 자신들의 부모에게로 **옮긴다.**

악으로부터의 논증이 지닌 진정한 능력은 그것이 어떤 사람의 감사를 파괴할 수 있다는 것이다. 우리가 세상에 존재하는 나쁜 일에만 모든 관심을 집중한다면 우리는 이 세상을 고통과 질병과 피흘림이 있는 장소로만 보게 된다(나는 세상을 그런 용어로 묘사하고 있는 무신론자들의 저술을 많이 읽었다). G. K. 체스터턴(G. K. Chesterton)의 말처럼 "우주적인 비관론자"가 될 때 우리의 감사는 하나님으로부터 다른 어떤 것으로 옮겨지지 않는다. 감사는 단지 소멸하고 만다.

그렇다면 우리가 어떻게 세상을 보는가 하는 것은 우리의 종교적인 견해에 엄청난 영향을 미칠 수 있다. 나는 세상을 볼 때 고통과 죽음 이외에는 아무것도 보지 못하는 사람은 진정으로 놀라운 장소인 이 세상을 보지 못하고 있다고 감히 말할 수 있다. 체스터턴은 더없이 행복한 젊은 이교도로서 자신의 종교를 건립하는 데 착수했다. 그는 결국 유신론자가 되었고 또 그리스도인이 되었다. 그 과정은 감사에 대한 그의 생각과 많은 관련이 있었다.

모든 행복의 시금석은 감사다. 나는 감사를 느꼈다. 내가 누구에게 감사해야 할지 잘 몰랐지만 말이다. 아이들은 산타클로스가 자신들의 양말에 장난감이나 스웨터를 넣어둔 것에 감사한다. 그렇다면 나는 걸어다닐 수 있는 기적적인 두 다리를 선물한 것에 대해 산타클로스에게 감사할 수는 없을까? 우리는 담배나 슬리퍼를 생일선물로 준 것에 대해 사람들에게 감사한다. 그렇다면 나는 탄생이라는 생일 선물을 준 것에 대해 아무에게도 감사할 수 없을까?[5]

유신론자들은 우주가 크리스마스트리 아래에 있는 선물로 가득 차 있다는 것을 안다. 무신론자들이 우리의 놀라운 세상에 대해 합리적인 설명을 제시하기 전까지는 항상 유신론자들에게 무신론자들은 감사할 것이 많으면서도 감사를 바쳐야 할 대상을 전혀 갖지 못한 사람처럼 보일 것이다.[6]

---

5) G. K. Chesterton, *Orthodoxy* (1908; 재판, New York: Doubleday, 1959), 52. 『정통』(상상북스 역간, 2010).

6) 악으로부터의 논증의 지지자가 우연하게도 이신론자나 불가지론자라면 나는 내 반응을 수정해야만 할 것이다. 이신론자는 이 세상의 어떤 사실에 대해 한 가지 설명(예를 들어 세상의 존재와 미세 조정)을 가지고 있다. 따라서 이신론과 유신론의 설명 능력에 대한 비교는 다소 다른 분석이 필요할 것이다(그리고 나는 이신론이 기적적인 사건에 대한 증거를 설명할 수 있는지 의심스럽기만 하다). 이와 대조적으로 불가지론자는 대안적인 설명 없이 자유

롭게 유신론을 거부한다고 말하곤 한다. 왜냐하면 불가지론자는 무엇이 우주의 원인인지 안다고 주장하지 않기 때문이다. 하지만 불가지론자가 분명히 자유롭게 유신론을 거부하기는 하지만 악으로부터의 논증의 목적은 유신론이 여러 일에 대한 빈약한 설명이라는 것을 보여주는 것이다. 그러므로 나는 동일한 반응이 적용될 수 있다고 생각한다. 유신론자들이 악으로부터의 논증을 심각하게 취급한다면 그 논증의 지지자들은 유신론자들이 하는 것과 같이 우리가 사는 세상의 여러 일에 대해 설명해주는 대안적인 가설을 제공할 필요가 있다.

2부

과학의 질문

로버트 카이타(Robert Kaita)　뉴저지 주에 있는 프린스턴 대학교의 플라스마 물리학 연구소에서 근무하고 있는 물리학자다. 연구소에서 융합 에너지 연구기관의 선임 연구원으로 있고, 프린스턴 대학교 천체물리학과의 플라스마 물리학 프로그램에서 약 20명 이상의 대학원생 연구를 지도했다. 그의 연구는 전 세계에 걸친 강연에서 발표되었고 약 300편이 출간되었다. 카이타 박사는 미국 과학진흥협회의 회원이자 미국 물리학협회의 연구원이며 과학적 탐구 단체인 프린스턴의 Chapter of Sigma Xi의 전 회장이었다.

8

창조자와 유지자

우주에서의 하나님의 본질적인 역할

■ **로버트 카이타**　　2005년은 물리학에서 국제적인 해로, 우리가 세상을 보는 방식을 바꾸어놓았던 알베르트 아인슈타인(Albert Einstein, 1879-1955)의 논문들이 발표된 지 100년을 기념하는 해였다. 아인슈타인이 발표했던 논문은 왜 모든 것이 원자로 이루어져 있는지에 관한 질문의 증거와, 매우 작은 규모에서의 현상이 결국에는 양자 역학으로 발전하는 용어로 설명된다는 것을 포함하고 있었다. 아인슈타인이 1905년에 발표했던 논문 하나는 특수상대성 이론을 세상에 소개했다.

아인슈타인은 과학자들이 (과학자로서) 여전히 대답할 수 없는 질문을 제기했다. 그는 왜 우리가 우주를 이해할 수 있는지를 물었다. 예를 들면, 우리는 왜 단지 몇 가지 물리 법칙만이 있는지를 알지 못한다. 동일한 중력의 법칙은 어떻게 우리가 땅에 붙어 있는지를 설명해주는 데도 이용되지만, 마찬가지로 거대한 은하계가 성단(星團)을 형성하기 위해 서로에게 어떻게 끌리는지를 설명하는 데도 이용될 수 있다.

우리는 우주가 매우 오래되기는 했지만 무한히 오래된 것은 아니라는 것을 알고 있다. 오늘날 우리는 왜 우주가 흔히 "빅뱅"(big bang)이라고 불리는 기원의 순간을 가지는지 알지 못한다. "빅뱅"이라는 이 시시한 이름은 "정상"우주론(steady state universe)을 지지하는 사람들이 고안했다. 그들은 우주가 어떤 시작점이 있다는 사실에 경멸감을 표하기 위해 그 말을 썼다.[1] 하지만 천문학자들은 먼 곳에 있는 은하계가 우리에게서 멀어져가고 있는 방식을 관찰함으로써 "빅뱅"에 대한 증거를 발견했다. 그 이론이 예견하는 것처럼 가장 멀리 떨어져 있는 은하계는 동시에 가장 빠른 속도를 가지고 있었다.

우리는 탄소가 오래전에 별의 내부에서 만들어졌다고 생각한다. 하지만 이런 과정에서 상대적으로 무거운 원소들이 만들어지고 지구 위에 생명체가 어떻게 존재했는지에 대한 이유를 충분히 알 수는 없다. 별이 폭발했을 때 탄소가 방출되었고, 지구가 형성되는 동안에 탄소는 모든 살아 있는 유기체의 한 부분이 되기 위해 결과적으로 지구에 충분히 융합되었다고 추정된다.

어떤 과학자들은 이것이 그러해야만 했던 바로 그 방식이라고 말하면서 이 모든 것을 설명한다. 다른 말로 우주가 지금과 달랐다면, 우리는 왜 우주에 있는 것들이 지금과 같은 방식으로 존재하는지를 질문하지 못했을 것이다. 실제로 이런 "설명"은 공식적인 표현이 있다. 그것은 "인류지향의 우주 원리"(anthropic cosmological principle)인데, 이 이름 가운데 첫 번째 단어는 우리가 관찰하는 모든 것에 대한 이유로서 인간이라는 존재의 실재를 강조한다.

---

1) 러시아 출신의 미국 물리학자 George Gamow는 1946년 빅뱅 이론을 주장하는 논문을 하나 발표했다. 그는 우주가 처음에는 하나의 불덩이였다고 주장하며 당시 논문에서 그것을 "원시 불덩이 이론"이라고 불렀다. 반면에 정상우주론을 주장한 케임브리지 대학교의 천문학과 교수 Fred Hoyle은 원시 불덩이 이론을 인정할 수 없었다. 그는 영국의 국영 방송 BBC와 인터뷰할 때 "어디서는 우주가 작은 한 점에서 빵!(Bang) 하고 대폭발을 일으켜 생겨났다고 주장하는 이론도 있더라"며 Gamow의 이론을 비웃었다. 그런데 Gamow는 Fred Hoyle의 말을 역으로 사용해서 자신의 이론을 빅뱅 이론이라고 부르기 시작했다—편집자 주.

 기독교를 위한 변론

나와 같은 어떤 과학자들은 우주가 모두 한 분 창조자의 작품이라고 말하는 데 매우 편안함을 느낀다. 하지만 사람들은, 누군가 둘 중 어느 하나의 입장을 지니고 있으면서도 여전히 훌륭한 과학자일 수 있다는 사실에 동의할 것이다. 창조자가 한 분 계신다고 믿는 것만큼이나, 내가 방금 묘사했던 것 배후에 창조자가 존재하지 않는다고 주장하는 것도 엄청난 믿음이 필요하다.

인류지향의 우주 원리의 극단으로 가지 않으면서도 많은 사람이 단지 "공을 굴러가게 하는" 매우 제한된 역할의 창조자를 상상하고 있다. 사람들은 아마도 『기네스 세계기록』에 오르기 위해 어마어마한 숫자의 도미노를 세우느라 엄청난 수고를 하는 사람들에게 익숙할 것이다. 투박한 유비로 말하자면, 우주와 관련한 창조자의 역할은 처음 도미노를 넘어뜨리고 다른 도미노들이 넘어지는 것을 보고 있는 것과 같다.

어쨌거나 우리는 그런 그림이 매우 만족스럽지 않다고 생각한다. 왜 어떤 실체가 우리가 알고 있는 우주를 창조하는 어려움을 겪고는 단지 뒤로 물러앉아 "일들이 어떻게 작동하는가"를 보고 있어야 하는가? 하지만 과학자들에게 훨씬 더 근본적인 질문은 다음과 같다. 우주는 정말로 아무런 간섭 없이 불가분하게 하나하나 넘어지는 일련의 도미노와 같이 "작동"하는가?

이런 식의 농담이 있다. 백열전구를 교환하기 위해서는 얼마나 많은 소프트웨어 기술자가 필요할까? 대답은 아무도 필요 없다는 것이다. 그것은 하드웨어의 문제다. 당신이 웃든지 괴로워하든지 이 농담의 기초는 이해하기 쉽다. 우리는 백열전구와 모든 다른 인간의 독창성에서 나온 발명품이 영원히 지속되지 않는다는 것을 공통으로 경험한다.

실험 물리학자로서 나는 때때로 연구실에서 말 안 듣는 기구 하나를 작동시키려고 애를 쓰느라 힘든 하루를 보낸 후 내 차가 출발하는 기적에 놀라 잠시 멈칫하곤 한다. 실험이 성공하기 위해서는 실험자가 적극적인 역할을 행사할 필요가 있다는 것은 의문의 여지가 없다. 이와 비슷하게 모든 사람은 차량 수리에서 말하는 "간섭"이 너무 오래도록 무시된다면 어떤 일이 일어나리라는 것을 알고 있다. "당신의 차를 지상으로 몰고 가라"는 표현은 훌륭한 경험적 토대를 가지고 있다.

도구를 선반 위에 놓아두는 것조차도 당신이 필요할 때 그 도구가 작동하리라는 것을 보증하지는 않는다. 내가 하는 연구는 안전하고 청정한 핵융합 에너지원을 개발하는 일(태양에서 에너지를 창출하는 과정과 같다)이다. 핵융합 반응을 일으키기 위해 뜨겁고 이온화된 가스 또는 플라스마가 들어 있는 챔버(chamber)를 비우는 일이 포함된다. 이 목적을 위해 우리는 정교하게 만들어진 베어링이 장착된 초고속 펌프를 사용하고 있다. 베어링의 동작을 잠시라도 멈추면 그 베어링은 변형되어서 펌프를 가동할 수 없게 된다.

내가 "하드웨어 문제"에 익숙한 것은 때때로 이론 물리학을 전공한 동료들의 부러움을 사기도 하는데 그것은 놀라운 일이 아니다. 그들의 프로그램은 잠시 중단했다가도 잘 작동한다. 프로그램이 작동하지 않는다면 대개 그 원인은 "마모"될 수 있는 분명한 장치에 있을 것이다. 그렇다면 프로그램 개발자들이 내놓을 수 있는 해결책은 또 다른 사람이 그 하드웨어를 고치게 하는 것이다. 하지만 그들은 이것이 문제를 해결할 것이라는 사실을 절대적으로 확신할 수 있을까? 이것은 현대 컴퓨터의 핵심이라고 할 수 있는 칩을 작동시키는 물리 법칙에 관한 더욱 깊이 있는 질문과 관련된다. 왜 이들 법칙은 오늘과 다른 날에도 동일하게 유지될까? 우리는 시간이 흐르면서 하드웨어가 마모되어 결국 사라지리라는 것을 예상할 수 있다. 하지만 그 하드웨어를 작동시키는 소프트웨어가 "불변하는" 것이어야만 하는 근본적인 이유는 존재하지 않는다.

나는 그 해답을 창세기 8장의 끝부분에서 발견했다. 그곳에서 하나님은 인류에게 다음과 같은 성스러운 약속을 하고 계신다.

기독교를 위한 변론

땅이 있을 동안에는

심음과 거둠과

추위와 더위와

여름과 겨울과

낮과 밤이

쉬지 아니하리라(창 8:22).

계절이 계절을 뒤이어 오고 우리가 뿌린 씨앗이 우리의 생존을 위해 필요한 수확에 이르게 될 것이라는 선험적인 이유는 존재하지 않는다. 어떤 면에서 "땅이 있을 동안에" 이런 규칙성을 있게 하신 분은 하나님이시다.

물론 모든 사람이 과학은 어째서 내일도 "작동"할까라는 문제와 관련해서 창세기가 제시하는 대답을 원하지는 않는다. 인류지향의 우주 원리는 우리가 사는 우주에서 우리가 보는, 끊임없이 지속하는 형식을 "설명하기" 위해 우주가 그렇게 움직이지 않는다면 우리가 존재할 수 없다고 주장할 수도 있을 것이다. 그런 접근 방식은 다시 한 번 지금 우리가 사는 여기와 지금 우리 자신에게 주로 초점을 맞추고 있다. 하지만 그것은 왜 우리가 여기에 우선 존재하는지에 대한 보다 심층적인 질문을 요구한다. 그리고 인류의 여명 이래로 지금까지 존속되고 있는 자기 중심성의 허위성을 드러내 준다.

그 논점이 2,000년 전 예수 그리스도가 사역하는 동안 일어났던 다음의 사건에도 분명히 드러나 있다. 누가복음 17장에서 우리는 나병에 걸린 열명의 사람을 만나게 된다. 예수는 그들에게 제사장에게 가서 자신을 보이라고 말씀하신다. 그리고 그들은 치료받았다. 하지만 단 한 사람만이 돌아와 예수의 발 앞에 엎드려 감사하며 하나님을 찬양했다. 기적적인 치료가 이 이야기에서 중요하지만, 치료받은 사람들이 보여준 다양한 반응에서도 중요한 교훈이 동일하게 존재한다.

현대 과학에서 기적은 우리가 지금 나병을 의학적으로 치료를 할 수 있다는 사실이나 그것과 관련해 당신이 얼마나 많은 찬양을 아이팟에 저장할 수 있는지와 궁극적으로 아무런 관련이 없다. 그 대신 우리가 과학이라는 활동을 할 수 있고 그 활동을 계속할 수 있다는 것이 중요하다. 그런 의미에서 모든 과학자는 자신들의 연구를 수행하기 위해 이런 "기적"을 암묵적으로 믿고 있다.

그런 주장의 타당성이 문제가 되어서는 안 된다. 도리어 관건이 되는 주제인 이런 실재에 어떻게 반응하는지가 중요하다. 따라서 예수가 고쳐준 열 명의 반응은 오늘 우리에게 여전히 교훈을 준다. 우리는 "인간적으로" 우리 자신에게 집중해서 우리의 존재가 얼마나 큰 축복을 표상하는지에 대해 태평하게 무시할 수 있다. 그러나 그렇지 않다면 우리는 우리를 창조하시고 모든 피조물을 붙들어주시는 하나님께 감사할 수 있다.

제이 W. 리처즈(Jay W. Richards)   미국 미시간 주 그랜드래피즈에 있는 악톤 연구소의 기관관계 분야의 연구원이자 책임자다. 미국 프린스턴 신학교의 철학과 신학 분야에서 철학 박사 학위를 취득했고 예전에는 프린스턴 신학교에서 강의를 하기도 했다. 여러 책뿐만 아니라 학문적이고 대중적인 많은 논문의 저자이기도 하다. 그의 가장 최근의 책들은 *The Untamed God: A Philosophical Exploration of Divine Perfection, Immutability, and Simplicity* 그리고 길레르모 곤잘레스와 함께 쓴 *The Privileged Planet: How Our Place in the Cosmos Is Designed for Discovery* 가 있다.

길레르모 곤잘레스(Guillermo Gonzalez)   펜실베이니아 주 그로브시티 대학교의 물리학 부교수다. 1993년에 워싱턴 주 시애틀에 있는 워싱턴 주립대학교에서 천문학으로 박사 학위를 취득했고, 텍사스 주에 있는 텍사스 대학교(오스틴)와 워싱턴 주립대학교에서 박사후과정을 연구했다. 60편이 넘는 전문적인 과학 논문의 저자이고, 2004년에는 제이 W. 리처즈와 함께 *The Privileged Planet: How Our Place in the Cosmos Is Designed for Discovery*를 출간했다. 스캇 버니, 데이비드 오스퍼와 함께 학생들이 사용하는 교과서 *Observational Astronomy* 2판을 저술하기도 했다.

9

『창백한 푸른 점』 재고(再考)

■ 제이 W. 리처즈와 길레르모 곤잘레스

고인이 된 칼 세이건(1934-96)이 1994년에 출간한 『창백한 푸른 점』에서 반복적으로 등장하는 주제는 우주 체계에서 인간이 별로 중요하지 않다는 것이다. 기억나는 본문 중 한곳에서 세이건은 1990년 보이저 1호가 60억km나 먼 곳에서 촬영한 지구의 이미지를 묵상하며 이런 논점을 밀고 나가고 있다.

> 태양 광선의 반사 때문에…지구는 빛 안에 있는 것처럼 보입니다. 마치 이 작은 세계에 어떤 특별한 중요성이 있기라도 한 것처럼 말이죠. 하지만 그것은 단지 기하학과 광학이 빚어낸 우연에 불과합니다.…저 창백하게 빛나는 점은 우리의 만용, 우리의 자만심, 우리가 우주 속의 특별한 존재라는 착각에 대해 이의를 제기합니다. 우리 행성은 사방을 뒤덮은 어두운 우주 속에 있는 외로운 알갱이 하나에 지나지 않습니다. 우리의 이름 없음, 이 모든 광활함 속에 묻힌 우리를 우리 자신으로부터 구해줄 이들이 다른 곳에서 찾아올 기미는 전혀 보이지 않습니다.[1]

---

1) Carl Sagan, *Pale Blue Dot: A Vision of the Human Future in Space* (New York:

당신은 아마도 세이건이 괴벽스럽고 우수에 젖은 사람이라고 생각할지 모른다. 하지만 그의 짧은 메시지는 실제로 근대 과학자들에게 인기가 높은 코페르니쿠스 원리로 알려진 생각 하나를 표현하고 있다. 그 생각의 지지자들은 그 원리의 역사를 동명의 사람 니콜라우스 코페르니쿠스(Nicolaus Copernicus, 1473-1543)까지 소급하고 있다. 대중적인 이야기에 따르면 코페르니쿠스는 우리 우주가 태양 중심의 우주라는 것을 보여주고, 지구는 다른 행성들과 마찬가지로 그 축을 따라 자전하는 동시에 태양 주위를 공전한다는 것을 보여줌으로써 우리를 강등시켰다. 그는 우리를 중심의 자리에서 제거했고, 따라서 우리의 중요성을 훼손했다. 코페르니쿠스 이후의 과학자들은 이런 시초적인 퇴위를 다시금 강화하고 있을 따름이다. 아니면 이야기는 그렇게 전개된다.

실제로 어떤 것이든지 천문학 입문 교과서를 펴보아라. 그러면 당신은 이와 비슷한 이야기를 읽게 될 것이다. 그러나 거기에는 결정적인 문제가 하나 있다. 달리 말해 그 이야기는 틀렸다. 과학사를 다루는 역사가들은 수십 년 동안 과학의 발전에 관한 이런 설명에 저항하고 있다. 하지만 그들의 저항은 지금까지도 대중이나 교과서 집필자들에게 영향을 미치지 못하고 있다.

실제 이야기는 훨씬 더 미묘하다. 여기서 우리는 윤곽만을 제시할 수 있을 뿐이다. 코페르니쿠스 이전의 우주론은 고대 그리스 철학자 아리스토텔레스의 자연학적·형이상학적 비전과 프톨레마이오스(Ptolemy, 기원후 83-168)와 다른 천문학자들의 관찰적·수학적 모델을 결합한 것이었다. 그들은 우주를 우리가 사는 원형의 지구를 감싸고 있는 동심원의 구체로 생각했다. 이것은 망원경이 등장하기 이전 시대에 천문학적인 현상의 전체 범위를 설

Random House, 1994), 7. 『창백한 푸른 점』(사이언스북스 역간, 2001).

　　　　　　　　　　　　　　　기독교를 위한 변론

명해주는 모델이었다. 프톨레마이오스는 지구를 중심으로 크게 두 개의 수정 구체들이 연결되어 있다고 생각했다. 가장 바깥에 있는 수정 구체들이 행성과 해와 달과 같은 안쪽에 있는 구체를 움직이는 것이다. 이 모델은 해와 달이 동에서 서로 운동하는 것과 천구가 천구의 극을 둘러싸고 있는 것, 그리고 알려진 행성들의 복잡하고 다소 불규칙한 행로에 질서를 부여했다.

현대의 지성인은 이런 설명을 어수룩하다고 생각할지 모르지만 코페르니쿠스 이전의 우주론은 당시의 우주론들 가운데서 단연코 탁월했다. 왜냐하면 그것은 우주의 구조를 분별하려고 시도하면서 천체에 대한 경험적 관찰을 설명해주었기 때문이다. 이런 의미에서 그것은 과학적인 미덕, 말하자면 자연 세계를 관찰해야 한다는 개방성을 반영했다.

이 견해를 찬성하는 사람들이 보기에 이 견해는 하늘의 명확한 운동에 대한 상식적인 관찰과 지구 자체의 분명한 안정성, 그리고 많은 그럴듯한 논증을 함께 엮어냈다. 예를 들어 지구가 움직인다면 우리는 극심한 동풍을 기대하게 되고 하늘로 곧바로 쏘아 올린 화살은 궁수의 서쪽에 떨어질 것이다.

대중적인 인상과는 반대로 아리스토텔레스나 프톨레마이오스는 지구가 우주의 커다란 부분이라고 생각하지 않았다. 아리스토텔레스는 지구를 천체와 비교하면 "결코 커다란 크기"가 아니라고 생각했다. 그리고 프톨레마이오스는 자신의 대작인 『알마게스트』(*Almagest*)에서 "지구는 하늘에 있는 점 하나에 비길 정도에 불과하다"라고 말했다.[2] 두 사람 모두 지구와 별의 관계를 관찰했기에 이런 결론에 도달한 것이다. 이런 관찰을 하고서 그들은 천구가 지구로부터 엄청나게 먼 거리에 있다고 추측했다. 코페르니쿠스는 아리스토텔레스와 공유하는 가설 위에 지구가 공전한다는 논증 하나를 세

---

2) Aristotle, *De caelo*, 2.14; Ptolemy, *Almagest*, 1.5.

우고 자신의 『천체의 회전에 관하여』(*De revolutionibus*)에서 다음과 같이 말했다. "24시간의 공간 안에서 방대한 우주가 그 가장 작은 점 이상을 회전한다면 얼마나 놀라운 일인가!"[3]

더욱더 중요한 것은 그들이 우주의 "중심"을 결코 영예로운 자리로 간주하지 않았다는 것이다. 곧 우리가 지구의 중심이 그렇다고 생각하는 것 그 이상으로 생각하지 않았던 것이다. 그리고 지구가 확실히 하늘의 중심에 있다고도 생각하지 않았다. 완전히 반대였다. 우주에서 달 아래의 영역은 가변적이고 부패할 수 있고 비천하며 육중한 부분이었다. 그들은 물체가 그 무게 때문에 지구로 떨어진다고 생각했다. 지구 자체는 그 무게 때문에 우주의 "중심"으로 간주되었다. 그렇다면 천동설에 대한 현대적인 해석은 본질적으로 잘못되었다. 그 낱말들의 현대적인 의미를 살피면, 코페르니쿠스 이전의 우주론에서 지구는 우주의 "중심"이라기보다 그 "바닥"이었다.

이와 대조적으로 아리스토텔레스주의자들은 하늘을 그 규칙성과 구성에 있어서 불변하는 것으로 생각했다. 달 이하의 영역이 흙, 물, 불, 공기라는 네 가지 가변적인 원소로 구성되어 있는 반면에 하늘은 "전형"(quintessence) 또는 에테르(ether)라 불리는 제5원소로 구성되어 있다. 천체들은 완벽한 공 모양을 이루고, 그들의 완벽성에 어울리는 원운동으로 움직인다. 여기서부터 천상의 영역을 주관하는 법칙은 달 이하의 영역을 주관하는 법칙과는 매우 다르고 우월하다는 생각이 생겨났다.

기독교 신학에 중세 시대의 혼합물이 더해졌을 때 우주의 중심 또는 바닥은 매우 문자적인 의미에서 **지옥**을 뜻했다. 단테의 『신곡』은 지구 표면으로부터 독자를 데리고 지옥의 9개 원을 통과하면서 이런 생각을 더 공고히 했다. 이런 생각은 지구 위에 있는 9개의 천구를 역으로 반영하는 것이다.

---

3) Nicholas Copernicus, *De revolutionibus*, 1.6. 『천체의 회전에 관하여』(서해문집 역간, 1998).

　　　　　　　　　　　　　　　　　　　기독교를 위한 변론

흙과 영 두 가지로 구성되어 있는 인간은 일종의 소우주 상태인 중간 상태를 취하고 있다. 인간은 천상의 영역으로 올라가거나 악과 죽음, 그리고 부패의 영역으로 내려올 수도 있다. 순수하게 영적인 다른 존재들은 더 광활한 피조의 실재 세계에서 살고 있으며 하나님은 다른 모든 것의 부동의 동자로서 바깥의 "최고천" "위에" 거주하신다.

형이상학적으로 말하자면, 보다 초기의 구도에서는 실재가 하나님 중심이었지 인간 중심이 아니었다. 따라서 아우구스티누스는 하나님께서 "인간을 위해" 세상을 창조하시거나 어떤 필연적인 강제에 의해 창조하지 않으셨고 단지 "그분이 그렇게 하기를 원하셨기 때문에" 창조하셨다고 주장했다. 그렇다면 코페르니쿠스가 우리를 중요하지 않은 후미진 곳으로 강등시킨 반면에, 코페르니쿠스 이전 사람들은 지구와 인간 존재에게 최상의 존경의 자리를 부여했다고 말하는 것은 거짓이다.

따라서 코페르니쿠스와 갈릴레오(Galileo, 1564-1642), 케플러(Kepler, 1571-1630)는 지구의 지위를 강등시키기는 커녕 지구의 신분을 격상하는 새로운 구도를 보였다. 특별히 갈릴레오는 "지구광"(earth shine)이라는 개념을 변호했다. 그의 주장에 따르면 지구는 태양의 빛과 영광을 달보다 더 완벽하게 반영한다. 갈릴레오는 아리스토텔레스의 우주에서 지구가 차지하고 있던 불명예스러운 자리로부터 벗어나 천상에 지구를 새롭게 위치시켰다. 자신의 『별 세계의 보고』(*Sidereus Nuncius*)에서 갈릴레오는 다음과 같이 주장하고 있다.

지구가 태양의 빛을 매우 강하게 반사하고 있음을 입증해주는 많은 논증이 제공될 것이다. 이것은 주로 지구가 아무런 움직임이나 빛도 없다는 근거 위에서 별들의 움직임으로부터 지구를 배제해야만 한다고 주장하는 사람들에게 유익할 것이다. 왜냐하면 나는 지구가 움직임을 가지고 있고, 그 밝음이 달을 능가하며, 지

구는 우주의 쓰레기와 수명이 짧은 것을 모아놓은 오물 구덩이가 아니라는 것을 증명할 것이기 때문이다.[4]

코페르니쿠스 이전 우주론에서 지구의 중심성은 우리가 정통 교과서에서 배웠던 것과는 전적으로 다른 의미였다. 어떤 근대적인 사람도 지구의 중심을 이상적인 지상의 장소로 특권을 부여받은 것과 같이 생각하지 않았다. 마찬가지로 중심적인 위치이기에 고등한 지위를 지닌 것으로 여겨졌다는 단순한 추론도 존재하지 않는다. 천동설은 인간중심주의를 함축하지 않았다. 데니스 다니엘슨(Dennis Danielson)은 코페르니쿠스 혁명과 관련한 신화를 잠재워주는 "위대한 코페르니쿠스의 상투어구"라는 탁월한 논문을 발표했다.[5] 그 논문에서 다니엘슨은 "위대한 코페르니쿠스의 상투어는 **지구중심주의**와 **인간중심주의**를 무비판적으로 동일시하는 것을 전제로 하고 있다"라고 주장했다.[6] 둘 중 하나 또는 둘 모두를 거부하는 것은 자동적으로 자연에 목적이나 설계가 존재함을 반박하지 않는다.

공식적인 이야기는 코페르니쿠스가 하나의 동향(trend)을 출범시켰다는 잘못된 인상을 주고 있다. 지구를 우주의 "중심"으로부터 제거하여 마침내 불가피한 논리로 인간이 중요한 존재가 아니라는 것을 과학적으로 확립했다는 것이다. 이 공식적인 이야기는 형이상학적인 일련의 모호한 발견들을 숙련된 솜씨로 유물론이라는 거대담론으로 변형시켰다. 이런 역사적인 논점의 그 어떤 것도 체제상 당연히 지구의 중요성이라는 더욱 폭넓은 질문

---

4) Galileo Galilei, *Sidereus nuncius*, quoted in Dennis Danielson, ed., *The Book of the Cosmos: Imagining the Universe from Heraclitus to Hawking* (New York: Basic Books, 2000), 150.
5) Dennis Danielson, "The Great Copernican Cliche," *American Journal of Physics* 69 (October 2001): 1029-35.
6) Ibid., 1029.

에 대답하지 않는다. 하지만 우리는 유물론 지지자들이 주장한 것처럼 유물론이 역사적·과학적 계보를 향유하지 않는다는 것을 기억해야 한다.

9_『창백한 푸른 점』재고
제이 W. 리처즈와 길레르모 곤잘레스

조 W. 프랜시스(Joe W. Francis) 마스터 대학교의 생물학 교수로 미생물학과 무척추 생물학, 세포 면역학 분야에서 학부생들 연구 프로그램을 가르치고 지도하고 있다. 또한 리버티 대학교의 원격 학습 프로그램의 외래교수이기도 하다. 생물학의 여러 온라인 과정을 개발하고 가르쳤으며, 세포 면역학과 이론 미생물학 분야에서 수많은 논문을 발표했다. 미국 과학진흥협회의 회원이며 BSG(창조 생물학 연구그룹)의 비정기학술집의 편집자 중 한 명이다. 또한 BSG의 이사이기도 하다.

10
산소와 물 그리고 빛, 이런!
생명에 필요한 기본적인 유독성

■ 조 W. 프랜시스 모든 살아 있는 피조물은 세포라 불리는 놀라울 정도로 작고 복잡한 단위로 만들어져 있다. 현미경 아래서 보는 세포는 많은 일을 하는 것처럼 보이지 않는다. 하지만 세포는 엄청나게 복잡한 반응에 관여하는 미소한 크기의 기관들로 가득 차 있다. 대부분의 생명 과정은 너무나 작고 투명해서 활동 중인 과정들을 현미경으로 볼 수 없다. 그러나 생명체의 화학 작용(chemistry of life)은 살아 있는 세포에서 끊임없이 활성화된다. 학부과정의 생화학 교과서는 대체로 1,000페이지가 넘고, 우리가 세포라고 부르는 생명이라는 아주 작은 뭉치에서 동시적으로 발생하는 수백 수천의 복잡한 반응들을 설명해주고 있다.

이런 어마어마한 복잡성에도 불구하고 세포들은 주로 네 개의 원자, 곧 탄소와 수소 그리고 산소와 질소로 이루어져 있다. 이런 원자들 가운데 수소와 산소는 물을 만들기 위해 함께 결합해 있다. 물은 유기체에 들어 있는 가장 풍부한 분자다. 산소 분자 자체는 세포에서 에너지를 재생하는 결정적인 역할을 한다. 그리고 모든 살아 있는 피조물은 에너지 공급이 필요하다.

이때 대부분의 생태계에 있는 에너지는 궁극적으로 빛에서 나온다. 예를 들어 우리가 소비하는 모든 음식 에너지는 결국 세포에 붙잡혀 있는 빛 에너지로 소급될 수 있다. 따라서 산소, 물, 그리고 빛이 지구 위에 풍부한 것은 놀라운 일이 아니다. 살아 있는 유기체들은 끊임없이 생명이 의존하는 이런 아주 중요한 물질들과 접촉한다. 생명이 어떻게 자연적인 수단들에서 기원했는지를 확정하려고 시도하는 생명의 기원 연구자들은 초기 생명에 대한 자신들의 화학식에 물과 산소와 빛을 포함해야만 한다. 하지만 흥미롭게도 이 세 가지 물질 모두는 생명에 유해하다. 사실 살아 있는 세포는 매일 매 순간 산소와 물과 빛의 유독성과 싸우고 있다. 이런 물질들 각각의 유독성을 살펴보도록 하자.

산소는 많은 원자와 분자들과 상호작용한다. 이런 사실은 우리 주변의 모든 금속 구조물이 시간이 지나면서 "산성화되거나" 녹스는 것을 살펴볼 때 너무나 분명하다. 대기에 산소 함유량이 현재의 21%보다 몇 %만 높아져도 무시무시한 산불과 불안정한 대기 폭발의 가능성이 엄청 증가할 것이다. 그렇게 되면 지구에 생명체가 생존할 수 없게 된다. 우리는 어떤 환자가 치료를 목적으로 산소를 공급받다 폐가 손상되는 것에서 높은 산소 함량이 지니는 해로운 결과를 직접 관찰할 수 있다.

산소는 살아 있는 생명체들에게 유해하다. 왜냐하면 산소가 살아 있는 세포와 상호작용할 때 산소 분자 자체가 유해성이 있는 매개체들로 분해되기 때문이다. 이런 매개체들은 세포의 많은 필수 분자와 상호작용하고 그 분자들을 변형시킨다. 결과적으로 우리의 세포와 그 세포의 구성물들은 산소로 둘러싸여 있는 환경에서 살아감으로써 해로운 산소 매개체들로부터 위협을 받고 있다. 이런 위협이 지속적으로 중화되지 않는다면 생명은 존재하기를 멈출 것이다. 이때 세포는 다양한 유해산소를 단속해주는 효소를 만들어냄으로써 이런 위협을 처리해나간다. 이 효소에는 과산화억제효소

  기독교를 위한 변론

(superoxide dismutase, SOD)라 불리는 중요한 효소가 포함되어 있다. 과산화억제효소는 지배적인 유해성 산소라고 할 수 있는 과산화물을 단속하고 비활성화시켜준다. 이 효소는 세포 안에서, 세포 바깥에서, 그리고 세포막에서 발견된다. 즉 우리 몸은 문자적으로 과산화억제효소로 둘러싸여 있다. 사실 세포 환경에서 과산화억제효소의 농축은 유독한 과산화물의 농축보다 10만 배는 더 크다고 할 수 있다.

산소는 생명이 발전하는 매우 초기에 등장했기 때문에, 과산화억제효소나 이와 유사한 보호 메커니즘은 생명 진화의 초기에 등장해야 한다. 하지만 이것은 여러 가지 이유로 문제가 된다. 한 가지 이유는 과산화억제효소가 과산화물과 산소가 아닌 것의 결합을 특별히 필요로 한다는 것이다. 과산화물과 산소는 크기와 형태가 매우 유사하다. 만일 과산화억제효소가 산소와 반응하여 산소가 세포에 유입되는 것을 막는다면 이것은 생명을 위협할 것이다. 또한 세포들은 산소와 결합하도록 돕는 필수 효소를 가지고 있다. 놀랍게도 산소를 결합시켜주는 효소와 과산화물을 결합시켜주는 효소는 모두 산소를 끌어당겨 결합하기 위해 동일한 유형의 금속 원자를 사용한다는 점에서 유사하다. 따라서 생명 진화의 매우 초기에는 아주 유사하지만 구별되어 결합하는 특성을 보이는 두 가지 복잡한 효소가, 한편으로는 세포가 산소를 취하도록 허용하고, 다른 한편으로는 세포를 유해한 산소의 치명적인 결과에서 보호해주려고 동시에 등장한 것으로 보인다.

많은 생명의 기원 시나리오는 그 반응도와 유해성 때문에 우선적으로 분자 단위 산소를 배제한다. 하지만 대기 중에 있는 산소는 태양에서 쏟아져 나오는 해로운 자외선(UV)의 많은 부분을 걸러주는 중요한 역할을 하고 있다. 산소를 포함하는 현재의 대기에서 어떤 자외선은 지구에 도달하여 살아 있는 물체에 해를 끼친다. 자외선은 세포 안에 있는 DNA를 변형시키며 궁극적으로는 세포의 변이와 암을 일으키거나 세포를 파괴한다. 사실 DNA

손상은 우리가 햇빛에 노출될 때마다 우리의 세포 안에서 매일 일어나고 있다. 항온동물들의 DNA에서는 10,000가지도 넘는 변이가 매일 각각의 세포에 발생하는 것으로 추정된다. 하지만 우리의 세포는 정교한 DNA 복구 메커니즘을 보유하고 있기 때문에 우리는 그런 손상을 거의 인지하지 못한다. 이런 복구 메커니즘은 자외선과 다른 물질이 야기한 손상을 복구할 수 있다. 인간 안에 있는 100개 이상의 유전자가 DNA 복구에 관여하고 있다. 사실 박테리아를 포함한 모든 유기체는 빛에 의해 손상된 DNA를 복구하는 복잡한 복구 메커니즘을 소유하고 있다. 많은 유기체가 네 가지 서로 다른 종류의 DNA 복구 메커니즘을 소유하고 있고, 박테리아에는 SOS라 불리는 지원 복구 메커니즘이 있다. 세포의 DNA가 손상되면 SOS가 활성화된다. 복구 메커니즘은 복잡할 뿐더러 복구를 완수하기 위해서는 많은 부분이 필요하다. 자외선이 일으킨 손상이 어떻게 복구되는지를 살펴보자.

DNA는 이중가닥의 섬유 같은 분자다. 대체로 자외선은 이중가닥이 어떤 부분에서 비정상적으로 함께 결합되도록 한다. 복구 메커니즘은 엄밀하게 비정상적인 점성 부분을 찾아내어 그것을 잘라내고 잃어버린 것을 재조합해낸다. 이것은 최소한 점성 부분을 알아내서 분해하는 효소와, 재조합 및 재봉인하는 효소가 필요하다. 어떤 유기체에서는 단일한 효소가 자외선에 의한 손상을 복구할 수 있지만, 포토리아제(photolyase)라 불리는 단일 효소는 두 개의 복합 공동인자 분자의 도움이 필요하고 그 기능을 발휘하기 위해서는 놀랍게도 어떤 파장의 빛에 노출되어야만 한다. 우리는 모든 세포에서 정교한 복구 메커니즘을 발견한다. 그뿐만 아니라 식물과 해초류와 몇몇 박테리아에도 의도적으로 그리고 매우 특별히 빛과 상호작용하는 아주 복잡한 체계가 존재한다는 것을 알게 된다. 이런 광합성 체계는 지구 위에 사는 대부분의 생명체에 탄소와 산소를 공급해준다.

일종의 광합성 박테리아 종류로서 바다에 사는 남세균(cyanobacteria)

 기독교를 위한 변론

은 지구에 사는 생명체에 필요한 약 50%의 탄소 공급을 책임지고 있다. 흥미롭게도 이 박테리아들의 광합성 조직은 햇빛에 손상을 입을 수 있다. 몇몇 단백질은 매우 강한 햇빛을 받으면 기능을 멈춘다. 하지만 연구자들은 이런 박테리아에 영향을 미치고 그 결함을 고쳐주는 바이러스를 바다에서 발견했다. 빛과 산소의 유해한 영향에 저항하는 정교한 필수 복구 메커니즘이 존재하는 것은 그 복구 메커니즘이 생명 진화의 초기 단계에 존재했어야만 한다는 사실을 강조해준다. 더욱이 광합성이 산소를 만들어내기 때문에 세포는 광합성이 도래하기 전에 산소 보호 메커니즘을 소유했어야만 했을 것이다.

세포는 산소와 빛의 손상을 막기 위해 복구와 보호 메커니즘을 소유해야 할 뿐만 아니라, 반드시 물의 해로운 영향을 다룰 수 있도록 설계되어야만 했다. 물 분자는 생명을 지지하는 아주 놀랍고 독특한 특성이 있다. 하지만 세포와 분자 수준에서 물은 놀라울 정도의 파괴력을 지녔다. 곧 물은 가수분해라고 불리는 과정에서 분자를 분해할 수 있기 때문에 파괴적이다. 가수분해 동안에 물 분자는 분자 안에 있는 원자들 사이의 공간에 강제적으로 파고들어 단백질과 같은 거대한 분자 구조의 형성을 분해하거나 그 형성 자체를 방해한다. 사실 세포에서 단백질 합성은 탈수화 반응, 즉 물의 제거를 요구한다. 이런 탈수화 반응이 어떻게 물을 기반으로 하는 세포의 환경에서 발생하는가? 세포의 내부는 분자와 단백질, 그리고 단백질 생성을 돕는 효소들이 살기에 적합하다. 생명의 기원 탐사 연구자들은 물이 희박한 초기 지구 환경에서 단백질 합성을 하는 동안 물을 제거하거나 효소 촉매제를 제공해주는 유사한 저수위 환경과 메커니즘을 요구하지 않는다. 사실 연구자들은 이 문제를 단백질과 다른 커다란 고분자들(체인 모양의 분자들)이 진흙이나 모래 같은 마른 환경에서 구성된 것으로 결론 내렸다.

또한 물은 통제 불가능한 팽창을 유도하면서 세포를 파괴한다. 이것은 적혈구 세포를 물에 넣어서 쉽게 관찰할 수 있다. 곧이어 적혈구 세포는 급속히 팽창하다 터져버린다. 물이 자유롭게 세포로 확산되기 때문이다. 이런 확산은 물이 물 함유량이 낮은 장소를 찾는 과정이다. 우리가 살펴본 것처럼 전형적으로 세포의 내부는 그 주변에 비해 물 함량이 낮다. 따라서 지구 위의 모든 세포는 물의 유입과 지속적인 전투를 벌인다.

세포는 지속적으로 유입되는 물을 처리할 수 있는 다양한 메커니즘을 소유하고 있다. 예를 들어 식물 세포와 박테리아 세포는 세포 팽창과 손상에 저항하는 단단한 세포벽 구조로 되어 있다. 이 세포벽 구조는 매우 정교하며, 박테리아는 단백질과 당사슬(sugar chains)이 마치 누비이불처럼 복잡하게 얽힌 꼼꼼한 구조로 형성되어 있다. 동물의 세포는 단단한 세포벽을 갖고 있지 않으나 그 대신 물이 세포로 유입되는 것을 막기 위해 나트륨을 세포 밖으로 끊임없이 쏟아낸다. 이것은 나트륨-칼륨 펌프(sodium-potassium pump)라 불리는 놀라운 단백질 구조로 되어 있다. 이 펌프는 2개의 칼륨 이온을 세포 안으로 유입하고 3개의 나트륨 이온을 세포 밖으로 내보낸다. 세포막은 수천 개의 펌프를 함유하고 있는데, 이 펌프들은 긴박하게 분쇄하는 물의 힘에 맞서 세포의 부피를 유지하기 위해 끊임없이 일하며, 이를 위해 살아 있는 세포에서 발견되는 에너지의 3분의 1을 활용한다. 하지만 이 펌프는 규정된 농도의 나트륨과 칼륨을 포함하는 환경에서만, 예를 들어 인간의 몸 안에서 작동하도록 설계되어 있다. 소금기와 물이 있는 환경과 장소에서 이런 세포 하나를 취하여 순수한 물 환경에 두면 그 펌프는 세포가 파열되는 것(bursting)을 막아주지 못한다. 그렇다면 신선한 물 환경에서 사는 단세포 생물은 어떻게 생존할 수 있을까?

짚신벌레 같은 단세포 담수 생물들은 수축포라 불리는 커다란 가방 같은 구조를 활용한다. 이것은 지속적으로 초과 수분을 모아서 배출한다. 이때 물은 수축포로 흘러들고, 짚신벌레는 나트륨-칼륨 펌프와 유사한 단백질을 활용하여 적극적으로 소금을 수축포에 집어넣는다. 따라서 짚신벌레와 다른 단세포 담수 생물들은 단백질 펌프와 수축포를 둘 다 소유함으로써 부풀어 오름과 파열에 저항한다.

우리는 충분한 시간이 주어진다면 이 보호 메커니즘의 하나가 진화할 수 있었다고 주장할 수도 있다. 그러나 생명을 위한 매우 기본적인 필수조건들(즉 물과 산소 그리고 빛)로부터 세포를 보호하기 위해 요구되는 여러 가지 정교하고 복잡한 방어 메커니즘의 동시적인 진화는 분명히 생명의 기원 문제를 복잡하게 한다. 다른 한편으로 이런 주장은 창조/설계 이론과 어떻게 어울리는가? 생명을 위해 여러 가지 복잡한 방어 메커니즘이 동시적으로 존재할 필요가 있다는 것은 미리 계획되고 또 짧은 시기에 구성된 창조나 설계와 확실히 일치한다. 하지만 우리는 왜 창조자나 설계자가 유해한 물질을 사용했는지 질문할 수 있다. 유독성은 화학적인 반응의 부산물로 간주할 수도 있다. 반응은 사물이 움직이고 상호작용하는 세계에서 요구된다. 더 나아가 아무리 좋은 물질이라고 해도 어떤 조건 아래에서는 유해할 수 있다. 우리는 이것을 일상의 경험을 통해 확인할 수 있다. 예를 들어 유익하고 필수적인 음식도 지나치게 많은 양을 섭취하면 해로울 수 있다. 또한 우리는 잠재적으로 유독하고 파괴적인 화학 물질이라도 그 물질이 어떤 한도 내에서 사용된다면 엄청난 유익을 제공한다는 것도 알고 있다. 예를 들어 엔진에 사용되는 연료는 인간 삶의 질을 높이는 엄청난 기술을 불러일으켰다. 그러나 엔진의 잘못된 부분에 연료가 있다면 그것은 인간 삶에 재해와 파괴를 가져올 수 있다.

결론적으로 생명에 가장 기본적인 필수 요구사항인 물과 산소 그리고 빛은 살아 있는 생명체에 매우 유독할 수 있다. 그러나 살아 있는 유기체는 각각 살아 있는 세포 안에 확립된 복잡한 보호 메커니즘을 소유하고 있고, 이런 보호 메커니즘은 생명이 처음 지구 위에 출현했던 바로 그때 생명을 보호해준 것으로 보인다.

월터 브래들리(Walter Bradley)   이전에 텍사스 주 칼리지스테이션에 있는 텍사스 A&M 대학교의 기계 공학부 학과장이었고, 지금은 텍사스 주 웨이코에 있는 베일러 대학교에서 공학을 가르치고 있다. 텍사스 대학교(오스틴)에서 재료 과학으로 박사 학위를 취득했고, 재료 과학과 공학과 관련된 학술지와 학회 논문집에 150편 이상의 전문적인 논문을 발표했다. 동시에 윌리엄 A. 뎀스키와 마이클 루스가 공동으로 편집한 *Debating Design: From Darwin to DNA*에 논문 1편과 *The Mystery of Life's Origin*을 포함해서 생명의 기원에 관한 여러 중요한 작품을 공동으로 저술했다.

■ 월터 브래들리 ┃ 서론

　　　　영국의 철학 교수이자 50년 이상 대표적인 무신론 옹호자였던 앤터니 플루(Anthony Flew, 1923-2010)는 81세에 마음을 바꾸어 이신론자가 되었다. 그는 ABC 뉴스와의 전화 인터뷰에서 "슈퍼 지성은 생명의 기원과 자연의 복잡성을 훌륭하게 설명해주는 유일한 설명입니다"라고 말했다.[1] 과학 저술가인 니콜라스 웨이드(Nicholas Wade)는 「뉴욕타임스」에 기고한 글에서 생명의 기원과 관련한 오늘날의 상태를 다음과 같이 요약했다. "첫 생명을 구성하는 화학적 성질을 설명하는 것은 아주 끔찍한 일이다. 어떤 사람도 RNA(리보핵산)로 생각되는 생명의 가장 초기 화학물질이 초기 지구 주변에 있었던 무기 화학물질에서 어떻게 스스로 생겨났는지를 보여줄 수 있는 그럴듯한 설명을 아직 제시하지 못했다. 지난해 이 주제를 연구하는 두 명의 전문가는 원시지구 위에 작은 RNA 분자가 동시

---

1) Antony Flew, interview, *ABC News*, ABC, December 9, 2004.

적으로 조합된 것은 '기적에 가까운 일'이라고 선언했는데 이것은 유용한 지적이 아닐 수 없다."[2] 도대체 생명의 기원이 무엇이길래 과학자들을 그토록 당혹스럽게 만들고 무신론자들이 이신론자나 유신론자로 개종하는 것일까? 왜 생명의 기원은 아직도 해결되지 않은 과학의 위대한 신비 중 하나로 간주될까?

생명체에 필요한 최소한의 기능은 에너지를 처리하고 정보를 저장하며 자기복제를 하는 것이다. 미국의 여류 생물학자인 라일라 가틀린(Lila Gatlin)은 다음 사항에 주목하면서 이 문제의 본질을 파악했다. 곧 생명체는 기능과 관련해서 자기 번식에 본질적으로 필요한 정보를 저장하고 처리하는 능력을 갖춘 체계로서 정의할 수 있다.[3] 이런 생물학적인 작용은 DNA와 RNA, 그리고 단백질 같은 매우 복잡한 분자들에 의해서 이루어진다. 이 논문에서 나는 생명체의 본질인 분자들의 복잡성(molecular comlexity)을 개관하고, 생명체를 이루는 이 놀랄 만한 분자들의 기원에 대한 적절한 설명에서 때때로 우연과 필연으로 간주하는 맹목적인 자연법칙만으로 설명하는 것이 왜 그렇게 어려운지를 보여주면서 "생명 기원의 기적"을 탐구하고자 한다.

정보와 생명을 이루는 분자들

DNA 와 RNA, 그리고 단백질은 모두 긴 고분자 사슬로 되어 있다. "폴리머"(polymer, 고분자)에서 머(mer)는 기본 구성 요소(building block)를

---

2) Nicholas Wade, "Life's Origins Get Murkier and Messier: Genetic Analysis Yields Intimations of a Primordial Commune," *New York Times*, June 13, 2000.
3) Lila L. Gatlin, *Information Theory and the Living System* (New York: Columbia University Press, 1972)을 보라.

 기독교를 위한 변론

의미하고 **폴리**(poly)는 많다는 의미다. 단백질 분자는 아미노산이라 불리는 보통 100에서 300에 이르는 작은 분자들의 기본 구성 요소로 이루어진 고분자다. 단백질에는 20가지 유형의 아미노산 기본 구성 요소가 존재하는데, 이 아미노산은 긴 고분자 사슬에 화학적으로 반응한다. 그다음에 이 사슬은 3차원 구조로 형성되어 접힐 수도 있다. 이 독특한 구조가 생명체에서 화학적 기본 구성 요소를 백만 배 더 빠르게 반응하도록 하고 다양한 단백질이 촉매제로 작용하도록 허용한다.

3차원 구조는 20가지 다양한 종류의 아미노산 배열이 결정한다. 그러나 가능한 아미노산 배열 가운데 너무나도 작은 부분만이 생물학적인 유용성을 지니는 3차원 구조를 부여한다. 사실 아미노산의 정확한 배열이 시토크롬 C 같은 단백질을 형성할 가능성은 대략 1,060분의 1에 불과하다는 것이 이론적으로 예견되었고 실험으로도 확증되었다. 그렇다면 살아 있는 세포에 있는 아미노산으로부터 어떻게 단백질이 성공적으로 조합될까?

DNA와 RNA 분자들은 살아 있는 세포에 결정적인 생물학적 기능을 제공하는 단백질에서 중요한 아미노산 배열을 얻는 데 관건이 된다. DNA는 주어진 유기체를 위해 다양한 단백질에 있는 아미노산의 배열을 밝힐 수 있는 정보를 가지고 있고, 이는 암호화되어 있다. 전령 RNA(또는 m-RNA) 분자는 이 암호화된 정보를 DNA로부터 받아 300개가 넘는 다양한 기능적 단백질을 산출하기 위해 정확하고 올바른 아미노산의 배열화를 확보해야 하는데, 이를 위해 주형(template)의 역할을 한다. 우리는 DNA를 각각의 세포에서 뚜렷이 구별되는 300개 또는 그보다 많은 단백질에 있는 아미노산의 배열을 통제하는 "컴퓨터 두뇌"로 생각할 수 있다. 결국 이런 단백질은 세포에서 생명유지에 필요한 화학물질을 통제한다. 화학자가 대장균 박테리아에 대해 바르게 암호화한 정보를 가진 DNA 분자를 만들기 위해서는

460,000개의 지시 또는 그에 상응하는 800페이지의 정보가 필요하다. 즉 이 것은 다양한 단백질의 배열을 매기기(또는 암호화하기) 위한 필수 정보의 기 원 문제를 해결해준다. 반면에 이 엄청난 양의 정보가 어디서 왔는지에 대 한 신비를 해결하지는 못하고 단지 그 문제를 다시금 DNA(또는 첫 생명체에 있는 RNA일 가능성)에 돌리고 있다. 생명을 위해 필요한 분자의 놀라운 복잡 성이 표현된 DNA에 들어 있는 많은 양의 정보가 어디서 왔는지의 물음은 생명 기원의 중심 수수께끼다.

생명 이전의 상태 아래에서 DNA와 RNA 그리고 단백질 만들기

DNA 분자들은 (단백질의 도움으로) 자신들을 재생한다. 그리고 RNA의 도움을 받아 생명체에 에너지를 효과적으로 사용하도록 만드는 단백질 안 에서 다양한 아미노산 배열을 암호화한다. 따라서 DNA와 RNA 그리고 단 백질은 생명 유지에 필수적인 기능을 제공한다. 즉 단백질은 정보 저장, 복 제 그리고 에너지를 효과적으로 활용하게 한다. 그렇다면 첫 DNA와 RNA, 단백질은 어떻게 산출되었을까? 생명의 기원 연구는 50년 이상을 이 질문 에 대답하기 위해 노력해왔다. 여기서 우리는 무엇을 배웠는가?

생명의 기원 연구는 다양한 아미노산과 염기, 당류를 포함해서 단백질 과 DNA를 만들어주는 기본 구성 요소라고 할 수 있는 기본적인 분자를 화 학적으로 합성하려는 시도와 함께 1950년대에 시작했다. 미국 시카고 대학 교의 화학자이자 생물학자인 스탠리 밀러(Stanley Miller)와 헤럴드 우레이 (Herald Urey)는 초기 지구라는 가상 조건 아래서 이런 분자 구성 요소를 만드는 실험에 최초로 성공했다. 하지만 이 실험의 성공은 초기 지구의 대 기가 결코 메탄이나 암모니아, 산소 그리고 그들의 실험에 사용된 화학 가

기독교를 위한 변론

스로 가득 차 있지 않았다고 확정되었던 1980년대에는 심각하게 평가 절하되었다. 그럴듯한 발생 이전의 생명 화학(prebiotic chemistry)[4]을 사용할 때 우리는 아미노산과 리보스를 극소량 산출하는 것 말고는 그 이상을 만들어낼 수 없다. 오늘날 이런 생명의 필수적인 구성 요소의 기원은 여전히 신비로 남아 있다.

두 번째 문제는 생명 발생 이전의 지구에서 이 구성 요소들이 상호작용하는 것보다 훨씬 더 빠르게 구성 요소들과 상호작용하는 다른 많은 화학적 시약으로 둘러싸여 있었으리라는 것이다. 그런 파괴적인 교차반응이 어쨌든 회피되지 않고서는 DNA나 RNA 또는 단백질의 출현은 불가능했을 것이다.

세 번째 문제는 구성 요소들을 고분자 사슬로 조합하는 것이다. 예를 들어 아미노산은 (화학적인 반응에서) 다양한 방식으로 연결되지만 이웃하는 아미노산 분자의 한 가지 유형의 연결(즉 펩타이드[peptides]라고 불리는 화학적 결합)만이 단백질 기능을 가지는 고분자 사슬을 부여한다. 유사한 방식으로 3-5개의 인산이에스테르 결합(phosphodiester linkage)이 필요하지만 2-5개의 연결은 폴리뉴클레오타이드(polynucleotide)의 중합반응(polymerization)을 지배한다. 이것은 DNA와 RNA 형성에서 중요한 단계다.

네 번째 도전은 아미노산과 당류가 오른손잡이 또는 왼손잡이 유형(이들이 서로 거울에 비치는 상이라는 것을 제외하고는 동일한 구조다)으로 나온다는 사실에서 유래한다. 모든 아미노산은 각각의 유형과 화학적으로 동일하게 급속히 반응하지만 살아 있는 체계는 단지 L 아미노산과 D 당류만을 가지고 있다. 우리는 어떻게 L과 D가 동일한 밀도로 섞여 있는 것에서 모두가 L인 100개 이상의 아미노산을 얻을 수 있는가? 이 문제는 광범위하게 연구되

---

4) 이 용어는 생명체의 기원을 탐구하기 위해 원시지구에서 일어난 일의 과정을 흉내 낼 의도로 실험실에서 행해지는 화학반응을 기술하기 위해 일반적으로 사용되고 있다—편집자 주.

었지만 그 설명은 여전히 모호한 채로 남아 있다.

그럴듯한 생명 탄생 이전의 상태에서 구성 요소를 산출하고, 치명적인 상호화학 반응을 회피하며 구성 요소를 합성하고, L 아미노산이나 D 당류만을 획득하는 문제를 넘어 생명의 기원 시나리오에서 가장 도전적인 문제는 생물의 기능을 제공할 수 있는 정보를 주는 단백질에서 어떻게 아미노산이 바르게 배열하고 DNA에서 어떻게 바른 염기 배열이 가능한가이다. 앞에서 지적한 것처럼 대장균 박테리아의 DNA에 암호화되어 있는 정보는 800페이지에 달하는 정보에 버금간다. 때때로 시간이 지나면서 어떤 종류의 화학적 선택과 함께 이것이 발생할 수 있다고 주장하기도 하지만 어떤 선택도 분자 체계에서는 가능하지 않다. 분자 체계는 아직 우연한 실수로 자기복제를 해서 선택할 수 있는 장점을 부여하는 기능을 제공할 만한 능력이 없다. 기능적인 DNA나 RNA 또는 단백질은 선택에 의해 영향을 받는 자기복제의 실수를 점차적으로 증가시킬 수 있었을 것이다. 하지만 이것은 적어도 최소한의 기능을 제공할 수 있을 정도로 충분하게 복잡하지 않은 분자에서는 무의미하다. 이것은 닭이 먼저냐 달걀이 먼저냐는 오래된 문제의 분자적인 변형이다.

요약

마이클 비히(Michael Behe)는 자연선택으로 추동된 진화 과정이 극복할 수 없는 환원 불가능한 복잡한 허들이 있다고 주장한다. 예를 들어 구성물 각각이 진보된 수준까지 발전하여 하나의 체계로서 함께 기능할 수 있을 때까지 어떤 선택적인 장점도 제공하지 못하는 복합 구성 체계의 동시 발생적 발전이 그러하다. 생명의 기원은 살아 있는 체계의 기원과 발전이라는 거대담론에서 환원 불가능한 복잡한 허들의 조용한 실례인 것처럼 보인다. 분자적인 복잡성으로 그 자체를 표현하는 필수적인 정보는 단지 우연과 필연에 의해 발전될 수 없고 지적인 원인, 지적인 설계자, 곧 창조주 하나님을 요청한다.

마이클 뉴턴 키즈(Michael Newton Keas)　테네 시 주에 있는 멤피스 대학교의 원로 교수이고, 미국 수사학협회(Association of the Rhetoric of Science)의 회장으로 두 번 봉직했다. 키즈 교수는 오클라호마 대학교에서 1992년 과학사로 박사 학위를 취득했다. 동독에서는 풀브라이트 학자로서 베를린 장벽 뒤편에서 동·서독 분단의 마지막 역사적 순간을 경험했다. 다양한 학문적인 논문집과 저널에 기고했고, 디스커버리 연구소의 선임연구원으로서 고등학교와 대학교 과학 교과 과정을 공저하기도 했다. 또한 현재는 다윈주의와 같은 논란이 되는 주제들을 어떻게 가르칠 것인가에 대해 과학 교사들을 위한 워크숍을 인도하고 있다.

12

모든 고등학생이 과학에 관해 알아야만 하는 것

■ 마이클 뉴턴 키즈 과학은 현대 사회의 핵심적인 특징이기에 모든 사람은 과학을 소개할 수 있어야 한다. 특히 모든 고등학생은 (1) 과학이 무엇인지, (2) 과학이 실행되는 다양한 방식, 그리고 (3) 왜 과학이 중요한지를 알아야만 한다. 첫 번째 주제는 철학적이고 두 번째 주제가 절차적·역사적이라면, 세 번째 주제는 학생들이 과학을 공부하도록 동기를 유발한다.

과학은 무엇인가?

과학을 종교나 철학 또는 역사 같은 다른 분야의 활동들과 구별해주는 것은 무엇인가? 우리는 미국 디스커버리 연구소의 과학과 문화센터 책임자인 스티븐 마이어(Stephen Meyer)가 보여준 것처럼 이 질문에 관한 결론적인 대답을 제시할 수 없다.[1] 부분적으로는 과학이 실행되고 있는 놀라울 정

---

1) Stephen C. Meyer, "The Methodological Equivalence of Design and Descent: Can

도의 다양한 방식 때문이다. 일반적으로 과학은 사람들에게 좋은 평판을 받고 있다. 학생들은 과학 철학에서 과학을 정의하고 과학을 실행하기가 그토록 어려운 이유를 알도록 도전받아야만 한다. 미국에서는 약 40개 주 교육청에서 과학을 "관찰과 실험과 논리적 논증을 사용해서 자연 세계를 탐구하는 것"이라고 간략하게 정의하고 있다.[2] 매사추세츠 주와 캔자스 주는 과학을 다음과 같은 정의로 제한하자고 주장했다. 곧 과학은 안내자가 없는 자연적인 원인들만이 관찰된 자연 세계를 설명할 수 있다. 학생들은 이런 제한이 왜 논쟁의 여지가 있는지 알아야만 한다.

과학이 실행되는 다양한 방식

학생들은 과학이 실행되는 다양한 방식을 인식해야만 한다. 이것을 나는 **방법론적 다원주의**라고 부른다. 실험 과학자들은 표준적인 실험 방법을 따라 조건들을 능동적으로 조정한다. 그러나 심우주(深宇宙)의 천체들은 천문학자들의 실험적인 통제를 넘어서 있어 일반적으로 천문학자들은 심우주를 수동적으로 자세히 들여다보는 데 제한을 받고 있다. 지질학자들은 주로 다른 과학 분과(특히 물리학과 화학)에서 빌려온 방법과 자연법칙을 사용해 하나의 거대 물체(지구)를 연구한다. 이때 천문학자와 지질학자들은 그들이 연구하는 물체들에 나타나는 거대 규모의 장기적인 변화를 이해하기 위해 모의실험 모델을 사용한다. 또한 많은 물리학자가 독특한 탐구 도전을 제기

There Be a Scientific 'Theory of Creation?' in *The Creation Hypothesis: Scientific Evidence for an Intelligent Designer*, ed. J. P. Moreland (Downers Grove, IL: InterVarsity, 1994), 67-112을 보라.

2) Jonathan Wells, "Definitions of Science in State Standards," Discovery Institute, November 10, 2005, http://www.discovery.org/a/2573

하는 자그마한 아원자 입자들을 연구한다. 그러나 과학 교과서의 서론에 제시되어 있는 "과학적 방법"은 대개 과학이 실제로 사용하는 방법론적인 다양성을 인식하지 못한다.[3]

또한 학생들은 얼마나 다양한 신념들이 과학의 실행을 형성하고 있는지 인식해야만 한다. 이것은 방법론적 다원주의의 또 다른 형태다. 예컨대 고대 바빌로니아 사람들은 인간 역사에서 가장 오래도록 (2,000년 동안) 지속해온 과학적 탐구 프로그램을 만들었다. 비록 그들의 동기는 종교와 점성술에 있었지만, 그들의 결과물인 수리 천문학은 많은 예견을 가능하게 했다. 그로인해 천상의 많은 사건이 미리 정확하게 예측될 수 있었다.[4] 학생들은 얼마나 다양한 종교적 관점과 반종교적 또는 비종교적인 관점들이 종종 경험적으로 성공적인 과학의 동기가 되었는지를 제대로 알 필요가 있다. 미국의 『국립 과학 교육 기준』은 이런 접근방법을 다음과 같이 확증해준다. "과학자들은 사회적·문화적·개인적 신념과 세상을 보는 방식에 영향을 받는다. 과학은 사회로부터 **분리되어** 있지 않다. 도리어 과학은 사회의 한 부분이다."[5] 과학 교육에 대한 이런 접근방법은 과학에서의 자연주의의 영향에 관한 토론을 포함해야 할 것이다. 철학적 형식에서 자연주의는 자연 너머에는 어떤 것도 실재하지 않는다고 말한다. 이런 주장은 결국 무신론에 이르렀다. 과학에서 자연주의는 과학자들이 자연 세계를 설명하면서 그들 자신을 물질적인 원인에 제한하도록 했다. 이것도 방법론적 자연주의라고 불린다. 학생들

---

3) Henry H. Bauer, *Scientific Literacy and the Myth of the Scientific Method* (Champaign, IL: University of Illinois Press, 1992).

4) Noel Swerdlow, *The Babylonian Theory of the Planets* (Princeton: Princeton University Press, 1998).

5) National Research Council, *National Science Education Standards: Observe, Interact, Change, Learn* (Washington, DC: National Academies Press, 1996), 201; 강조는 첨가된 것임. 또한 이 내용은 http://www.nap.edu/readingroom/books/nses/6e.html에서 찾아볼 수 있다.

은 과학에 대한 이런 사회적인 영향을 알아야만 하며 그런 영향들을 비판적으로 평가하도록 격려를 받아야만 한다.

더 나아가 학생들은 과학이 다음과 같은 두 가지 근본적으로 구별되는 목표에 전념하고 있음을 배울 필요가 있다. 곧 "사물들은 어떻게 작동하는가"와 "사물들은 어떻게 기원했는가"다. 이들 각각의 목표는 약간 다른 탐구 도구들의 수집을 통해 성취된다. 이것 역시 방법론적 다원주의다. 사물들이 어떻게 작동하는가라는 첫 번째 관심은 19세기 초반까지 거의 모든 과학을 지배했다. 이 시기에 지질학과 생물학은 사물들이 어떻게 기원했는지를 탐구하기 위해 경험을 통해 정밀한 도구들을 획득했다. "기원"을 연구하는 과학자들은 현재 존재하는 사물들을 연구하며 자연적인 사물들이 어떻게 기원했는지에 대한 다양한 경쟁 가설들을 구축하기 위해 증거를 사용한다. 대다수 고대 철학자들과는 달리, 지질학자들은 대체적으로 지구가 영원하지 않고, 시작이 있으며, 시간이 흐르면서 독특한 단계를 거쳐 변화했다고 결론을 내렸다.

이런 견해는 독특한 시작, 반복 불가능한 발전, 그리고 끝이라는 개념을 가진 역사에 대한 유대-기독교적 견해에 의해 부분적으로 동기를 부여받았다. 실제 역사적 발전은 끝이 없는 반복이라는 고대 그리스 개념을 대치했다. 성속(聖俗)의 관점도 지구의 역사를 재구성하기 위한 유비를 제공했고 그런 시도를 이끌었다. 예를 들어 초기 지질학자들은 화석을 지구의 역사적 기록의 표지로 사용했다. 마치 동전과 같은 인간의 가공물이 고고학에서 중요한 연대기적 지표가 되는 것과 매우 동일한 방식으로 말이다. 화석은 "자연의 동전"이라 불렸다. 과학의 역사가 물려준 그런 문화적인 유산은 과학 교과과정에서 다루어져야 할 가치가 있다. 지구의 역사에 관한 19세기 초의 발견을 다시 말하는 것은 과학이 자연에서 발생하는 과거의 반복 불가능한 사건들을 연구할 수 없다는 흔한 오해를 바로잡는 데 도움이 될 것이다. 19

　　　　　　　　　　　　　　기독교를 위한 변론

세기 이후의 지구 과학과 생명 과학 그리고 20세기 이후의 우주론은 현재 존재하는 증거의 기초 위에서 과거의 많은 사건을 확인하고 설명했다. 이런 결과들은 반복 가능한 실험실에서의 실험만큼 확실하지는 않지만 근대 과학의 가장 괄목할 만한 성취 중 하나다.

왜 과학이 중요한가?

셋째, 우리는 학생들에게 과학이 중요하다는 확신을 주어야 한다. "사물이 어떻게 작동하는가"에 관한 우리의 이해는 우리가 지구의 자원을 더욱 잘 관리하도록 하고 인간의 건강을 증진하는 데 도움을 준다. 우주와 생명의 기원에 관한 과학 논쟁은 과학 교육에서 특별한 관심을 기울일 만하다. 왜냐하면 이런 논쟁은 우리가 생명과 인간을 바라보는 방식에 영향을 미치기 때문이다. 심지어 아주 단순한 박테리아 세포도 대단히 정교한 분자 기관을 지니고 있어 그것이 가진 숨이 멎을 만큼 놀라운 복잡성과 복합성은 학생들에게 경외감을 불러일으킬 것이다. 어떤 학생들은 이런 분명한 설계를 자연의 자율성에 돌릴는지도 모른다(자연주의). 또 다른 학생들은 이것이 자연의 영역을 넘어서는 설계자를 나타낸다고 결론 내릴지도 모른다. 하지만 또 다른 학생들은 다른 방식으로 반응할 수 있다. 과학 교사는 학생들이 과학(과 다른 학문)을 진지하게 취급하도록 그들 자신의 견해를 발전시킬 수 있게 도와야만 한다. 이런 균형에 대한 교육이 없다면 과학 교육은 선동에 이르게 된다.

학생들이 과학을 공부하고 비판적으로 생각하도록 동기를 부여하는 한 가지 방법은 과학 논쟁에 관한 사례 연구를 살펴보는 것이다. 사례 연구를 살펴보면서 학생들은 여러 경쟁 가설들 사이에서 최선의 설명을 추론해내는 표준적인 과학 과정에 대한 통찰력을 얻게 될 것이다. 찰스 다윈은 "각각의 질문과 관련해서 양쪽 입장에 대한 사실과 논증을 온전하게 말하고 균형을 잡음으로써만 훌륭한 결과를 얻을 수 있다"라고 주장했다.[6] 공적인 교육 정책과 관련한 오늘날의 분위기에서 다윈의 이 말은 최소한 다윈의 이론의 장점을 가르칠 뿐만 아니라 동시에 다윈의 이론에 도전하는 증거들을 가르치는 것을 의미한다. 예를 들어 생명의 기원에 대한 어떤 완성된 이론은 화석 증거를 살펴보아야만 한다. "캄브리아기의 대폭발"과 관련된 화석들은 사실상 분명한 전구체(precursor) 없이 갑자기 등장하는 동물의 가장 기본적인 형태를 보여준다. 그것은 갑작스럽게 출현한 중요한 지질학적 사건일 뿐만 아니라 동물의 종들 사이에서 작은 차이점이 증식되기 전에 주요한 범주들(동물문)이 나타났음을 관찰한 것이다. 다윈의 이론은 정반대를 예견한다. 작은 차이가 증식되고 자연선택이라는 수단에 의해 나중에 주요한 해부학상의 차이가 나타난다는 것이다. 학생들은 다윈주의에 대한 이런 증거에 근거한 도전에 대해 알아야만 한다. 하지만 그것을 언급하는 생물학 교과서는 거의 없다.

또 다른 예를 살펴보자. 많은 생물학 교과서가 갈라파고스 핀치새에 대해 말하고 있다. 시간이 지나면서 핀치새 부리의 모양과 크기가 다양해졌다는 것이다. 생물학 교과서들은 박테리아가 항생제에 대해 어떻게 저항력을 획득했는지를 언급한다. 그런 일화들은 진화에 대한 결정적인 증거로 제시되고 있다. 그리고 그런 일화들은 우리가 진화를 어떻게 정의하느냐에 따라 진화의 결정적인 증거가 된다.[7] 하지만 **진화**와 연계된 다양한 의

---

6) Charles Darwin, *On the Origin of Species* (1859; Cambridge, MA: Harvard University Press, 1964), 2. 『종의 기원』(동서문화사 역간, 2013).

7) Stephen Meyer and Michael Keas, "The Meanings of Evolution," in *Darwinism, Design, and Public Education*, ed. John Angus Campbell and Stephen C. Meyer (East Lansing, MI: Michigan State University Press, 2003), 135-52.

미를 구별하고 있는 생물학 교과서는 거의 없다. 진화라는 용어는 엄격하게 말해 아무런 지적 존재 없이 물질적인 힘으로 이루어지는 자그마한 변화로부터 생명의 창조에 이르는 어떤 것을 언급할 수 있다. 생물학 교과서들은 부리 크기에서 시간적 변이를 책임지는 과정이 새들이나 생물이 어디에서 처음 왔는지를 설명하지 못한다는 것을 언급하지 않는다. 일단의 탁월한 생물학자들(예를 들어 스튜어트 카우프만[Stuart Kaufmann], 루돌프 라프[Rudolf Raff], 조지 미크로스[George Miklos])이 최근 전문적인 논문에서 설명했던 것과 같이 소규모의 "소진화적인" 변화는 대규모의 "대진화적인" 변화(innovation)를 설명하기 위한 추론이 될 수 없다. (부리 형태에서의 변이와 같은) 소진화적인 변화는 단지 현재 존재하는 유전적인 정보를 활용하거나 표현할 뿐이다. 새로운 기관이나 몸의 기본 형식을 조합하는 데 필요한 대규모의 대진화적 변화는 전적으로 새로운 유전적인 정보의 창조를 요구한다. 대표적인 진화생물학자들은 이런 구분이 현대의 다윈주의에 심각한 난점을 부가하고 있음을 알고 있다. 학생들도 이것을 알아야만 한다.

　"논쟁을 가르치는" 접근 방법은 생물학을 더 생생하고 덜 교조적인 방식으로 제시한다. 학생들은 과학이 실행되는 대로 과학을 배우게 될 것이다. 과학자들은 종종 어떻게 자료를 해석하는가를 토론하고 심지어는 합당한 "과학적 설명"으로 간주할 수 있는 것이 무엇인지에 대해서 논쟁한다. 과학 내부에서의 논쟁은 (단순한 개입이 아니라) 지극히 정상적인 일이다. 이를 통해 학생들은 증거(사실적 자료)와 추론(결론에 이르는 추리)을 더 잘 구분하는 법을 배울 것이다. 학생들이 과학 분야의 직업을 선택하든 그렇지 않든, 그들은 시민으로서 이런 기술을 배울 필요가 있다. 과학에 대한 "주제별 접근 방법"으로 다양한 측면을 가르치는 것은 최근에 기원 문제뿐만 아니라 다른 분야에서도 우수한 교육적인 접근 방법으로 인정받고 있다. 다윈주의와 지적 설계 이론에 대한 최근의 과학 논쟁은 생명의 거대한 문제들에 관심이 있는 학생들에게 큰 흥미를 불러일으킬 것이다. 설계 이론에 근거한 연구는 가까운 장래에 심오한 결과를 산출하리라는 위대한 약속을 보여주고 있다. 설계 이론이 성공하는 정도에 따라 과학 교육 공동체는 그 이론을 과학 교과목에 포함시켜야 할 증거를 더더욱 가지게 될 것이다.

생명 과학 교육과 관련해서 유일하게 다원적인 접근방법을 지지하는 사람들은 종종 자신들의 입장을 강화하기 위해 미국의『국립 과학 교육 기준』(NSES)을 지적하곤 한다.『국립 과학 교육 기준』은 현재 미국의 과학 교육에 엄청난 개혁을 이끄는 최고의 비강제적인 국가 문서다. 역설적이게도『국립 과학 교육 기준』에 있는 진술들은 이 논문의 주요한 논점을 지지한다.『국립 과학 교육 기준』은 학생들에게 "자신의 가설이 무엇인지 인식하고 비판적이고 논리적으로 사고하고 대안적인 설명을 고려하라"고 말한다.[8] 그런데 학생들이 다윈주의 전체를 하나의 "사실"로 받아들이라고 요구받는다면, 어떻게 비판적이고 회의적이며 과학적인 사상가들이 되는 데 도움을 얻을 수 있겠는가? 중학교 3학년부터 고등학교 3학년까지를 위한 교과서 내용에는 모든 학생이 생물학적인 진화에 대한 이해를 발전시켜야만 한다는 목표가 있다. 우리는 이런 목표를 열정적으로 지지한다. 사실 우리는 유일하게 다원적인 교육만을 지지하는 대부분의 사람들이 원하는 것 이상으로 학생들이 다윈주의에 대해 더 많이 배우기를 원한다. 이때 우리가 생각하는 "더 많이"는 (그 장점들에 대한 선택적인 제시만이 아니라) 다윈의 이론의 약점을 포함한다. 소진화적 종분화는 잘 확립되어 있고, 이는 다윈이 인간의 지식과 관련해 공헌한 부분이며 항구적인 유산으로 찬사를 받을 것이다. 그러나 대진화는 다른 문제다. 전문가들은 의견의 일치를 보이지 않고 있고, 학생들은 이런 논란을 알 필요가 있다.

---

8) National Research Council, *National Science Education Standards*, 2.

   기독교를 위한 변론

미국의 『국립 과학 교육 기준』은 "과학적 탐구의 다양한 측면과 과학의 본성, 그리고 다양한 역사적·문화적 전망에서 과학을 상술하려고 역사"를 사용하는 것을 지지한다.[9] 달리 말해 과학의 역사는 학생들에게 과학이 무엇인지, 과학이 실행되는 다양한 방식이 무엇인지, 그리고 왜 과학이 다른 인간 경험에 중요한지를 알도록 도움을 주기 위해 과학 교과과정에서 알맞게 사용될 수 있다.

---

9) Ibid., 200.

필립 E. 존슨(Philip E. Johnson) 캘리포니아 대학교(버클리)의 법과대학에 제퍼슨 페이어 원로 교수다. 존슨 교수는 다윈주의의 철학적 의미를 설명하는 잘 알려진 강연가이자 저술가다. 이 주제에 대해서는 『심판대의 다윈』(*Darwin on Trial, Reason in the Balance*, 까치글방 역간, 2006), 『진리의 쐐기를 박다』(*The Wedge of Truth*, 좋은씨앗 역간, 2005), *Defeating Darwinism by Opening Minds, Asking the Right Questions*에서 잘 설명했다. 캘리포니아 대학교(버클리)에서 30년 이상 법학을 가르쳤고, 다윈주의를 변호하는 책들이 교조주의적이며 설득력이 부족하다는 것을 발견한 이후 진화론 논쟁에 뛰어들었다. 현재는 디스커버리 연구소의 과학과 문화센터의 고문으로 있다.

13
다윈의 전투함

배가 야기한 누수에 관한 상황 보고서

■ **필립 E. 존슨**　　『심판대의 다윈』(1993년)의 2판 에필로그에서 나는 다음과 같이 주장했다.

눈먼 시계공의 논지를 지닌 다윈의 진화는 실재라는 바다에 떠 있는 거대한 전투함을 떠올리게 한다. 전투함의 양 측면에는 비판에 대한 철학적 방어막이 중무장해 있고, 갑판에는 공격할 우려가 있는 누구라도 위협할 커다란 수사학적인 무기들이 가득 쌓여 있다. 겉보기에 그 배는 단지 몇 년 전만 해도 난공불락의 구소련처럼 보였다. 하지만 이 배에 누수가 일어났고 배에 탑승한 장교 중 지각 있는 자들은 누수를 해결하지 않으면 배에 있는 모든 무기로도 그 배를 구할 수 없다는 것을 알아채기 시작했다. 물론 그들은 배를 구하기 위해 대담한 노력을 펼칠 것이다. 몇몇 그럴듯한 구조자들은 자동촉매변환 장치와 자동조직 시스템을 갖춘 컴퓨터 모델 같은 첨단기술 기어가 장착된 전기 구조선으로 장교들을 대피하도록 할 것이다. 그 장면은 사람들의 흥미를 끌겠지만 전투는 오랫동안 지속할 것이다. 하지만 결국에는 진리(reality)가 승리할 것이다.[1]

---

1) Phillip E. Johnson, *Darwin on Trial*, 2nd ed. (Downers Grove, IL: InterVarsity, 1993),

이와 같이 예견하는 일에는 항상 위험 요소가 존재한다. 그러나 과거에 주장했던 일을 되돌아보고 그것이 어떻게 진행되었는지를 살펴보는 것은 가치 있는 일이다. 우리에게 사태가 어떻게 진행되었는지를 알려줄 여러 가지 동향이 있다.

분명하게 일어난 한 가지 일은 『심판대의 다윈』이 출간된 이후에 시작한 지적 설계 운동이 다윈주의를 공격하는 주전 선수가 되었다는 것이다. 2004년과 2005년에는 지적 설계와 관련해서 중요해 보이는 새로운 이야기가 없었던 날이 거의 없었다. 내가 예견했던 것처럼 "커다란 수사학적인 무기들"이 온 힘을 다해 준비되고 있다. 과학 단체들은 정기적으로 지적 설계를 "값싼 턱시도를 입은 창조론"이라 부르며 그릇된 묘사를 했다. 그들은 음모를 꾸미고 잘못된 비난을 한다. 과학 단체들은 지적 설계에 우호적인 그 어떤 사람도 전문가들이 심사하는 문헌에 논문을 발표하지 못하게 방해하고, 지적 설계가 과학이 아니라는 것을 증명하기 위해 지적 설계에 관한 논문의 숫자가 부족한 것을 근거로 제시한다. 또한 그들은 지적 설계에 우호적인 과학자들이 연구 또는 가르치는 지위를 획득하지 못하도록 방해하고 있다. 심지어 과학 단체들은 다윈주의가 어떤 방식으로든지 의문시되는 것이 허용되어서는 안 된다는 것을 확실하게 하려고 지역 학교의 의사결정 과정에 관여하고 있다. 그리고 진화를 가르치는 것에 공명정대한 접근방법을 제공하려는 어떤 시도가 발생할 때, 그들은 미국시민자유연맹(ACLU)에 호소한다.

대학 총장들은 생물학 선생들이 지적 설계는 "과학이 아니다"라고 강하게 주장한 언명에 대해 학생들이 문제를 제기하는 데에서 분명히 위협을 느끼고 있다. 이것은 학생들이 왜 권력을 가진 사람들이 진화를 어떤 도전으로부터 보호할 필요가 있는지 궁금해하는 것과 같은 엉뚱한 결과를 일으

---

169. 『심판대의 다윈』(까치글방 역간, 2006).

킨다. 지적 설계와 진화 의식(Intelligent Design and Evolution Awareness, IDEA[2]) 클럽은 진화와 관련된 과학 주제들에 대해 생각할 수 있도록 학생들을 위한 포럼을 제공하는데 이것이 대학 세계에서 확산되고 있다. 게다가 홈스쿨링이 크게 성장하면서 상황이 변하고 있다. 홈스쿨링을 하는 부모들이 이 주제에 대해 점점 더 많은 교육을 받고 있고, 홈스쿨링을 받은 학생들은 대학교에 입학할 때 일방적인 주입식 교육에 저항하며 교조적인 진술을 적절하게 평가할 수 있게 되었다.

그러면 1993년에 인식되었던 누수는 어떻게 되었는가? 그 누수는 새로운 과학 증거에 의해 복구되었는가? 내가 보았던 "누수"는 진화에 관한 다윈의 메커니즘이 복잡한 생물 세계가 어떻게 출현했는지를 설명할 수 없다는 것이었다. 한 해에도 여러 번 새로운 발견이 다윈이 전적으로 옳음을 증명할 것이라는 새로운 뉴스가 보도되곤 한다. 종종 그런 발견은 진화에 대한 이전의 몇 가지 가설을 의문시하는 새로운 발견이다. 절대로 받아들여지지는 않지만 때때로 지적 설계자를 가리키는 새로운 발견도 있었다. 식물 자체나 그 모체에는 존재하지 않는 "주형"(template)에 의해 해로운 유전적 변이를 복구시킨 식물을 발견한 것이었다. 「하버드 매거진」의 어느 판에서 하버드 대학교의 진화 과학 학장인 에드워드 윌슨(Edward O. Wilson)은 어떻게 자연선택이 구체적인 사례 연구에서는 작동하지 않고 순수하게 가설적인 실례에서만 작동하는지를 설명했다. 따라서 윌슨은 눈 색깔이 다른 새들에 대해 묘사했고, 눈 색깔이 한 가지인 새가 어떻게 개체 집단에서 두드러지고 점차 진화적인 변화를 불러일으키는지를 서술했다. 하지만 이 예에는 다윈주의 메커니즘 또는 다른 유물론적 메커니즘이 어떻게 생명이 화학 물질로부터 생겨났는지 또는 어떻게 정보가 꽉 들어찬 복잡한 체제나 기관

---

2) IDEA는 지적 설계를 확산하기 위한 대학생들의 클럽으로 1999년에 샌디에이고에 있는 캘리포니아 주립대학교에서 처음 조직되었다―역자 주.

이 발전했는지를 설명할 수 있다는 아무런 암시도 존재하지 않는다. 윌슨은 진화의 "아름다움"과 "설명 능력"에 관한 일반적인 언급만을 하고 있을 뿐이다.

최근에 하버드 대학교는 특별히 생명의 기원을 연구하기 위한 주요한 연구 프로젝트를 새롭게 시작했다. 이것은 아마도 지적 설계 운동의 비판에 대한 반응으로 이루어진 것으로 보인다. 최근의 다른 논문들은 생물학 기관에 종사하고 있는 과학자들이 특별히 지적 설계가 제기한 도전에 답변하기 위해 연구하고 있음을 말해주고 있다. 만일 정말 그렇다면 모든 사람은 그것을 좋은 일로 간주해야만 한다. 지적 설계 운동 안에 있는 우리는 좋은 과학의 지지자들이다. 우리의 비판과 질문이 더 나은 연구를 조장한다면 우리는 그 결과가 어떤 것이든 두려워하지 않는다. 이런 일을 하는 우리의 현재 관심은 진화론을 주장하는 과학자들이 현재 증거의 상태에 대해 정직한 태도를 유지하고, 왜 진화라는 주제에 대한 논쟁이 있는지를 젊은 사람들이 이해할 수 있도록 알려주는 것이다.

에드워드 시슨(Edward Sisson)　　1977년 매사추세츠 공과대학교(MIT)에서 건축학으로 학사 학위를 취득했고 1991년에 조지타운 대학교 법학 센터를 우등으로 졸업했다. 2004년 *Uncommon Dissent: Intellectuals Who Find Darwinism Unconvincing*에 논문 1편을 기고했다. 2005년에는 캔자스 주의 "진화론 청문회"에 "다윈 의심자들" 편에 참여했고, 사우스캐롤라이나 그리빌에서의 "흔하지 않은 불일치" 컨퍼런스에서 강연했으며, 지적 설계 논쟁에 관한 보스턴 대학교의 "위대한 논쟁"에도 참가했다. 법적인 조언을 하는 사람으로서 그는 다윈주의의 몇 가지 약점에 대해 과학을 전공하는 대학생들을 가르치는 캐롤라인 크록커(Caroline Crocker) 교수의 권리를 대변했다. 2006년에는 지적 설계 이론에 적합한 과학 실험을 수행하는 것을 목적으로 하는 새로운 비영리 단체인 아이오와 연구소의 실행 책임자가 되었다.

14

스콥스 "원숭이 재판"에 대한 전형적인 이해가
틀렸음을 드러내기

■ 에드워드 시슨

다윈의 진화론에 대한 도전이 제기될 때마다 과학 단체와 그 협력자들은 늘 스콥스 원숭이 재판[1]을 들먹인다. 과학 단체가 존 스콥스(John Scopes)가 진화를 가르쳤던 책과 유사한 과학 교과서를 승인했다면 주 정부는 그 책에 있는 내용들을 "검열하는" 일에 관여해서는 안 된다고 주장했다.

나는 스콥스 원숭이 재판과 관련한 논쟁에서 중요한 내용을 기록하고 있는 재판 일지 사본 1권과 스콥스가 교과서로 삼아 가르쳤던 『시민생물학』 1권, 그리고 그 교과서의 자매편인 『실험 부교재』 1권을 구입해서 꼼꼼하게 읽었다. 이런 원 자료에 대한 개관은 『침묵의 소리』[2](*Inherit the Wind*)에서 묘사된 왜곡된 그림과는 매우 다른 것이었고, 참으로 새로운 시각에서 그

---

1) 이 재판은 1925년 7월 10일 미국의 테네시 주 데이턴에서 처음 시작됐다. 고등학교 교사인 John Scopes는 공립학교에서 진화론 교육을 금지하고 있는 테네시 주 법을 위반하고 진화론을 가르친 사실로 고소당했다—역자 주.

2) 1955년 Jerome Lawrence와 Robert Lee가 쓴 희곡으로 1960년에 영화로도 만들어졌는데 스콥스 "원숭이 재판"을 소재로 하고 있다—역자 주.

사건을 보게 해주었다. 스콥스 재판에 다윈주의 진화론이 참이라는 판단이나 평결은 결코 없었다. 검찰은 문제가 되었던 테네시 주의 법이 설령 다윈의 이론이 옳다고 하더라도 그것을 가르치는 것을 금지해야 한다고 주장했고 배심원들은 거기에 동의했다. 특히 다윈의 진화론의 진리성에 대한 논의나 짐짓 주장되었던 진화론의 증거에 대한 상세한 점검은 전혀 이루어지지 않았다. 스콥스의 변호인들은 다윈의 진화론이 지구 위에 있는 생명의 다양성을 바르게 설명한다고 말하는 과학자 7명의 포괄적인 진술을 담은 문건을 제출했다. 그래서 다윈을 지지하는 과학 전문가 5명의 진술이 공개 법정에서 낭독되었고, 검찰은 그 5명의 진술에 대해 반대 심문할 수 있는 허가를 받고자 했다. 하지만 클래런스 대로우(Clarence Darrow)와 다른 스콥스의 변호인들은 그것을 반대했고 법원도 허락하지 않았다.

역설적이게도 기독교 근본주의를 반박하는 예로서 이 재판을 이해하는 대중적인 이해와는 달리 엄밀히 말하자면 근본주의는 이 재판의 주제가 아니었다. 테네시 주 법은 근본주의를 가르치는 것을 명령하지 않았다. 그 법은 단지 다윈의 진화론을 가르치는 것을 금지하고 있었다.

하지만 대로우와 변호인단은 근본주의를 이슈로 만들기 원했고 그들은 성공했다. 검찰 측 변호인 윌리엄 제닝스 브라이언[3](William Jennings Bryan)은 대로우가 진화의 증거에 대해 심문을 받는 데 동의한다면, 개인적으로 성경을 해석한 것과 관련해 대로우의 심문을 받을 것에 동의했다(『침묵의 소리』에 나오는 잘못된 견해에 비추어 본 유명한 조사였다). 그리고 판사는 대로우가 브라이언을 심문한 이후에 브라이언이 대로우를 심문할 수 있다는 데 동의했다. 대로우가 심문을 받으면 자신도 심문을 받겠다는 브라이언의 협상은 일방적이고 어떤 도전도 받지 않는 다윈 지지자들에 대항해서 얼마

---

3) 1920년에 설립된 미국시민자유연맹(ACLU)의 지도자적 구성원이었다—역자 주.

 기독교를 위한 변론

간의 진화론 비판을 스콥스 재판 기록에 집어넣으려는 필사적인 시도였다.

하지만 브라이언에 관한 유명한 심문 이후에 대로우는 변호거리로 제시할 만한 것이 아무것도 없다고 선언했고 배심원들로 하여금 스콥스가 유죄임을 발견하도록 지시할 것을 판사에게 요청함으로써 브라이언을 놀라게 했다. 사실상 대로우는 스콥스의 유죄 청원을 바꾸었다. 그는 자기 고객에 대한 "지시평결"[4](directed verdict)을 요청하는 전문적인 방법을 사용함으로써 스콥스의 상소권 포기를 회피했다. 스콥스의 효과적인 유죄 청원으로의 전환은 증거를 봉쇄했고 브라이언이 진화와 관련해 대로우를 심문하기 위해 증인석으로 소환하는 것을 불가능하게 만들었다.

자신은 아무런 변호 자료를 갖고 있지 않다는 대로우의 주장은 명백한 거짓이었다. 사실 존 스콥스는 진화론을 가르치지 않았다. 그가 진화론을 가르치기로 일정이 잡혀 있던 날 몸이 아파 강의를 할 수 없었던 것이다. 그러나 이날 진화론을 가르치지 못한 것은 탁월한 변호거리가 되었다. 사실 스콥스는 무죄였고 실제로 미국시민자유연맹(American Civil Liberties Union, ACLU)의 이익보다 스콥스의 이익을 대변했던 한 변호사는 그 사실을 분명히 알고 있었다(하지만 검찰은 비난받아야만 한다. 분명히 검찰 측도 스콥스가 결코 그 강의를 하지 않았다는 것을 알고 있었다).

게다가 대로우는 브라이언의 심문 이전에 자신의 변호를 쉽게 거부할 수도 있었을 것이다. 대로우 자신이 브라이언을 심문한 직후에 유죄 평결을 요청했다는 사실은 그가 줄곧 브라이언을 이용하여 기독교 근본주의에 도전하려 했고 다윈의 진화론에 관한 도전을 피하려 했음을 보여준다.

그 결과 스콥스 원숭이 재판에서 과학자들은 자신들이 제시한 자료가

---

4) 지시평결이란 공판에서 제출된 증거로부터 무죄가 확실하고 배심이 평의해야 하는 쟁점이 없다고 판단될 때 법관의 지시대로 이루어지는 평결이다. 즉 사실심 판사가 배심재판에서 당사자 중 어느 한편의 증거가 너무나 불충분한 경우 다른 편에 유리하게 평결하도록 배심원에게 지시하여 배심원은 그런 평결을 내리는 것을 말한다—편집자 주.

다윈의 이론이 참이라는 것을 실제로 보여주는 장점이 있는지에 대해서는 어떤 도전도 없이 그저 다윈의 진화론에 관한 주장만을 제시했다. 대로우는 세부조항에 관한 항소를 얻어냈다. 하지만 항소에서 과학자들의 논증에 대해서는 어떤 검토도 이루어지지 않았다. 그리고 재판 법정은 벌금을 산정하면서 기술적인 규칙을 범했다.

하지만 테네시 주 대법원 판사 챔블리스(Chambliss)의 항소 동의 의견에는 다음과 같은 대단히 귀중한 논평이 있었다. 그는 스콥스의 변호인들이 밴더빌트 대학교의 라인케(Reinke) 교수로부터 이 진술을 분명하게 들었다고 말했다. "진화론은 생물학을 가르치는 데 전적으로 필요하다.…생물학 교사가 [진화]를 사용하지 못하게 하는 것은…에테르의 존재를 가정하지 않고 물리학을…가르치려는 시도만큼이나 그 가르침을 혼돈에 빠뜨리는 것이다."[5]

글쎄, 오늘날에는 어떤 고등학교도 "에테르의 존재를 가정하고" 물리학을 가르치지는 않는다. 이 개념은 수십 년 전에 폐기되었다. 사실상 물리학의 진보는 "에테르" 개념의 포기와 함께 가속화되었다. 생물학의 진보도 다윈의 진화를 포기하면서 가속화될 수 있을 것이다.

다윈의 진화론이 적절한 반대 심문을 회피하는 모습은 오래되었다. 케임브리지 대학교의 천체 물리학 교수인 프레드 호일(Fred Hoyle) 경은 다윈주의를 비판하는 『진화의 수학』에서 다윈의 진화론에 대한 과학적인 도전이 "결코 정당한 청문회를 열지 못했다"라고 주장했다. "[다윈의 시대부터 오늘날까지] 발전하고 있는 대중 교육의 체계가 확신하지 못한 자들을 억누르고, 자신들에게 확신을 가져다주었다고 생각한 열성당원들과 논의 없이 진행된 어색한 토론, 그리고 은폐되었던 서로 모순되는 사실에 이상적인 기회를 제공했기" 때문이다.[6]

---

5) http://www.law.umkc.edu/faculty/projects/ftrials/scopes/statcase.htm
6) Fred Hoyle, *The Mathematics of Evolution* (Memphis: Acorn Enterprises, 1999), 106.

스콥스는 조지 윌리엄 헌터(George William Hunter)의 『시민생물학』(*A Civic Biology*)을 교과서로 사용했는데, 이 책은 학교가 과학을 어떻게 가르쳐야 하는지에 대해 학교 운영위원회에 무조건적인 복종을 요구한 과학 단체를 존중해야 하는지에 대해 또 다른 중요한 교훈을 보여준다. 『시민생물학』과 그 자매편인 『실험 부교재』는 둘 다 유전학에 관한 단락을 포함하고 있고, "잘 태어난 과학은 유전학이다"라는 진술로 시작한다.[7] 그 시대의 과학 단체는 유전학이라는 "과학"을 전적으로 지지했다. 과학 단체의 이런 승인은 유전학이 학교에서 가르쳐졌다는 것을 의미했다.

그 시대의 과학 단체가 학생들에게 배우도록 강요한 것이 있다. 『시민생물학』은 인간을 다섯 가지 인종으로 나누고 우수성이라는 용어로 인류의 등급을 매겼다. 그리고는 "모든 것 중 최상의 인류는 코카서스(Caucasus) 인종인데 이들은 유럽과 미국의 문명화된 백인 거주자들이다"라고 결론 내렸다.[8] 또한 『시민생물학』은 범죄와 부도덕성이 가족 안에서 유전으로 전해진다고 주장했다. "이 가족들은 사회에 기생적인 존재가 된다.…만일 그런 사람들이 하등 동물이라면 우리는 아마도 그들을 죽여 없애야 할 것이다.…우리는 정신병원이나 다른 장소에 그런 남녀를 격리하는 치료방법을 가지고 있고 다양한 방식으로 근친결혼을 금지하여 그런 하등의 타락한 인종이 영구적으로 존재할 가능성을 예방해야 한다."[9] 『실험 부교재』는 160번 문제에서 학생들이 "육체적·정신적으로 인류를 개선하는 어떤 수단을 결정하기 위해" 유전 도표를 사용할 것을 요청하고 있고, "교사를 위한 메모"에서는 "학생들은 수용적인 연령대이고 정서적으로 여기에 포함된 심각한 교훈들에 대해 개

---

7) George William Hunter, *A Civic Biology* (New York: American Book Company, 1914), 261-64.
8) Ibid.
9) Ibid.

방적이다"라고 말하고 있다.[10]

물론 오늘날의 과학 단체는 이 모든 것을 비난할 것이다. 게다가 스콥스가 가르쳤던 『시민생물학』은―역설적이게도 오늘날의 과학 단체는 스콥스가 미국 주 정부의 어떤 방해도 없이 1925년에 이 교과서를 사용했다고 외쳤다―오늘날의 과학 단체가 거부하고 있는 자료를 포함하고 있다. "에테르"와 같이 한때 필수적이라고 생각했었던 우생학은 교과과정에서 사라졌다. 유전학은 "에테르 안으로 사라져버렸다"라고 말하고 싶은 유혹을 받는다. 하지만 과학은 이 이론의 상실에도 불구하고 계속해서 더욱 발전하고 있다. 그리고 다윈의 진화론 역시 "에테르 안으로 사라진다"고 하더라도 과학은 더 왕성하게 유지될 것이다.

따라서 다음과 같은 한 가지 중요한 질문이 제기된다. 곧 급격하게 축적되어가는 여러 가지 오류들이 있음에도 불구하고, 전 세계는 수년 동안 우리의 과학 교과서에 머물러 있는 패러다임을 거부하는 결정을 내리기 전, 과학 단체가 먼저 그런 오류를 인정하고 패러다임 거부를 결정할 때까지 기다려야 하는가?

만일 우리가 1925년으로 돌아가서 테네시 주와, 과학 단체가 요구하는 대로 그 당시 우생학의 가르침을 허용하고 그 이론에 대한 반대 교육도 행해지는 것을 요청하는 법률을 채택한 것이 적절한지를 우리 자신에게 묻는다면, 오늘날 모든 사람은 테네시 주가 그런 법률을 제정한 선견지명을 찬양하지 않겠는가? 과학 단체의 주장 때문에 우생학 같은 "과학"이 우리 학교에서 교육되어야만 했다면, 우생학 같은 "과학"의 결점들을 가르치는 것도 적절하다는 데 모두가 동의하지 않겠는가?

우생학이라는 "과학"에 대한 의심을 교육하라고 명하고 있는 주 법률의

---

10) Ibid.

가설적인 실례는 다음과 같은 것을 보여준다. 곧 우리의 학교 교육과정을 결정하는 사람들이 어떤 시대에 과학 단체가 지지하는 것이면 무엇이든지 비굴하게 따르기만 해서는 안 된다는 것이다. 대신에 일반 대중은 과학 단체가 어떤 이론을 의심하기 이전에 그것을 의심할 수 있는 권리를 전적으로 누리고 있다. 대중은 과학 단체 구성원들의 판단에 영향을 미칠 수 있는 기관의 장려책이나 편견으로부터 벗어난다. 이런 종류의 접근 방법은 정부가 사람들의 삶에 상당한 영향을 미치는 다른 분야에서 잘 받아들여지고 있다. 예컨대 우리는 더욱 많은 무기가 필요하다는 군대 장교들의 발언을 존중하고 듣는 반면에 사람들이 선택한 대표자들을 위해서는 최종적인 결정을 유보한다.

1,000만 달러의 교육 기금과 1,000만 명의 아이들의 교육을 책임지는 곳에 있는 기금의 수혜자들과 교육 공급자들은 존경을 받아 마땅하지만, 그들이 모으는 기금과 자기 일에 대해 최종적인 결정권을 주장해서는 안 된다. 그들은 스스로 그렇다고 착각하고 있는 것과 같이 자기 이해와 연관된 편견에서 벗어나 있지 않다.

과학 단체는 아이들에게 복지를 제공하려는 노력에서 동기를 부여받는다고 너무나 자주 학부모들에게 주장한다. 하지만 그들의 주장은 우리 아이들이 선생님들의 자아를 즐겁게 하려는 자기 본위의 열망 때문에 더럽혀지는 것 같다. 모든 생명이 생존을 위한 저항할 수 없는 충동(이것은 필연적으로 권력에 대한 충동을 의미한다) 때문에 동기부여를 받는다고 주장하는 다원주의자들은 자신들이 말하는 생명을 지배하는 바로 그 힘으로부터 특별한 면제를 받는다고 주장할 만한 입장에 전혀 있지 못하다. 그와 반대로 우리는 그들이 특별히 그토록 맹렬하게 지지하고 있는 바로 그 이론의 작동에 따를 수 있다고 정당하게 주장할 수 있다. 민주주의에서 이런 문제들에 대한 최종적인 결정은 정부에서 운영하는 공립학교에 자금을 제공하는 사람,

즉 아이들을 낳고 양육하는 학부형들에게 달려 있어야만 한다. 학교 이사회
는 다윈의 이론이 지닌 약점을 보여주는 자료와 분석을 학생들에게 제시하
는 적절한 교과과정 자료들의 계발을 장려하는 일에 진지한 관심을 기울여
야만 한다. 이런 가르침은 학생들이 다윈의 설명이 참이라는 것을 의심하게
할 수도 있을 만큼 충분히 중요한 약점이다.

낸시 피어시(Nancy Pearcey)　　월드저널리즘 연구소에 재직하고 있는 프란시스 쉐퍼 학자다. 1970년대 스위스 라브리에서 쉐퍼를 만나 공부했고 이후에는 미국의 커버넌트 신학교에서 석사 학위를 취득했다. 또한 캐나다 토론토에 있는 기독교학문연구소에서 철학 석사과정을 공부했다. 『과학의 영혼』(*The Soul of Science*, SFC 역간, 2009)과 『그리스도인, 이제 어떻게 살 것인가?』(*How Now Shall We Live?*, 요단출판사 역간, 2002)를 포함한 여러 책을 저술하거나 기고했다. 그녀의 책 『완전한 진리』(*Total Truth: Liberating Christianity from Its Cultural Captivity*, 복있는사람 역간, 2006)는 2005년 「크리스채너티 투데이」에서 수여하는 메리트 상과 미국 복음주의기독교출판협의회(ECPA)가 주는 기독교와 사회 분야에서 올해의 가장 훌륭한 책에게 주는 골드 메달리온 상을 수상했다.

15

다원주의는 어떻게 우리를 우둔하게 만들까?

진화와 포스트모더니즘

■ **낸시 피어시**   2005년 스탠퍼드 대학교에서 나는 처음으로 피켓을 들고 시위하는 사람들을 마주했다. 자신들을 합리적 사고(Rational Thought)라고 부르는, 캠퍼스 그룹이 조직한 피켓 시위대는 지적 설계 지지자들의 존재를 항의하는 표지판을 들고 캠퍼스에 서 있었다. 지역의 여러 무신론 단체들이 지역 신문에 다채로운 이야기를 제공하며 이 논쟁에 가담했다.

진화에 반대되는 과학적 증거에 대해 말하는 『다윈의 블랙박스』의 저자인 마이클 비히가 연단 위에서 연설하고 있었다. 나는 진화의 문화적이고 철학적인 의미를 설명하면서 그 뒤를 이었다. 내가 강연하고 있을 때 놀랍게도 몇몇 항의자들은 적대감을 누그러뜨렸고 실제로 내가 말하는 것에 관심을 기울이기 시작했다. 내 강연의 요지는 다원주의가 합리적인 진리의 바로 그 가능성을 약화시킨다는 것이었다. 이는 특히 합리적인 사고를 장려하기 위해 그룹을 조직했던 무신론 학생들을 불안하게 하는 논증이었다!

우리는 어떻게 다원주의가 합리성이라는 개념을 약화시키는지 이해하기 위해 미국의 해변에 다원주의가 처음 도달했던 19세기 후반으로 되돌아가 생각해볼 필요가 있다. 일단의 사상가들은 다윈주의가 도착하자마자 거의 즉각적으로 그것을 환영했고 과학을 훨씬 넘어서는 다윈주의의 영향들을 만들어내기 시작했다. 다윈주의가 자연주의(즉 자연이 존재하는 모든 것이며 자연적인 원인은 모든 현상을 설명하기에 적절하다)라는 폭넓은 철학을 함축하고 있다는 것을 인식했다. 따라서 철학, 심리학, 법학, 교육, 그리고 예술까지 진화론이라는 생물학의 경계를 넘어 자연주의적 세계관을 적용하기 시작했다.

하지만 이런 노력의 기초에는 지식 자체에 대한 자연주의적 접근이 있었다(인식론). 그 논리는 다음과 같다. 인간이 다윈주의적 자연선택의 산물이라면 그것은 분명히 인간의 뇌를 포함한다. 이것은 결과적으로 우리의 모든 신념과 가치가 진화론적인 힘의 산물이라는 것을 의미한다. 개념들은 인간의 뇌에서 우연히 생겨난 것이다. 다윈의 우연한 변이가 자연에서 생겨난 것처럼 말이다. 즉 확고한 신념과 확신이 되기 위해 머물러 있는 개념들은 생존을 위한 투쟁에 이점을 제공하는 것들이다. 이런 지식에 대한 견해가 실용주의(진리는 효과를 나타내는 것이다) 또는 도구주의(개념들은 단지 생존을 위한 도구일 뿐이다)라고 불리게 되었다.

다윈의 논리

존 듀이(John Dewey)는 대표적인 실용주의자 가운데 한 사람이다. 그는 20세기에 살았던 그 누구보다 미국의 교육 이론에 지대한 영향을 미쳤다. 듀이는 인간의 본성에 전형적으로 지성이나 혼 또는 영이라는 말로 규정되는 초월적인 요소가 있어서 초월적인 진리 또는 도덕적인 질서를 알 수 있다는 것을 부인했다. 그 대신 인간을 단지 환경으로부터의 도전들에 적응하는 유기체로 간주했다. 듀이의 교육 이론에서 학습은 단지 적응의 한 형태에 불과하다. 곧 학습은 일종의 정신적인 자연선택이다. 이때 개념들은 생존을 위한 도구로서 진화하고 사자의 이빨이나 독수리 발톱의 진화와 별반 차이가 없다.

듀이는 「철학에 대한 다윈의 영향」이라는 유명한 논문에서 다윈주의가 "지성과 도덕 그리고 삶에 적용되는 새로운 논리"에 이르게 한다고 주장했다.[1] 이런 새로운 진화론적인 논리에서 개념은 진리라는 초월적인 기준에 의해서 판단되는 것이 아니라, 우리가 원하는 것으로 우리를 인도하면서 얼마나 도움을 주는지에 의해 판단된다. 즉 개념은 "실재를 반영하지" 않고 단지 인간의 유익에 이바지할 따름이다.

이것이 얼마나 혁명적인 생각인지 강조하기 위해 그때까지 지배적인 지식에 대한 이론 또는 인식론은 하나님의 형상에 대한 성경적인 교리에 근거했다는 사실을 지적할 필요가 있다. 인간 지식이 믿을 만하다는 확신은 유한한 인간 이성이 (어느 정도까지 최소한) 무한한 신적인 이성을 반영하고 있다는 확신에서 도출되었다. 우주를 창조하신 하나님이 우리의 지성을 동일하게 창조하셨기 때문에 우리는 우리의 정신적인 능력이 우주의 구조를 반영한다는 것을 확신할 수 있다. 철학자 에드워드 크레이그(Edward Craig)는 『하나님의 마음과 인간의 작품』에서 다음과 같은 것을 보여준다. 곧 서구 사상가들이 심지어 정통적인 기독교 신학에서 이탈하기 시작할 때조차 그들 대부분은 우리의 지성이 인간의 인식을 신뢰하는 기초로서 절대 지성을 반영한다는 생각을 여전히 자신들의 철학에 간직하고 있다.[2]

하지만 실용주의자들은 자연주의적인 진화의 영향을 정면으로 직면

---

1) John Dewey, *The Influence of Darwin on Philosophy: And Other Essays in Contemporary Thought* (New York: Henry Holt, 1910), 9.
2) Edward Craig, *The Mind of God and the Works of Man* (Oxford: Clarendon, 1987).

한 첫 번째 사람들 가운데 한 부류였다. 그들은 다음과 같이 말했다. 진화론적인 힘이 지성을 산출한다면, 모든 신념과 확신은 인간의 행동에서 실용적인 성공에 의해 판단되기 때문에 단지 정신적인 생존 전략에 불과할 뿐이다. 미국의 철학자이자 실용주의 철학의 확립자로 알려진 윌리엄 제임스(William James, 1842-1910)는 진리란 어떤 개념이 지니고 있는 "현금 가치"(cash value)라고 말하기를 좋아했다. 만일 진리가 기대했던 성과를 거둔다면, 우리는 그것을 참이라고 부른다.

오늘날의 실용주의

다윈의 논리는 우리가 상상하는 것 이상으로 미국의 사상을 형성하는 데 지속적인 영향을 주고 있다. 종교를 살펴보자. 윌리엄 제임스는 종교에 관심이 대단히 많은 가정에서 성장했다(제2차 대각성운동에서 제임스의 아버지는 기독교로 개종했고 나중에는 스베덴보리파[3][Swedenborgianism]로 개종했다). 그 결과 제임스는 자신의 실용주의 철학을 종교에 다음과 같이 적용했다. 우리는 하나님이 존재하시는가를 그 신념이 우리의 경험에 긍정적인 결과를 가져오는지, 그렇지 않은지에 비추어 결정한다. 제임스는 예전에 "어떤 개념은 그것을 믿는 것이 우리의 삶에 이익이 되는 한에 있어 '참되다'"라고 말했다. 따라서 "신학적 개념이 우리의 삶에 이익을 가져오는 일을 한다면, 특히 하나님이라는 개념이 우리의 삶에 이익을 가져오는 것으로 증명된다면, 실용주의는 어떻게 하나님의 존재를 부인할 수 있겠는가?"[4]

---

3) 스웨덴의 과학자이자 신학자인 Emanuel Swedenborg를 추종하는 사람들을 말한다—역자 주.

4) William James, "What Pragmatism Means," in *Pragmatism: A New Name for Some Old Ways of Thinking* (1907; Amherst, NY: Prometheus, 1991), 36. 『실용주의』(아카넷

 기독교를 위한 변론

여러분은 이런 말이 익숙하게 들리는가? 오늘날 대단히 많은 미국인이 다음과 같은 것, 곧 자신들의 필요를 해결해주고 그 필요를 "확인해주거나" 또는 체중 감량에서부터 행복한 결혼생활 유지에 이르기까지 개인적인 문제들을 더 효과적으로 해결하는 데 도움을 주는 것에 근거해서 자신들의 종교를 선택하고 있다.

나는 최근에 교회에서 매우 적극적으로 활동하는 그리스도인과 대화를 나누었다. 하지만 대화 주제가 우리 두 사람이 알고 있는 비그리스도인 친구와의 교제에 이르자, 그녀는 "글쎄요. 제가 원하는 것을 해야죠"라고 반응했다. 물론 "내가 원하는 것을 한다"라는 것에 근거해서 종교를 선택하는 것은 심각한 문제를 일으킬 수 있다. 즉 우리는 그것이 진정으로 참인지 또는 단지 우리 자신의 필요를 투영하는 것에 불과한지 알 수 없다. 루터 교회의 신학자인 존 워위크 몽고메리(John Warwick Montgomery)가 다음과 같이 말하는 것처럼 말이다. "진리가 항상 '도움이 되는' 것은 아니며 '도움이 되는' 신념이 결코 항상 참된 것도 아니다."[5]

제임스의 종교적 실용주의가 사실상 오늘날의 미국 영성을 이해하는 기본적인 접근 방법이 되고 있다면, 듀이의 실용주의는 교육학에서 선호하는 접근 방법이다. 교사들은 실제적으로 수학 교육부터 도덕 교육에 이르기까지 교과과정 전반에 걸쳐서 학생들에게 문제를 제시하고, 학생들은 그 문제를 해결하는 데 실용주의적인 전략을 취하도록 도움을 주는 비지시적 "촉진자들"이 되라고 훈련받고 있다. 물론 좋은 교사는 항상 학생들이 스스로 사고하도록 가르치고 있다. 하지만 오늘날의 비지시적 방법론은 그것을 훨씬

역간, 2008).

5) John Warwick Montgomery, "How Muslims Do Apologetics: The Apologetic Approach of Muhammad Ali and Its Implications for Christian Apologetics," in *Faith Founded on Fact: Essays in Evidential Apologetics* (Nashville: Thomas Nelson, 1978), 웹페이지 http://www.mtio.com/articles/bissar59.htm에서 온라인으로 살펴볼 수 있다.

넘어서고 있다. 그 방법론은 어떤 객관적이거나 초월적인 진리의 존재 자체를 부정하는 다원적인 인식론을 도약대로 삼고 있다.

예를 들어 오늘날 교육에서 대중적으로 유행하는 "구성주의"(constructivism)를 살펴보자. 대부분의 사람은 구성주의가, 진리는 문제 해결을 위한 사회적 구성물에 지나지 않는다는 생각에 근거해 있다는 사실을 알지 못한다. 구성주의의 대표적인 이론가인 조지아 대학교의 에른스트 폰 글라저스펠트(Ernst von Glasersfeld)는 구성주의가 다원주의에 뿌리를 두고 있다는 사실을 솔직히 인정했다. 그는 "인식의 기능은 생물학적인 의미에서 적응하는 것이다"라고 말했다.[6] "이것은 '아는 것'이 실재의 '참된 표현'을 소유하는 것이기보다는 우리가 우연히 선택한 목표를 달성하기 위해 허락된 행동과 사고방식과 수단을 소유하고 있음을 의미한다."[7] 간단하게 다원주의적인 인식론은 개념이 인간의 목표를 해결하기 위한 단순한 도구일 뿐이라는 것을 함의한다.

포스트모던 대학가

실용주의의 이런 결과는 매우 포스트모던적이다. 그래서 탁월한 포스트모던주의자인 리처드 로티(Richard Rorty)가 자신을 신실용주의자라고 부르는 것은 놀라운 일이 아니다. 로티는 포스트모더니즘이 단지 실용주의의 논리적 결과라고 주장하며 그 이유를 설명하고 있다.

지식에 대한 전통적·상식적 접근 방법에 따르면 우리의 개념은 실재를

---

6) Ernst von Glasersfeld, *Radical Constructivism: A Way of Knowing and Learning* (New York: Routledge, 1996), 51.
7) Ibid.

표현하거나 실재에 상응할 때 참이다. 그러나 다윈의 인식론에 따르면 개념은 우리가 환경을 통제하고 조정하기 위해 진화해온 도구일 뿐이다. 로티가 말하고 있는 것처럼, 우리의 이론은 "사물의 내재적인 본성과 표현적인 관계가 있다기보다 개미핥기가 입으로 개미를 잡아먹는 기술이나 바우어 새가 둥지를 만드는 기술에 지나지 않는다."[8] 따라서 우리는 것과 자연선택이 개미핥기의 입이나 바우어 새가 둥지를 만드는 본능을 유지하는 것과 동일한 방식으로 개념을 평가한다. 우리는 얼마나 그것이 객관적인 실재를 표현하느냐에 관해 묻지 않고, 단지 그것이 얼마나 잘 작동하느냐를 물음으로써 개념을 평가한다.

나는 한때 기독교 대학에서 다윈주의로부터 포스트모던 실용주의까지의 진보를 제시했던 적이 있다. 그때 청중 한 사람이 손을 들었다. "한 가지 질문이 있습니다. 우리의 개념과 신념 모두가 진화했다고 생각하는 이 사람들은…자기 자신들의 개념이 진화했다고 생각합니까?" 청중은 즐거운 박수갈채를 보냈다. 그가 지식에 대한 다윈의 접근이 지니는 주된 오류를 파악했기 때문이다. 모든 개념이 진화의 산물이고 그러므로 실제로 참이 아니며 단지 생존을 위해 유용할 따름이라면, 진화 자체도 진리가 아니다. 그렇다면 왜 우리 같은 사람들이 거기에 주의를 기울여야 하는가?

정말이지 진화론은 그 자신을 논리적으로 논파한다. 진화가 참이라면 그것은 참이 아니라 단지 유용할 뿐이다. 이런 종류의 내적인 모순은 치명적이다. 어떤 것을 주장하는 이론이 동시에 그것을 부정하고 있다는 사실은 단지 난센스에 불과하기 때문이다. 간단히 말하자면 자연주의적 진화는 자기를 논박한다.

---

8) Richard Rorty, *Truth and Progress* (Cambridge: Cambridge University Press, 1998), 48.

세계관의 충돌

대중매체는 진화 논쟁을 과학 대 종교라는 용어로 색칠하고 있다. 그러나 진화 논쟁은 세계관 대 세계관, 철학 대 철학의 논쟁이라고 말하는 것이 훨씬 더 정확하다. 이 점을 분명히 하는 것은 경기장을 평평하게 다져 진지한 대화를 하도록 한다.

흥미롭게도 몇몇 진화론자들은 이 점을 인정하고 있다. 영국 출신으로 생물철학 분야를 개척한 과학 철학자이자 미국 플로리다 주립대학교의 철학과 석좌교수인 마이클 루스(Michael Ruse)는 과학의 진보를 위한 미국 협회의 1993년 심포지엄에서 다음과 같은 꼭 알맞은 말로 그 사실을 인정했다. "과학적 이론으로서의 진화는 일종의 자연주의에 헌신하고 있다." 즉 진화는 철학이지 사실이 아니라는 것이다. 계속해서 루스는 다음과 같이 주장했다. "종교와 유사하게 진화는 어떤 선험적이거나 형이상학적인 가정을 하는 것과 관련이 있다. 이것은 어떤 수준에서 경험적으로 증명할 수 없다."[9] 루스의 동료들은 그에게 받은 충격에 침묵으로 반응했고, 나중에 그들 중 한 명인 아서 샤피로(Arthur Shapiro)는 "마이클 루스는 가게를 내주었는가?"라는 제목으로 그에 대한 논평을 썼다.[10]

하지만 역설적이게도 그 과정에서 샤피로도 "과학의 기저에 깔린 이데올로기적 가설 가운데 환원 불가능한 핵심 한 가지가 있다"는 사실을 인정했다. 그는 계속해서 다음과 같이 말했다. "다윈주의는 철학적 선호의 문제다. 우리가 물질적인 작용으로 접근할 수 있는 물질적인 과정과 관련해서

---

9) Michael Ruse가 "The New Antievolutionism"라는 심포지엄에서 행한 연설(Annual Meeting of the American Association for the Advancement of Science, Boston, 1993년 2월 13일), http://www.arn.org/docs/orpages/or151/mr93tran.htm

10) Arthur M. Shapiro, "Did Michael Ruse Give Away the Store?" *NCSE Reports* 3 (1993): 20-21.

물질적인 우주를 토론하기로 선택한다는 것을 의미한다면 말이다."

다윈 대 지적 설계에 관한 토론을 그토록 중요하게 만드는 것은 바로 이런 세계관의 차원이다. 모든 사고 체계는 근본적인 질문에 답변을 제공하는 창조에 관한 설명으로 시작한다. 모든 것은 어디에서 왔는가? 이 중차대한 출발점이 뒤따르는 모든 것을 형성한다. 오늘날 지식에 대한 자연주의적 접근은 실제적으로 모든 분야에 적용되고 있다. 어떤 사람은 우리가 "보편적인 다윈주의"의 시대에 진입하고 있다고 말한다. 이런 시대에 다윈주의는 더 이상 하나의 과학적 이론이 아닌 포괄적인 세계관이다.

미국이 상충하는 도덕적 기준에 대해 "문화 전쟁"에 휩쓸리고 있다고 말하는 것은 이제 흔한 일이 되었다. 하지만 우리는 도덕성이 항상 세계관을 근간으로 하는 파생적인 것이라는 것을 기억해야만 한다. 문화 전쟁은 세계관의 바닥에 깔린 **인식론적인** 전쟁을 반영하고 있다. 그리고 각각의 세계관의 핵심에는 기원에 관한 설명이 있다.

레이몬드 G. 보흐린(Raymond G. Bohlin) 프로
브 미니스트리(http://www.probe.org)의 대표
다. 일리노이 주에 있는 일리노이 주립대학교(동물
학 B.S.)와 텍사스 주에 있는 북 텍사스 대학교(집
단유전학 M.S.), 텍사스 대학교(댈러스, 분자생물
학 M.S. Ph.D.)에서 공부했다. (생명윤리학과 인
간 존엄성 센터에서 발간한) *The Natural Limits
to Biological Change*와 *Basic Questions on
Genetics, Stem Cell Research and Cloning*의
공동저자이고, *Creation, Evolution and Modern
Science*의 편집장으로 봉사했으며 여러 저널과 잡
지에 논문을 발표했다. 현재는 디스커버리 연구소의
과학과 문화센터의 연구원이다.

16
진화 가능성의 한계

■ 레이몬드 G. 보흐린 | **인위적인 선택의 남용**

대부분의 사람은 진화가 거의 제한 없는 생물학적 변화를 허용한다고 생각한다. 그렇지만 몇 가지 간단한 관찰만 해봐도 생물학적 변화에 한계가 있음을 분명하게 알 수 있다. 확실히 수렴(convergence)이 어디에나 존재하는 것을 보면 생물학적 변화가 무제한적이지 않음을 알려준다. 진화가 다시금 반복하여 어떤 해결책에 도달하는 것처럼 보이기 때문이다. 단지 유기체들이 물을 통과하고 땅을 넘어 공중으로 그들 자신을 나아가게 할 수 있는 너무나 많은 길이 있는 것처럼 보인다. 곤충과 새와 박쥐의 날개는 비록 조상들이 관련이 있는 것은 아니지만 모두 어떤 설계의 유사성을 보여준다. 최소한 다양한 물리적인 한계는 생물학적인 변화와 적응을 제한한다. 확실히 물리적인 제한이 존재한다. 그렇다면 생물학적 제한은 어떤가?

광범위한 진화의 변화를 논의하면서 다윈은 인위적인 선택과 자연선택 사이의 유비에 과도하게 의존한다. 솜씨 있는 비둘기 사육자였던 다윈은 식별할 수 있는 어떤 특징이 주의 깊은 사육(즉 인위적인 선택)을 통해 강화되거나 약화될 수 있다는 사실을 알고 있었다. 이어서 그는 유사한 선택 형식(즉 자연선택)이 자연에서 발생하여 동일한 일을 성취한다고 추론했다. 그것은 단지 좀 더 많은 시간을 필요로 할 뿐이다.

하지만 인위적인 선택은 그 반대를 입증해준다. 모든 형질이 일반적으로 약간의 다양성을 품고 있지만 본질적으로는 모든 형질에 항상 어떤 한계가 존재한다. 유기체나 선택된 형질이 장미나 개, 비둘기, 말, 소든지 아니면 옥수수 안에 있는 단백질 성분이나 사탕수수 안에 있는 설탕이든지 선택은 확실히 어떤 결과를 낳는다. 하지만 모든 선택된 특질은 결국에는 흐지부지되고 만다. 닭은 원통형의 알을 낳지 않는다. 우리는 완두콩이나 포도 열매 크기의 자두를 생산할 수 없다. 우리가 얼마나 크게 성장하는지와 관련해서도 한계가 있다. 어떤 사람들은 키가 2m 정도까지 크지만 어떤 사람들은 1m에도 미치지 못하는 경우가 있다. 하지만 어떤 사람도 3m 넘게 자라거나 50cm 이하로 머물러 있지는 않다. 변화에 제한이 있는 것이다.

하지만 아마도 자연선택을 위한 모형으로 인위적인 선택이 지닌 유용성에 비교되는 가장 효과적인 논증은 실제적인 선택 과정일 것이다. 다윈은 그것을 인위적인 선택이라고 불렀다. 더 나은 용어는 의도적인 선택이었을 것이다. **인위적인 선택**이라는 말은 단순하고 목적이 없는 것처럼 들린다. 하지만 식물이든 동물이든 모든 사육자는 항상 특별한 어떤 것을 바라고 있다. 선택 과정은 항상 특별한 목적을 위해 설계된다.

당신이 사냥을 더 잘하는 개를 원한다면 당신은 그런 특성을 강화하기를 바라며 최고의 사냥개를 양육할 것이다. 당신이 특별한 색깔의 장미를 원한다면 원하는 색조를 바라며 비슷한 색깔의 장미를 선택할 것이다. 다른 말로 표현하자면, 당신은 그 과정을 계획하며 조장하고 있다. 그러나 자연선택은 그런 일을 전혀 할 수 없다. 자연선택은 어떤 계획을 세우고 작동하지 않으며, 어떤 변이가 일어나든지 간에 그 변이에 좌우된다. 목적적인 과정을 무목적적인 과정에 비교하려고 시도하는 것은 진화에 관해 아무런 통찰도 제공해주지 않는다.

자연선택의 실제적인 능력

우리는 다윈의 『종의 기원』이 출간된 이후 약 100년이 지난 1950년 대까지 자연선택을 실례로 입증한 유명한 후추나방(또는 가지나방[Biston betularia])이 문서로 보고되기를 기다려야만 했다. 그리고 이런 사실은 우리에게 교훈하는 바가 크다. 이 이야기는 다음과 같다. 산업혁명 이전에 대영제국이 수집한 후추나방은 밝은 색깔에 여러 가지 회색 반점을 포함하고 있었다. 그러나 산업혁명 이후에는 산업공해가 증가함에 따라 짙은 형태 또는 다양한 검은색 후추나방이 더욱 빈번하게 나타났다. 환경 통제가 입법화 되고 공해 기준이 강화되자 이번에는 여러 가지 회색 반점이 다시금 매우 빈번하게 등장했다.

한편 공해가 증가하면서 나무 위의 이끼류가 사라지고 나무껍질도 검어 진 것처럼 보였다. 이전에 밝은 나무에 위장해 있던 회색 변종들이 이제 검 어진 나무껍질로 인해 눈에 잘 띄게 되었고, 이전에 밝은 나무에서 눈에 잘 띄던 검은색 후추나방들은 이제 잘 띄지 않게 된 것이다. 새들은 눈에 더욱 잘 띄는 밝은 색 후추나방 변종들을 식별할 수 있었고 두 형태는 주변의 환 경적인 조건에 따라 쉽게 변화했다. 이것은 자연선택이 작동한 것이었다.

이런 표준적인 이야기에는 항상 문제가 있었다. 이 이야기는 정말 무엇 을 보여주는가? 첫째, 검은색 형태는 항상 개체군의 밀도가 매우 낮았다. 따 라서 우리는 두 가지 유형의 후추나방으로 시작해서 여전히 두 가지 유형을 가지고 있다. 두 유형의 빈도수는 변화하지만 어떤 새로운 유형이 개체군에 첨가되지 않는다. 둘째, 우리는 정말로 이 나방이 공업화로 인해 색이 검게 변한다는 공업암화 유전(genetics of industrial melanism)을 알지 못한다. 우리는 어떻게 이 두 유형이 발생했는지에 관해 상세한 설명을 아직까지도 듣지 못했다. 셋째, 어떤 개체군에서는 두 나방의 빈도수가 나무껍질에서의 상응하는 변화와는 상관없이 변화했다. 유일한 지속적 인자는 오염이었다.[1] 따라서 진화가 진행 중인 것으로 가장 잘 알려진 실례는 단지 각주에서 다루어질 수밖에 없다.

심지어 에콰도르 해변에서 멀리 떨어져 있는 갈라파고스 제도의 다윈의 핀치새도 우리에게 대규모의 진화에 대해서는 거의 말해주지 않는다. 갈라파고스 제도의 13종의 핀치새는 주된 식재료에 기반을 두고 부리의 크기와 모양에서 미묘한 변이를 보여주고 있다. 핀치새들은 시간이 흐름에 따라 환경적인 요인에 반응하여 변화한 것을 보여주는 반면에(그러므로 자연선택이 이루어진 것이다), 그 변화는 되돌릴 수 있는 것이었다! 핀치새들의 부리의 크기와 형태는 그 해가 습하거나 건조한 것(씨가 생산하는 열매 크기의 다양성)에 따라 조금씩 바뀔 수 있고 조건이 바뀌면 이런 변화도 뒤집어진다. 13종의 핀치새가 아니라 6종이나 7종이라고 보는 것도 가능하다. 종들 사이에, 특히 그라운드 핀치새들 사이에서 교배가 쉽게 이루어져 잡종(hybride)이 잘 생기고 생존도 잘했기 때문이다. 다시 한 번 "진정한 진화는 어디에 있는가?"라고 묻게 된다.

야생에서 작동하고 있는 자연선택에 대해 잘 입증된 다른 많은 실례들이 존재한다. 하지만 그들 모두는 제한된 변화가 가능한 반면에 변화에 제한이 있을 수 있다는 것도 보여준다. 어떤 사람도 내가 아는 한 자연선택의

---

1) Jonathan Wells, *Icons of Evolution: Science or Myth? Why Much of What We Teach about Evolution Is Wrong* (Washington, DC: Regnery), 137-57를 보라.

 기독교를 위한 변론

실재성에 관해 묻지 않고 있다. 진정한 문제는 후추나방과 다윈의 핀치새 같은 실례들이 우리에게 진화에 대해 아무것도 말해주지 않는다는 것이다.

변이는 실제적인 변화를 산출하지 않는다

대부분의 진화론자는 변화에 한계가 있음을 인정하면서 변이의 지속적인 원천(source) 없이는 자연선택이 충족되지 않는다고 주장한다. 신다윈주의적 종합에서는 모든 종류의 변이가 그 역할을 충족한다. 이들 변이는 구조적 유전자로의 변이와 발달적 유전자로의 변이라는 두 가지 주요한 범주로 나누어진다. 나는 구조적 유전자를 세포 안에서 유지와 신진대사, 지지 또는 특별한 기능을 수행하는 단백질을 코드화하는 유전자로 정의할 것이다. 발달적 유전자는 발생학적인 발달에서 특별 과제에 영향을 미치고 따라서 어떤 유기체의 형태나 실제적인 외형을 바꿀 수 있다.

대부분의 진화 연구는 구조적 유전자에서의 변이에 집중해왔다. 그러나 대규모의 변화가 발생하기 위해서는 반드시 발달적 유전자가 탐구되어야만 한다.

우리는 조금 후에 이 발달적인 유전자로 돌아갈 것이다.

진화에 따른 변화를 일으키는 변이에 관해 우리가 가진 대부분의 실례는 구조적 유전자와 관련한 것들이다. 의미 있는 진화에 따른 변화를 일으키는 이런 종류의 변이에 관한 가장 일반적인 실례는 미생물의 항생제 내성과 관련이 있다. 제2차 세계대전 동안 페니실린이 발견된 이래로 항생제 사용이 급속히 증가했다. 박테리아는 모든 사람이 깜짝 놀랄 정도로 항생제에 대해 이상한 내성이 있다. 이 사실은 생존을 위한 자연의 투쟁이 유전적인 변화, 즉 진화로 귀결된다는 것을 보여주는 실제적인 증거로 널리 보도되었다.

그러나 미생물의 항생제 내성은 그다지 극적이지 않은 많은 유형으로 나타나고 있다. 때때로 유전적인 변이는 항생제가 평소보다 더 빠르게 세포에서 생성되거나 더 느리게 세포로 유입되는 것을 허용한다. 또 다른 때에는 항생제가 이미 있는 효소와 밀접하게 관련된 세포 내부에서 비활성화된다. 다른 경우에는 항생제가 표적으로 삼은 세포 내부의 분자에 더 이상 영향을 미치지 않을 정도로 매우 가볍게 변형되기도 한다. 이런 모든 메커니즘은 자연스럽게 발생하고, 변이는 단지 세포가 이미 가지고 있는 능력을 강화한다. 어떤 새로운 유전적인 정보도 추가되지 않는다.[2]

프랑스의 유명한 진화론자 피에르 폴 그라세(Pierre-Paul Grassé 1895-1985)는 박테리아에 일어나는 변이를 소개하면서 다음과 같이 말했다. "그 변이들이 변화하지 않는다면 그칠 줄 모르는 변이의 용도는 무엇인가? 요약하자면, 박테리아와 바이러스의 변이는 중간 위치 어간에서 이루어지는 유전적인 파동에 불과하다. 오른쪽으로 움직였다가 왼쪽으로 움직이지만 어떤 최종적인 결과도 없다."[3]

지금까지 나는 흔히 소진화라고 불리는 것을 묘사했다. 기본적으로 진화론자들은 이미 충분히 입증된 소진화 과정이 결국 대진화를 산출할 것이라고 가정한다. 만일 시간이 충분히 주어진다면 말이다. 하지만 이런 가정은 그 자체로 문제가 있다.

---

2) Lane P. Lester and Raymond G. Bohlin, *The Natural Limits to Biological Change* (Grand Rapids: Zondervan, 1984), 103, 170를 보라.
3) Pierre-Paul Grassé, *Evolution of Living Organisms* (New York: Academic Press, 1977), 87.

자연선택은 새로운 체형을 산출하지 않는다

이제 소개할 필요가 있는 근본적인 질문은 어떻게 해면과 불가사리, 바퀴벌레, 나비, 장어, 개구리, 딱따구리, 그리고 인간이 모두 설계나 목적과 계획 없이 단세포에서 시작되었는가 하는 것이다. 그런 모든 유기체는 매우 다른 체형(body plans)을 가지고 있다. 이 모든 다른 체형이 어떻게 변이와 자연선택에서 출현할 수 있는가? 이것은 작은 생화학적인 변화를 요구하는 항생제 내성보다 훨씬 더 크고 어려운 문제다. 그렇다면 문제는 어떻게 형태학적인 변화가 생겨나는가 하는 것이다.

따라서 대진화의 문제는 발달적인 변이를 요구한다. 변화는 어쨌든 유기체가 어떻게 형성되는가에서 생겨난다. 구조적 유전자는 체형의 발달에 거의 아무런 영향을 미치지 않는 것처럼 보인다. 하지만 발달을 통제해서 궁극적으로 체형에 영향을 미치는 유전자들은 발달 초기에 모습을 드러낸다. 그러나 이것은 발달하는 배아가 초기의 발달적 변이에 매우 민감하므로 그 자체의 문제를 일으킨다. 아일랜드 국립대학교 교수였던 월리스 아서(Wallace Arthur)는 다음과 같이 주장했다. "초기의 주요한 발달적 과정을 통제하고 있는 유전자들은 기본적인 체형의 확립에 관여한다. 이들 유전자에서의 변이는 대개 극단적으로 불리하며 그것은 항상 그럴 것이다."[4]

실제적인 유익을 제공할 수 있는 발달적인 변이가 그렇게 흔하지 않다면 대진화는 하나의 느리고 난해하며 평탄하지 않은 과정이라고 생각해야 할 것이다. 이와 마찬가지로 다윈은 『종의 기원』의 결론에서 "자연선택이 단지 사소하고 연속적이며 순조로운 변이를 축적함으로 작동하는 것으로는 커다랗거나 갑작스러운 수정을 산출할 수 없다. 그것은 단지 짧고 느린 단

---

4) Wallace Arthur, *The Origin of Animal Body Plans: A Study in Evolutionary Developmental Biology* (Cambridge: Cambridge University Press, 2000), 14.

계에서만 작동할 수 있을 뿐이다"라고 지적했다.[5]

따라서 변이의 유형뿐 아니라 변이의 비율도 문제가 된다. 일본계 미국인 생물학자 수수모 오노(Susumo Ohno)는 "DNA 염기 배열에서 1%의 변화를 겪는 데 천만 년이 걸린다.…육백만 년에서 천만 년의 기간 동안에 동물의 왕국에 있는 거의 모든 종족이 출현했는데, 이 모든 종족의 출현을 개별적인 유전자 기능의 돌연변이가 분기한 것으로 설명할 수는 없을 것이다"라고 지적했다.[6]

기능하는 유기체는 항상 중간적인 형태를 띠어야만 한다. 하지만 하나의 체형으로부터 또 다른 체형으로 변화하는 중간적인 유기체의 기능은 아주 헌신적인 진화론자들을 오래도록 당혹스럽게 했다. 작고한 하버드의 고생물학자였던 스티븐 제이 굴드(Stephen Jay Gould)는 다음과 같이 질문한다. "그러나 어떻게 합리적인 일련의 중간적인 형태들이 구성될 수 있는가?…똥을 흉내 내는(dung-mimicking) 곤충은 잘 보호된다. 하지만 그 곤충이 그저 5%만 똥(turd)같이 보이는 것으로 어떤 이점이 있을까?"[7]

자신의 일상적인 재능으로 굴드는 정곡을 찌르는 질문을 던지고 있다. 정말로 진화에 따른 변화에는 한계가 내재되어 있는 것 같다.

---

5) Charles Darwin, *On the Origin of Species*, 471.

6) Susumo Ohno, "The Notion of the Cambrian Pananimalia Genome," *PNAS* 93 (1996): 8475-78.

7) Stephen Jay Gould, *Ever Since Darwin: Reflections in Natural History* (New York: W. W. Norton, 1977), 104. 『다윈 이후: 다윈주의에 대한 오해와 이해를 말하다』(사이언스북스 역간, 2009).

로버트 J. 마크스 2세(Robert J. Marks II)　 베일러 대학교 공학부의 교수이자 대학원 책임자이고, 전기 전자 기술자협회(IEEE)와 미국 광학협회의 회원이다. IEEE 100주년 메달을 받았고, IEEE 신경 네트워크 협회와 IEEE 컴퓨터 지적 협회의 탁월한 강연자로 봉사하고 있다. IEEE 신경 네트워크 의회(지금은 협회)의 초대 의장으로도 봉사했다. 300편 이상의 논문을 출간했는데, 8편의 논문은 우수논문집에 재수록되었다. 그는 인공 신경 네트워크와 신호 과정 분야에서 3개의 특허를 가지고 있다.

17

진화 연산

설계 정보를 위한 항구적인 동력 기계

■ 로버트 J. 마크스 2세 다윈의 진화에서 영감을 얻어 만들어진 진화 연산(evolutionary computing)은 유용한 공학 도구다. 이것은 기대하지 않았던 통찰력 있고 기발한 결과를 산출했다. 결과적으로 진화 연산에 대한 인상은 지성이나 정보를 자유롭게 사용할 수 있는 원천으로 종종 채색되곤 한다. 하지만 진화 연산을 수행하는 프로그램 설계에는 그 프로그램의 목표에 맞는 정확한 정보를 주입해야 한다. 이런 정보는 진화론적인 탐구의 수행을 미세 조정하며 성공적인 탐구를 위해 꼭 필요하다.

연산지능(Computational Intelligence)

영국의 정신의학자이자 인공두뇌학의 개척자였던 로스 애쉬비(Ross W. Ashby)는 50년 전 "체스 기계가 그 기계의 설계자를 이길 수 있는가?"라고 물었다.[1] 오늘날 우리는 그럴 수 있다는 것을 알고 있다. 더욱 적합한 질문은 "주어진 정보보다 컴퓨터가 더 많은 정보를 산출할 수 있는가?"다. 표면적으로 진화 연산은 그 질문에 대해 하나의 가능성 있는 모범이 될 수 있다. 그러나 "수고 없이 얻는 이익"이라는 주장처럼 이것은 그런 경우가 아니다.

1960년대에 진화 연산의 개척자들은 진화에 관한 컴퓨터 에뮬레이션이 생물학 실험실에서 다윈의 진화를 입증하는 난점을 극복했다고 제안했다. 진화에 관한 다윈주의자의 증명은 "그런 진화가 가능한지, 그리고 통제된 조건 아래서 진화가 어떻게 발전되는지 판단할 수 있는 적절한 실험이 있을 수 없다는 사실에 의해 처음부터 불리한 위치에 서 있다."[2] "일반적으로 어떤 종의 살아 있는 유기체를 통제하는 실험을 정교하게 조립해서 특수한 종과 관련된 진화의 가설을 실험하는 것은 불가능하거나 실행에 옮길 수 없다. 우리는 이런 난점을 피하고자 우리가 연구하기를 원하는 진화 체계를 표현해주는 모델을 구축해서 편향적으로 시도할 수 있고, 최소한 우리가 생각하는 이론적인 타당성을 실험하기 위해 이런 모델들을 사용할 수 있다."[3]

공학 설계

진화 연산은 오늘날 주로 공학 설계와 문제 해결에 사용되고 있다. 설계는 목표 또는 설계 목표치를 확립하면서 시작한다. 실행 가능한 모델은 인

---

1) W. Ross Ashby, "Can a Mechanical Chess Player Outplay Its Designer?" *British Journal for the Philosophy of Science* 3.9 (1952): 44-57.

2) Nils Aall Barricelli, "Numerical Testing of Evolution Theories, Part I: Theoretical Introduction and Basic Tests," *Acta Biotheoretica* 16.1-2 (1962): 69-98. Reprinted in David B. Fogel, ed., *Evolutionary Computation: The Fossil Record* (Piscataway, NJ: IEEE Press, 1998), 166.

3) J. L. Crosby, "Computers In the Study Of Evolution," *Scientific Progress* 55 (1967): 279.

기 있는 패러다임의 목록에서 선택된다. 설계는 선택된 모델 안에서 매개변수 값을 식별하는 것으로 이루어지고, 어떤 모델의 한도 내에서 "중간 정도의 가치에 대한 신중한 조정"으로 정의되고 있다.[4] 컴퓨터 탐색 알고리즘은 컴퓨터의 도움으로 이 일을 한다.

달걀을 삶는 법을 설계하는 간단한 실례를 생각해보자. 우리의 질문은 다음을 포함한다.

1단계 달걀을 찬물에 넣고 삶는가, 아니면 끓는 물에 넣고 삶는가?(두 가지 선택지)

2단계 얼마나 오랫동안 달걀을 삶는가?

3단계 냄비의 불을 꺼서 물을 차게 하는가, 달걀을 건져내 접시에 두어 차게 하는가, 그렇지 않으면 달걀을 찬물에 즉시 넣는가?(세 가지 선택지)

1단계에는 2가지 선택지가 있고 3단계에는 세 가지 선택지가 있다. 2단계에서 물을 끓이는 지속시간에는 30초부터 15초 간격으로 3분까지의 선택지가 있다고 가정해보자. 30초, 45초, 1분 이런 식으로 말이다. 그렇게 되면 시간 간격에는 11개의 선택지가 있게 된다. 따라서 가능한 조리법의 전체 숫자는 $2 \times 11 \times 3 = 66$이다. 우리는 **탐색 공간**(search space)을 정의했지만 아직 우리의 설계 기준이 무엇인지는 규정하지 않았다. 즉 무엇이 최상의 조리법인가? 달걀의 맛을 보고 맛의 정도를 1에서 100까지로 등급을 매긴다고 생각해보자. 66개의 조리법 하나하나에 매겨진 이런 등급은 그 조리법의 **적합도**다. 90점을 넘으면 어떤 것이든 설계 기준을 충족하는 것이다. 즉 설

---

4) Randall Jean, personal communication, 2005.

계 목표는 이런 설계 기준을 충족하는 요리법을 알아내는 것이다.

당신은 요리해본 적이 한 번도 없고 어떤 조리법이 최상의 조리법인지에 대해서도 전혀 모른다고 가정해보자. 이때는 **베르누이의 불충족적 이유의 원리**(Bernoulli's principle of insufficient reason)를 적용한다. 이 원리는 사전 지식 없이 모든 조리법이 최상의 조리법이 될 수 있는 동등한 가능성을 가지고 있다고 가정한다. 하나의 조리법은 다른 조리법만큼 훌륭하다고 가정되어야만 한다. 이때 최상의 조리법을 찾기 위해서는 66가지 조리법을 적용해야 한다. 적합한 조리법을 발견하기 위한 한 가지 방법은 시행착오를 거듭하는 것이다. 만일 시행착오가 컴퓨터상에서 이루어진다면 그 실험은 신속하게 이루어질 수 있을 것이다. 컴퓨터에서 달걀을 끓이고 그 결과의 적합도를 에뮬레이트할 수 있다고 생각해보자. 그렇다면 우리는 66가지 모든 조리법을 평가함으로 최상의 조리법을 신속하게 결정할 수 있을 것이다. 모든 가능한 해결책을 살펴보는 것은 **망라된 탐색**이라 불린다. 그러나 불행하게도 탐구 문제들의 규모는 끔찍하리만큼 많으며 이것은 심지어 합리적인 규모의 문제들을 탐구하는 것도 불가능하다. 우리가 3,100개의 변이 대신에 100개의 변이가 있다고 가정할 때, 각각의 변이가 10가지 가능한 결과가 있다면 탐색 공간에서의 변이 요소의 숫자는 10의 100승(즉 10을 100번 곱한 것)이 된다. 이것은 우주에 있는 원자의 숫자보다 더 많은 숫자다. 그런 경우에는 망라된 탐구가 가능하지 않다.

우리는 탐색 과정에 정보를 주입해서 탐색 문제로부터 나오는 베르누이의 불충족적 이유의 원리를 제거할 수 있다. 먼저 그 정보는 분명할 수 있다. 달걀의 예에서 화학 지식은 삶은 달걀을 찬물에 넣으면 달걀에서 유황과 같은 냄새가 나게 하는 화학 반응을 늦춘다고 알려준다. 유황과 같은 냄새를 가정하는 것은 적합도에서 벗어나 우리가 탐색 변수의 한 가지를 제거하고 탐색을 44개의 요리법으로 축소할 수 있게 해준다. 또한 정보는 암시

  기독교를 위한 변론

적일 수 있다. 예를 들어 당신은 10가지의 유명한 달걀 삶는 법을 알 수 있다. 그중 2가지는 날달걀을 차가운 물에 넣고 나머지 8가지는 끓는 물에 넣는다. 이런 정보는 설계 기준을 충족하게 하는 더욱 큰 기회를 가진 요리법들로 당신의 요리법 탐구를 인도할 수 있다.

암시적 정보의 필요

순수하게 이론적인 생각은 충분하게 성능이 좋은 컴퓨터와 충분한 시간이 주어진다면 최상의 해결책을 발견할 수 있는 공간이 성공적으로 탐색될 수 있음을 제안한다. 이것이 바로 "타자기 앞에 앉은 원숭이들"이라는 신화다. 이론적으로 확률이 있는 이 이야기는, 만일 충분한 원숭이들이 충분히 길게 마구잡이로 글자를 쿵쾅거리며 친다면 결국에는 허먼 멜빌의 소설『모비 딕』(1,170,200자)과 그림 형제의『그림동화』(1,435,800자), 킹제임스 성경 (공백을 제외하고 3,556,480자) 같은 역사의 위대한 모든 본문이 생겨날 것이라고 말한다.[5] 하지만 폐쇄된 우주의 유한성은 이것을 금지한다.

비구조화된 커다란 탐색 공간에서 유일한 한 가지 해결책을 찾는 것은 "건초더미에서 바늘"을 찾는 것과 같이 어려운 문제다. 어지간해서 이것은 실행될 수 없다. 26자 알파벳을 임의로 선택하여 킹제임스 성경을 쓸 가능성은 $26^{3,556,480}$인데 이는 $3,810^{5,032,323}$과 동일하다. 이것은 너무나 큰 숫자여서 설명이 불가능하다. 우주에 있는 모든 물질(10^{58} kg)이 에너지로 바뀌고 ($E=mc^2$), 빅뱅 이후 매초 100억 번(200억 년)씩 이 모든 에너지가 최소한 불가역적인 비트 레벨에서 본문을 산출하는 데 이용된다면(즉 ln(2) kT=2.9 비

---

5) 1913년 프랑스 수학자 Émile Borel이 발표한 무한 원숭이 정리(Infinite monkey theorem)를 설명한 것이다—편집자 주.

트당 10^{-21}J), 대략 킹제임스 성경만큼이나 긴 10^{88}메시지가 산출될 것이다. 우리가 우주에 있는 원자의 숫자에 의해(10^{78}원자) 이것을 배가한다면 우리는 10^{166}메시지를 가지게 된다. 그러나 이것은 요구되는 $10^{5,032,323}$에 비하면 여전히 터무니 없이 작은 숫자다.

보다 평범한 문제를 다루어보자.

태초에 하나님이 창조하시니라(IN*THE*BEGINNING*GOD*CREATED)

("천지를"이라는 구절을 위의 문장에 첨가할 수 있지만 그렇게 되면 숫자가 너무 커진다). 여기 27개의 가능한 글자(26개의 로마자 알파벳과 공백 하나)가 있으며 위의 영어 문장은 28자로 구성되어 있다. 원숭이가 이 문장을 쓸 확률은 27^{28}인데 이것은 1의 1.20×10^{40}과 동일하다. 이 숫자는 우리가 이해하려고 노력할 수 없을 정도로 크지는 않다. 원숭이가 타자기로 28자를 쳐서 이 특수한 단어들을 칠 수 있는 가능성은 1조 톤이 넘는 철에서 단일한 원자를 택하는 것과 동일하다. 이탈리아의 물리학자겸 화학자였던 아메데오 아보가드로(Amedeo Avogadro, 1776-1856)의 숫자를 사용하면, 우리는 27^{28}원자를 계산할 수 있다. 곧 (1 mol당 6.022×10^{23}원자)×(55.845 g/mol)×(1 ton당 [미국 ton] 907,185 g)=1.22×10^{12} ton.

양자 컴퓨터는 제곱근에 의해 해당하는 탐색의 크기를 줄일 수 있다.[6] 하지만 문제는 폐쇄된 우주의 자원을 넘어서는 영역이 아직 남아 있다는 것이다. 정보는 탐색 과정에 주입되어야만 한다.

우주에 구조를 부과하지 않으면서 비구조화된 공간을 탐색하는 것은 아

---

6) Yu-Chi Ho, Q. C. Zhao, and D. Pepyne, "The No Free Lunch Theorem: Complexity and Computer Security," *IEEE Transactions on Automatic Control* 48.5 (2003년 5월): 783-93.

주 작은 문제도 계산해내기 어려울 것이다. 설계 요령(design heuristic)에 따라 부과된 함축적인 정보에 대한 필요는 **공짜 점심은 없다는 정리**에 의해 강조되고 있다.[7] 이 공리는 "당신이 작업하고 있는 [문제들]…에 대해 선험적인 가정을 할 수 없다면 어떤 탐색 전략이 아무리 세련된다 해도 그것이 다른 어떤 전략보다 더 잘 수행할 것을 기대할 수 없다"는 것을 보여준다.[8] 공짜 점심은 없다는 정리는 "문제를 명확히 하는 지식을 [최적화 또는 탐구] 알고리즘의 행태에 포함시키는 것의 중요성을 지적해준다."[9]

정보의 자료

진화론적인 탐구에서 만들어진 일반 구조는 정확한 정보가 주입되는 것이다. 이 구조에서 개별적인 일단의 매개 변수들을 위한 설계의 이점이 부과된다. 정보의 적합도가 크면 클수록 더 좋고, 최적화 문제는 적합한 기능을 최대화하는 것이다. **벌칙 함수**는 유사하지만 최소화되어야만 한다. 나의 동료 공학자는 연산의 초기 단계에서 자신의 역할을 **벌칙 함수 기술자**로서 탐색을 수행하는 것으로 묘사했다. 그는 벌칙 함수를 만드는 자신의 영역에서의 전문지식에 대해 자부심이 있었다. 설계 공학자가 계발한 구조화된 탐색 모델은 어떤 의미에서 **좋은** 모델이다. 나쁜 모델의 한계를 통해 탐색하는 것은 아무리 철저하게 이루어지더라도 성공적인 설계를 이루어낼 수 없다. 대조적인 방식으로, 솜씨 있게 고려된 모델은 더 빠른 시간에 훨씬 나은 해결을 이루어낼 수 있을 것이다.

---

7) David H. Wolpert and William G. Macready, "No Free Lunch Theorems for Optimization," *IEEE Transactions on Evolutionary Computation* 1.1 (1997): 67-82.
8) Ho, Zhao, and Pepyne, "The No Free Lunch Theorem," 783-93.
9) Wolpert and Macready, "No Free Lunch Theorems."

탐색에서 구조에 관한 단순한 실례 하나는 다음과 같다. 임의로 각각의 글자를 선택하는 대신에 더 일반적으로 사용되는 글자를 더 자주 선택하도록 해보자. 우리가 임의로 글자를 선택한다면 위에서 인용한 각각의 글자는 27개 중에서 1번의 기회를 얻게 된다. 각각의 글자가 선택될 확률이 3.7%인 것이다. 영어에서 e라는 글자는 10% 정도 사용되고, 공란은 20% 정도 사용된다. 만일 우리가 그 발생빈도에 따라서 글자를 선택한다면 IN*THE*BEGINNING*GOD*CREATED를 선택할 확률은 원래의 백만 분의 5(0.0005%)로, 1.2×10^{40}에서 5.35×10^{34}로 급락한다. 이것은 여전히 큰 숫자이기는 하다. 즉 1조 톤에 달하는 철이 5백 5십만 톤으로 줄어드는 것이다. 만일 이중글자 빈도를 이용한다면 그 확률을 훨씬 더 줄일 수 있다(이중글자는 일반적으로 함께 짝을 이루어 등장하는 글자들이다. 예컨대 _가 공란인 이중글자 e_는 영어에서 가장 흔한 글자 조합이다). 삼중글자 빈도는 이보다 확률을 더 줄일 것이다.

탐색 공간의 미세 조정

더욱 함축적인 구조가 탐색 공간에 부과되면서 탐색은 점점 더 쉬워진다. 훨씬 더 흥미로운 것은 적당히 긴 메시지와 관련해 목표가 되고 있는 메시지가 탐색 공간의 구조와 어울리지 않는다면, 그 메시지는 발견되지 않는다는 것이다.

탐색 공간이 어떤 유형의 메시지를 산출하는 성향이 있도록 구조화해보자. 만일 목표가 이런 성향과 어울리지 않는다면 그 목표는 확률이 0으로 발견될 것이다.

다양한 문맥에서 사용되는 정보 이론에서 오래도록 알려진 이런 정리는 큰 수의 법칙(law of large numbers)의 직접적인 결과다. 예를 들어 우리가 하나의 e에 10%를 부여하도록 탐색 공간을 구조화한다면 길이가 만 개의 글자로 이루어진 메시지에서 e의 숫자는 1,000에 매우 근접할 것이다. 그리고 e라는 글자를 포함하지 않은 『개즈비』(Gadsby)[10]라는 흥미로운 책은 거의 존재하지 않을 정도로 개연성이 적다고 밝혀질 것이다.

탐색 공간을 구조화하는 것은 그 실제적인 크기도 줄여준다. 탐색 공간은 모든 가능한 결과로 구성된다. 구조화된 공간에 대해 그 구조와 유사한 경향이 있는 모든 가능한 결과의 집합을 "탐색 공간 **부분집합**"이라 불러보자. 알파벳을 구조화하는 발생 빈도에 있어서 『개즈비』를 제외하고 우리가 찾고 있는 모든 위대한 소설은 이 부분집합에 존재하거나 근접해 있다.

탐색 공간에 첨가되는 구조가 많으면 많을수록 더 많은 정보가 첨가된다. 예컨대 삼중글자는 이중글자보다 더 많은 정보를 첨가한다.

결과의 길이가 증가하고 첨가된 구조 정보가 증가하면 탐색 부분집합에 있는 요소의 %가 0이 된다. 이것은 "부분집합 감소의 정리"라고 불린다. 따라서 탐색 공간의 구조화는 단지 공간의 구조에 순응하는 해결책에 국한될 뿐만 아니라, 해결책의 숫자는 메시지 길이가 늘어남에 따라 탐색 공간의 매우 작은 %가 된다.

최종적 생각

탐색 공간은 탐색 알고리즘이 성공하기 위해서 구조화할 것을 요구한다.

---

10) 미국 작가 Ernest Vincent Wright가 쓴 소설로 50,000개의 영어 단어 중 e자가 하나도 사용되지 않았다. 그는 e를 쓰지 않기 위해 The를 This나 That으로, Love는 Romantic affair로, ~ed는 ~ing로 바꾸었다—편집자 주.

이것은 목표가 되는 설계 목적에 관한 진화론적인 탐구를 포함한다. 첨가된 구조 정보는 암묵적으로 탐색 공간에 주입될 필요가 있고 원하는 결과에 이르는 과정을 도출하기 위해 사용된다. 그 목표는 구체적일 수 있다. 사람들이 정확하게 식별할 수 있는 문구처럼 말이다. 달리 말하자면, 철자나 문법 검사를 통과할 수 있는 의미 있는 문구처럼 일반적인 것일 수 있다. 어떤 경우에도 아직은 진화 연산으로부터 생겨나서 정보를 설계할 수 있는 그 어떤 영구적인 동력 기계는 존재하지 않는다.

리처드 웨이카르트(Richard Weikart)　캘리포니아 주립대학교(스타니슬라오)의 역사학 교수다. 최근에 *Hitler's Ethic: The Nazi Pursuit of Evolutionary Progress*와 *From Darwin to Hitler: Evolutionary Ethics, Eugenics, and Racism in Germany*를 포함해 4권의 책을 출간했다. 현대 독일과 유럽의 지성사에 관한 광범위한 배경 지식을 가진 그는 수많은 학문적인 논문을 *Isis*, *Journal of the History of Ideas*, *German Studies Review*, *History of European Ideas*, *European Legacy*, *Fides et Historia*와 같은 저널에 발표하고 있다. 그의 연구는 특별히 독일에서 실행되고 있는 사회적 다윈주의와 진화론적 윤리학, 유전학에 초점을 모으고 있다.

18

과학, 우생학, 그리고 생명윤리학

■ 리처드 웨이카르트 19세기 후반에 인간의 유전적 특징을 향상시키는 것을 지지하는 과학자와 물리학자들 사이에 하나의 운동이 출현했다. 이 운동을 창시한 이는 영국의 존경받는 과학자인 프란시스 갤톤(Francis Galton)이었다. 그는 이 새로운 분야의 노력을 **우생학**이라고 말했다. 갤톤은 이 분야가 과학적인 원리 위에 세워졌다고 주장했다. 그는 자신의 사촌인 찰스 다윈이 쓴 『종의 기원』을 읽으면서 우생학에 관한 생각을 형성했다. 『종의 기원』에서 다윈은 자연선택과 연계된 유전적인 변화가 새로운 종을 산출한다고 주장했는데, 우생학은 다윈의 이론에 근거하기 때문에 많은 우생학자가 의료 기관과 사회 복지 기관 같은 현대 기관들이 사람들에게 생물학적 퇴행을 일으키지 않을까 두려워했다. 생존을 위한 투쟁을 완화하면서 현대 사회는 "열등한 사람들"도 생식을 할 수 있도록 허용했다. 우생학의 목적은 이런 퇴행적인 경향을 뒤집어서 사람들이 진화론적인 진보를 촉진할 수 있도록 하는 것이다.

우생학 운동은 서구 세계 전반에 걸쳐 특히 과학자와 물리학자들 사이에서 1900년 이후에 급속하게 퍼졌다. 우생학 지지자들이 정치적으로 다양한 입장을 가지고 있었지만 우생학은 특히 진보적인 사람들 사이에서 인기가 높았다. 1900년 독일에서 우생학 운동은 중요한 발전의 한 단계를 내디뎠다. 당시는 크룹프 현상공모(Krupp Prize competition)가 "우리는 국내의 정치 발전 및 국가의 입법과 관련해서 생물학적인 진화의 원리로부터 무엇을 배울 수 있는가?"라는 질문에 관해 책 1권 분량 정도의 대답을 제공하는 사람에게 엄청난 금전적인 보상을 제공했던 때였다. 빌헬름 샬마이어(Wilhelm Schallmayer)가 『유전과 선택』(1903년)으로 크룹프 상을 받았는데, 이 책은 우생학을 강력하게 지지했다. 물리학자 알프레드 플뢰츠(Alfred Ploetz)는 1904년 세계 최초로 우생학 저널을 창립하고, 그다음 해에 세계 최초로 우생학 협회를 설립함으로써 독일의 우생학 운동을 조직하고 체계화했다. 미국에서는 우생학자인 찰스 대븐포트(Charles Davenport)가 1910년에 뉴욕 주의 롱아일랜드에 우생학 공문서 보관소를 설립하면서 우생학의 주요 조직자가 되었다. 그는 카네기 재단과 같은 중요한 미국 기업으로부터 연구자금을 성공적으로 모금했다.

1920년까지 우생학 운동은 잘 확립되었고 미국과 유럽의 많은 대학이 우생학에 관한 과목을 개설했다. 갤톤은 우생학을 촉진시키기 위해 죽기 전 1911년에 런던 대학교에 우생학 교수직을 신설했다. 1923년 독일의 뮌헨 대학교는 **인종위생**(racial hygiene, 우생학에 대한 독일 이름) 분야에 의학 교수직을 신설했고, 1927년 독일은 인간학과 인간 유전, 우생학을 위한 카이저 빌헬름 협회를 설립했다. 이와 함께 라틴아메리카와 아시아, 그리고 전 세계 다른 곳의 진보적인 의료 엘리트들이 서구의 의료 지식과 함께 우생학을 수용했다.

몇몇 우생학자들이 인간 유전 과학에 관심을 기울였지만, 대부분의 우생학자는 인간의 출산을 통제하기 위한 프로그램과 정치학을 장려했다. 성에 관한 새로운 생각을 선전하고 출산을 통제하는 입법 활동에 압력을 가하

 기독교를 위한 변론

면서 과학자들은 새로운 윤리 또는 새로운 도덕성을 촉진시키기 시작했다. 초기의 많은 우생학자가 우생학을 "적용 진화"(applied evolution)라 부르며 자신들의 윤리를 진화론 위에 건립했다. 그들은 진화적인 진보를 촉진하는 것이면 무엇이든지 좋은 것이고, 생물학적인 퇴보에 이르게 하는 것이면 무엇이든지 나쁜 것이라고 생각했다. 따라서 건강과 생물학적인 활력이 모든 행동과 정치학을 판단하는 기준이 되었다. 종종 이들의 새로운 도덕은 전통적인 기독교 도덕과 갈등을 일으켰다.

우생학자들이 어느 정도까지 인간의 생식을 통제해야 하는가에 관해서 항상 의견의 일치를 보였던 것은 아니었다. 어떤 사람들은 적극적인 우생학(즉 "더 나은" 인간들이 더욱더 많이 생식활동을 할 것을 권장하는 것)을 지지했다. 이것은 상위 계층과 지성인들이 더욱 많은 자녀를 낳도록 세금 우대조치를 주거나 보조금을 지급하는 것을 포함한다. 이들의 제안에는 상위 계층과 지성인들이 생물학적으로 대중들, 특히 근로 계층보다 더 우월하다는 가정이 깔려 있었다. 동시에 대부분의 우생학자는 소극적인 우생학(즉 "열등한" 사람들, 특히 선천적으로 장애가 있고 상습적인 범죄자들, 흑인과 아메리카 인디언들처럼 열등한 인종의 사람들의 생식을 억제하려는 노력)을 지지했다.

몇몇 우생학자들은 생식하기에 적합하지 않다고 생각된 사람들의 결혼 제약이나 항구적인 격리(즉 감금)가 어떤 긍정적인 결과를 성취하기를 기대했다. 그보다 생식을 통제하는 새로운 방법인 단종수술이 20세기 초반에 우생학 지지자들에게 인기가 있었다. 미합중국은 1907년에 세계 최초로 강제적인 단종수술법을 통과시켰다. 이 해에 인디애나 주는 감옥과 정신병원 수감자들 가운데 몇몇 사람들이 강제적으로 단종수술을 받도록 결정했다. 다른 많은 주가 뒤를 이어 법 제정을 했고, 1927년에 미국 연방대법원은 강제적인 단종수술법이 합헌임을 선언했다. 1940년까지 35,000명이 넘는 사람이 미국에서 단종수술을 받았다. 나치 체제는 1934년을 시작으로 이보다 훨썬 더 강력한 단종수술 운동을 시행하였는데 이것은 약 40만 명에게 강제적인 단종수술을 받게 했다.

많은 우생학자가 인종주의자들이었기 때문에 그들도 열등한 인종에 속한다고 생각한 사람들의 생식을 제한하는 법안을 제안했다. 또한 미합중국에서 몇몇 우생학자들은 인간의 유전형질을 향상시키기 위한 방법으로 다른 인종 간의 결혼을 금지하는 법안이 통과되도록 하는 데 성공했다. 그들은 1924년에 이민법이 통과된 것도 크게 기뻐했다. 이 법은 생물학적으로 열등한 특질을 지니고 있는 나라 사람들의 이민을 제한했다.

몇몇 과격한 우생학자들은 "열등한" 사람들을 제거하기 위해 심지어 유아 살해나 비자발적인 "안락사"를 지지했다. 1870년에 독일의 유명한 다윈주의 생물학자인 에른스트 해켈(Ernst Haeckel, 1834-1919)은 유럽에서 선천적인 문제를 가지고 태어난 유아들이 죽임을 당해야 한다고 진지하게 제안했던 첫 번째 지성인이었다. 20세기 초반까지 잭 런던(Jack London), 유진 뎁스(Eugene Debs), 클래런스 대로우(Clarence Darrow), 마가렛 생거(Margaret Sanger), H. G. 웰스(H. G. Wells), 줄리안 헉슬리(Julian Huxley) 같은 탁월한 인물들이 안락사의 합법화를 지지했다. 그들 중 많은 사람이 안락사를 우생학의 수단으로 보았기 때문이다. 독일에서 생물학적으로 "열등한 사람들"로 간주된 사람들을 제거하려는 열심으로, 나치 체제는 (제1차 세계대전이 발발한 이후) 1939년에 선천적인 질병을 앓아 보호시설에 있는 사람들, 특히 정신 질환을 앓고 있는 사람들과 귀가 안 들리고 눈이 먼 사람들, 그리고 또 다른 사람들을 죽이는 한 가지 프로그램을 시행했다. 나치는 제2차 세계대전이 끝날 때까지 약 20만 명의 장애인을 죽였다.

우생학의 흥기에 대한 교회의 반응은 매우 다양했다. 주류 개신교 교인들, 특히 자유주의 신학을 지지하던 사람들은 자신들이 현대적인 동향에 적응하고 있음을 자랑스럽게 생각했고 일반적으로 그들은 열렬하게 우생학

　　　　　　　　　　　　기독교를 위한 변론

이데올로기를 채택했다. 미국 우생학협회는 1920년대에 자신들이 후원하는 우생학 설교 대회에 수백명의 참가자를 모으기도 했다. 많은 보수적인 개신교도가 우생학을 반대했지만, 우생학, 특히 단종수술과 안락사에 대한 가장 강경하고 조직적인 반대는 가톨릭으로부터 나왔다.

조직적인 하나의 운동으로서의 우생학은 다양한 이유로 20세기 중엽에 사라졌다. 생물학적 결정론은 20세기 중엽, 특히 심리학과 인간학 분야에서 쇠퇴했고 다른 많은 분야에서도 마찬가지였다. 또한 우생학의 비판자들은 우생학을 지지하는 몇 가지 과학의 부당한 특질을 활용할 수 있게 되었다. 나치의 학살 행위는 우생학이 더 큰 악평을 받게 했다. 마침내 1960년대의 성적 혁명에 수반된 생식에서의 선택의 자유에 관한 요청은 초기 진보주의자들이 지지했던 강제적인 법안들을 반박했다.

지난 10년에서 20년 사이에 우생학의 역사에 관한 수십 권의 책이 등장했다. 이런 강렬한 관심은 다른 모습으로 우생학이 부활할지도 모른다는 두려움에서 촉발되었다. 체외수정과 양수천자[1], 유전학적 스크리닝[2] 같은 새로운 생식과 관련된 기술은 정말이지 우리에게 20세기 후반과 21세기 초엽에 더욱 개인화된 우생학의 형태에 대한 새로운 전망을 제시해주었다. 수십 년 동안 부모들은 심각한 장애를 가진 유아들을 일상적으로 낙태했다. 더 최근에는 수정란을 어머니의 자궁에 이식하기 전에 특수한 유전적 특질을 가진 수정란을 선택할 수 있게 되었다. 비판자들이 "디자이너 아기"[3]의 위험성을 경고하지만, 몇몇 과학자와 물리학자들은 단도직입적으로 개인이 자기 자녀의 특질을 인위적으로 선택해야만 한다고 주장한다.

아마도 인간 복제는 가까운 미래에 현실이 될 것 같다. 그리고 현재 인간

---

1) 임산부의 양수를 채취하여 태아의 질병 여부를 알아보는 진단이다—역자 주.
2) 개인의 유전적 질병의 발견과 예방을 위한 조사를 일컫는다—역자 주.
3) 예컨대 질병이 있는 형제자매에게 세포를 제공하는 것과 같은 특별한 목적을 위해, 체외수정을 통해 얻은 여러 개의 배아 중 하나를 선별하여 태어나게 한 아기를 일컫는다—역자 주.

복제와 줄기세포 연구의 윤리 문제와 관련해 과열된 논의가 이루어지고 있다. 이와 관련해서 우생학의 역사는 교훈적인 이야기가 된다. 20세기 초엽에 우생학을 지지했던 과학자와 물리학자들은 종종 자신들의 연구와 심지어는 그들의 공적인 정책 제안에 대한 기독교 (또는 다른 어떤) 윤리학의 타당성을 거부했다. 당시 우생학은 아마도 육체적이고 사회적인 무수한 질병을 치료할 수 있는 객관적이고 과학적인 만병통치약으로 생각되었을 것이다. 우생학 지지자들은 유전적인 질병과 범죄로부터 자유로운 인간 운명을 형성하기 위해 인간의 미래를 통제해야만 한다고 주장했다. 그들은 윤리적 검토를 진보와 인간 건강에 해로운 것으로 여겨 거절했다.

오늘날 많은 유전공학 공급자들의 말은 초기 우생학자들의 말과 매우 유사하다. 그들은 자신들의 견해에 관한 과학적인 승인을 주장하고, 자신들의 연구에 윤리적인 제약을 거부하며, 건강을 도덕성의 가장 높은 심판자로 만들고, 장애인들의 삶을 평가절하하고 있다. 그들은 인류를 돕기 위해 위대한 진보를 약속하고 있지만 자신들이 "열등하다"고 생각하는 개인들을 파괴하면서 총체적인 불의를 자행하고 있음을 고려하지도, 이해하지도 못하고 있다.

 기독교를 위한 변론

길레르모 곤잘레스(Guillermo Gonzalez)　펜실베이니아 주 그로브시티 대학교의 물리학 부교수다. 1993년에 워싱턴 주 시애틀에 있는 워싱턴 주립대학교에서 천문학으로 박사 학위를 취득했고, 텍사스 주에 있는 텍사스 대학교(오스틴)와 워싱턴 주립대학교에서, 박사후과정을 연구했다. 60편이 넘는 전문적인 과학 논문의 저자이고, 2004년에는 제이 W. 리처즈와 함께 *The Privileged Planet: How Our Place in the Cosmos Is Designed for Discovery*를 출간했다. 스캇 버니, 데이비드 오스퍼와 함께 학생들이 사용하는 교과서 *Observational Astronomy* 2판을 저술하기도 했다.

제이 W. 리처즈(Jay W. Richards)　미국 미시간 주 그랜드래피즈에 있는 악톤 연구소의 기관관계 분야의 연구원이자 책임자다. 미국 프린스턴 신학교의 철학과 신학 분야에서 철학 박사 학위를 취득했고 예전에는 프린스턴 신학교에서 강의를 하기도 했다. 여러 책뿐만 아니라 학문적이고 대중적인 많은 논문의 저자이기도 하다. 그의 가장 최근의 책들은 *The Untamed God: A Philosophical Exploration of Divine Perfection, Immutability, and Simplicity* 그리고 길레르모 곤잘레스와 함께 쓴 *The Privileged Planet: How Our Place in the Cosmos Is Designed for Discovery*가 있다.

19
발견을 위하여 설계됨

**■ 길레르모 곤잘레스와
제이 W. 리처즈**

과학적 발견의 역사를 다룬 아무 책이나 읽어보라. 그러면 여러분은 인간의 독창성과 집요함, 그리고 뜻밖의 행운에 관한 참으로 감명 깊은 이야기를 발견할 것이다. 하지만 아마도 여러분은 그 이야기에서 그런 과학적 위업을 이룩하는 데 필요한 필수 조건에 관한 논의가 다루어지는 것을 볼 수는 없을 것이다. 과학적 발견은 그것을 이루는 한 명의 과학자와, 그것을 가능하도록 만드는 일련의 환경을 요구한다. 과학자와 환경 없이는 그 어떤 것도 발견될 수 없다.

과학자들이 자주 논하는 것은 아니지만, 우리가 사는 직접적인 주변 환경만이 아니라 더 광범위한 우주를 인간의 고향 지구로부터 어느 정도 "측정할" 수 있는 것은 놀라운 일이다. 과학이 다른 행성의 환경에서 어떻게 작동할지를 고려하는 사람은 거의 없었다. 그런 질문을 체계적으로 탐구하는 것이 지적 설계에 관한 기대하지 않은 증거로 이어진다는 것을 인식한 사람은 더더욱 없었다.

우리가 사는 지구에 관한 다음과 같은 특징을 생각해보자. 스펙트럼의 가시적인 영역 안에서의 지구 대기의 투명성, 지구의 지각판들의 이동, 커다란 달, 그리고 은하계에서 지구의 위치 같은 특징 등 말이다. 이런 이점 중 하나라도 없다면, 우리는 우주를 알아가는 데 매우 힘겨운 시간을 보낼 것이다. 예를 들어 우리의 세계가 두꺼운 구름층으로 영원히 덮여 있다면, 우주에 관한 우리의 견해가 얼마나 손상될지를 질문하는 것은 그저 한가한 사색이 아니다. 우리 태양계는 여러 특징을 가진 천체들의 실례들을 간직하고 있다. 금성, 목성, 토성, 그리고 토성의 위성인 타이탄에 대해서만 생각해보자. 이런 천체들은 천문학을 연구하기에는 형편없는 장소일 것이다.

은하계 단계에서도 비슷한 비교를 할 수 있다. 예를 들어 우리가 우리 은하계의 중심이나 더 크고 먼지 많은 나선팔들(spiral arms) 중 하나에 더 가까이 있다면, 여분의 먼지는 우리가 먼 우주를 이해하는 데 어려움을 줄 것이다. 사실 우리는 천문학의 역사에서 가장 위대한 발견 중 하나를 놓칠 뻔했다. 그것은 희미한 우주배경복사(cosmic microwave background radiation)다. 이 발견은 20세기 두 가지 주요한 우주론 중 어느 것이 옳은지에 관한 논의를 결정하는 데 핵심이 되었다. 이 논쟁의 배후에는 우리가 우주에 관해 물을 수 있는 근본적인 질문 중 하나가 있었다. 곧 우주는 영원한가, 그렇지 않으면 그것은 시작이 있는가?

정상우주론(steady state theory)은 영원한 우주를 가정했다. 반면에 빅뱅 이론은 하나의 시작을 함축했다. 수십 년 동안 두 이론 중 어느 이론이 옳은지에 대한 직접적인 증거가 없었다. 하지만 빅뱅 이론은 더욱 초기의, 더욱 뜨겁고, 더욱 조밀한 우주 역사의 시대로부터 남겨진 잔류 방사선을 예견했다. 정상우주론은 그런 예견을 하지 못했다. 결과적으로 과학자들이 1965년에 우주배경복사를 발견했을 때 그것은 정상우주론의 종말을 알리는 조짐이 되었다. 하지만 그런 발견이 그저 아무렇게나 이루어질 수는 없었다. 은하계에서 우리의 특별하고 유리한 위치는 우리가 우주의 기원에 관

　　　　　　　　　　　　　기독교를 위한 변론

한 이 두 가지 심원하게 다른 견해 중 하나를 선택할 수 있게 해주었다.『특별한 행성: 지구는 어떻게 우주 안에 설계되었는가』(*The Privileged Planet: How Our Place in the Cosmos is Desinged for Discovery*)에서 우리는 이 문제들을 논의했고 우리가 과학적인 관찰과 발견을 할 수 있는 특별한 행성에 살고 있음을 보여주기 위해 비교할 만한 많은 실례를 제시했다. 하지만 그 책에는 그 이상의 내용이 들어 있다. 지구는 단지 과학적 발견을 하는 데 특별한 행성일 뿐만 아니라 생명을 위해서도 특별한 행성이다. 우리는 생명과 발견 사이의 연결이 단지 막연한 우연이 아니라 목적이 있다고 생각한다.

물리학자와 우주론자들은 수십 년 전에 물리학의 상수(모든 곳에서 동일한 우주의 특징)는 생명의 존재가 가능하기 위해서는 실제 상수값에 매우 근접해야만 한다는 것을 인식하기 시작했다. 결과적으로 그들은 생명을 위해 "미세 조정된" 우주에 대해 말하기 시작했다. 그리고 몇몇 사람들은 심지어 미세 조정이 미세 조정자를 함축한다고 제안하기 시작했다. 훨씬 더 최근에는 우주생물학자들이 우리의 미세 조정된 우주에서 일어나는 다른 많은 "주변적인" 일조차도 생명체가 거주할 수 있는 행성의 환경을 마련하기 위해 제대로 작동해야만 한다는 것을 배우기 시작했다.

당신이 만약 우주 요리사라면 거주 가능한 행성을 요리하는 당신만의 특별 요리법에 필요한 많은 재료가 있어야 할 것이다. 충분한 대기와 바닷물을 지속적으로 유지해야 하고, 수십억 년 동안 내부에 열을 간직할 수 있는 바위가 충분히 많은 큰 행성이 필요할 것이다. 또한 적합한 종류의 대기와 축을 따라 행성이 자전하는, 경사를 안정되게 유지해주는 커다란 달도 필요할 것이다. 당신은 우리의 태양과 비슷한 질량을 가진 주계열성(main sequence star)의 주위를 거의 원형의 궤도로 도는 행성과, 그 행성이 속한 태양계 안에 적합한 종류의 이웃 행성들을 치장할 필요가 있다. 그리고 중심과 변두리와 은하수 같은 은하계의 나선팔들과 멀리 떨어진 곳에 그 태양계를 둘 필요가 있다. 이 요리는 우주 역사에서 짧은 시간 안에 이루어져야 한다. 이외에 여러 가지 재료들이 필요할 것이다. 이것은 부분적인 재료의 목록이지만 아마 여러분은 논점을 파악했을 것이다.

이런 증거는 우주에서의 생명의 문제에 관심이 있는 과학자들 사이에 잘 알려져 있다. 예를 들어 외계의 지적 생명체탐사(Search for Extraterrestrial Intelligence, SETI) 프로젝트에 관여하고 있는 연구자들은 특히 생명에 필요한 것이 무엇인지를 아는 데 관심이 있다. 그들은 그런 지식을 통해 또 다른 의사소통이 가능한 문명을 발견할 기회를 얻을 수 있을 것이다. 불행하게도 외계의 지적 생명체탐사는 그 가능성이 희박해 보인다. 최근의 증거는 소위 말하는 희귀 지구 가설(Rare Earth Hypothesis, 도날드 브라운리[Donald Brownlee]와 피터 워드[Peter Ward]가 2000년에 쓴 책의 이름을 따라 붙여졌다)을 선호한다. 이 이론은 단순한 생명체를 가진 행성이 여러 개일 수는 있지만, 복잡한 생명을 가진 행성은 드물다고 상정한다.

우리는 우주에 우리만 홀로 있는지를 아직 알지 못한다. 우주는 방대한 자원을 지닌 거대한 장소다. 우주생물학(Astrobiology) 연구는 어떤 행성에 생명체가 거주할 수 있도록 만드는 데 필요한 모든 요소에 대해 정확한 개연성을 부여할 수 있는 지점까지 발전하지는 못했다. 우리는 우주생물학자들이 모든 가용한 자원을 철저히 다루었는지 아직 확신을 두고 말할 수 없다. 아마도 우주는 최소한 거주 가능한 행성이 우연히 출현할 정도로 충분히 크다. 그러나 그렇지 않을 수도 있다. 그 대신에 단지 거주 가능한 행성이 희귀하다는 결론에 기초해서 지적 설계에 대한 강력한 논증을 제시하기는 어렵다.

그렇긴 하지만 우리는 이웃 행성들에도 설계에 관한 증거가 있다고 생각한다. 우리가 『특별한 행성』에서 주장한 것처럼 생명체의 필요와 과학의 필요 사이에는 의심스러운 패턴이 존재하기 때문이다. 어떤 행성에 복합적

기독교를 위한 변론

인 생명체가 거주할 수 있게 만들어주는 동일하고 엄밀한 조건은 동시에 광범위한 과학적 발견을 위한 전반적인 최적의 장소가 된다. 다른 말로 하자면, 우리가 우리의 지역적인 환경을 덜 호의적인 환경과 비교한다면, 우리는 엄청난 우연의 일치를 발견하게 될 것이다. 즉 관찰자들은 관찰하기에 전반적으로 최적의 장소에 자신들이 있음을 발견하게 된다. 예를 들어 복잡한 생명체가 필요로 하는 대기는 과학적으로 가장 유용한 "빛"과 관련한 투명한 대기다. 생명체가 필요로 하는 지질학과 행성 체계도 전반적으로 그 생명체가 과거로부터 사건들을 재구성하는 데 가장 적합하다. 그리고 은하계 가운데, 가장 주거 가능한 지역과, 우주의 역사에서 가장 주거 가능한 시간은 동시에 전반적으로 천문학과 우주론을 연구하기에 최적의 장소와 시간이 된다. 우리가 단지 원자와 충돌하는 원자의 우연적인 연속 이외의 아무것도 아니라면, 여러분은 이런 패턴을 기대할 수 없을 것이다. 반면에 우주가 발견을 위해 설계되었다면, 여러분은 그 패턴을 기대할 수 있을 것이다.

윌리엄 A. 뎀스키(William A. Dembski)   수학 박사 학위(시카고 대학교)와 철학 박사 학위(일리노이 주립대학교)가 있다. 그는 텍사스 주 포트워스에 있는 사우스웨스턴 침례신학교의 철학 연구 교수로 재직하고 있고, 디스커버리 연구소 과학과 문화센터의 선임연구원이다. 주요한 대학출판부에서 출간된 지적 설계에 대한 첫 번째 책 *The Design Inference*를 포함하여 20권 이상의 책을 저술하고 편집했다. 전 세계적으로 지적 설계에 대하여 강연하고 있고, ABC 방송의 나이트라인과 존 스튜어트의 데일리 쇼를 포함하여 수많은 라디오와 텔레비전 프로그램에 출연했다.

20
지적 설계
간략한 소개

■ **윌리엄 A. 뎀스키**　　지적 설계는 지성의 결과물로 가장 잘 설명되는 자연에 있는 패턴들을 연구한다. 우주 공간에서 전달되는 전파 신호는 단지 무작위에 의한 소음인가, 아니면 외계의 지적 생명체의 결과물인가? 돌덩어리는 단지 무작위로 형성된 돌덩어리인가, 아니면 화살촉처럼 어떤 지적 존재에 의해 만들어진 것인가? 미국에 있는 러시모어 산(Mount Rushmore)은 풍식작용의 결과인가, 아니면 어떤 예술가의 창조 행위의 결과인가? 우리는 항상 그런 것을 질문한다. 그리고 그 질문들과 관련해 훌륭하게 대답할 수 있다고 생각한다.

하지만 생물학이나 우주론에 다다르면 과학자들은 그런 질문을 제기하기를 주저한다. 심지어 그들은 설계와 관련된 질문들에 대답하지도 않는다. 이것은 특히 생물학과 관련해서는 사실이다. 잘 알려진 진화론자 프란시스코 아얄라(Francisco Ayala)에 따르면, 다윈의 가장 위대한 성취는 유기체의 조직화된 복잡성이 어떻게 설계하는 지성 없이도 획득될 수 있는지를 보여준 것이다. 이와 대조적으로 지적 설계는 생물학적인 체계에서 지성을 나타내주는 패턴을 발견하려고 한다. 따라서 지적 설계는 생명의 기원과 진화에 관한 다윈주의와 다른 유물론적인 접근방법에 직접 도전한다.

설계 개념에는 격변하는 지성의 역사가 있다. 지난 200년 동안 설계 개념이 직면했던 주된 도전은 과학이 비옥한 열매를 맺도록 발전하게 해준 강력한 방법론(formulation)을 개념적으로 발견하는 것이었다. 다윈이 진화에 대한 이론을 제안한 이래로 주류 과학세계 바깥에 설계를 머물도록 한 것은, 설계가 지적인 원인을 가진 대상과 비지성적인 원인을 가진 대상을 구별할 수 있는 엄밀한 방법론이 없었기 때문이다. 설계가 결실이 있는 과학적인 개념이 되기 위해서는 과학자들이 어떤 일이 설계되었는지 혹은 그렇지 않은지를 신빙성 있게 결정할 수 있음을 확실하게 보여줄 필요가 있다.

예를 들어 요하네스 케플러(Johannes Kepler, 1571-1630)는 달 위에 있는 분화구를 달에 거주하는 사람들이 지적으로 설계했다고 생각했다. 그러나 우리는 지금 그 분화구가 (유성 충돌과 같은) 물질적 힘에 의해 우연히 형성된 것으로 알고 있다. 설계가 고유한 과학의 영역으로 들어가지 못하게 했던 것은 어떤 일의 원인을 설계에 잘못 돌렸다가 나중에 그것을 뒤집히도록 한 일에 대한 두려움 때문이었다. 그러나 설계론자들은 자신들이 지금 설계된 대상과 설계되지 않은 대상을 구별하는 정확한 방법론을 수립했다고 주장한다. 그들은 이런 방법론이 자신들에게 케플러의 실수를 피할 수 있도록 도움을 주고 또 생물학적인 체계에 신뢰할 만하게 설계를 위치시킬 수 있도록 해준다고 주장한다.

생물학적 기원과 발전을 설명해주는 하나의 이론으로서 지적 설계는 단지 지성적인 원인만이 생물학의 복잡하고 풍성한 정보 구조를 적절하게 설명할 수 있으며, 이런 원인은 실증적으로 발견될 수 있음을 중점적으로 주장한다. 지성적인 원인이 실증적으로 발견될 수 있다는 것은 관찰 가능한 세계의 특징에 근거해서 지적 원인을 무목적적인 물질적 원인에서 믿음직하게 구별할 수 있는 규정된 방법론이 존재한다고 말하는 것이다. 많은 특

 기독교를 위한 변론

수 과학은 이런 구별을 하고자 나름의 방법론을 이미 발전시켰다. 그중에서도 특히 법의학과 암호해독법, 고고학, 그리고 외계의 지적 생명체탐사(SETI) 프로젝트가 그러하다. 이런 방법론 모두에 필수적인 것이 우연과 필연을 제거하는 능력이다.

우주론자 칼 세이건(Carl Sagan, 1934-1996)은 외계의 지적 생명체탐사와 관련된 일을 보여주고자 『콘택트』라는 소설을 썼는데 이것은 나중에 영화로 제작되어 미국 여배우 조디 포스터가 주연으로 출연했다. 외부 공간으로부터 분명 아무런 의미도 없는 "무작위의" 라디오 통신 신호를 수년간 받은 후 『콘택트』의 연구자들은 2에서 101까지를 포함하는 모든 소수의 순서에 해당하는 비트와 포즈의 패턴을 발견했다(소수는 그 자신과 1로만 나누어질 수 있다). 이것이 연구자들의 주의를 끌었고 그들은 즉각적으로 설계하는 지적 생명체를 추론했다. 순서가 두 번의 비트 다음에 포즈, 세 번의 비트 다음에 포즈와 같은 방식으로 각각의 소수를 지나 101번의 비트까지 계속할 때 연구자들은 외계 생명체의 현존을 추론해야만 했다.

왜 그런가? 물리학 법칙에서는 그 어떤 것도 통신 신호가 한 가지 형태나 또 다른 형태를 취하라고 요구하지 않는다. 따라서 소수 수열은 필연적이라기보다는 **우연적**이다. 또한 소수 수열은 긴 순열이고 그래서 **복합적**이다. 그 수열에 복합성이 없었다면 그것은 쉽사리 우연적으로 발생할 수도 있었을 것이다. 마침내 그 수열은 복합적이지만 않고 독립적으로 주어진 형식 또는 **특정화**(specification, 그것은 단지 어떤 오래된 숫자의 수열이 아니라 수학적으로 의미가 있는 것, 즉 소수들이다)를 드러내고 있다.

지적 생명체는 특징적인 표지 또는 신호 배후에 남는다. 이것을 나는 "특정화된 복잡성"이라고 부른다.[1] 어떤 사건이 우연적이고 따라서 필연적이지

---

1) 나의 책 *No Free Lunch: Why Specified Complexity Cannot Be Purchased without Intelligence* (Lanham, MD: Rowman & Littlefield, 2002)를 보라.

않다면, 그것이 복잡하고 그래서 손쉽게 우연히 증식될 수 없다면, 그것이 독립적으로 주어진 어떤 형태를 드러내는 의미에서 특수화되어 있다면, 그 사건은 특정화된 복잡성을 드러낸다. 단순히 개연성이 없는 사건은 우연을 제거하기에 충분하지 않다는 것에 유의하라. 아주 오래도록 동전을 뒤집어라. 그러면 여러분은 매우 복잡하거나 개연성이 없는 사건을 목격할 것이다. 여러분은 그 사건을 우연으로 치부하지 않을 이유가 없을 것이다.

특정화와 관련해 중요한 일은 그것이 객관적으로 주어지며 어떤 사건이 이미 벌어진 이후에 그 사건에 부과되지 않는다는 것이다. 예를 들어 활을 쏘는 사람이 벽에 화살을 쏜 다음에 우리가 화살 주위에 과녁을 그린다면, 우리는 사건 이후에 패턴을 부과하는 것이다. 반면에 과녁이 앞에 세워지고 ("특정화되고") 그런 다음에 활을 쏘는 사람이 정확히 그 과녁에 화살을 명중한다면, 우리는 그것이 설계에 의한 것임을 안다.

생물학적 유기체가 특정화된 복잡성을 드러내는지 아닌지를 결정하면서 설계 이론가들은 개별적인 효소와 대사 경로, 분자 기계 등과 같은 식별 가능한 체계에 초점을 맞춘다. 이 체계는 그 독립적인 기능상의 요구 때문에 특정화되며 고도의 복잡성을 드러낸다. 물론 어떤 유기체의 필수적인 부분이 한 번 특정화된 복잡성을 드러내기만 하면 그 부분에 부과할 수 있는 어떤 설계가 전체로서의 유기체에 이월된다. 우리는 그 유기체의 모든 측면이 설계되었음을 증명할 필요는 없다. 사실 어떤 측면은 순수하게 물질적인 원인의 결과일 수 있다.

복잡성과 특정화의 조합은 영화 "콘택트"에 나오는 전파 천문학자들이 외계 생명체를 주목하도록 설득했다. 지적 설계론에서 특정화된 복잡성은 지성의 특징적인 표지이거나 신호다. 그것은 지문이 범죄 현장에 있었던 어떤 개인에 대한 믿을 만한 실증적 표지인 것과 동일한 방식으로 지성에 대한 믿을 만한 실증적 표지다. 설계 이론가들은 무작위의 유전적인 변화에 의해 실행되고 있는 자연선택과 같이 무목적적인 물질적인 원인은 특정화된 복잡성을 산출할 수 없다고 주장한다.

이것은 자연적으로 발생하는 체계가 특정화된 복잡성을 드러낼 수 없다거나, 물질적인 과정은 특정화된 복잡성에 대한 전달자가 될 수 없다고 말하는 것이 아니다. 자연적으로 발생하는 체계는 특정화된 체계를 드러낼 수 있고, 지적인 방향성 없이 순수하게 물질적인 메커니즘이 작동하는 자연은 미리 존재하는 특정화된 복잡성을 취하여 그것을 유지할 수 있다. 하지만 이것은 정확한 논점이 아니다. 논점은 (우연히 깨뜨릴 수 없는 물질적인 원인으로 이루어진 폐쇄된 체계로 생각되는) 자연이 과연 전에는 그런 것이 하나도 없던 때에 그것을 생겨나게 한다는 의미에서 특정화된 복잡성을 **산출할** 수 있는지다.

예를 들어 렘브란트의 목판화를 생각해보자. 목판화는 잉크를 묻힌 목판을 종이에 기계적으로 찍어서 만들어졌다. 렘브란트의 목판화는 특정화된 복잡성을 드러내 보여준다. 하지만 목판을 통해 잉크를 종이에 기계적으로 적용한 것은 그 목판화의 특정화된 복잡성을 설명해주지 않는다. 목판화에서 특정화된 복잡성은 목판에서의 특정화된 복잡성으로 돌려져야만 한다. 목판에서의 특정화된 복잡성은 다시금 렘브란트 자신의 설계하는 활동(이 경우에는 정교하게 목판을 깎는 것)으로 소급되어야만 한다. 특정화된 복잡성의 인과적인 연쇄는 우연한 물질적 힘으로 끝나지 않고 설계하는 지성에게서 끝이 난다.

『다윈의 블랙박스』에서 생화학자 마이클 비히는 특정화된 복잡성을 자신의 **환원 불가능한 복잡성**이라는 개념으로 생물학적 설계에 연결시키고 있다. 그는 환원 불가능하게 복잡한 것의 체계를 다음과 같이 정의한다. 하나의 체계가 여러 가지 상호 연관된 부분들로 이루어져 있고 심지어 한 부분을 제거하는 것이 그 체계의 기능을 파괴하면, 그 체계는 환원 불가능하게 복잡한 것이다. 비히에게 환원 불가능한 복잡성은 설계에 대한 분명한 지시등이다. 비히가 생각하는 한 가지 환원 불가능하게 복잡한 생화학적 체계는 박테리아의 편모다. 편모는 채찍 같은 꼬리를 가지고 있는 산(acid)으로 작동하는 요동 모터로서 1분당 20,000번 회전하고 그 회전운동은 박테리아가 물기 많은 환경을 항해하게 해준다.

비히는 회전자와 고정자, 오링과 부싱, 그리고 구동축을 포함하여 이런 분자 모터에서의 정교한 기계장치가 최소한 30개의 복합 단백질의 협력적인 상호작용을 요구하고, 이런 단백질의 어느 한 가지만 없어도 운동기능 전체를 상실하게 된다는 것을 보여준다. 그는 다윈의 메커니즘이 그런 환원 불가능하게 복잡한 체계에 대해 설명하려고 시도하면서 중대한 장애에 직면한다고 주장한다. 『공짜 점심은 없다』에서 나는 비히의 환원 불가능한 복잡성 개념이 특정화된 복잡성의 특수한 경우가 되는지를 보여주었고, 따라서 박테리아의 편모 같은 환원 불가능하게 복잡한 체계가 설계되었음을 보여주었다.

그러므로 지적 설계는 기나긴 설계 논증의 과정에서 가장 최신의 것 그 이상이다. 환원 불가능한 복잡성과 특정화된 복잡성이라는 관계 개념은 지성적인 원인을 실증적으로 식별할 수 있게 해주며, 지적 설계를 제대로 자격을 갖춘 과학 이론으로 만들어준다. 또한 이 개념들은 지적 설계를 철학자와 신학자들의 설계 논증 또는 전통적으로 "자연 신학"이라고 불리던 것과 구별해준다.

지적 설계론의 주된 주장은 다음과 같다. 세계는 무목적적인 물질적 원인을 설명해주는 자원을 망라하는 사건과 대상과 구조를 포함하고 있고, 지성적인 원인에 의지해서만 적절하게 설명될 수 있다. 설계 이론가들은 이것을 엄밀하게 증명한다고 주장한다. 따라서 지적 설계는 오래된 철학적 직관을 취하여 과학적인 연구 방법론을 제출한다. 이 방법론은 개연성 이론

　　　　　기독교를 위한 변론

과 컴퓨터 과학, 분자 생물학, 과학 철학, 정보 개념 등과 같은 것에 의존하고 있다. 이 방법론이 자연 세계를 탐구하기 위한 효과적인 개념 도구로 설계 이론을 만들 수 있는지에 대한 것은 오늘날의 과학이 직면한 커다란 문제다.

여러분이 지적 설계에 대해 더 많은 정보를 원한다면 다음의 웹사이트를 방문해보라. www.designinference.com(나는 그동안 지적 설계에 관한 나의 많은 저술을 여기에 올렸다), www.ideacenter.org(the Intelligent Design and Evolution Awareness Center—지적 설계에 관심이 있는 대학생들을 위한 정보교환소), www.arn.org(지적 설계와 관련된 모든 것을 살 수 있는 사이트다), www.iscid.org(복잡성과 정보, 그리고 설계를 위한 국제 협회), www.discovery.org/csc(디스커버리 연구소의 과학과 문화센터).

리처드 스펜서(Richard Spencer) 캘리포니아 대학교(데이비스)의 전기공학과 컴퓨터 공학 교수이고, 전자공학 산업에 활동적인 자문위원이다. 1987년 스탠퍼드 대학교에서 박사 학위를 취득했고, 대학원에 입학하기 전에는 실리콘밸리에서 집적회로 디자이너로 일했다. 수많은 전문적인 논문을 출간했고 전자공학 교과서를 집필한 주요 저자이기도, 하다. 또한 전기와 전자공학 연구소의 연구원이며, 자신의 학과에서 4번이나 학부과정 교수상을 받았다.

21

지적 설계, 최상의 설계, 그리고 신의 설계[1]

■ 리처드 스펜서

어떤 것이 지적으로 설계되었다면 사람들은 종종 가급적 가장 품격 있고 가장 효과적인 방식으로(예컨대 아무런 여분의 부품을 추가하지 않고) 개별적인 과제를 수행할 수 있도록 만들어진 완벽한 구조를 기대한다. 이런 기대는 인간 설계에 대해서만이 아니라 신의 설계에도 해당한다.

인간 설계에서 우리는 흔히 차선책을 사용해서 과제를 진행한다. 사람들은 전체적인 과제의 복잡성과 중요성으로 세부사항 각각에 집중해서 최적의 설계를 하는 데 필요한 최대한의 시간을 할애할 수 없기 때문이다. 자주 등장하는 고전적 실례는 컴퓨터에 있는 중앙처리장치다. 우리가 회로 설계

---

1) 이 짧은 논문은 2000년 4월 12-15일 베일러 대학교의 마이클 폴라니 센터에서 개최된 자연의 본성 컨퍼런스에서 "On the Evolvability of Gene (and Other) Regulatory Systems"라는 Mark Ptashne 박사의 강연 말미에 내가 그에게 했던 논평을 확대하고 더욱 주의 깊게 다듬은 것이다. 나는 Patshne 박사와 다른 사람들이 계속해서 지적 설계가 마치 최적의 설계와 동의어인 것처럼 말하는 것을 들었기 때문에 발언을 해야겠다는 동기를 부여받았다. 그들의 설명에서 "최상의"라는 말은 눈앞에 있는 특수한 과제를 위한 가장 효율적인 또는 가장 품격 있는 해결 방안이라는 의미로 정의되고 있었다. Mark Ptashne 박사는 슬로언-케터링 기념 암센터의 연구원이다.

의 자그마한 모든 부분을 최적의 것으로 만들려고 시도한다면 우리는 결코 설계를 완성할 수 없을 것이다! 이런 한계는 물론 신의 설계에는 해당하지 않는다.

그런데도 비슷한 한계가 신의 설계에 영향을 미친다. 그런 한계는 신의 설계가 제2의 원인을 채택할 때마다 발생하곤 한다. 예를 들어 중앙처리장치를 설계하면서 우리는 컴퓨터 지원 설계(computer-aided design, CAD) 프로그램을 많이 사용하고 있다. 이런 프로그램 도구들은 우리가 더 추상적인 차원에서 작업할 수 있게 해줌으로써 문제의 복잡성을 처리할 수 있게 해준다. 따라서 어떤 엔지니어는 자신이 사용할 개별 논리 게이트(logic gate)를 설계해야 하지만, 이들 게이트는 추상화(abstraction)라는 최하위 단계(트랜지스터 단계와 물리적인 외관)에서 단 한 번만 설계된다. 그 이후에 우리들 대부분은 항상 상위 단계의 기능들(예를 들어 추가 회로)을 수행할 수 있도록 많은 게이트를 연결하기 위해 도구들을 사용한다.

이런 일련의 상위 단계의 기능이 사용될 때 그 기능들은 덩어리로 다루어지고 더욱 높은 단계의 기능을 수행하기 위해 조종되며 이런 식으로 계속된다. 복잡한 체계의 설계가 완료되면 추상화의 가장 낮은 단계에서 몇 가지 작은 조각을 볼 수 있고 그 설계를 향상시킬 수 있는 것은 분명한 사실이다. 반면, 동시에 우리는 이런 컴퓨터 지원 설계라는 위계질서적인 방법이 추상화라는 최하위 단계에서 그 모든 일을 하는 것보다 훨씬 **더** 지적이라고 주장할 수 있다. 왜냐하면 그것은 우리가 훨씬 더 복잡한 기능을 설계할 수 있도록 도움을 주기 때문이다.

동일한 방식이기는 하지만 다른 이유에서 하나님은 일반적으로 그분의 사역을 완수하시기 위해 제2의 원인(또는 행위자)을 사용하신다. 그런 제2의 원인들은 물리 법칙을 포함한다. 그 이유는 최소한 때때로 물리 법칙이 자연에서의 구조를 규정하거나, 규정하는 데 도움을 주기 때문이다. 일례로

기독교를 위한 변론

어떤 대상의 물리적 구조를 결정하는 물리 법칙과 물질의 특성이 존재한다. 그리고 일단 그 법칙과 특성이 자리하면 하나님은 개별적으로 각각의 원자나 세포 또는 보다 상위 수준의 대상을 창조하실 필요가 없다. 물리 법칙을 창조하신 후 하나님께서는 특별히 물리 법칙의 중단을 선택하지 않는 한 그 법칙에 의해 제한을 받으신다. 하나의 논리적 가능성으로서 하나님은 그분이 시작하신 물리 법칙을 자유롭게 중단하실 수 있다. 하지만 나는 하나님께서 그렇게 하셨다는 분명한 실례를 알지 못한다. 이것은 기적을 부인하는 것이 아니다. 나는 단지 자연에서 기적적인 구조의 어떤 실례를 알지 못한다고 말할 뿐이다. 그리고 이것은 생물학적인 구조를 포함한다.

하나님이 물리적 구조를 발생시키려고 제2의 원인을 사용하신다는 사실을 인정한다면, 우리는 많은 장소에서 되풀이되고 여러 다른 방식으로 사용되는 어떤 패턴과 과정을 기대할 수 있다.

심지어 그 설계가 각각의 **개별적인** 적용을 하는 데 최적의 것이 아니더라도 말이다. 더욱이 신이든 그렇지 않든 어떤 설계자가 항상 그렇게 하지는 않겠지만 분명히 자유롭게 (그리고 쉽사리) 구조를 재사용하고 비슷한 방식으로 유사한 기능을 실현할 것이다. 특히 유사한 구조가 각각의 상황에 대해 최적이 아닌 때조차도 많은 다양한 체계에서 나타나는 것은 흔히 대진화의 증거로 인용된다(스티븐 제이 굴드[Stephen Jay Gould, 1941-2002]의 『판다의 엄지』는 정확하게 이런 주장을 한다). 그러나 신적인 통제 아래 제2의 원인을 사용해 구축된 어떤 체계에서 여러분이 보기를 기대하는 것도 정확하게 이와 같은 것이다.

신의 설계들이 왜 완벽해 보이지 않는지에 관한 또 다른 이유는 적응 체계(adaptive system)가 본래 낭비가 심하다는 데 있다. 다른 조건들에 적응할 수 있기 위해서 적응 체계는 사실상 주어진 상황에서 사용되지 않는 요소들을 항상 가질 것이다. 인간 공학에는 적응 체계의 많은 실례가 존재하고, 그 실례들은 하나의 전용 체계(dedicated system)로 사용될 수 있는 효과적인 해결책이 결코 아니다.

그럼에도 적응 체계는 전용 체계보다 훨씬 더 많은 지성을 드러내는 경향이 있다. 적응 체계는 환경이 변해도 작동하기 때문이다. 일반적으로 제시되는 사례는 컴퓨터를 (무선이나 유선) 네트워크에 연결하는 데 사용되는 전기 회로망이다. 이 전기 회로망들은 사실상 모든 전기 체계에 적응할 수 있는 것으로 연결되어 있는 네트워크의 정확한 배열과는 무관하게 독자적으로 작동한다.

생물학적 체계는 가장 분명하게 적응하고 또 우리가 설계하는 그 어떤 것보다도 훨씬 더 복잡하기에, 나처럼 적응 체계를 설계하는 공학도들은 낭비되거나 이전에 사용되다가 남은 것으로 보이는 많은 부품을 살펴보려고 한다. 비록 그런 구조의 등장은 일반적으로 진화가 어떤 지적인 존재의 통제 아래 있지 않다는 주장으로 사용되기는 하지만, 사실상 그것은 적응 체계가 가져오는 필연적인 결과다. 더욱이 적응 체계는 무한하게 가변적일 수 없기 때문에(텔레비전의 어떤 회로는 라디오에 필요하도록 개조할 수 있지만 제트 엔진에 필요하도록 개조할 수는 없다) 이런 특징이 소진화에 대한 증거는 제공하지만 대진화에 대한 증거는 제시하지 못한다.

신의 설계가 가장 완벽해 보이지 않는 세 번째 이유는 우리가 모든 설계의 목표와 제한을 충분히 이해할 수 있는 위치에 있지 않다는 데 있다. 이 점은 미묘하지만 중요하다. 나는 때때로 어떤 회로나 체계의 설계 일부분이 형편없이 만들어졌다고 생각했다가 나중에는 실제로 그것이 매우 훌륭하게 설계된 것임을 발견하곤 한다. 그 체계를 처음 보았을 때에는 그 것의 의도된 목적이나 제약에 대해서 충분히 이해하지 못했던 것이다.

국립 인간 게놈 연구소의 소장이었던 프랜시스 콜린스(Francis Collins)는 『과학과 영』(*Science and Spirit*)에서 다음과 같이 말했다.

                                         기독교를 위한 변론

우리는 인간을 향한 하나님의 온전하신 뜻이 고통의 부재라고 생각해서는 안 됩니다. 또한 그 이상으로 생물학적 완전함이 인간을 향한 하나님의 온전하신 뜻이라고 생각하는 잘못을 범해서도 안 됩니다. 우리의 일이 완벽하지 **않은** 상황에 처했을 때, 그리고 우리 자신의 행복보다 더 높은 목표, 곧 우리가 하나님께 가까이 가는 것이 가장 잘 이루어질 때 우리는 가장 많은 것을 배웁니다. 그리고 아마도 하나님께서는 자비로운 방식으로 우리의 불완전함을 **통해** 우리에게 말씀하십니다. 우리는 그런 것의 중요성을 무시해서는 안 됩니다. 저는 우리 모두가 유전자적으로 완전해야만 한다는 근본적인 전제를 당연히 이해하지 못하고 있습니다.[2]

나는 진심으로 콜린스 박사에게 동의한다. 우리는 하나님께서 이 세상에 죄를 허락하시는 이유를 온전히 이해하지는 못하지만, 성경은 하나님께서 죄악이 가득한 세상에서 발생하는 고통스러운 시험들을 통해 우리가 하나님을 의존하고 겸손이라는 더욱 큰 의미를 깨달을 수 있게 하시는 많은 실례를 보여준다. 동시에 우리는 우리가 지금 보고 있는 세상이 원래 하나님이 만드신 창조 세계가 **아니라는** 것을 기억해야만 한다. 이 세상은 창조 세계가 타락한 것이다. 나는 지적 설계를 반대하는 이들이 제시한 논증 전부는 아니지만 그들의 많은 논증이 변화되지 않을 것이라고 생각한다. 비록 그들이 타락 이전의 세상을 목격한다고 하더라도 말이다. 하지만 우리가 지금 원래의 창조를 목격할 수 없기 때문에 다루어야 하는 알려지지 않은 요소가 여전히 존재한다.

요약하자면 제2의 원인(물리 법칙을 포함하여)을 사용하는 것과 공통적인

---

2) Francis Collins, interview by Brent Waters and Ron-Cole Turner, "Reading the Book of Life: Francis Collins and the Human Genome Project," *Science and Spirit*, January/February 2000, 14.

설계 요소를 다시금 사용하는 것, 생물학적 유기체의 적응 본능, 그리고 우리가 창조자의 목적을 온전히 알 수는 없다는 사실 모두는 다음과 같은 것을 알려준다. 곧 우리는 우리의 제한된 입장에서 최고의 설계를 자연 가운데서 보기를 기대하면 안 된다.

빌 윌버포스(Bill Wilberforce)　젊은 분자 생물학자
의 필명이다. 그는 세계 최고 기관 중 하나의 기관에
서 교육을 받았고, 중요한 저널에 자신의 연구 아이
디어를 출간하기 시작했다.

22
분자 생물학의 새로운 패러다임
세포 안에서의 나노공학

■ 빌 윌버포스　　　검은 줄과 흰 줄로 이루어진 바코드를 해독하는 대신에 어떤 복잡한 기계를 구성하는 부품의 목록을 출력해내는 바코드 판독기가 있다고 상상해보자. 알람시계를 가리키면 그 수신용 테이프가 "두 개의 종과 18개의 기어와 1개의 스프링…"이라는 소리를 내기 시작한다. 노트북 컴퓨터를 가리키면 수신용 테이프는 수십 km에 미치게 된다.

여러분의 모든 친구는 이 훌륭한 장치를 시기할 것이고, 이 장치를 가진 제조 회사는 경쟁사들의 생산품을 편리하게 역으로 생산할 것이다. 그러나 이 판독기가 다른 기계들이 알아낼 수 없는 부품들을 읽어낼 수 있다면 훨씬 더 유용할 것이다. 예를 들어 가장 강력한 현미경조차도 알아볼 수 없을 정도의 작은 부품을 읽어낸다면, 이 판독기는 정말 유용할 것이다.

여러분이 추측한 것처럼, 나는 지난 50년 동안 세계가 분자 생물학에서 경험했던 혁명을 이 상상의 바코드 판독기에 비유했다. 상대적으로 경험이 부족한 대학원생은 완제품보다도 재료를 덜 요구하는, 상업적으로 이용하기 쉬운 장비를 사용해서 자신이 좋아하는 살아 있는 유기체의 부분들을 조사해 목록으로 나열할 수 있다. 그리고 그는 훨씬 더 강력한 자동화 도구를 사용해 모든 피조물을 구성하는 부분들의 전체 목록을 획득할 수 있다.

생명체들 안에서 발견되는 이런 부분들의 본성은 무엇인가? 주로 이 부분은 단백질(이것의 하부집합은 효소라 불린다)이라 불리는 아미노산 사슬들로 이루어져 있다. 자연계에는 20가지 형태의 아미노산이 존재하는데, 이것이 모든 단백질을 만드는 데 결합된다. 즉 아미노산의 배열이 단백질의 유형을 결정한다. 이것은 우리로 하여금 바람직한 모든 영어 문장을 만들 수 있게 하는 26개의 로마자 알파벳과 유사하다. 영어 문장에서 알파벳의 순서는 어떤 문장이 형성되는지를 유일하게 결정한다.

여러분은 의구심을 가지고 우리가 가진 가장 발전된 현미경으로도 이 단백질의 아미노산 배열을 볼 수 없는데, 어떻게 상업적인 장비와 자동화된 도구가 이런 단백질들을 알아낼 수 있냐고 질문할 것이다. 우리는 이 질문에 대해 디옥시리보핵산 또는 DNA의 "바코드"를 읽는 것을 통해서 알 수 있다고 대답할 것이다. DNA는 세상에 있는 모든 유기체를 이루는 모든 세포 안에 담겨 있는 부분들의 목록이다. DNA라는 세 글자 "단어"와 20개의 아미노산 사이에는 직접적인 상호관계가 존재한다. 예를 들어 여러분이 DNA에서 1,000개의 단어로 이루어진 하나의 끈을 발견한다면(DNA라는 글자 3,000개 전체에 대해) 그 유기체는 1,000개의 아미노산 길이인 단백질 부분을 가질 것이다. 그보다 더 중요하게 그 단백질의 정확한 본성은 DNA 글자의 순서에 의해 알려질 수 있다.

이런 도구들이 DNA를 읽는 메커니즘을 다루는 것은 이 논문의 범위를 넘어서는 것이지만, 중요한 점은 분자 생물학의 도구들이 우리가 생명체를 이해하는 방식을 혁명적으로 바꿔놓았다는 것이다. 이런 도구들이 존재하기 전에 과학자들은 세포가 얇은 세포막에 둘러싸여 있는 다소 간단한, 단지 하나의 원형질(즉 화학적 혼합물)이라고 생각했다. 하지만 이 새로운 도구

 기독교를 위한 변론

들을 다양한 형태의 생명에 적용한 이후에 과학자들은 자신들이 원래 기대했던 것보다 훨씬 더 많은 부분이 "세포막 아래에" 있음을 알게 되었다(상세한 것은 아래의 후기를 보라).

이 부분 또는 부품들이 무엇을 하는지 정확히 경험하기 위해 하나의 특별한 단백질, 즉 키네신 중쇄(kinesin heavy chain)를 살펴보자. 한 쌍의 동일한 사슬들(각각은 약 1,000개의 아미노산을 가지고 있다)에서 형성되는 이 중간 크기의 단백질은 정상적으로는 키네신 경쇄(kinesin light chain)라고 불리는 보다 작은 파트너 단백질과 함께 작용한다.

단백질 기구에 대해 말하자면, 종래에 키네신으로 알려진 키네신 경쇄와 중쇄 한 쌍은 매우 간단한 체계로 구성되어 있다. 중쇄는 또 다시 두 부분으로 되어 있다. 그 분자의 절반은 아데노신 삼인산(adenosine triphosphate) 또는 ATP라 불리는 분자 연료를 사용할 수 있다. 이 연료는 중쇄가 또 다른 단백질, 즉 튜블린(tubulin)을 묶어주고 풀어주는 과정에 동력을 공급한다. 튜블린은 그 이름이 제안하는 것처럼 각각의 세포 뼈대의 부분을 형성하고 있는 튜브, 정확하게는 미세소관(microtubules)을 형성할 수 있다. 궁극적으로 이런 미세소관에서 중쇄를 묶어주고 풀어주는 것이 키네신 체계가 초당 수백의 단계를 밟으면서 세포의 한쪽 끝에서 다른 끝으로 나아가게 해준다.

이런 고속으로 나아감의 목적은 중쇄 분자의 다른 절반에서 드러나고 있다. 이 절반은 긴 꼬리다. 이 꼬리에 다양한 형태의 세포 물질뿐만 아니라 두 개의 키네신 경쇄가 부착되어 있다. 본질적으로 세포를 통과해 나아가면서 키네신은 무작위 혼합을 통해 일반적으로 아주 천천히 멀리 움직이는 물질을 수송한다.

신경 세포는 키네신 수송이 고유한 세포의 기능을 수행하는 데 얼마나 중요한지에 대해 특별히 놀랄 만한 실례를 제시해준다. 우리 몸에서 가장 긴 세포는 등 아랫부분부터 발가락까지 뻗어 있는 좌골 신경이다. 이 신경 세포의 끝이 살아 있게 하는 데 필요한 것 중 많은 부분은 발가락에 있는 피에서 직접 온다. 하지만 어떤 일들은 등 아랫부분에 있는 세포의 시작 부분에서 온전히 와야만 한다. 우리가 이런 일들이 일어나기를 기다려야 했다면, 우리는 세포가 발가락 끝까지 무작위적으로 자신들의 길을 분산시키기를 수년을 기다려야만 했을 것이다! 그 대신 우리는 신경 세포의 끝에 필요한 부분들을 공급하기 위해 키네신의 적극적인 수송에 의지한다.

키네신은 각각의 유기체에서 함께 협력하는 수천의 단백질 중 하나다. 이 단백질 기구의 풍부한 다양성은 분자 생물학이라는 혁명적인 도구의 결과로서 아주 최근에야 알려졌다. 각각의 개별적인 단백질 기구의 이런 다양성과 복잡성은 생물학에 새로운 패러다임을 강조하고 있다. 즉 세포의 내적인 작용은 최첨단의 나노공학이 달성한 위업이다.

생물학자들은 매우 자주 최첨단의 나노공학을 자연 그 자체와 동일시하며 지적 존재가 자연에서 활동할 것이라는 함축을 재빨리 밀쳐버린다. 그러나 리하이 대학교의 생화학자인 마이클 비히는 이런 상황에 대해 공공연하게 다음과 같이 말한다. "어떤 것이 오리처럼 보이고 오리처럼 걷고 오리처럼 꽥꽥거린다면 그것은 아마도 오리일 것이다." 비히의 "귀납적인" 추론은 매우 건전하다. 어떤 다른 분야에서 주의 깊게 제작된 것처럼 보이는 것들은 제작된 것으로 생각되어야 한다.

이런 "귀납적인" 주장에 있는 옥에 티는 미국의 정치 풍자 뉴스 프로그램인 "데일리 쇼"의 진행자 존 스튜어트(Jon Stewart)가 말한 것처럼, 단백질 기구를 산출할 수 있었던 유일한 제작자가 하나님 또는 "일련의 동일한 기술을 지닌 누군가"처럼 보이게 한다. 그래서 새로운 패러다임의 결과들을 받아들이는 대신에 (대부분의) 생물학자들은 그런 결과들을 무시하거나 비난한다. 그들은 교회와 정부가 분리되기를 원하지 않는다. 자신들의 과학 분야가 진보하는 데 교회와 정부가 매우 중요한 도움을 준다고 느끼기 때문이다. 그러나 이 지점에서 던질 수 있는 올바른 질문은 다음과 같다. 분자 생물학의 혁명적인 도구들을 심화시켜 적용한 연구는 생명체와 관련된 복잡한 공학을 지속적으로 강조하는가, 그렇지 않으면 그것에 대한 맹렬한 비난을 옹호하는가?

지금까지 우리가 배운 것을 모두 살펴보면, 그에 관한 대답은 전자가 맞는 것처럼 보인다. 분자 생물학의 도구가 어떤 자체 제작기술(자율형성과 유사하지만 프랙털 패턴[fractal pattern]을 반복하는 대신에 복잡한 기계를 산출하는 것이다)을 발견하는 것은 가능하지만, 이런 시나리오는 그럴듯해 보이지 않는다. 분자 생물학의 도구는 초보자들에게 훨씬 더 복잡한 체계를 드러내 주는 것이지, 복잡한 체계가 어떻게 산출되는지를 보여주는 메커니즘이 아니다. 게다가 컴퓨터가 주도하는 정보화 시대에 생겨나는 문제를 다루기 위해 계발된 정보 산출 법칙은 그런 메커니즘에 불리하게 작용한다.

따라서 분자 생물학의 놀라운 혁명이 가져온 그럴듯한 결과물은 다음과 같은 인식이 점증한다는 것이다. 곧 우리를 포함한 생명체들은 지적인 나노 공학의 대상으로 가장 잘 설명된다. 이런 인식은 의심할 것도 없이 새로운 생각이 출현하고 그 생각이 사람들에게 전달되는 다음과 같은 정상적인 과정이다. 첫째, 그것은 무시될 것이다. 그런 다음 그것은 조롱을 받을 것이다. 그다음에 그것은 마지못해 관용될 것이다. 마침내 그것은 "글쎄, 우리는 그 모든 것을 알고 있었지!"라고 말하게 될 것이다.

후기

고등 유기체에 있는 유전자 수를 살펴본 어림셈은 부분들의 숫자를 과소평가하려는 이런 경향에 흥미로운 예외를 보여준다. 예를 들어 인간 게놈 프로젝트 전에는 더 단순한 생물체를 살펴본 결과에 근거해서 인간은 대략 100,000개의 유전자를 가지고 있다고 생각되었다.[1] 이제 인간 유전자의 숫자는 대략 20,000개로 추정된다.[2] 이 숫자는 가장 단순한 벌레의 유전자 숫자와 거의 비슷하다![3]

인간 유전자 수에 관한 과대평가는 인간보다 단순한 생물체를 살펴본 이후에 유전자 수를 맹목적으로 추정해서 이루어졌다. 즉 인간의 더욱 커다란 복잡성은 더 큰 유전자의 숫자에서 기인한다는 순진한 가설에 근거했던 것이다. 궁극적으로 이런 잘못은 우리가 DNA에서 유전자를 읽어 획득한 목록들이 단지 빙산의 일각이라는 것을 우리에게 보여준다. 유기체들과 관련된 나노공학은 단순한 단백질 부분들을 다루는 것을 훨씬 넘어 확장되고 있고, 피드백 신호와 삼차원 단백질 배열이라는 복잡한 네트워크를 포함하고 있다.

---

1) "A Gene Map of the Human Genome," National Center for Biotechnology Information, http://www.ncbi.nlm.nih.gov/ SCIENCE96
2) Andy Coghlan, "Recount Slashes Number of Human Genes," *New Scientist*, October 20, 2004, http://www.newscientist.com/article.ns?id=dn6561
3) Jonathan Hodgkin, "What Does a Worm Want with 20,000 Genes?" *Genome Biology* 2, no. 11, http://genomebiology.com/2001/2/11/comment/2008

조나단 위트(Jonathan Witt)　디스커버리 연구소의 선임 연구원이고, *A Meaningful World: How the Arts and Sciences Reveal the Genius of Nature*를 벤자민 와이커와 함께 저술했다. 캔자스 대학교에서 영문학 박사 학위를 취득했고, 미학에 관한 그의 박사 논문은 최고의 학문적인 명예를 가진 논문으로 선정되었으며 *Literature and Theology*와 *The Princeton Theological Review*에 실렸다. 또한 *The Seattle Times, The Kansas City Star, Touchstone*과 *Philosophia Christi* 같은 곳에도 실리고 있다. 진행 중인 그의 책 *Darwin vs. Shakespeare*는 다윈주의자들이 어떻게 창조자에 반대하는 자신들의 논증에서 폭넓게 불신임되고 있는지와 그들이 논쟁적인 미학적인 전제를 채택하고 있음을 탐구하고 있다.

23
하나님을 혹평함
나쁜 설계라고 비판하는 다윈의 결함 있는 논증

■ 조나단 위트　계몽주의 사상가들이 가깝고 먼 운동을 관장하는 법칙[1]에 관한 신선한 통찰력을 가지고 우주를 대면하게 되었을 때, 그들은 우주를 "시계"에 비유한 상상력에 사로잡혔다. 계몽주의 이후 과학의 진보에도 불구하고 우주를 시계에 비유하는 것은 지속되고 있다. 정말로 우리는 이제 거의 상상할 수 없을 정도까지 자연의 물리적 상수가 미세하게 조정되어 있다는 것을 알고 있다. 예를 들어 중력이나 전자기력에 자그마한 변화가 일어나면 우주는 생명을 허용하지 않을 수 있다. 그렇다면 결정적인 의미에서 우주는 시계와 유사하다. 마치 우주의 물리적인 상수가 정밀 기계를 닮은 것처럼 말이다. 하지만 비유들을 구체화할 때 문제가 발생한다. 시계로서의 우주에 대한 유비는 이해를 돕는 은유다. 그렇게 이해를 줄 수는 있지만 모든 비유가 너무 멀리까지 나가게 되면 허물어지고, 시계에 대한 은유도 급속하게 허물어진다.

올림포스 산에 살면서 소멸하는 자기 자녀들의 일에 간섭하고 도덕적으

---

1) 뉴턴의 만유인력의 법칙을 의미한다—역자 주.

로 올바른 일만 하는 것이 아니라 절충적인 행동을 하는 그리스 신들이나, 플라톤의 "일자"(플라톤은 "선의 이데아"나 "만물의 아버지 또는 원인"이라고도 말했다), 또는 그 백성의 아버지요 목자이며 남편인 성경의 거룩한 하나님을 생각해보자. 신에 대한 이런 개념 중 그 어떤 것도 정밀 세계를 기계로 이해하지 않는다. 세상은 너무나 완벽하게 기능하여 창조자는 자기가 만든 세상에 어떤 생각을 부여할 필요가 없다. 우리가 신을 감정 없이 제일 원리를 조직하는 자로만이 아니라 하나의 인격으로 이해할 때, 우리는 그를 자신의 손으로 일하는 것을 기뻐하는 창조자로서 묘사하고, 세계 자체에 흥미가 있는 분으로 묘사한다.

생물학자로서 대표적인 다윈주의자인 케네스 밀러(Kenneth Miller)는 미국 펜실베이니아 주 필라델피아 지역의 조간신문 「필라델피아 인콰이어러」(Philadelphia Inquirer)와의 인터뷰에서 다음과 같이 말했다. "지적 설계 운동의 하나님은 너무 작습니다.…지적 설계론자들에 따르면 하나님은 세계에 있는 모든 것을 설계하셨지만 반복적으로 간섭하시고 그 자신의 창조 법칙을 위반하시는 분입니다. 설계론자들의 하나님은 매우 훌륭한 정비공이 아니어서 계속해서 후드를 열고 엔진을 만지작거려야만 하는 아이 같은 분입니다."[2] 밀러는 로마 가톨릭 신자이지만, 우리는 그가 아무 생각 없이 설계자가 지속해서 창조에 관여하는 것을 무능력과 동일시하고 있음에 유의해야 한다. 왜 그런가? 창조자가 계속해서 관여하기를 좋아한다면 어떻게 되는가? 하나님이 우주라는 시계의 태엽을 감지 않으시고 초신성부터 해바라기까지의 만물이 풀려나가도록 내버려두기를 원하신다면 어떻게 되는가? 하나님이 진흙 미장을 바르며 자신의 손을 더럽히기를 원하신다면 어떻게 되는가?

---

2) Paul Nussbaum, "Evangelicals Divided Over Evolution," *Philadelphia Inquirer*, May 30, 2005에 인용되어 있다.

                                                기독교를 위한 변론

설계자가 꼼꼼한 시계 제조공이기보다는 활력이 넘치는 드라마 작가라면 어떻게 될까? 우리는 셰익스피어에게 다음과 같이 말할 수 있을까? "당신은 계속해서 희곡을 쓰고 또 다시 쓰시오! 당신은 살아 있는 배우들을 가지고 당신의 창작물을 무대에 올리고는 그 배우들을 감독하기를 바라면서 초조하고 행복하지 않은 마음을 가진 불완전한 사람이오! 당신은 그대로 내버려두지 못하고 새로운 어떤 것을 창조하려는 당신의 혐오스럽고 억누를 수 없는 충동 때문에 드라마와 시의 법칙을 반복적으로 어기고 있소! 그렇게 하는 것은 수치요!"

우리는 확실히 자신의 창조물을 향한 설계자의 태도(즉 설계자가 시계 제조공인지, 아니면 신랑 또는 드라마 작가인지)를 고려하지 않고도 자연 질서를 논할 수 있다. 하지만 다윈주의자들은 설계자가 존재한다면 그는 단지 초연하고 지나치게 꼼꼼한 정비공일 수 있을 뿐이라고 가정하면서 이 문제를 논의 속으로 이미 슬그머니 끌어들였다. 그 가정을 몰래 끌어들이고 나서 다윈주의자들은 (그들의 표현대로 하면) "자신의 창조에 간섭하는" 설계자에 관한 어떤 증거도 고려할 가치가 없는 것으로 간주한다.

이와 유사하게 다윈주의자들은 전능하고 전지한 설계자가 (좁게 생각해서) 이상적인 설계에 약간 못 미치는 피조물을 만들었을 것이라는 생각을 거부한다. 여기서 그들은 신학적인 주장만을 하는 것이 아니라 다음과 같이 중요한 실천적·미학적 질문을 즉각적으로 무시하고 있다. 생태학적인 균형에 관한 관심은 동물 구조(animal structure)와 관련된 비판에 어떻게 영향을 미치는가? 또는 시적으로 말하자면, 각각의 피조물은 생명이라는 전체 드라마에서 어떤 역할을 하는가? 다윈주의자들은 판다에게 마주보는 엄지손가락을 주지 않았다고 설계자를 나무란다.[3] 그들은 전지전능한 설계자

---

3) 판다의 엄지손가락은 실제 손가락이 아니라 요골종자골이라는 뼈가 발전한 것이다―편집자 주.

라면 이미 우월한 마주보는 엄지손가락에 대해 알고 있었을 것이라고 주장한다. 전지전능한 설계자라면 판다에게 그런 손가락을 주었을 것임에 분명하다는 것이다. 그리고 설계자가 그렇게 하지 않았다면 그는 분명 존재하지 않거나 최소한 직접적으로 엄지손가락을 설계하는 데 관여하지 않았을 것이라고 주장한다.

역설적인 것은 판다의 괄목할 만한 강한 엄지손가락은 대나무 껍질을 아주 멋지게 벗긴다는 것이다. 판다와 관련한 우주 설계자의 주된 관심은 판다가 신이 상상할 수 있는 가장 솜씨 있는 곰이어야 하는 데 있지 않을까? 순수하게 실천적인 관점에서 판다가 마주보는 엄지손가락을 가졌다면 그들은 생태계를 파괴하지 않을까? 순수하게 미학적인 관점에서 서로 마주보지는 않지만 매우 실용적인 엄지손가락을 가지고 대나무를 오르는 매력적인 판다는 이 위대한 우주 드라마를 조금이나마 밝게 해주는 데 필요한 익살스러운 조연들은 아닐까? 셰익스피어가 『햄릿』이라는 비극에 웃기는 도굴꾼을 끌어들인 것처럼 왜 하나님은 자신의 작품 가운데 엉뚱한 생각을 도입하실 수 없으신가?

판다는 희극처럼 기분 전환을 시켜주는 것이지 않을까? 이런 생각을 명백히 고려할 가치가 없는 우스꽝스러운 것으로 일축하는 것은 그저 인간이 가지고 있는 공리주의적 전제를 드러낼 뿐이다. 왜 설계자의 세계는 유머도 없고, 단조로운 문체로 저술되어 마치 세상으로부터 동떨어져 있는 중압감으로 가득해 수동적으로 읽는 따분한 과학 교과서처럼 읽혀야만 하는가? 왜 설계자의 세계는 "작동할" 뿐만 아니라 즐겁고 미소 짓게 하며 흥미를 주면 안 되는가? 간단히 말해서 왜 우리는 셰익스피어의 『햄릿』과 같은 예술 작품에서 발견하는 다양성과 풍성한 분위기를 우리 세계에서 발견하는 것을 기대해서는 안 되는가?

예술가나 신비가의 관점이 아니라 기술자의 관점이 나쁜 설계 대 좋은

 기독교를 위한 변론

설계에 관한 논의를 형성한다. 내가 몇 년 전에 이 사실을 철학자 제이 리차드(Jay Richards)에게 언급했을 때 그는 내게 다음과 같이 답신을 보내왔다. "결국 왜 우리는 하나님이 시계와 같은 우주를 창조하셨다고 가정할까요? 그런 세계에서는 자동으로 태엽이 감기는 메커니즘이 '훨씬 더' 좋을 것입니다. 아마도 우주는 피아노 같거나 저자가 등장 인물로 나오는 소설 같거나 그렇지 않으면 하나님이 친밀하게 교제를 나누기 원하는 존재들과 함께 거닐 수 있는 정원과 같을 것입니다. 어떻게 단순한 하나의 이미지가 한 세기 반 동안의 논의를 강탈했는지 놀랍기만 합니다."

스티븐 제이 굴드와 리처드 도킨스 같은 진화론자들에게 환원주의적 사고는 결국 모든 종류의 부당한 결론에 이르는 길을 마련한다. 굴드는 "전체가 '기본적인' 단위로 분해되는 것으로 이해되어야만 한다"라는 원자론자의 견해를 자제해야 한다고 역설한다. 하지만 굴드는 그 주장 이후에 스스로 원자론자의 사고를 실천한다. 굴드와 다른 많은 생물학자가 자연은 일종의 시계일 뿐만 아니라 각각의 개별적인 설계가 상대적으로 고립되어 판단된다는 의미에서 각각의 설계가 시계이자 기계라고 가정한다. 그들은 판다의 서식지를 포함해서 그 동물이 살아가는 자연환경 전체와 관련해 판단의 엄지손가락을 이해하지 않는다. 달리 말해서, 그들은 엄지손가락으로써 얼마나 잘 작동하는지와 관련해서 판단의 엄지손가락을 이해한다. 그리고 미학적인 단계에서 판다의 창조자가 (예술가가 생각하는 것처럼) 작품 전체를 구상할 수 없다고 가정한다. 이것은 다윈주의자들이 거듭 반복해서 저지르는 동일한 실수다.

예를 들어 『눈먼 시계공』에서 리처드 도킨스는 소위 말하는 시신경이 망막 뒤에 배치된 것에만 집중해 시력이 훨씬 많은 것을 요구한다는 것을 무시한 채 포유류의 눈을 비판한다.

각각의 시각세포(photocell)는 결국 빛이 들어오는 가장 가까운 쪽 바깥에 있으려고 뒤쪽에 배치되었다.…이것은 빛이 시각세포에 무제약적으로 통과되는 대신에 신경다발을 먼저 통과해야 한다는 것을 의미한다. 아마도 눈은 최소한 어느 정도 빛의 감소와 왜곡을 겪어야 할 것이다(실제로는 많지 않지만 여전히 그런 것은 마음이 잘 정돈된 기술자의 기분을 상하게 하는 사물의 **원리다!**).[4]

도킨스의 분석은 두 가지 실수로 인해 무너진다. 첫째, 유전학자인 마이클 덴톤(Michael Denton)은 포유류의 시신경이 망막 뒤에 배치된 것은 눈에 산소의 공급을 극적으로 증가시켜 실제로는 확연한 장점을 부여한다는 사실을 분명하게 입증한다. 도킨스 같은 환원주의자들은 이 점을 파악하지 못했다. 그는 자신의 목적에 부합할 때에만 기관들을 분리해서 분석하기 때문이다.

둘째, 도킨스는 단정함에 집착한다. 그는 제대로 된 창조자라면 전체적으로 정돈된 것에 열중할 것이라고 가정한다. 하지만 우리는 정말로 생동감 넘치게 창의적이고 심지어는 기발하기까지 한, 우리가 실제 살고 있는 우주의 설계자를 우주적 효용성이라는 괴물(cosmic efficiency freak)로 대치하기를 원하는가? 그런 신은 나치가 만든 국가적인 신으로서 그들은 이런 신을 멋지게 섬길 수 있을 것이다. 이런 섬김은 다음과 같은 히틀러의 발작과 일치한다. 히틀러는 불규칙하게 뻗어 나가는 인간의 다양성을 업신여겼다. 그에 의하면 이 단정한 우주의 설계자는 기괴하고 낯선 야생동물들과 결함 있는 신체의 유기체들이 생태계를 망치고 훼손하는 것을 혐오한다. 그는 우리가 세계(world)라고 부르는 저 커다랗고 풍부한 고딕 대성당을 거부하고,

---

4) Richard Dawkins, *The Blind Watchmaker: Why the Evidence of Evolution Reveals a Universe without Design* (New York: W. W. Norton, 1996), 93. 『눈먼 시계공』(사이언스북스 역간, 2004).

반면에 새롭고 더 잘 정돈된 우주(cosmos)를 위해 현대적인 최소한의 청사
진을 원한다.

흥미롭게도 깔끔한 문장을 선호하던 18세기 신고전주의 영문학 비평가
들은 영문학 경전의 신(the god of the English canon)이라고 추앙받는 윌리
엄 셰익스피어(William Shakespeare, 1564-1616)에게 이와 유사한 비판을
아주 많이 했다. 그들은 배우를 지향하던 희곡 작가에게 고전적인 규제가
없다고 논의를 전개했다. 루이스 테오발드(Lewis Theobald, 1688-1744)는
햄릿이 거친 말을 사용했다는 것과 관련해서 1세기에 걸친 기나긴 비판을
시작했다. 그는 1726년에 햄릿이 오필리아에게 말했던 외설적인 문구에 대
해 다음과 논평했다. "만일 시인이 저속하고 적나라한 음담패설에 대해 채
찍질 받아야만 한다면, 그것은 햄릿이 오필리아에게 말한 문장과 관련해서
다."[5] 그러나 햄릿의 말은 불필요한 것이 아니라, 플롯이나 등장 인물의 성
격 발전에 매우 중요했다. 테오발드는 이것에 관해 결코 신경 쓰지 않았다.

동일한 시대 어간에 찰스 길든(Charles Gildon, 1665-1724)은 셰익스피
어가 저속한 것을 고상한 것과 섞고, 희극적인 것을 비극적인 것과 뒤섞는
일반적인 습관에 대해 "전체적으로 끔찍하고 부자연스러운 혼합"이라고 간
주했다.[6] 거기에 약간의 더 많은 규제를 적용해 에드워드 테일러(Edward
Taylor, 1642-1729: 미국에서 활동했던 형이상학파 시인과 혼동해서는 안 된다)
는 다음과 같이 탄식했다. 셰익스피어는 "예의범절과 질서에 매우 부주의하
고, 그룹으로 분류하는 것도 전혀 잘하지 못하며, 아름다운 인물뿐만 아니라
거슬리는 인물들을 폭로하기를 얼마나 좋아하는가!" 그는 너무나 자연스럽
게 청중들을 "먼지와 대변 속에서 뒹굴게" 한다.[7]

---

5) Lewis Theobald, *Shakespeare Restored* (London, 1726), 87.

6) Charles Gildon, quoted in Herbert Spencer Robinson, *English Shakespearian Criticism in the Eighteenth Century* (New York: H. W. Wilson, 1932), 26-27.

7) William Richardson and Edward Taylor, *Cursory Remarks on Tragedy, on*

현대 비평가인 허버트 스펜서 로빈슨(Herbert Spencer Robinson)은 자신의 책에서 영국의 셰익스피어 비평에 대해 다음과 같이 주장한다. 셰익스피어에 훨씬 호의적인 신고전주의 비평가들의 흠모는 "셰익스피어가 무지 또는 계획 때문에 모든 고전적인 규칙을 버리는 방법을 채택하는 것을 유감스럽게 생각해서…그의 작품을 수정 및 강화시켰다."[8]

오늘날 우리는 셰익스피어에 관한 이런 비평을 어떻게 생각하는가? 대부분의 사람은 그들의 비판이 너무나 속 좁은 것임을 발견한다. 우리는 신고전주의적 비평가들이 "재간이 무궁무진한" 셰익스피어의 작품을 깔끔하게 정리한 다음에, 상대적으로 질이 떨어진 남은 음식으로 대치하기를 원하지 않는다.

이런 비교의 타당성은 분명해야 한다. 셰익스피어에 대한 비평은 포유류의 눈이나 판다의 엄지손가락에 관한 다윈주의자들의 지나치게 잘 정돈된 논의와 유사하다. 각각의 경우에 비판자들은 그것이 생태학적인 것이든 미학적인 것이든 더 큰 문맥을 무시하고 그 작품을 좁게 분석한다. 이런 노선의 논증을 지지하는 사람들은 다양성과 풍부한 상상력, 자유, 심지어는 도덕적인 복잡성 같은 훨씬 역동적인 기준들보다 지나치게 제약적이고 추상적인 고상함을 가치 있게 생각한다. 모든 것을 통제하려는 시도에서 그들은 자신들의 영역을 넘어서는 어떤 것이든 부정한다. 그들은 의미 있는 전체를 생각하지 못한다. 그것이 제정신이라면 동시에 그것은 정신이상이다.

이제 다윈주의자들은 다음과 같이 불평할지도 모른다. "이 모든 예술적이고 미학적인 허튼소리는 무엇인가? 우리는 시인이나 꿈꾸는 듯한 눈을 한 신비주의자들이 아니라 과학자들이다. 예술가들이 자신들의 양식을 형성하도록 내버려두라. 그리고 우리는 우리의 냉철하고 실증적인 과학으로 돌아

<hr>

Shakespeare, and on Certain French and Italian Poets (London, 1774), 50, 42.
8) Robinson, *English Shakespearian Criticism*, xii.

가자." 좋다. 하지만 그들이 미학적인 원칙에 관한 논증을 피하기를 원한다면, 그들은 자신들의 논증 안에 기껏해야 매우 논란의 여지가 있고 최악의 상황에 예술의 기준에까지 반하는 미학적인 원리를 가정해서는 안 된다.

앵구스 메누지(Angus Menuge) 위스콘신 주 컨커디어 대학교의 철학 교수이자 크라나흐 연구소(http://www.cranach.org)의 부소장이다. 영국 잉글랜드 코번트리에 있는 워릭 대학교를 졸업했고 미국 위스콘신 대학교(매디슨)에서 박사 학위를 취득했다. 현재는 지적 설계와 심리철학 변증학에 대한 논문을 저술하고 있다. 또한 *Agents Under Fire: Materialism and the Rationality of Science*의 저자이며 *C. S. Lewis: Lightbearer in the Shadowlands, Christ and Culture in Dialogue*와 *Reading God's World: The Vocation of Scientist*의 편집자이기도 하다.

24

과학에서의 행위자의 역할

■ 앵구스 메누지

행위자

인간 존재는 습관적으로 자신을 **행위자**로 이해한다. 행위자는 자신의 행동에 대한 이유를 가지고 있는 개별자다. 행위자는 목표(그들이 원하는 일들)를 가지고 있고, 그들이 믿는 목표를 성취하기 위한 행동을 한다. 예를 들어 위스콘신 주의 토박이인 한스는 자신의 집 지붕에 연결된 배수관이 막혔다고 생각했고, 겨울에 그것이 동파되면 발생할 손해를 막기 위해 사다리를 놓고 지붕 위로 올라간다. 상식 심리학(folk psychology)이라 불리는 직관적인 자기 이해의 한 부분이 이와 상당히 유사하다.

과학적 유물론

행위자에 관한 바로 이런 생각은 과학적 유물론에서 문제가 된다. 과학적 유물론에 따르면, 발생하는 모든 것은 물질의 무목적적인 행동으로 설명될 수 있다. 어떤 사건은 합법적인 규칙성의 결과나 우연 또는 법칙과 우연의 조합 때문에 발생할 수 있다. 하지만 물질이 존재하는 모든 것이고 아무런 목적도 없다면, 과학적 유물론자들은 목적 지향적인 행동이 출현한 것을 설명하기 어렵다. 폴 처치랜드와 패트리샤 처치랜드(Paul and Patricia Churchland) 같은 몇몇 유물론자들은 행위자가 유물론과 양립할 수 없으며 그렇기 때문에 신경생리학의 유물론적인 범주를 지지하여 행위자를 제거해야만 한다고 생각한다. **제거적 유물론**(eliminative materialism)이 이러한 전략을 채택한다. 대니얼 데닛(Daniel Dennett), 프레드 드레츠키(Fred Dretske), 제리 포더(Jerry Fodor) 같은 유물론자들은 행위자를 합리적인 존재로서 우리의 자아 이해에 중요한 것으로 본다. 하지만 그들은 그것이 유물론적인 범주에서 자연적으로 발생할 수 있음을 보여주길 원한다. 이런 전략은 정신의 자연주의(naturalism of the mental)라고 불린다.

제거적 유물론

처치랜드 부부에 따르면 상식 심리학은 인간의 목표와 목적, 믿음과 바람을 표현한 과학 이전의 세계관의 마지막 자취일 따름이고, 그런 것들은 이미 대부분 과학적 유물론의 진보로 대체되었다. 물리학 법칙은 천체들의 "목표"에 대해 언급하지 않는다. 다윈은 살아 있는 유기체들의 지적 설계자를 언급할 필요를 제거했다. 정복되어야 할 마지막 전선은 인간의 마음이다.

처치랜드 부부에게는 믿음이나 욕망 같은 것이 존재하지 않는다. 믿음과 욕망은 **의도성**(intentionality)을 함축하고 있으므로 제거되어야만 한다. 물질적인 실재와는 다르게 믿음과 욕망은 휘발유 가격이 올랐다는 믿음이나 휘발유 가격이 내려갈 것이라는 바람과 같이 **명제적 내용**을 지닌 어떤 것에

관한 생각을 포함하고 있다. 생각은 사실이나 거짓일 수 있고, 실재 대상이 없을 수도 있으며(예를 들어 레프리콘[1][leprechauns]에 대한 믿음이 그렇다), 하이브리드 자동차를 사는 것과 같이 어떤 행동에 대한 이유를 제공할 수도 있다. 이와는 대조적으로 물리적인 사건들은 일어나거나 일어나지 않는다(하지만 사실이거나 거짓일 수는 없다). 물리적인 사건들은 다른 물리적인 사건들과 인과관계를 맺을 수도 있다(그래서 물리적 사건들은 존재하지 않는 대상들을 지시할 수 없다). 그리고 물리적 사건들은 행동을 유발할 수 있기는 하지만 행위자가 그 일을 한 이유를 제공하지는 않는다.

처치랜드 부부는 뇌 과학 분야에서의 진보가 미래에 추구해야 할 길이라고 주장한다. 여기서 인간의 인식은 신경 활동 패턴이 변형된 것으로 환원되고 있다. 이런 패턴은 명제적 내용 같은 것이 아무것도 없으며 행위자가 행동하는 이유와 유사한 어떤 것도 없다. 이런 관점에서 보면, 상식 심리학은 불필요해 보인다. 하지만 제거적 유물론을 거절해야 할 수많은 중요한 이유가 있다.

첫째, 추상화의 문제가 있다. 신경 활동 패턴은 아마도 특별한 신체 활동을 설명할 수 있을 것이다. 하지만 이런 패턴들이 인간 행동으로 나타나는 추상적인 행동을 파악하지는 못한다. 인사하는 행동을 살펴보자. 우리는 어떤 사람에게 말이나 미소, 손짓, 악수, 포옹 또는 키스나 카드, 전자 메시지, 혹은 공중에 떠 있는 현수막으로 인사할 수 있다. 각각의 방법은 물리적으로 다른 행동을 포함하고 있으므로 이 행동들은 그것을 설명하기 위한 신경 활동의 다양한 집합을 요구한다. 하지만 그 방법은 모든 행동이 공통으로 가지고 있는 것, 즉 그 행동들이 모두 인사하는 행동이라는 사실을 파악하지는 못한다. 이와 대조적으로 상식 심리학은 인사하려는 공통적인 열망이

---

1) 아일랜드 민화에 나오는 요정으로 어린아이보다 키가 작은 난쟁이고 턱수염이 많이 있고, 초록색 옷을 입었다─역자 주.

나 의도에 호소할 수 있다. 상식 심리학의 범주는 단지 특수한 운동만이 아니라 바른 수준에서 행동을 설명할 수 있다.

둘째, 주관화의 문제가 있다. 신경 활동의 전이는 전적으로 비인격적이며 어떤 식으로도 어떤 관점을 포함하지 않는다. 하지만 서로 다른 관점을 가진 주체와 개인들은 의심할 여지없이 존재한다. 상식 심리학은 항상 이것을 인정하고 있다. 왜냐하면 상식 심리학은 어떤 행위자의 행동에 관한 개인적인 이유를 제공하려고 애쓰기 때문이다. 잭(Jack)은 (결국에는) 냉장고 문을 열지 않았다. 질(Jill)이 냉장고에 시원한 맥주가 있다고 믿고 있기 때문이다. 관점들이 실재적인 것이 아니라 환영에 불과하다고 주장하는 것은 제거주의자들에게 전혀 도움이 되지 않음에 유의하라. 어떤 관점을 가진 것만이 환영에 지배받을 수 있기 때문이다.

셋째, 강건함의 문제가 있다. 제거주의자들은 상식 물리학이 비정상적인 심리학에 대해 침묵하고 있으므로 대체되어야 할 잘못된 이론이라고 주장한다. 상식 심리학이 존재하는 곳에는 믿음과 욕구의 존재론도 존재할 것이다. 하지만 하나의 규범적인 학문으로서 상식 심리학이 비정상적인 심리학에 의해 논박되는 것은 마치 고전 논리학이 오류가 있는 추론에 의해 논박되는 것과 같다. 그리고 비록 상식 심리학이 실수를 보이기는 했지만, 상식 심리학이 지니고 있는 믿음과 욕구의 존재론의 신빙성을 없애지는 않았다. 한때 상식 물리학(folk physics)은 무게가 본래적이며 물체의 변하지 않는 특성이라고 생각했다. 무게가 중력에 따라 달라지는 관계의 발견은 무게에 관한 상식 개념에 개혁이 필요하다는 것을 보여주었다. 그러나 어떤 사람도 무게가 존재하지 않는다고 결론을 내리지는 않았다. 합리적인 존재로서 인간의 자기 이해에 있는 믿음과 바람의 개념이 지니는 견고한 지위가 인정되면, 상식 심리학에서의 실증적인 실패는 그 존재론의 제거보다는 개혁된 개념을 불러올 것이라는 생각이 훨씬 더 그럴듯해 보인다.

마지막으로 정합성의 문제가 있다. 폴 처치랜드는 상식 심리학을 버리는 것에 관한 의미를 일관성 있게 설명하지 않았다. 상식 심리학을 거절하고 신경 대체물을 받아들이는 것으로 그것을 묘사할 수는 없다. 왜냐하면 합리적 거절과 용납의 개념은 상식 심리학의 한 부분이기 때문이다. 더 근본적으로 제거주의는 과학의 합리성을 허문다. 그것은 과학자의 행동에 관한 이유로 간주될 수 있는 어떤 것을 제거하기 때문이다. 만일 의도적인 상태가 존재하지 않는다면 과학자들은 문자적으로 실험을 설계하고 자료를 분석하며 결론을 추론하고 대안적인 이론을 고안할 수 없다. 그렇다면 과학적 활동이 합리적이라고 말할 이유가 존재하지 않는다. 과학적 유물론자들은 그들이 유물론자가 된 이유를 과학이 제공한다고 주장하기는 하지만, 유물론은 어떤 것에 관한 이유를 가지고 있다는 생각을 훼손한다. 과학의 합리성을 변호할 수 있는 세계관은 과학자들이 알아볼 수 있는 이유를 허용하는 세계관이어야만 할 것이다. 지적 설계는 지적 원인과 목표를 자연의 일부분으로 허용하기 때문에 과학의 합리성을 변호할 수 있는 바른 위치에 서 있다.

정신의 자연주의

심지어 유물론자들 사이에서도 제거주의는 인기가 없다. 대부분의 유물론자는 정신의 자연주의를 믿고 있다. 그들에 의하면 의도성 및 다른 문제가 되는 정신적인 범주들은 실재적이지만 유물론과 양립 가능함을 보여줄 수 있다. 그러나 이 기획에는 다음과 같은 두 가지 주된 문제가 있다. (1) 행위자가 순수하게 유물론적인 용어로 이해될 수 없다고 생각할 좋은 이유가 있다. (2) 인간 행위자가 자연의 한 부분으로만 선언된다면 자연주의자는 어떤 행위자가 인도한 인과관계의 존재를 허용하고, 자연에서 활동 중인 비인간적 (그리고 아마도 신적인) 행위자의 가능성을 더는 배제할 수 없어 유물론을 폐기할 것이다.

자연주의의 실패

일찍이 자연주의자들은 동일성 이론(Identity Theory)을 제안했다. 이 이론에 따르면 정신 상태의 유형은 뇌 상태의 유형과 동일시될 수 있다. 따라서 모든 고통스러운 상태는 뇌에 있는 C 신경섬유(C-fibers)가 뇌를 자극한 것이다. 그러나 뇌에 관한 실증적인 연구가 고통을 느끼는 피조물의 뇌 사이에 중요한 구조적인 차이가 있음을 밝힘으로써 동일성 이론은 무너뜨렸다. 모든 피조물과 고통을 느끼는 피조물 사이에 그 어떤 유사한 신경섬유가 존재하지 않는다. 하지만 다양한 피조물에는 고통을 특별하게 일으키는 물리적 원인과 고통에 반응하는 특성들이 존재한다. 그래서 기능주의는 고통과 다른 모든 정신 상태가 어떤 특징을 일으키는 자극과 반응을 매개해주는 기능적인 역할과 관련된 상태라고 제안했다. 동일한 인과적 역할이 여러 방식에서(예를 들어 쥐덫이 많은 방식으로 만들어질 수 있는 것처럼) 물리적으로 실현될 수 있기 때문에 사람들은 동일성 이론을 반대하는 것을 기피했다.

하지만 기능주의 자체도 무수한 문제가 있다. 가장 근본적인 문제는 기능주의자가 기능에 관한 이해를 돕기 위해 유물론적인 설명을 제공한다는 것이다. 기능은 요소들이 서로 형식적으로 대칭 관계를 이룬 것처럼 무목적론적으로 이해되거나, 그렇지 않으면 어떤 체계의 목적에 이바지하는 것처럼 목적론적으로 이해될 수 있다.

무목적론적인 경우에 정신과 관련된 중요한 특징은 설명되지 않는다. 비인격적인 대칭 관계는 고통 같은 정신적인 상태로만 있는 주관적인 경험에 대해 아무런 설명을 하지 못한다. 기능주의 이론은 바른 행위를 보여주지만 고통을 느끼지 못했던 피조물에 관해서는 완벽하게 설명할 수 있었다. 즉

    기독교를 위한 변론

기능주의는 좀비들의 세계에서나 만족스러운 것이다. 게다가 물리적인 요소들 사이의 대칭 관계는 의도성을 드러내 주지 않는다(그것들은 어떤 것과도 관련이 없다). 예를 들어 컴퓨터는 광범위한 데이터베이스를 사용해 야구와 관련된 질문에 바른 대답을 할 수 있다. 컴퓨터가 "야구"와 관련된 개념이 전혀 없더라도, 컴퓨터 기술자가 야구와 관련해서 이해되지 않은 요소들의 형태를 컴퓨터의 구조적인 부분에 대칭해서 야구에 관한 해답을 산출하도록 만들 수 있다. 이럴 때 컴퓨터는 야구를 "이해하는 것"이라는 기능주의적 설명을 완성한다. 그리고 최종적으로 비인격적인 대칭 관계는 행동에 관한 행위자의 인격적인 이유를 설명해주지 못한다.

반면에 기능이 목적론적으로 이해된다면 자연주의는 지성을 설명할 수 있을 것이다. 그것은 어떤 인격적인 존재가 의도한 인과관계가 자연의 한 부분이라는 것을 허용하면서 지성을 설명한다. 하지만 이것은 유물론에 직접적으로 반대된다. 따라서 기능주의는 정신적인 것의 중요한 특징을 자연화할 수 없거나, 아니면 유물론을 내어버림으로써 정신적인 것의 중요한 특징을 자연화할 수 있다.

하나의 기발한 대안으로서 데닛은 의도성이 "어머니 자연"(Mother-Nature)이나 자연선택으로 완전히 설명될 수 있다고 제안한다. 그는 어머니 자연이 유기체를 더 잘 섬기는 "선택"을 한다는 점에서 낮은 수준의 "의도성"을 가지고 있다고 생각한다. 하지만 이것을 받아들일 만한 훌륭한 이유는 존재하지 않는다. 자연선택은 "선택"에 관한 아무런 이유도 갖고 있지 않고, 단지 과거의 실행에 근거해서 선택하는 것이지 아무런 목적도 없다. 내가 다른 곳에서 상세하게 주장했던 것처럼[2] 데닛은 의도성에 관한 어

---

2) Angus Menuge, "Dennet Denied: A Critique of Dennet's Evolutionary Account of Intentionality," *Progress in Complexity, Information, and Design* 2, no. 3 (October 2003), http://www.iscid.org/papers/Menuge_Dennett Denied_103103.pdf

떤 설명도 제공하지 않는 진정한 유물론자인 어머니 자연, 유물론과 양립 불가능한 지적 특징을 소유하고 있는 신화론적인 어머니 자연(mythological Mother Nature) 사이에서 혼동하고 있다.

과학으로서의 지적 설계의 합법성

자연주의의 두 번째 문제는 다음과 같다. 곧 행위자가 환원 불가능한 실재의 특징임을 보여주는 증거가 단 하나의 경우(인간인 경우)라도 있다면, 유물론은 거짓이고 행위자는 과학적인 설명에 필요한 합법적인 인과적 범주가 된다. 그다음으로 행위자가 자연과 관련된 어떤 다른 곳에서 분명하게 등장하는가의 문제는 경험적으로만 해결될 수 있을 뿐이다. 환원 불가능한 행위자의 실재와 그 결과를 탐색하기 위한 엄격한 기준의 존재를 인정한다면, 설계가 생물학과 우주론 그리고 다른 곳에서 분명하게 나타나는지 그렇지 않은지를 결정할 수 있는 것은 오직 실증적인 자료만이 할 수 있다. 따라서 지적 설계는 분명 합법적인 과학적 연구 프로그램이다.

결론

행위자는 과학적 유물론의 아킬레스건이다. 유물론자들이 행위자를 제거한다면 그들은 과학의 합리성을 훼손하게 된다. 하지만 행위자가 유물론적 범주로 환원될 수는 없다. 따라서 우리가 과학의 합리성을 유지하기 원하고 또 과학이 어디로 인도하든지 증거를 따라가기를 원한다면, 우리는 행위자가 환원 불가능한 인과적 범주라고 결론을 내려야만 한다. 그리고 이것은 정확하게 지적 설계의 주장이다.

브루스 L. 고든(Bruce L. Gordon) 시애틀에 기반을 둔 디스커버리 연구소의 선임 연구원이자 디스커버리 연구소 과학과 문화센터의 연구 책임자다. 일리노이 주에 있는 노스웨스턴 대학교에서 박사 학위를 취득한 물리학 역사가이자 철학자이기도 하다. 그뿐만 아니라 캐나다 앨버타 주 캘거리에 있는 캘거리 대학교에서는 응용수학으로, 미국의 웨스트민스터 신학교에서는 조직신학으로 학위를 받았다. 고든 박사의 학문적인 작업은 물리학과 생물학에서 미세 조정과 함께 양자 이론과 우주론, 분석철학의 형이상학 그리고 철학적 신학이 교차하는 지점에서 제기되는 해석학적인 질문에 초점을 두고 있다. 그는 *The Nature of Nature: Examining the Role of Naturalism in Science*라는 제목의 논문집의 공동 편집자다. 지금은 양자 물리학과 유신론적인 형이상학을 연결하는 시리즈 논문을 쓰고 있다. 그는 이 논문을 하나로 엮어서 책으로 출간할 예정이다.

25
설계 추론의 과학적 상태

■ 브루스 L. 고든 과학적 실행은 우주를 그 기원과 기능 모두에 있어서 목적 없는 물리적인 과정으로 이루어진 닫힌 체계라고 가정한다. 많은 과학자가 이런 가정을 궁극적인 진리로 받아들이기를 거절하지만 그들은 여전히 마치 그것이 진리인 것처럼 **과학**이 기능하는 것이 필수적이라고 생각한다. 이것은 많은 과학자가 **방법론적 자연주의**를 자신들의 실행에 필수적인 제약으로 받아들이고 있음을 의미한다. 방법론적 자연주의는, **과학적**이기 위해서는 어떤 설명이 반드시 **자연주의적**이어야만 한다고 주장하는 이론이다. 즉 모든 설명은 물질적인 우주 안에 포함된 실재와 원인과 사건과 과정들에만 호소해야 한다. 우리가 허용할 수 있는 설명에 이런 제약을 가하는 것이 결국 과학을 위해서는 결실 있는 전략이었음을 인정한다고 하더라도, 우리는 과연 과학이 그런 제약을 방법론적으로 여전히 요구하는지를 물어야만 한다. 누군가 방법론적 자연주의를 자의적으로 거부하는 것을 과학적 전략으로 취하는 것은 현명하지 못한 행동이다. 하지만 그런 제약이 적용될 수 없을 때는 어떤 것을 알아내기 위한 매우 엄격한 **방법**이 아마도 존재할 것이다. 어떤

것에 관한 바른 설명을 해야만 한다면 말이다. 엄격하고 객관적인 방법론에 복종하겠다는 원칙적인 결정도 과학적 설명이라는 원칙을 따르지 않는 것은 아닐까?

수많은 과학 철학자가 어떤 현상을 과학적으로 설명한다는 것이 무엇을 의미하는지 설명하려고 시도했다. 우리는 그런 시도와 관련된 세 가지 설명, 곧 **연역적-법칙론적 모델, 인과적-통계적**(통계적 적합성) **모델, 실용주의적 모델**을 살펴보려고 한다.

연역적-법칙론적 모델(deductive-nomological model)은 과학적 설명에서 가장 초기에 사용된 모델이었으며 지금까지도 매우 큰 영향력을 미치고 있다. 이 모델은 과학적 설명을 위해 네 가지 기준을 요구한다.

1. 과학적 설명은 건전한 연역적 논증의 형태로 표현될 수 있어야만 한다. 이것은 설명될 것이 결론으로 제시되는 논증이다.
2. 과학적 설명은 이런 결론의 도출에 요구되는 최소한 하나의 보편적인 법칙을 포함하고 있어야만 한다.
3. 과학적 설명은 검증될 수 있는 실증적인 내용을 가지고 있어야만 한다.
4. 과학적 설명을 구성하는 논증의 전제는 반드시 참이어야만 한다.

결과적으로 연역적-법칙론적 모델은 해결 불가능한 단점을 가지고 있다는 것이 분명해졌다. 단점은 다음과 같은 범주로 구분된다. (1) 연역적-법칙론적 모델의 기준을 충족하지만 진정한 과학적 설명일 수 없는 논증이 있다. (2) 연역적-법칙론적 모델의 기준을 충족하지 못하지만 진정한 과학적 설명이 있다. 간단히 말해서 이 네 가지 기준은 어떤 설명이 과학적이라는 것을 보장하기에 충분하지도 않고 필요하지도 않다. 이것을 증명하기 위해 나는 2가지 기준이 되는 반례를 제시하겠다. 첫 번째는 사람과 알약에 관한

 기독교를 위한 변론

이야기이고, 두 번째는 부전마비(paresis)에 관한 설명이다.

연역적-법칙론적 모델이 과학적 설명의 해석으로 **불충분하다**는 사실을 분명히 보여줄 수 있다. 어떤 사람이 지난해 자신의 아내와 성관계를 맺고 자신이 피임에 실패한 원인을 설명했다. 그 사람은 자신이 정기적으로 아내의 피임약을 복용했다고 주장한다. 그는 구강 피임제를 정기적으로 복용하는 모든 사람은 임신하지 않을 것이라는 법칙 같은 일반화에 호소한다. 이 실례는 연역적-법칙론적 모델의 설명에 부합한다. 문제는 산아제한을 위해 이 사람이 취한 방법이 부적절하다는 것이다. 남자는 임신을 할 수 없기 때문이다. 따라서 참된 전제를 가진 건전한 논증을 구성하는 것은 가능하다. 그러나 이 전제가 주장하고 있는 어떤 사실은 문제가 되는 현상에 관한 실제 설명에는 **부적절**하다.

이 모델이 적합한 과학적 설명에 **필요한** 조건을 제시하지 **않는다**는 것을 보이기 위해 부전마비(점진적인 육체적 마비와 정신적 기능의 상실로 특징되는 제3기 매독의 한 형태)의 발병에 관한 설명을 살펴보자. 부전마비가 발병하기 위해서는 잠복기 매독을 치료받지 않아야 한다. 하지만 이런 잠복기 매독의 상황에 부닥친 사람 중에서도 약 25%의 사람들만이 부전마비로 발전한다. 따라서 우리는 이 질병에 걸리기 위한 필요 조건을 가지고 있다. 하지만 부전마비가 어떤 사람의 경우에 발병할 것이라는 결론을 도출하거나, 부전마비가 발병할 것이라고 예견하기 위해 위의 설명을 사용할 수는 없다. 사실상 부전마비가 발병하지 않을 것이라고 예견하는 것이 더 나을 것이다. 잠복기 매독 상황에 부닥친 75%의 사람들이 부전마비로 발전하지 않기 때문이다. 그렇지만 부전마비에 관한 적절한 과학적 설명은 그것이 치료받지 않은 잠복기 매독으로부터 생겨난다는 것이다. 이런 설명은 연역적-법칙론적 모델에 부합하지 않지만 참된 과학적 설명에 해당하는 하나의 실례에 불과하다.

과학적 설명에 대한 연역적-법칙론적 모델의 결점을 보완하기 위해 **인과적-통계적**(causal-statistical) 또는 **통계적-적합성 모델**(statistical-relevance model)이 제안되었다. 이 모델의 지지자들은 과학적 설명에서 인과적 요소의 역할을 강조하며 일반적으로 어떤 일을 과학적으로 설명하는 것은 **반드시** 엄격한 연역적 논증이나 귀납적 논증을 포함해야만 한다는 것을 부정한다. 이 유형을 지지하는 사람들은 **예기치 않았던** 사건들에 관한 합리적인 설명이 있음(잠복기 매독을 치료하지 않았기에 부전마비에 걸림)을 인정하기 때문에 다음과 같은 생각을 거부한다. 곧 그들은 사건이 발생한 것을 과학적으로 설명하기 위한 타당한 조건으로 보편적이거나 통계적인 법칙, 혹은 실증적인 사실이 필요하다는 것을 거부한다.

인과적-통계적 모델의 배후에 있는 긍정적인 생각은 과학적 설명이 다음과 같은 두 가지 사실을 제시한다는 것이다. (1) 사건의 발생에 통계적으로 적합한 요인들의 집합, (2) 설명해야 하는 사건들과 그 사건들의 요인을 연결해주는 인과적인 틀이나 연계. **통계적 적합성**은 다음과 같이 정의할 수 있다. b가 이미 발생했다면 a의 확률이 a가 스스로 발생할 확률과 다를 바로 그때에만 요인 b는 요인 a에 **통계적으로 적합**하다. 즉 $p(a/b) \neq p(a)$다. 요인들을 어떤 사건과 연결해주는 인과적인 네트워크나 연계성은 단지 그 사건을 불러일으키는 근원적인 인과적 과정과 상호작용에 관한 설명에 지나지 않는다. **인과적 과정**은 지속적인 공간적·시간적 과정이며, **인과적 상호작용**은 둘 또는 그 이상의 인과적 과정이 교차하는 상대적으로 간단한 사건이다. 즉 인과적-통계적 이론은 적합한 과학적 설명이 사건들을 실제로 발생하게 했던 일들을 통해서만 설명해야 한다는 확신에서 생겨났다.

인과적-통계적 모델이 매우 확고한 것처럼 보이지만 그럼에도 그 모델은 **양자 역학**에서 반례를 발견한다. 양자 역학은 원자와 아원자 입자들의 운동을 묘사하는 이론이다. 인과적-통계적 모델이 양자 역학에는 왜 적합

　기독교를 위한 변론

하지 않은지를 설명하는 것은 간단한 일이 아니다. 개략적으로 인과적-통계적 설명은 결정론적이고 공간과 시간의 연속적인 과정에 호소한다. 반면에 양자 역학은 세계에 관한 그런 설명과 일치하지 않는다는 것이 일반적으로 인정되고 있다. 양자 역학이 20세기 과학의 위대한 업적 중 하나로 간주되기 때문에 우리는 이 모델이 **너무나 협소한** 견해라고 생각해야 할 타당한 이유를 가지게 된다. 물론 양자 역학이 우리에게 놀라울 정도로 정확한 예측을 가능하게 하는 양자 현상에 대한 수학적 **묘사**를 제공한다고 말할 수 있는 선택지도 있다. 하지만 그것이 이 현상들을 완벽하게 설명하지는 못한다. 완벽한 설명은 단지 그것을 예측하는 것이 아니라 실험적인 결과의 **근본 원인**에 도달하게 하는 것이다.

연역적-법칙론적 모델과 인과적-통계적 모델의 단점은 과학적 설명을 위한 세 번째 제안, 즉 **실용주의적 모델**로 인도한다. 이 방법론은 과학적 설명이 특징적인 형태를 가지고 있다(연역적-법칙론적 모델)는 것을 부정한다. 그뿐만 아니라, 과학 자체의 이론과 사실과 과정이 제공하는 것 외에 과학적 설명이 독특한 정보를 공급해준다(인과적-통계적 모델)는 것도 부인한다. 어떤 설명을 "과학적"이라고 부르는 것은 하나의 설명이 과학으로 인정된다고 말하는 것 이상의 아무것도 아니다. 이런 기준이 만족스러운지 어떤지는 과학자들 자신의 공동체에 의해 결정된다. 이것을 넘어 실용주의적 이론은 매우 상황적이다.

실용주의의 창시자인 바스 판 프라센(Bas van Fraassen)은 과학적 설명이 **관심의 주제와 대조 계급, 그리고 설명의 적합한 조건**에 의해 식별 가능한 질문(why-question)에 관한 **효과적인 대답**이라고 주장한다. 과학자가 설명해야 하는 사태가 발생했을 때 어떤 설명으로 잘 뒷받침한다면, 그 설명은 **효과적인 대답**이다. **관심의 주제**는 과학자가 설명해야 하는 일이다. **대조 계급**은 관심의 주제가 하나의 구성원으로 이루어진 다른 가능성의 집합이다. 설명은 다른 가능성을 위해 특수한 문맥에서 요청될 수 있다. 이때 **설명의 적합한 조건**은 그 안에서 어떤 대답이 주어지는 측면이다. 예를 들어 판 프라센의 실례 중 하나를 인용하면 우리 관심의 주제는 왜 전기 전도체가 휘어지는가이다. 이 경우에 대조 계급은 휘어지지 않는 다른 인근의 전도체로 구성할 것이다. 전도체가 휘어지는 것은 그 본래적인 형태를 유지하는 것에 반대되는 것이다. 설명의 적합한 조건은 특별히 강한 자기장의 현존, 전도체 위에 물기가 있는 것 등등이 될 것이다. 이 모든 일은 상황에 대단히 의존한다.

실용주의는 다른 두 모델과 비교하면 상대적으로 단순하고 직접적이다. 그것은 동시에 다른 두 가지 설명 이론의 특수한 측면들을 수용할 수 있고 매우 폭넓은 범위에 적용된다. 실용주의 모델을 비판하는 자들은 과학자가 질문하는 모든 것이 대조 계급을 왜 요구하는지, 과학적 질문은 때때로 왜라는 질문뿐만 아니라 어떻게에 대한 설명(예를 들어 어떻게 유전자가 자기 복제를 하는가 하는 질문)을 포함하는지에 대해 질문하고 있다. 또한 효과적인 대답은 항상 관심의 주제를 선호하는지, 그리고 이론이 너무 폭넓어서 과학자 공동체가 배제하기를 원하는 설명도 과학적 설명으로 정당화하는지에 대해 질문했다(과학자 공동체에 의한 실제적인 용납은 이 경우에 합리성의 기준으로 세워지는 것처럼 보인다).

앞서 말한 과학적 설명 이론 중 어떤 것도 방법론적 자연주의를 하나의 제약으로 언급하지 않고 있음에 유의하라(비록 그것이 인과적-통계적 접근방법에 의해 사용된 인과적 과정의 정의에 함축되어 있기는 하지만 말이다). 몇몇 과학 철학자들은 이런 부재(不在)가 과학적 설명에 대한 어떤 이론을 위한 기초적인 가설로서의 상태를 나타낸다고 말한다. 반면에 다른 과학 철학자들은 이런 부재가 과학적 설명의 필수적인 부분이 아니라는 것을 가리키며 하나의 조건으로서의 적절성은 문맥 의존적임을 보여준다고 주장한다. 설계 추론에 대한 엄격한 이론이 과학에서 수행할 수 있는 역할에 대해 간략하게 고찰한 것은 후자의 태도가 가장 합리적임을 보여준다.

윌리엄 뎀스키(William Dembski)가 지적한 것처럼, 설계 추론은 조작된 실험 자료의 발견부터 과학 수사와 암호해독술, 그리고 심지어 외계의 지적생명체탐사(SETI) 프로젝트까지 이미 다양한 과학 활동에 필수적인 것이 되었고, 이는 논란의 여지가 없다. 뎀스키는 지성이나 설계를 추론하기 위해 두 가지 필요 충분한 기준으로 복잡성과 특정성을 주장한다. **복잡성**은 문제가 되는 사건이 우연으로 쉽게 설명될 수 있을 정도로 그렇게 간단하지 않다는 것을 확실하게 보여준다. 그것은 본질적으로 개연성 개념이다. **특정성**은 문제가 되는 사건이 지성의 표징을 드러내고 있음을 확실하게 보여준다. 특정성 개념은 다음과 같다. 곧 문제가 되고 있는 사건의 작은 개연성에서 독립해서 우리가 어쨌든 재구성하는 데 다루기 쉽도록 그 사건을 제한하고 규정할 수 있다면, 우리는 그 사건에 대한 적절한 설명으로 우연을 배제하는 것이 정당하다. 뎀스키는 그런 사건을 **특정화된 작은 개연성**의 사건이라 부르고 있다.

작은 개연성의 사건이 특정성이라는 기준을 만족시키지 못한다면 그 사건은 여전히 우연으로 돌릴 수 있을 것이다. 예를 들어 동전을 조작 없이 1,000번 던져서 앞면이나 뒷면이 나오는 것과 관련된 것처럼 말이다. 그러나 어떤 사건이 진정으로 **특정화된** 작은 개연성의 사건이라면, 그 사건에 대한 적합한 결론은 그 사건의 원인이 지적 행위자라는 것이다. 간단한 실례는 그 개념을 명료화하는 것으로 충분할 것이다. 은행의 지하 금고에 있는 자물쇠가 1,000조에 달하는 조합이 가능하다고 생각해보라. 1,000조의 가능한 조합 각각은 동등하게 불가능하지만 그들 가운데 한 가지는 자물쇠를 연다. 금고를 여는 실제적인 조합은 특정화된 작은 개연성의 사건이다. 만일 어떤 사람에게 금고를 여는 단 한 번의 기회가 주어지고 그 사람이 그

금고를 열었다면, 올바른 결론은 그 사람이 설계에 의해, 즉 올바른 조합에 관한 사전 지식이 있어서 그 금고를 열었다는 것이다. 뎀스키의 중요한 공헌 중 하나는 설계 추론을 견고한 기반 위에 두는 방식으로 특정성 개념을 수학적으로 엄격하게 만들었다는 것이다.

어떤 사건이 특정화된 작은 개연성의 사건인지를 결정하는 데 사용되는 수학적인 분석은 탐구 중인 분야(양자 이론, 분자 생물학, 발전 생물학, 우주론 등등)를 연구하는 데 사용되는 이론적인 모델의 문맥에 있는 경험적 관찰에 의존한다. 하지만 설계 추론 자체는 건전한 연역적 논증으로 형성될 수 있다. 그 전제 중 하나는 뎀스키가 **작은 개연성의 법칙**이라고 부르는 수학적 결과다. 설계 추론 자체가 이것에 엄밀한 표현을 부여하는 것이 중요하다. 설계 추론에 관한 엄격한 접근은 과학적 설명의 가장 제한적인 이론인 연역적-법칙론적 모델에 일치한다는 것을 우리에게 보여주기 때문이다. 사실 우리가 지금까지 살펴본 과학적 설명에 관한 기술은 보편적인 이론으로는 부적절하지만, 세 가지 모델 모두 중요한 직관들을 포착했다. 게다가 엄격한 설계 추론이 세 가지 모델이 부과한 조건을 만족시키고 있음을 보는 것은 쉬운 일이다.

설계 추론은 연역적-법칙론적 설명의 요구 사항에 부합한다. 왜냐하면 설계 추론은 이런 설명 모델이 제시하는 네 가지 기준 모두를 만족시키기 때문이다.

1. 설계 추론이 제공하는 설명은 연역적 논증의 형태로 표현될 수 있다.
2. 설계 추론은 최소한 하나의 보편 법칙(작은 개연성의 법칙)을 포함한다. 그리고 그것은 사물의 기원(이 경우에는 문제가 되는 사건의 원인의 본성)을 설명하기 위해 그 보편 법칙을 요구한다.
3. 설계 추론은 실증적인 내용이 있다. 설계 추론은 사건 발생의 객관적

 기독교를 위한 변론

인 개연성을 결정하는 데 적합한 사건을 관찰하고 실증적 사실에 기초
하고 있기 때문이다.

4. 그 사건을 설명하는 문장은 우리가 가진 최상의 지식으로 만들어진 것
이며 참이다. 왜냐하면 그 문장은 우리가 설명하려고 애쓰는 사건 이
전에 우리가 이용할 수 있는 모든 적합한 요인을 해석하기 때문이다.

또한 설계 추론은 탐구되고 있는 사건의 설명과 관련해 통계적으로 적
합한 요인들을 분리해 인과적-통계적 모델의 설명이 요구하는 사항을 만족
시킨다. 이것은 문제가 되는 사건이 작은 개연성의 사건이라는 것을 결정하
고 특정성의 기준이 만족하였음을 확인함으로써 성취된다. 그렇게 하여 가
능한 과학적 설명으로 자연법칙과 우연을 제거한다. 또한 이것은 인과적 네
트워크가 통계적 규칙성을 뒷받침하는 것을 나타내준다. 그것은 인과적으
로 적합한 설명 요인(지적인 행위자)을 그 사건의 발생에 (필연적으로 기계론
적 수단을 의미하지는 않지만) 연결시켜주기 때문이다.

마지막으로 설계 추론은 설명에 대한 실용주의적 모델을 만족시킨다. 설
계 추론은 "왜라는 질문"에 효과적인 대답을 제공하기 때문이다. 이 질문들
은 관심의 주제와 대조 계급, 그리고 설명의 적합성 조건과 동일시된다. 설
계 추론에서 관심의 주제는 특정화와 관련된 우선적인 증거를 가진 개연성
없는 사건을 관찰하는 것이다. 대조 계급은 관심의 주제가 한 가지 구성원
으로 이루어진 다른 관심의 주제들의 집합에 의해 구성된다. 예를 들어 대
조 계급은 탐구하고 있는 인과적 문맥에서 확률이 더욱 높은 다른 사건 또
는 특정화의 아무런 증거도 없는 문맥에서 동일하게 확률이 낮은 사건이 발
생하는 것을 포함할 것이다. 설명의 적합한 조건은 물리적 체계에 매우 특
별한 초기 조건이 존재하는 것, 열역학의 역류에 대한 지시, 분명하게 지적
인 정보적 내용의 현존 등일 것이다. 이 모든 것은 문맥에 의존하지만, 찾고

있는 것은 문제가 되는 사건의 원인에 관한 바른 해석이다. 따라서 설계 추론이 제공하는 반응은 실용주의적 모델의 기준에 따르면 효과적인 것이다. 분명하게 특정화된 작은 개연성을 지닌 사건이 발생할 때, 설계 이론의 설명은 이런 상황을 지지하기 때문이다.

설계 추론은 과학적 설명의 세 가지 모델 모두를 만족시키기 때문에 과학적 설명의 한 모델로서의 합법성을 제한할 이유가 거의 없는 것처럼 보인다. 정말로 암호 해독술이나 웅변술에서 과학적인 결론을 산출할 때 설계 추론은 논란의 여지가 없다. 문제는 방법론적 자연주의라는 주제에 집중되어 있다. 설계 이론적인 분석이 자연 현상에 적용될 때 이들 현상이 지적 설계의 결과라면 어떤 일이 생기겠는가? 그리고 이런 상황이 우리 우주를 초월하는 지적인 원인이 있음을 함축한다면 어떻게 되겠는가? 의심받고 인정되지 않은 그 두 가지 기준을 사용하는 일 이외의 그 어떤 것도 설계 이론이라는 도구를 채택해도 논란의 여지가 없는 맥락에서 그 도구를 사용하는 것을 금지할 수 없을 것이다. 따라서 설계 추론이 자연에 적용된다면 과학적 설명의 한 형식일 수 **있을까?** 편견 없이 설계 추론을 고려한다면 이 질문에는 긍정적인 대답이 주어질 것이다.

윌리엄 A. 뎀스키(William A. Dembski) 수학 박사 학위(시카고 대학교)와 철학 박사 학위(일리노이 대학교)가 있다. 그는 텍사스 주 포트워스에 있는 사우스웨스턴 침례신학교의 철학 연구 교수로 재직하고 있고, 디스커버리 연구소 과학과 문화센터의 선임연구원이다. 주요한 대학출판부에서 출간된 지적 설계에 대한 첫 번째 책 *The Design Inference*를 포함하여 20권 이상의 책을 저술하고 편집했다. 전 세계적으로 지적 설계에 대하여 강연하고 있고, ABC 방송의 나이트라인과 존 스튜어트의 데일리 쇼를 포함하여 수많은 라디오와 텔레비전 프로그램에 출연했다.

26
바이스 전략
다윈주의자들로부터 진리를 뽑아내기

■ 윌리엄 A. 뎀스키 10여 년 전 필립 존슨(Phillip Johnson)은 진화에 대한 자신의 비판을 **과학**과 **진화,** 그리고 **창조**라는 세 가지 단어를 분석하는 것으로 압축했다. 그에 따르면 다윈주의자들은 이 단어들의 의미를 적당히 모호하게 사용해서 대중과 자신들을 혼란스럽게 했고, 대중들로 하여금 일반적인 증거의 표준으로 보면 완벽하게 터무니없는 이론에 동의하게 했다.

존슨이 주로 진화에 대해 비판하는 데 집중했던 1990년대 초 이후로 진화와 관련한 논쟁은 상당한 진전을 보였다. 지적 설계는 이제 인습적인 진화론에 대해 적극적인 대안을 제공하고 있다. 따라서 나는 **설계**와 **자연**이라는 두 단어를 존슨의 목록에 첨가할 것을 제안한다.

다윈주의자들은 오랜 세월 동안 철저하게 비판적으로 검토당하는 것을 회피해왔다. 공적인 광장에서 진화에 관한 공개 토론이라는 목표(예를 들어 고등학교 생물학 교과과정에서 다윈주의의 장점과 약점과 대안에 관해 토론하는 것)를 가지고 진화론자들을 심문하고자, 나는 다윈주의자들이 **과학, 자연, 창조, 설계, 진화**라는 다섯 용어를 가지고 무엇을 말하는지에 관해 일관된 입장을 따를 것을 제안한다.

따라서 바이스 전략(vise strategy)은 이런 다섯 가지 용어와 관련해서 일관된 질문을 제기하고 다원주의자들이 그 질문에 대답하는 것 외에는 다른 선택지가 없는 환경(마치 법정에서 증언녹취록[legal deposition]을 질문하는 환경처럼)을 구성한다. 그래서 나는 "바이스"[1] 유비를 사용하고자 한다. 이런 일관된 질문의 목표는, 그 질문에 대해 다원주의자들의 대답을 읽거나 듣는 것을 통해 진화에 관한 그들의 변호와 지적 설계에 관한 그들의 반대가 편견으로 가득 차 있고 자기 모순적이며 이념적으로 편향되었고 무엇보다도 기본적인 과학의 기초 위에서 정당화될 수 없다는 것을 명확하게 하는 것이다. 질문은 다음과 같다.

- 당신이 지적 설계를 과학의 한 부분으로 간주하지 않는 것이 정당한가? 당신은 지적 설계를 "과학의 분과학문"으로 생각하는 지적 설계의 지지자들에게 동의하는가, 아니면 그것이 하나의 "과학 이론"으로서는 잘못되었다고 생각하는가?

- 당신은 지적 설계를 "유사 과학"으로 생각하는가?

- 당신이 보기에 지적 설계를 유사 과학으로 만드는 것은 그것이 과학으로 위장한 종교이기 때문이라고 말하는 것이 정당한가? 지적 설계가 과학이 아닌 다른 어떤 것이라면 그것은 정확히 무엇인가?

- 당신은 과학자인가?

---

1) 작업대에 부착하여 물체를 고정하는 데 사용하는 도구다─역자 주.

　　　　　　　　　　　　　　기독교를 위한 변론

◆당신은 어떤 것을 과학의 한 부분으로 정당하게 취급하거나 그렇지 않게
평가할 자격이 있다고 느끼는가? 이 점에서 당신의 자격은 무엇인가?(이
문제에 당신의 시간을 할애하라.)

◆당신은 과학자라는 사람이 어떤 것을 과학의 한 부분으로 정당하게 취
급하거나 그렇지 않게 평가할 수 있는 자격이 있다고 생각하는가?

◆당신은 과학사와 과학 철학에 관한 책을 읽어본 적이 있는가?

◆(과학사와 과학 철학에 관한 책을 읽어본 적이 있다면) 어떤 것인가?(예
를 들어 **허버트 버터필드**[Herbert Butterfield], **로널드 넘버스**[Ronald
Numbers], **토머스 쿤**[Thomas Kuhn])

◆당신은 과학의 역사에서 "유사 과학"으로 시작했던 개념이―예를 들면
연금술이 화학으로 바뀐 것―결국에는 정당하게 과학으로 인정될 수도
있다는 데 동의하는가? 과거에 정당한 과학으로 간주되지 않았던 어떤
것이 엄격한 과학으로 바뀐 것처럼, 지적 설계가 이런 범주에 해당할 수
있을까?(그렇게 생각하지 않는다면 나중에 이 부분으로 돌아오라.)

◆당신은 과학에 속하는 것과 과학에 속하지 않는 것을 구별하는 정확한
기준을 갖고 있는가?

◆(없다면) 어떤 기초 위에서 당신은 지적 설계를 과학이 될 수 없다고 배
제하는가? 이 경우 당신이 과학에서 지적 설계를 배제하는 것은 순전히
주관적인 판단에 기인하는 것이 아닌가? 과학의 자격을 판단할 기준이

없다면 어떻게 지적 설계를 비과학이라고 제외할 수 있는가?

◆ (있다면) 당신이 과학을 비과학과 구분해준다고 생각할 수 있는 모든 기준을 열거하라(이 일에 당신의 시간을 할애하라). 당신이 열거한 기준들이 과학의 모든 기준인지 확신할 수 있는가? 이 기준들이 과학의 모든 기준이라고 확신하지 못한다면, 당신은 어떻게 당신의 기준이 바른 기준이라고 확신할 수 있는가?

◆ 이 기준들은 모든 경우에 작동하는가? 그것들은 모든 실제적인 예에 있어 어느 것이 과학의 경계 안에 있고 어느 것이 과학 바깥에 있는지 말해주는가? 거기에 예외는 없는가?

◆ (예외가 있다면) 그 예외들에 대해 말하라(몇몇 예외를 들은 다음에). 더 많은 예외가 있는가? 이런 예외가 전부인가?(이에 대해 당신의 시간을 할애하라.)

◆ 과학의 경계를 결정해주는 아주 흔하게 인정받는 기준 중 하나인 **실험 가능성**에 대해 생각해보라. 당신은 **실험 가능성**이 과학의 경계를 표시해주는 하나의 기준이라고 말하겠는가? 다른 말로 하면, 어떤 주장이 실험 가능하지 않다면 그 주장은 과학이 아니다. 당신은 여기에 대해 동의하는가?

◆ 당신은 지적 설계가 과학이 아니라는 이유 중 하나로 그것이 실험 불가능하다는 것을 제시하겠는가?(이 문제로 다시 돌아오라.)

◆ 잠시 실험 가능성에 머물러 있도록 하자. 어떤 일이 실험 가능하지 않다면 그것은 정당한 과학에 속할 수 없다는 데 당신은 동의했다. 그것이 옳은가?

◆ 당신은 **방법론적 유물론**(때때로 방법론적 자연주의라고도 불린다)이라는 용어에 대해 들어보았는가?

◆ 당신은 방법론적 유물론을 과학에 관한 규정적인 원칙으로 생각하는가? 다른 말로 하면 당신은 과학이 단지 자연 현상에 관한 유물론적 설명만을 제공해주는 것으로 제한되어야 한다고 믿는가?

◆ (당신에게 질문을 받고 있는 다윈주의자가 "유물론"과 연계된 함축을 좋아하지 않아서 이 마지막 질문에 대해 저항한다면 다음과 같은것을 시도하라.)

◆ 이것은 교묘한 질문이 아니다. **유물론적 설명**이라는 말에 대해서 나는 물질, 에너지, 그리고 물리학과 화학 법칙에 의해 이루어지는 상호작용에만 호소하는 설명을 말하고 있다. 이런 의미에서 당신은 방법론적 유물론을 과학에 관한 규제적인 원칙으로 생각하는가?(여기서 다윈주의자들이 방법론적 유물론을 인정하게 하는 것은 중요하다. 이것은 대개 문제가 안 된다. 정말이지 그들은 방법론적 유물론을 포용하는 것을 기뻐한다.)

◆ 당신은 방법론적 유물론의 과학적 상태를 설명할 수 있는가? 예를 들어 당신은 실험 가능성을 진정한 과학의 기준이라고 말했다. 방법론적 유물론을 시험할 수 있는 어떤 과학적인 실험이 있는가? 그런 실험을 설명할 수 있는가?

• 방법론적 유물론에 집착하는 강력한 이유 한 가지는 그것이 모든 자연 현상이 언제나 유물론적인 설명에 종속된다는 것을 결론적으로 증명할 수 있다는 것이다. 그런 증명이 존재하는가?

• (여기서 진화론의 성공이 방법론적 자연주의를 정당화하는 것이라는 점을 생각하라. 즉 아주 많은 자연 현상이 유물론적 설명에 성공적으로 부속되어 그것이 훌륭한 어림 감정이나 작업가설이 되고 있다. 이 경우에 우리는 다음과 같이 질문한다.)

• 하지만 당신은 자연 현상들이 유물론적인 설명으로 설명될 수 있는지에 관해 아무런 단서도 없는 자연 현상들이 많이 있다는 사실에 동의하지 않는가? 생명의 기원 문제를 생각해보자. 생명의 기원은 생물학에 있어 유물론적인 설명에 복속된다는 아무런 표시도 주어지지 않은 채 활짝 열려 있는 문제가 아닌가?

• (그들이 생명의 기원은 열린 문제가 아니라고 주장한다면 다음과 같은 것을 계속하라.)

• 당신은 생명 기원의 문제가 성공적인 유물론적 설명을 가졌다고 주장하는가? 그렇다면 생물학적 진화에 관해 신다윈주의적 이론에 비교할 만한 "생명의 기원 이론"을 진술해보라. 당신은 폭넓게 받아들여지는 생명의 기원에 관한 이론의 윤곽을 제시할 수 있는가? 그 이론은 현재 살아 있는 모든 세포를 움직이는 생합성 기구(biosynthetic machinery)가 존재하지 않는 가운데 생체고분자물(biomacromolecules)의 기원에 관해 어떻게 설명하는가? 게다가 그런 이론은 이들 생체고분자물이 어

　　　　　　　　　　　　　　　　기독교를 위한 변론

떻게 합해져서 우선적으로 살아 있는 세포로 자신을 형성하는지에 대해 어떤 유물론적인 설명을 제시하는가?

• 그렇다면 당신은 방법론적 유물론이 과학적으로 실험 가능하지 않고 또 과학적으로 그것을 확정할 방법이 없으므로 그것이 과학적인 주장이 아니라는 사실에 동의하는가? 혹시 그것이 과학적으로 확정될 수 있다고 생각하는가? 그렇다면 그것이 어떻게 과학적으로 확정될 수 있는지 정확하게 설명해보라. 미안하지만 과학에서 유물론적 설명의 성공을 지적하는 것은 여기서 작동하지 않는다. 유물론적 설명을 가진 주제가 어떤 경우에는 성공하지만 전반적으로 다 성공하는 것은 아니기 때문에 여기서는 작동하지 않을 것이다. 유물론적 설명이 **모든** 자연 현상에 대한 **참다운** 이해를 제공한다는 것을 과학적으로 보여줄 수 있는 어떤 방법이 있는가? 자연 현상에 관한 최선의 유물론적인 설명이 참다운 설명이 아닐 가능성이 있지 않은가? 이것이 가능하지 않다면 왜 그런지 이유를 설명하라(방법론적 자연주의가 실험 가능하지 않고 과학적으로 확정될 수 없다는 것을 완전히 인정할 때까지 계속해서 이 질문들에 몰입해보라).

• 방법론적 유물론이 과학적 주장이 아니라면 과학에 관한 규칙으로 작용하는 그 힘은 무엇인가? 왜 과학자들은 그것을 채택해야만 하는가? (여기에서 일반적인 대답은 "과학의 성공"이다.)

• 과학에 관한 하나의 규칙으로서의 방법론적 유물론의 권위가 과학적 탐구를 인도하는 일의 성공에서 발생한다면, 방법론적 유물론은 그저 과학을 위한 하나의 **작업가설**이라고 말하는 것이 안전하지 않겠는가?

그리고 과학자들은 하나의 작업가설로서 방법론적 유물론이 "더는 작동하지 않는다"라는 것을 발견할 때 그것을 버릴 자유가 있지 않은가?

• 때때로 과학자들 다수는 방법론적 유물론을 작업가설로 받아들였다고 주장한다. 하지만 **모든** 과학자가 그것을 받아들였는가? 과학은 다수결의 법칙에 지배를 받는가?

• (지금까지 논의한 것에 의하면 다윈주의자가 인정할 수 있는 것처럼) 유물론적 방법론이 과학적 주장이 아니라면, 지적 설계론자들이 과학을 위한 하나의 작업가설로 유물론적 방법론을 받아들이지 않고 버리는 것이 어떻게 비과학적일 수 있겠는가?

• 과학을 규정하는 원칙으로서의 방법론적 유물론이 존재하지 않는다면, 다른 어떤 것이 지적 설계가 제대로 자격을 갖춘 과학으로 발전하는 것을 방해하겠는가? 당신은 지적 설계가 실험 가능하지 않다는 것을 앞에서 주장했다. 그것이 지적 설계가 제대로 자격을 갖춘 과학으로 발전할 수 없다고 생각하는 이유인가?

• 하지만 당신은 어떻게 지적 설계가 실험 가능하지 않다고 말할 수 있는가? 다윈은 『종의 기원』에서 반복적으로 생물학적 자료를 설명할 수 있는 이론의 능력과 그 동일한 생물학적 자료를 설명할 수 있는 설계 가설의 능력을 비교했다. 그리고 "정당한 결과는 각각의 질문에서 양편의 사실과 논증을 온전하게 진술하고 균형을 잡으면서 얻어질 수 있다"라고 강조했다. 다윈이 자신의 이론에 관해 설계 가설을 동시에 실험하는 것을 주장한 것을 생각하면, 당신은 어떻게 지적 설계가 실험 불가

  기독교를 위한 변론

능하다고 말할 수 있는가?

• 잠시 창조와 창조론에 관해 이야기해보자. 지적 설계가 창조론의 한 형
태라고 말하는 것은 정당한가? 왜 그렇게 생각하는가?

• 지적 설계는 과학적 주장을 성경과 조화시키려고 시도하는가? 그렇다
면 구체적으로 지적해보라.

• 지적 설계가 창조에 관한 창세기의 기록이나 어떤 다른 종교적 신념
체계와 과학적 주장을 연결하는 일을 하지 않는다는 것은 정당한가?
그렇지 않다면 구체적으로 지적해보라.

• 지적 설계가 **젊은 지구 창조론**이 아니라고 말하는 것은 정당한가? 또
한 **과학적 창조론**이나 **창조 과학**으로 알려져 있는 것이 지적 설계가 아
니라고 말하는 것은 정당한가?(이런 식으로 질문하는 것과 관련해 중요한
일은 다윈주의자로 하여금 지적 설계가 어떤 정통적인 의미에서의 창조론이
아니라는 데 동의하게 하는 것이다.)

• 하나님에 관한 전통적인 신앙과는 아무런 관련이 없는 철학적인 이유
에서 지적 설계를 지지하는 것이 가능한가? 다른 말로 우리는 지적 설
계를 지지하면서 하나님을 믿지 않거나 더 나아가 창조주 하나님을 믿
지 않을 수 있는가?

• 당신은 영원한 우주와 자연에는 내적인 목적성(즉 외부에서 자연에 부
과되지 않은 목적성)이 있다고 주장했던 아리스토텔레스가 전통적인 기

독교가 믿는 하나님에 관한 신앙을 갖지 않았지만, 오늘날 지적 설계의 옹호자로 적절하게 간주된다는 것에 동의하는가? 당신은 전통적인 하나님에 관한 신앙은 거부(예를 들어 인격의 불멸성을 명백하게 거부)하지만 최근에 지적 설계를 받아들인 철학자 앤터니 플루(Anthony Flew)에 대해 알고 있는가?

• 따라서 당신은 지적 설계가 종교적인 창조 교리를 주장해서가 아니라 과학적 설명에 관한 불완전한 범주로 물질적 인과관계를 생각하기 때문에 지적 설계에 대해 불평하는 것 같다. 이것이 사실인가? 그렇지 않으면 당신이 생각하기에 더욱 중요한 어떤 다른 비판이 있는가? 이것이 사실이라면, 당신은 어떻게 지적 설계가 창조론이라고 주장할 수 있는가? 창조론은 세계를 창조한 지적인 존재에 관한 적극적인 설명을 제안한다. 하지만 지적 설계와 관련된 당신의 문제는 어떤 범주의 인과관계가 자연 안에 있는 모든 것을 설명할 수 있다는 것을 거절하는 것처럼 보인다.

• 당신은 방법론적 유물론자인가, 아니면 형이상학적·철학적 유물론자인가? 다른 말로 당신은 모든 일이 과학과 관련해서는 물질적인 인과관계로만 발생한다고 가정하지만, 삶의 다른 영역에서는 그 가정을 살며시 배제하는가?(말하자면 주일에 교회에 가는가?) 아니면 정말 모든 일이 물질적인 인과관계에 의해 발생하고 예외는 없다고 주장하는가? 만일 후자라면 어떤 근거에서 물질적인 인과관계를 주장하는가? 그 입장을 과학적으로 정당화할 수 있는가? 어떻게 그럴 수 있는가? 만일 당신이 방법론적 유물론자라고 주장한다면 물질적 인과관계가 과학과 관련해 타당하다는 확신은 어디에서 오는가?(이것은 앞의 질문들로 되돌아가

게 한다.)

- 자연의 본성은 무엇인가? 자연은 순수하게 물질적인 인과관계에 의해 작동하는가? 그렇지 않다면 우리는 자연을 어떻게 알 수 있는가?

- (미시간 주립대학교의 과학 철학자 로버트 펜노크[Robert Pennock]가 제기하는) 다음의 수수께끼를 생각해보자. "당신이 꼬리를 다리라고 부른다면 개의 다리는 총 몇 개인가?" 당신은 이 질문에 관한 대답이 네 개라는 데 동의하지 않는가? 꼬리를 다리라고 부르는 것이 꼬리를 하나의 다리로 만들지는 않는다. 따라서 자연 안에서는 모든 일이 물질적인 인과관계에 의해 발생한다는, 물질적인 실재의 폐쇄된 체계라고 자연을 규정하는 것은 편파적이지 않는가? 당신은 자연이 자연 그대로의 것이며, 실제로 자연을 탐구하기에 앞서 무엇과 같은가를 규정하는 것은 과학자들의 일이 아니라는 데 동의하지 않는가?

- 과학에서의 실험 가능성의 문제로 돌아가 보자. 어떤 명제가 과학적이기 위해서는 실험 가능해야만 한다는 데 당신은 동의하는가? 좋다.

- 더 나아가 실험 가능성이 필연적으로 전부나 전무는 아니라는 데 당신은 동의하는가? 다른 말로 당신은 실험 가능성이라는 것이 확증과 부정에 관여하고 이들이 정도에 따라 다르며, 그래서 어떤 명제가 실험되는 정도에 대해 말하는 것이 의미 있어진다는 데 동의하는가? 예를 들어 동전이 공정한지를 시험하기 위해 동전의 앞면이 20번 연속해서 나오는 것을 발견하는 것은 앞면이 단지 10번만 연속해서 나오는 것을 발견한 것보다 동전의 공정성을 강력하게 확증하는가?(시험이 정도에 관

여한다는 것을 인정할 수 있을 때까지 이 문제에 집중하라. 과학사에서 다루어지는 예들이 여기에서도 사용될 수 있다.)

- 좋다. 그래서 우리는 과학이 실험 가능한 명제들에 관한 것이며 이들 명제의 실험 가능성이 정도로 주어질 수 있다는 데 동의했다. 이제 나는 여러분에게 다음과 같은 질문을 하겠다. 실험 가능성은 대칭적인가? 다른 말로 하면, 명제가 실험 가능하다면 그 명제의 부정도 실험 가능한가? 예를 들어 "바깥에 비가 내리고 있다"라는 명제를 생각해보자. 그 명제의 부정은 "바깥에 비가 내리고 있는 경우가 아니다"라는 명제다(일반적으로 "바깥에 비가 내리고 있지 않다"라고 줄여서 표현할 수 있다. 논리학자들은 어떤 명제에 "…하는 경우가 아니다"라는 말을 뒤에 넣어 명제의 부정을 만든다). "바깥에 비가 내리고 있다"라는 명제가 실험 가능하다면 그 명제의 부정도 실험할 수 있지 않겠는가?

- 하나의 일반적인 규칙으로서 어떤 명제가 실험 가능하다면 그 부정도 실험할 수 있지 않은가?(만일 이것에 대해 확실하게 동의를 하지 않는다면 다음과 같은 것을 계속하라.) 어떤 명제가 실험 가능한데 그 부정이 어떻게 실험 가능할 수 없는지 내가 이해하도록 당신은 도움을 줄 수 있는가? 어떤 명제가 실험 가능하다고 말하는 것은 그것이 경험적으로 위험한 지경에 처할 수 있다고 말하는 것이다. 당신은 이것이 그 명제가 틀릴 수도 있으며, 이런 틀림이 경험적인 자료를 통해서 확증될 수 있다는 데 동의하지 않는가? 실험 가능성은 그 명제가 시험에 넘겨질 수 있고, 시험을 통과하지 못한다면 그 명제는 신뢰성을 잃어버리며 그 부정이 신뢰성을 얻게 되는 것을 의미한다. 이 점에 동의하지 않는가?(논점이 인정될 때까지 이 부분에 집중하라.)

  기독교를 위한 변론

◆그다음으로 어떤 명제가 실험 가능할 때면 그 부정도 그러하다는 것이 따라오지 않는가? 어떤 명제에 대해서는 어떤 시험을, 다른 명제에는 다른 어떤 시험을 부과하면서 말이다.

◆따라서 당신에게 물어보자. 다음의 명제들은 과학적이고 그 결과가 실험 가능한가? (1) 인간과 다른 영장류는 공통의 조상을 가지고 있다. (2) 지구 위의 모든 유기체는 공통의 조상을 가지고 있다. (3) 지상의 생명은 물질적인 원인에 의해 생겨났다. 그러므로 이런 명제들의 부정은 과학적이고 실험 가능한가? 그렇지 않다면 왜 그런가?

◆이 명제 중 세 번째 명제, 즉 생명이 단지 순수하게 물질적인 원인에 의해 생겨났다는 것에 집중해보자. 이것은 어떻게 실험 가능한가? 그 부정은 과연 실험 가능한가? 만일 그 부정을 시험할 수 없다면 원래의 명제는 어떻게 시험할 수 있는가? 그렇다면 그것은 연산과 같은 어떤 것이지 않은가, 즉 단지 필연적인 진리이지만 경험적 자료와 관련 되지는 않은 어떤 것이지 않은가?

◆이제 진화로 이야기를 바꾸어보자. 1989년에 리처드 도킨스는 진화를 지지하지 않는 사람들은 "무식하거나 어리석거나 제정신이 아니다"(또는 "사악하다"이지만 나는 그렇게는 생각하고 싶지 않다)라고 말했다. 도킨스는 옳은가?

◆진화론자들은 공통 조상(또는 보편적인 공통 혈통으로도 알려져 있다)과 진화의 메커니즘을 구별한다. 공통 조상은 역사적인 주장이다. 그것은 모든 유기체가 자신의 가계를 현존하는 모든 생물의 공통 조상(last universal common ancestor, 때때로 LUCA라고 줄여 표현하기도 한다)까지 추적한다고 말한다. 당신은 공통 조상을 지지하는가? 왜 지지하는가? 당신이 그런 신념에 이르게 한 과학적 증거를 가능한 대로 상세하게 설명해보라.

• 의심의 여지없이 당신은 캄브리아기 대폭발에 대해 들어보았을 것이다. 이 화석 증거는 대부분의 현존하는 동물문(animal phyla)이 명확한 선구자 없이 캄브리아 시대의 바위에서 500만에서 1,000만 년의 기간에 처음 출현했음을 드러내 주는 경우가 아닌가?

• 문어와 불가사리, 곤충, 물고기를 생각해보자. 이들은 어떤 문에 속하는가? 이들이 공통 조상을 가지고 있다는 확고한 화석상의 증거가 있는가? 만일 그렇다면 그 내용을 상세히 제시해보라(속임수에 조심하라. 어떤 유력한 증거도 존재하지 않는다).

• 당신은 캄브리아기 대폭발이 공통 조상에 관한 도전을 제시한다고 생각하는가? 그렇지 않다면 왜 그런가?

• 다음으로 진화의 메커니즘으로 넘어가 보자. 진화 메커니즘은 무엇인가?(가능하면 진화론자들에게 많은 것을 얻어내라. 자연선택과 무작위적 돌연변이는 그 목록의 맨 앞부분을 차지할 것이다. 유전적 부동, 측면 유전자 전이, 발달 요인도 언급할 것이다.) 이것들이 전부인가?(당신의 시간을 가지라. 다윈주의자들이 이것이 자신들이 생각할 수 있는 전부라는 것을 인정할 때까지 기다리라.)

　　　　　　　　　　　　　　　　　기독교를 위한 변론

◆당신은 이것들이 생물학적 진화의 과정을 몰고 가는 모든 메커니즘이라고 확신하지 않는다. 지성적인 것은 메커니즘인가? 당신이 모든 적절한 진화의 메커니즘을 획득했다고 확신할 수 없다면 어떻게 지적인 것을 생물학적 진화에서의 한 요인으로 배제할 수 있는가?

◆좋다. 당신은 신다윈주의가 생물학적 진화에 가장 중요한 요인이라는 자연선택과 무작위적 유전자 변이를 확신하고 있다. 왜 그런가? 진화론을 이론화하는 데 그것이 이론의 자리를 차지할 만한 증거는 무엇인가?

◆당신은 모든 세포에 있고 이것이 세포에 없다면 세포 생명이 불가능한 분자 기계(가장 많이 논의되고 있는 분자 기계는 어떤 특정 박테리아들이 물기 있는 환경을 지나갈 수 있게 해주는 아주 작은 양방향의 추진기[propeller]를 가진 박테리아 편모다)를 잘 알고 있는가?

◆당신은 제임스 샤피로(James A. Shapiro, 시카고 대학교 교수)와 프랭클린 해럴드(Franklin Harold, 콜로라도 주립대학교 명예교수)의 저술에 친숙한가? 샤피로는 분자 생물학자이고 해럴드는 세포 생물학자다. 이 두 사람은 모두 편모 같은 분자 기계의 진화와 관련된 다윈주의적인 상세한 설명이 존재하지 않는다고 주장한다. 당신은 이들의 평가에 동의하는가? 그런 분자 기계의 기원에 관해 상세하고 실험 가능한 시나리오를 산출하는 어떤 다른 진화론적 메커니즘이 존재하는가?

◆신다윈주의의 종합을 주도한 사람 중 한 사람인 테오도시우스 도브잔스키(Theodosius Dobzhansky)는 인생 말년에 생물학의 어떤 것도 진화와 관련되지 않았다면 아무런 의미가 없다고 말했다. 당신은 이 진술

을 받아들이는가?

• 하지만 이것은 진화론적 생물학이 박테리아 편모 같은 체계가 어떻게 발생하는지에 관한 아무런 단서도 갖고 있지 않은 경우가 아닌가?(만 일 다윈주의자가 멈칫거리면 그런 복잡한 분자 기계에 관한 상세한 진화론 적인 설명을 요구하라.) 그렇다면 도브잔스키는 틀렸는가?

• 앞에서 당신은 지적 설계가 실험 가능한 것에 대해 판단유보를 표명했 다. 동시에 지금은 진화론의 시험 가능성에 대해 그런 판단유보를 하고 있는가? 아니라면 당신은 어떻게 진화론이 실험 가능한지를 설명할 수 있겠는가? 어떤 종류의 증거가 진화에 불리하게 간주되고 있는가?

• 진화론자인 존 버튼 샌더슨 홀데인(J. B. S. Haldane)은 한때 자신이 진 화론을 틀렸다고 확신했던 이유가 캄브리아기 이전의 암석에서 토끼 화석을 발견해서라고 말했다. 그런 발견은 당신에게 진화론이 잘못이 라는 확신을 주는가? 그렇다면 어떤 의미에서 진화론은 잘못인가? 그 것은 공통 조상이 잘못이라는 것을 보여주는가? 그런 화석이 캄브리아 기 이전 암석에서 발견된다면 왜 그것을 진화적 수렴이라고 설명해서 는 안 되는가?

• 논증을 위하여 우리는 공통 조상을 받아들이고 있다고 생각해보자. 그 경우에 왜 우리는 자연선택과 무작위적 유전자 변이가 생물학적 진화 를 이끄는 주된 메커니즘이라고 믿어야만 하는가? 그 주장은 실험 가 능한가?

 기독교를 위한 변론

•당신은 자연선택과 무작위적 유전자 변이 이외에 생물학적 진화에 관
계된 다른 메커니즘이 있다는 것을 받아들이는가? 만일 그렇다면 생물
학자는 이런 메커니즘의 전체성이 모든 생물학적 복잡성과 다양성을
설명한다는 것을 어떻게 아는가? 이들 메커니즘이 모든 생물학적 복잡
성과 다양성을 설명한다는 주장은 그 자체로 실험 가능한가? 당신은
그것을 시험해보았는가? 어떻게 그럴 수 있는가? 그것을 시험할 수 있
는가? 그것을 실험하고 부정해야만 한다면(시험 가능한 명제에 항상 일
어날 수 있는 경우처럼) 그것에 부응해서 긍정되는 대안적인 가설은 무
엇인가? 그것이 설계 가설이어야만 하는 것은 아닌가? 그렇지 않다면
왜 그렇지 않은가?

3부

예수에 대한 질문

폴 L. 마이어(Paul L. Maier) 웨스턴 미시간 대학교에서 고대사를 가르치는 Russell H. Seibert 석좌 교수이자 학술적이며 대중적인 저술 모두를 폭넓게 출간하는 저자다. 신학적 스릴러물 *A Skeleton in God's Closet*을 출간해 종교 부문 내셔널 베스트셀러 1위를 차지했고, *Pontius Pilate*와 *The Flames of Rome*이라는 2개의 역사물도 출간했다. 2003년에는 *A Skeleton in God's Closet*의 속편인 *More Than a Skeleton*을 출간했다. 또한 비허구적인 작품을 저술하고, 예수와 초기 기독교에 나쁜 영향을 준 고대 세계에서 세속적인 증거를 연결시킨 *In the Fullness of Time*과 1세기 유대교 역사가 요세푸스의 저술에 대한 새로운 번역과 주석인 *Josephus: the Essential Works* 그리고 첫 기독교 역사가 중 한 명에 대한 비슷한 책인 *Eusebius: the Church History*를 출간했다. 전문적인 학술지에는 250편 이상의 학술적인 논문과 논평을 발표했는데, 지금 20개국의 언어로 번역되어 500만 권 이상이 출간되고 있다. 마이어 박사는 폭넓게 강의하고 국영 라디오와 텔레비전, 신문에 자주 등장하고 있으며 많은 상을 받았다. 또한 그는 어린이들을 위한 4권의 책을 썼으며 예수와 바울과 초기 교회를 다룬 4시간짜리 비디오 시리즈 3개를 만들기도 했다.

27

예수는 정말로 존재했는가?

■ 폴 L. 마이어

　　"아니요. 그는 존재하지 않았습니다"라고 어떤 회의론자들은 주장하고 있다. 그들은 이것이 사람들을 "기독교 우화"로부터 떼어놓는 빠르고 강력한 지렛대라고 생각한다. 그러나 그 지렛대는 처음 사용하자마자 부러지고 만다. 사실상 나사렛 예수가 분명히 존재했다는 증거는 고대의 유명 인물들에 대한 증거보다 훨씬 더 많다. 두 가지 종류의 증거가 있다. 하나는 내적 증거이고 다른 하나는 외적 증거다. 두 가지 증거, 곧 전체적인 증거는 너무나 압도적이고 절대적이어서 가장 일천한 지성만이 예수의 실존을 감히 부정하려고 할 것이다. 그리고 여전히 "동네 무신론자", 인터넷의 블로거들, 또는 미국 종교로부터의 자유재단[1](Freedom from Religion Foundation) 같은 단체들이 이런 애처로운 부정을 흉내 내고 있다.

---

1) 1978년 미국에서 설립된 비영리 단체로 50개 주에 25,000여 명의 회원을 가지고 있다―역자 주.

예수가 결코 존재한 적이 없다면 구약성경에 있는 메시아를 예언하는 많은 구절들뿐 아니라 신약성경을 형성하는 사복음서나 다른 23개의 문서는 아무런 의미가 없다. 예수와 상호작용을 했던 기원전 1세기의 잘 알려진 일단의 역사적인 인물들은 빈 껍데기를 상대한 것인가? 헤롯 대왕은 아기 유령을 죽이려고 시도한 것일까? 유대 대제사장 안나스와 가야바는 혼령을 심문했을까? 로마 총독 본디오 빌라도는 성금요일에 유령을 심문했을까? 바울과 그토록 많은 사도가 신화에 자신들의 삶을 바쳤을까?

어느 누구도 위의 사람들이 고고학적 증거뿐만 아니라 종교적인 영역과 세속적인 영역 모두에서 잘 알려져 있으며 그렇기 때문에 역사적 인물들이라는 것을 의심하지 않는다. 나사렛 예수에 대해서도 명백하게 동일하다고 말할 수 있다. 그렇다면 왜 예수는 다른 이들과 같이 실제로 생존했다는 호사가 허락되어서는 안 되는가? 왜 여기서는 이중적인 잣대를 제시하는가?

따라서 내적이고 성경적인 증거만으로도 예수의 실존은 명확할 따름이다. 하지만 이 질문에 대해서는 성경 이외에도 추가적인 정보들이 풍성하다.

외적 증거: 기독교

또 다른 긴 단락이 초기 교회 교부들의 저술에 등장하는 것을 볼 수 있다. 교부들 가운데 몇몇은 신약성경에 나오는 인물들과 접촉한 이들이다. 예를 들어 예수의 제자인 요한은 나중에 에베소 교회의 감독이 되었다. 요한의 학생 가운데 한 명이 서머나 감독이었던 폴리카르포스(Polycarp, 기원후 69-155)였고, 폴리카르포스의 한 학생이 리용의 이레나이우스(Irenaeus, 기원후 130-202)였다. 이들의 저술의 중심은 그리스도 ("메시아") 예수였다.

살아서 예수와 개인적 관계를 맺은 사람과는 별개로 순교자 유스티누스 (Justin Martyr, 기원후 100-165)는 예수와 지리적·시기적 접촉이 있었다. 그는 기원후 100년경 (유대와 갈릴리 사이에 있는) 나블루스(Nablus)의 이교도인 부모에게서 태어났고 기독교에서 참다운 가르침을 발견하기 전까지 다양한 철학의 학파들을 섭렵했다. 성지에서 태어난 사람으로서 그는 예수가 태어난 베들레헴의 작은 동굴 같은 장소들에 대해 언급했고, 심지어는 예수를 양육한 아버지 요셉이 설립한 가게에서 수습 목수로서 일했다고 한다. 그는 이와 같은 상세한 사실에 대해서 말하고 있다. 그 가게에서 요셉과 예수는 소들이 메는 멍에와 쟁기 같은 농기구를 전문적으로 만들었다.

외적 증거: 유대교

유대교의 랍비 전통은 예수를 언급하고 있을 뿐만 아니라 그의 이름을 정확하게 그가 태어난 곳 방언, 곧 예슈아 하노츠리(Yeshua Hannotzri)—나사렛 사람 예수아(예수)—로 표기하고 있는 유일한 자료이기도 하다. 『탈무드』(*Talmud*)에서 예수를 언급하는 어떤 부분은 잘 이해가 되지 않는다. 아마도 구전의 유동성 때문인 것 같다. 하지만 한 가지는 분명하다. 그것이 예수에 관한 언급을 기록된 자료에 근거한다는 사실이다. 왜냐하면 그것은 탈무드 내의 초기 저술 모음인 『미쉬나』(*Mishnah*)에서 나왔기 때문이다. 예수를 체포하라는 지시가 『미쉬나』에 나온다. 그 지시는 다음과 같다.

그는 마술을 행하여 이스라엘을 배교하도록 유혹했기 때문에 돌에 맞아야 할 것이다. 그를 지지하여 어떤 말을 하는 자는 누구든지 앞으로 나오게 하여 그 자신을 변호하게 하라. 그가 어디에 있는지 아는 사람은 누구든지 예루살렘의 산헤드린 공회에 신고하게 하라.[2]

이 진술에 있는 네 가지 항목은 예수가 체포되기 **이전에** 형성된 지시로서의 진정성을 지지해준다. (1) 미래 시제가 사용되고 있다. (2) 돌로 치는 것은 로마 당국이 개입되지 않을 때마다 유대인이 신성모독을 처벌하는 통상적인 방법이었다. (3) 십자가에 관한 그 어떤 언급도 없다. 그리고 (4) 예수가 "마술"을 행했다는 것이 매우 주목할 만하다. 마술은 부정적인 함축을 지닌 비정상적이거나 기적적인 것을 의미한다. 이것은 "당혹성의 기준"[3]이라 불리는 것을 인정하고 있음을 입증해줄 뿐만 아니라 어떻게 예수의 대적들이 그의 기적적인 치유를 설명했는지와 완벽하게 일치한다. 곧 예수가 바알세불의 도움으로 기적을 행한다는 것이다(눅 11:18).

게다가 1세기 유대 역사가인 플라비우스 요세푸스(Flavius Josephus, 기원후 37-100)는 자신의 『유대고대사』에서 "그리스도라 불리는 예수"를 두 차례나 언급한다. 이 가운데 두 번째 언급에서 요세푸스는 예수의 동생인 예루살렘의 의인 야고보의 죽음에 대해 말하고 있다.[4] 그리고 그리스도에 대한 성경 이외의 자료로는 1세기의 진술 가운데 가장 긴 진술이 있는 앞의 2권의 책에서 요세푸스는 본디오 빌라도의 통치 아래 있었던 사건들을 다루는 가운데 예수에 대해 다음과 같이 말하고 있다.

이때 예수라고 불리는 한 지혜로운 사람이 있었다. 그의 행동은 선했고 그는 덕 있는 사람으로 알려져 있었다. 유대인과 이방 사람 중 많은 사람이 그의 제자가

---

2) *b. Sanh.* 43a.

3) 이 기준은 초기 기독교가 자신을 당혹하게 하는 자료를 만들 개연성이 적다는 것을 말한다—편집자 주.

4) Josephus, *Jewish Antiquities*, 20.200.

되었다. 빌라도는 그를 십자가에 못 박혀 죽게 했다. 하지만 그의 제자였던 사람들은 제자의 직위를 버리지 않았다. 그들은 예수가 십자가에 못 박힌 지 사흘이 지난 후에 그들에게 나타났고 그가 살아났다고 보도했다. 따라서 그는 아마도 그에 관해 예언자들이 놀라움을 보도했던 메시아였을 것이다. 그리고 그를 따라 이름 붙여진 그리스도인이라는 집단은 이 시대까지 사라지지 않고 있다.[5]

요세푸스의 이런 보도는 불행하게도 초기의 왜곡으로 얼룩진 전통적인 해석을 대치해주는, 왜곡되지 **않은** 새로운 본문이다.

| 외적 증거: 세속 사회

기원후 1세기 로마의 믿을 만한 역사가 중 한 사람인 코르넬리우스 타키투스(Cornelius Tacitus, 기원후 56-117)는 카이사르가 통치하던 로마 제국에서 일어난 여러 사건에 관하여 한 해 한 해의 설명을 담은『연대기』를 기록했다. 그가 기원후 64년의 일을 보도하는 하이라이트 가운데 로마의 대화재가 있다. 사람들은 네로 황제의 "재임기간에" 이 일이 발생했기 때문에 이 대화재를 일으킨 책임이 네로에게 있다고 생각했다. 하지만 네로는 자구책으로 이런 비난을 "그리스도인들에게" 돌렸는데, 이것이 그리스도인들이 세속 역사에 등장한 첫 번째 사건이었다. 사려 깊은 역사가였던 타키투스는 "그리스도인들"이 누구인지를 다음과 같이 설명한다. "그 이름의 창시자인 그리스도는 티베리우스 시대에 총독이었던 본디오 빌라도의 선고에 의해 사형에 처해졌다."[6] 그 이후에 타키투스는 그리스도인들이 처음 박해를 받

---

5) Josephus, *Jewish Antiquities*, 18.63.
6) Tacitus, *Annals*, 15.44.『타키투스의 연대기』(종합출판범우 역간, 2005).

왔던 사건에서 그들에게 가해졌던 공포에 대해 보도하고 있다.

타키투스는 예수 그리스도가 정말로 생존했음을 증명하려고 노력했던 그리스도인 역사가가 아니라, 그리스도인들을 "질병"이라고 경멸했던 이교도였다는 사실이 특별히 강조되어야만 한다. 그는 자기 책 뒷부분에서 "질병"이라는 용어를 사용했다. 예수가 결코 존재한 적이 없었다면, 타키투스는 그런 광신자들이 신뢰했던 불쌍한 유령을 폭로한 첫 번째 사람이었을 것이다. 예수에 관한 다른 언급이 전혀 없다 해도 이 본문만으로도 예수의 역사성을 확립해주기에 충분했을 것이다. 회의론자들도 이것을 인정한다. 그래서 이 본문의 신빙성을 없애기 위해 가능한 모든 시도를 동원했지만 아무런 소용이 없었다. 본문 분석과 컴퓨터 연구는 이 문장이나 문맥을 의심할 이유를 전혀 발견하지 못했다.

가이우스 수에토니우스 트란퀼리우스(Gaius Suetonius Tranquillus, 기원후 69-122)도 자신이 쓴 『열두 명의 카이사르의 생애』에서 1세기 사건들을 기록했다. 그는 그리스도인들을 "새롭고 불행한 종교적 신념을 고백하는" 하나의 분파라고 간주했고[7] 아무런 의심 없이 "크레스투스"(Chrestus)라고 부르면서 "그리스도"의 이름을 인용하고 있다.[8] 모음 에(e)와 이(i)가 흔히 상호교환 가능했다는 것은 오늘날까지 영어 "크리스천"(Christian)을 프랑스어로 "크레티앙"(chretien)이라 부르는 사실에서도 입증되고 있다.

소(小) 플리니우스(Pliny the Younger, 기원후 61-112)는 오늘날 터키의 북서부에 있는 비두니아 지역의 로마 총독이었다. 110년경 그는 로마 황제 트라야누스(Trajan, 98-117)에게 보낸 편지에서 여덟 번에 걸쳐 "사악한 이단"이라고 불리는 그리스도인들을 어떻게 처리할 것인지에 대해 묻고 있다. 그리스도 자신은 3번에 걸쳐 인용되는데 그중 가장 유명한 것은 "정해진 날

---

7) Suetonius, *Nero*, 16.
8) Suetonius, *Claudius*, 25.

     기독교를 위한 변론

에 모여 신에게 드리는 것처럼 그리스도에게 영예를 돌리며 서로 찬송가를 부르는" 그리스도인들을 언급하는 구절이다.[9] 매우 흥미로운 사실은 트라야 누스가 그리스도인들을 색출하지 말라고 답변했다는 것이다.[10] 그러나 그리스도가 그저 신화적인 인물이라면 이런 적대적인 자료들은 그 사실을 조롱하는 첫 번째 문헌이 될 것이다.

테우다스(Theudas)와 마라 바르 세라피온(Mara bar Serapion) 같은 고대작가들이 쓴 세속적인 여러 자료도 예수의 역사성을 증언해주고 있다. 하지만 그 이상의 어떤 증거는 분명 이 논문이 관여하는 한에서는 "죽은 말 때리기" 범주에 들어갈 것이다. 예수가 신화적인 인물이 아니라 분명하게 진짜 생존했던 역사적인 인물이라는 압도적인 증거에 비추어보면, 더 이상의 어떤 것도 필요하지 않다. 오히려 회의론자들은 예수가 사람 **그 이상**의 인물이었는지 아닌지에 집중해야만 한다. 최소한 그 사실은 분명한 것을 거부하려고 애쓰는 선정적인 사람들의 논점 없는 토론보다는 도리어 합리적인 탐구자들 사이에서 이루어지는 합리적인 토론을 자극할 것이다.

---

9) Pliny the Younger, *Letter*, 96.
10) Pliny the Younger, *Letter*, 97.

크레이그 L. 블롬버그(Craig L. Blomberg)   콜로라도 주 리틀턴에 있는 덴버 신학교의 신약학 교수다. 스코틀랜드 애버딘 대학교에서 박사 학위를 취득했고, 12권의 책을 출간했으며 7권 이상의 책을 공동 편집했다. 또한 수십 편의 학술 논문을 발표했고 여러 사람과 공동으로 책을 저술했다. 그와 함께 복음서의 역사적 신뢰성과 해석을 다룬 책 3권, 비유 해석과 설교 2권, 주석서(마태복음, 고린도전서, 야고보서에 대한 주석) 3권, 예수와 복음서들을 다루는 교과서, 사도행전부터 요한계시록까지를 다루는 교과서, 성경에서의 물질적인 부를 다루는 2권의 책을 출간했다.

28

예수의 기적의 신뢰성

▪ 크레이그 L. 블롬버그 복음서에 나오는 기적은 어떤 사람들에게 신약 성경의 설명 중 가장 믿을 수 없는 부분이다. 그들에 따르면 근대 과학은 우주가 원인과 결과로 이루어진 닫힌 연속체임을 입증해주고 있다. 고대인들은 세상에서의 초자연적인 힘의 가능성을 믿었지만 현대인들은 그들보다 더 많은 것을 알고 있다.

사실 이런 일단의 의견은 오늘날보다는 반세기 전에 일반적으로 더 잘 수용되었다. 과학 철학자들은 정의상 모든 과학이 판결할 수 있는 것은 통제된 조건 아래서 반복 가능한 것이라는 점을 강조했다. 만일 유대교와 그리스도인 그리고 무슬림들이 역사적으로 믿어왔던 그런 종류의 신이 존재한다면, 우리는 이 하나님이 때때로 자연법칙을 건너뛰실 것을 기대할 수 있다. 진정한 문제는 가장 먼저 하나님을 믿을 정당한 이유가 있는지다.

이 점에서 흥미롭고 격려가 되는 발전 중 하나가 지적 설계 운동이다.[1]

---

1) 특별히 Michael J. Behe, *Darwin's Black Box: The Biochemical Challenge to Evolution*, rev. ed. (New York: Free Press, 2006)을 보라. 『다윈의 블랙박스』(풀빛 역간, 2001).

환원 불가능한 복잡성을 드러내 주는 자연계와 생물계의 기본적인 실재의 무수한 실례들을 지적하면서, 그리스도인이 아닌 과학자들도 이런 창조 세계의 배후에 지적인 존재가 틀림없이 존재한다는 것을 인정하고 있다. 우주의 시작에 대한 전체 빅뱅 이론은 무엇이 또는 누가 이런 빅뱅을 산출했는가 하는 질문으로 인도한다.

어떤 사람들에게는 17세기 유명인이었던 스코틀랜드 철학자 데이비드 흄(David Hume, 1711-1776)이 제기한 철학적 논증 같은 것이 더욱 설득력 있게 다가왔다. 흄은 기적이 불가능하다는 것을 주장하지는 않지만, 자연적 설명의 개연성이 항상 초자연적인 설명의 개연성보다 훨씬 크다고 주장한다. 이때 현상은 혼동을 줄 수 있고, 증인들은 실수할 수 있으며, 게다가 사건의 설명은 과거에 일어난 일과 유사해야만 한다(analogy). 하지만 이런 논증의 어떤 것도 증거가 분명하고 증언이 난공불락일 수 **없음**을 의미하지는 않는다. 그리고 모든 사건이 알려진 유사함을 가지고 있어야만 한다면, 근대 기술이 발달되기 전 적도 지역에 살던 사람들은 얼음이 있다는 사실을 받아들일 수 없었을 것이다.[2]

오늘날 예수가 일으키신 기적의 신빙성에 대해 가장 흔한 학문적 반대는 아마도 다음과 같은 것이다. 곧 그들은 1세기 로마 제국에서 기독교와 경쟁하던 다른 종교의 이야기와 신화들도 기독교의 기적 이야기와 마찬가지로 허구적인 서사를 통해 신학적인 진리를 가르치고 있다고 가정한다. 그리고 이런 가정은 정말 그럴듯해 보여서 오늘날의 사람들도 그런 이야기들이 서로 아주 유사하다고 생각한다. 평범한 사람들과 심지어는 학문적 소양을 갖춘 몇몇 사람들이 다른 경쟁 종교들이 제시하는 설명들을 주의 깊게 연구하지 않으면서도 복음서의 기적 이야기와 다른 종교의 이야기가 비슷하다

---

2) Joseph Houston, *Reported Miracles: A Critique of Hume* (Cambridge: Cambridge University Press, 1994)을 보라.

고 매우 자주 반복해서 비난하는 모습은 흥미롭다. 예를 들면 어떤 이들은 고대의 모든 종교에 동정녀 탄생과 부활이 있었다고 흔히 주장한다. 하지만 사실상 특별한 출생에 비교할 수 있다고 주장되는 유사한 이야기 대부분은 일상적인 인간의 성적 관계를 포함하고 있다. 그것은 단지 사람들 가운데 한 사람이 실제로는 신분을 숨기고 있었던 신이거나 여신이었다는 믿음과 엮여 있다. 그렇지 않으면 알렉산드로스 대왕의 생애보다 거의 1,000년이나 지난 후대에 만들어진 알렉산드로스 대왕의 수태 이야기와 유사하다. 이 전설에 따르면 커다란 비단뱀은 신혼 초야에 알렉산드로스의 아버지가 대왕의 어머니를 가까이하지 못하게 한 뒤 알렉산드로스의 어머니를 둘러싸고 임신시켰다.[3]

부활과 관련해서는 종종 계절과 추수와 씨 뿌리는 시기에 각각 상응해서 해마다 죽고 다시 사는 신들이나 여신들에 관한 이야기가 있다. 고대 그리스와 로마의 작가들은 심하게 아팠던 어떤 사람이 건강을 회복하는 것이나 높은 지위에서 잠깐 쫓겨난 어떤 사람이 지위를 회복하는 것을 말하기 위해 비유적으로 부활이라는 단어를 사용했다. 하지만 한 사람이 완전히 죽었다가 다시 육체로 되살아났고 세상의 죄를 속죄했다는 이야기가 그 사람의 추종자들이 살아 있는 동안에 널리 회자했다는 이야기는 고대 세계(또는 부활 문제와 관련해서 현대 세계)에 없었다.[4]

사실 예수의 지상 생애가 시작되고 얼마 지나지 않아서, 예수가 행한 기적 활동과 가장 유사한 이야기가 고대 지중해 세계 전역에서 생겨났다. 1세기 후반에 살았던 티아나의 아폴로니우스(Apollonius of Tyana, 기원후 15-

---

3) 특히 J. Gresham Machen, *The Virgin Birth of Christ* (New York: Harper & Row, 1930; 재판, London: James Clarke, 2000)를 보라.

4) 더욱 상세한 내용을 위해서는 Ronald H. Nash, *The Gospel and the Greeks: Did the New Testament Borrow from Pagan Thought?* 재판 (Phillipsburg, NJ: P&R, 2003)을 보라.

100)는 예수의 치유와 부활과 매우 유사한 두세 가지의 기적을 일으켰다고 전해진다. 후기 랍비 문헌에도 유대교의 은사주의적인 기적을 보여준다는 하니나 벤 도사(Hanina ben Dosa)가 그리스도의 기적과 유사한 두 가지의 기적적인 치유를 행했다는 내용이 기록되어 있다. 때때로 하늘로 승천하고 땅으로 내려오는 구세주에 관한 내용을 갖고 있는 2세기 영지주의 신화는 그 주인공으로 소피아 또는 "지혜" 대신에 예수를 분명하게 집어넣고 있다. 미트라교(Mithraism)는 2세기 후반과 3세기 초반에 가서야 겨우 기독교를 흉내 내기 시작했다. 하지만 이렇게 발전된 모든 이야기는 기독교 초기 저술가들에게 영향을 미치기에는 시대적으로 너무 늦은 것들이다. 만일 위에서 언급한 타종교의 이야기가 기독교 저술가들에게 어떤 영향을 미쳤더라도, 그것들은 그들의 영웅들이 예수처럼 보이게 해서 기독교가 더욱더 커다란 영향을 주기 시작한 세계에서 자신들의 이야기를 보다 믿을 수 있게 하려는 염원에서 나온 것들이다.

복음서의 기적들을 **믿으면 안 된다**는 사람들이 제시한 모든 주된 이유가 설득력이 없다면, 복음서의 기적을 **믿어야 하는** 적극적인 이유는 무엇인가? 우선 복음서의 기적 이야기들은 초기 기독교 전통의 모든 부분과 자료, 그리고 완결된 복음에 깊숙이 배어 있기 때문이다. 유대교의 자료들도 기독교의 자료들처럼 예수의 기적을 증거하고 있다. 예수가 그런 놀라운 기적을 행했다는 기독교의 주장을 부정할 수 있는 기회에 직면했던 요세푸스와 탈무드는 부정하는 대신에 오히려 그런 기적들을 확증했다. 비록 그들은 예수가 하늘에서 보냄을 받았다는 것을 믿지 않았지만 말이다. 복음서에 나오는 어떤 유대 지도자들이 그리스도가 마귀로부터 능력을 받았다고 비난했던 것과 마찬가지로(막 3:20-30), 랍비들은 종종 예수가 이스라엘을 미혹하게 하는 마술사였다고 그를 고소했다.

게다가 예수가 보여준 기적은 그 시대의 사람들이 행했던 대부분의 기

  기독교를 위한 변론

적들과는 눈에 띄게 대조된다. 유대교와 그리스, 로마의 여러 자료에는 축사와 치유에 관한 설명이 상당수 있다. 하지만 그 어느 것도 기적을 수행하는 자가 일관되게, 그리고 마술적인 형식이나 도구의 사용, 혹은 신이나 신들에게 드려진 적절한 기도 없이 성공적으로 기적을 일으킨 경우는 없다.[5] 자연을 다스리는 장엄한 기적은 그리스와 로마 세계에서는 더더욱 그 유례를 찾을 수 없다. 유사한 설명이 있는 곳에는 그런 기적들을 불신하는 이유들이 종종 있었다. 예를 들어 에베소에 세워진 디오니소스 신전에는 샘물이 하나 있었는데, 그 샘물에는 일 년에 한 번 물이 아닌 포도주가 흘렀다. 루키아노스(Lucian)는 이런 기적에 대해 다음과 같이 설명했다. 그 신전에는 비밀 지하 통로가 있었다. 밤에 건물이 잠겨 있을 때 사제들은 그 비밀 통로를 통해 신전 안으로 들어가 그 샘에 포도주를 공급했다. 이것은 절대 그리스도께서 물로 포도주를 만드신 기적에 관한 배경이 될 수 없다.

출처가 불분명한 **기독교의** 기적들은 복음서 기사의 간격을 메우는 경향이 있는 이야기의 한 부분을 형성한다. 그리스도가 소년이었을 때는 어땠을까? 동정녀 탄생은 어떻게 일어났을까? 예수가 죽은 자들 가운데로 내려가셨을 때 무슨 일이 일어났을까? 때때로 이런 질문들에 관한 위경이나 다른 문서들이 주는 대답은 정경에 속해 있는 복음서에 나오는 대답과 비교해보면 매우 경솔하다. 그 대답에 의하면 소년 예수는 진흙과 물로 새를 빚어내시며 거기에 숨을 불어넣어서 날아가게 하셨다. 또는 자신을 모욕하는 친구를 저주하여 말라버리게 했다. 하지만 마태, 마가, 누가, 요한복음이 말하는 예수가 기적을 일으키는 행동의 주된 동기는 하나님 나라가 도래했다는 것과 메시아 시대가 왔음을 드러내는 것이다(마 12:28과 다른 복음서의 평행구

---

5) 특별히 Graham H. Twelftree, *Jesus the Exorcist* (Peabody, MA: Hendrickson, 1991), 『귀신 축출자 예수』(대장간 역간, 2013); *Jesus the Miracle Worker* (Downers Grove, IL: InterVarsity, 1999)를 보라.

절). 그러나 하나님 나라가 도래했다면 왕이 있어야만 한다. 메시아의 시대가 도래했다면 메시아가 현존해야만 한다. 따라서 기적은 하나님이 **우리를** 위해 하실 수 있었던 일에 관한 것이 아니다.

우리는 구약성경에서 예수의 기적에 가장 근접한 유사 사례를 발견할 수 있다. 기적적으로 공급된 빵으로 군중들을 먹이시고 바람과 물결을 다스리시는 하나님의 주권, 엘리야와 엘리사가 죽은 자를 살리는 사건 등 이 모든 일은 신약성경 본문을 위한 결정적인 배경처럼 보인다. 어떤 일이든 그런 유사점은 신약성경의 설명이 믿을 만하다는 사실에 신뢰를 더해준다.

동시에 기독교 신학에서 그 어떤 일도 단지 **성경적인** 기적만이 발생했다고 주장할 것을 요구하지 않는다. 성경에 있는 어떤 내용도 우리가 하나님께서 초자연적인 일을 행하시기 위해 오로지 그분의 백성만을 사용하신다고 생각하게 하지 않는다. 그리고 마귀적인 영감과 인간적인 일들도 다른 기이한 일들을 설명할 수 있다. 어떤 것도 그 일들이 후대의 기독교 전통과 전혀 유사하지 않다고 말하지 않는다. 동시에 역사가들은 성경 바깥의 기적들보다 성경에 나오는 기적들에 관해 더욱 믿을 만한 태도를 취해야만 하는 것도 아니다. 또한 그럴 필요도 없다. 우리가 성경 안팎에서 일어나는 기적에 동일한 진정성의 기준을 적용할 때, 성경의 기적들은 훨씬 더 많은 증거의 지지를 향유한다.

이 모든 사실을 말하고 난 후 현대의 성경학자들 가운데 가장 꼼꼼한 사람은 다음과 같은 의미심장한 내용을 주장했다.

전 세계적으로 살펴보았을 때 예수가 일으킨 기적의 전통은 그의 생애와 사역에 관해 잘 알려지고 흔히 선뜻 수용되는 수많은 전통들보다 역사성의 기준에 의해 더욱 확고하게 지지를 받고 있다.⋯하지만 극적으로 너무 많이 과장하지 말고 말해보자. 예수의 공생애부터 기적에 관한 전승이 비역사적인 것으로 완전히 배격

 기독교를 위한 변론

되어야 한다면 예수에 관한 다른 모든 복음서의 전승들도 배척되어야 할 것이다.[6]

6) John P. Meier, *Mentor, Message, and Miracles*, vol. 2 of *A Marginal Jew: Rethinking the Historical Jesus* (New York: Doubleday, 1994), 630.

대럴 L. 복(Darrell Bock) 댈러스 신학교의 신약학 연구 교수다. 마가와 누가, 사도행전에 대한 주석을 포함해 여러 권의 책을 저술했다. 또한 성경번역 자문역을 수행했고 「크리스채너티 투데이」의 책임 편집자로 일하고 있으며 많은 국영 텔레비전 프로그램에서 기독교와 문화에 대한 자문역을 수행하고 있다.

■ **대럴 L. 복**

복음서에 따르면 예수가 가장 좋아했던 인자라는 호칭은 신약성경 연구에서 예수의 사역과 관련해서 가장 많이 논의되는 요소 중 하나다. 이 호칭이 구약성경에서는 매우 제한적으로 사용되었다. 이때 인자는 **아담의 아들**처럼 단순하게 "인간"을 의미한다. 구약에서는 에스겔을 한 인간으로 언급할 때 가장 많이 사용된다(겔 2:1). 예언자 에스겔은 이 표현을 94회 사용하고 있다. 또한 다른 본문들도 이런 의미를 설명한다. 하나님은 거짓말을 할 수 있는 인간이 아니시다(민 23:19). 고난받는 종은 그 모양이 너무나 상하여서 사람처럼 보이지 않았다(사 52:14). 시편 8편도 이 용어를 이런 방식으로 사용한다. 하지만 가장 유명한 용례는 히브리어가 아니라 아람어로 등장한다. 지금 "인자"와 같은 자가 권세를 받기 위해 옛적부터 계신 이에게 나아간다(단 7:13). 여기서 "인자"는 호칭이 아니다. 이 인물은 다양하게 혼합된 짐승의 형태로 다니엘 7장에 나오는 여러 이방 국가에 관한 이전의 묘사와 대조된다. 하나님과 인간의 대표자는 하나님의 형상으로 만들어졌고 왕국의 권세를 받는다.

이제 또 다른 배경적인 요소는 이 표현이 아람어 관용구라는 것이다. 그 것은 "어떤 사람"이나 "어떤 인간 존재"를 의미할 수 있다. "인자"가 자신을 언급하는 데 간접적인 방식으로 사용될 수 있는지 또는 사용될 수 없는지는 논의 중이다. 1세기에는 이 용법이 사용되었다는 분명한 증거가 없다.

유대교에서 이 표현은 에녹1서에 등장하고 있는 것처럼 구원의 인물, 즉 초월적인 구원의 인물로 사용되고 있다. 하지만 이런 용법은 그리스도 시대 이전에는 분명히 사용되지 않았다. 그럼에도 그 용법은 어떤 유대인들이 다 니엘이라는 인물을 하나의 호칭으로 사용하기 시작했음을 보여준다.

이 용어는 신약성경에 82번 등장한다. 복음서에서 예수는 이 단어를 항 상 사용한다. "인자와 같은 이"라는 표현이 요한계시록 1:13과 14:14에 등장 하고 사도행전 7:56에서 스데반은 인자가 서 계신 것을 본다. 다른 모든 용 례는 예수가 사용한 것이다.

학자들은 이런 표현을 다양한 방식으로 분류했다.

하나의 분류 방식은 이 호칭의 사용이 다니엘 7장의 용례를 분명하게 따 르는 것인가, 아니면 간접적으로 따르는 것인가, 아니면 어떤 관련도 없는가 하는 것이다. 신약성경에 나오는 인자라는 호칭과 구약성경이 연결된 유일 한 본문이 다니엘 7장이기 때문이다. 사실 분명한 용법은 다음과 같은 두 부 분에서 등장한다. (1) 인자가 다시 올 것에 관해 토론하는 예수의 종말론적 담화와, (2) 유대 지도자들이 예수를 심문하는 부분에서 예수가, 인자가 구 름을 타고 와서 하나님의 오른쪽에 앉을 것을 말하고 있는 부분으로 다니엘 7장과 시편 110:1을 조합한 것이다. 이것은 복음서에서 예수가 이 호칭을 사 용하면서 아무런 설명을 하지 않았음을 의미한다. 이 명백한 두 가지 용례 는 예수의 사역 후기에 이루어진다.

예수의 말씀을 토론하는 또 다른 방식은 그 말씀에서 인자가 어떤 말씀 을 하는지를 보는 것이다. 이것은 다음과 같이 세 가지로 분류된다. (1) 현

　기독교를 위한 변론

재 사역에 관한 말씀, (2) 고난받는 인자에 관한 말씀, (3) 미래의 다시 오심 또는 묵시록적인 말씀. 공관복음 각각에 이 세 가지 용법은 서로 다르게 나타난다. 마태복음에는 총 30회가 나오는데, 지상 사역과 관련해 7회, 고난과 관련해 10회, 묵시적인 말씀과 관련해서 13회가 나온다. 마가복음에는 총 14회가 나오는데 지상 사역과 관련해 2회, 고난과 관련해서 9회, 묵시적인 말씀으로 3회가 나온다. 누가복음에는 총 25회가 나오는데 지상 사역 7회, 고난 8회, 묵시적인 말씀과 관련해서 10회가 나온다. 요한복음에서는 이 범주로 분류되지 않는 인자가 12회 사용된다. 그리고 다니엘 7장에 대한 연결은 묵시적인 말씀에서 나타난다.

이 인자라는 호칭과 관련해 이 모든 용법은 무엇을 의미하는가? 예수는 짐짓 모호한 표현과 관용구를 선택해 인간 존재를 대표하는 자신의 사역을 묘사한 것처럼 보인다. 하지만 예수가 자신의 사역 마지막에 이르렀을 때, 이전의 인자 용법이 암시했던 것처럼 그는 다음과 같은 것을 분명하게 했다. 곧 다니엘 7장이 제안하는 것처럼, 인자라는 용어는 예수가 심판하기 위해 다시 올 때 드러나게 될 구원의 권세를 가진 특별한 대표자를 언급한다.

그런 용법의 실례는 예수가 중풍병자를 고친 이야기다(마 9:6; 막 2:10; 눅 5:24). 여기서 예수는 자신의 개인적인 권위를 강조하려고 중풍병자를 치유하면서 죄를 용서하는 인자의 권세를 말씀하신다. 유대인들은 이런 권세가 하나님에게만 속한 것으로 간주했다. 그러나 예수는 인자가 이 땅에서 죄를 용서하는 권세가 있음을 모든 사람이 알 수 있도록 중풍병자를 고치셨다고 말한다. 다른 말로 하자면 예수는 사람들이 명확하게 볼 수 없는 것, 곧 하나님이 어떤 특별한 인간 존재에게 부여하신 죄를 용서하는 권세를 보여주고자 사람들이 볼 수 있는 것(치유)을 사용하신다. 예수가 사용한 이런 표현에는 한 가지 특징이 있는데, 곧 그리스어로 항상 사람의 "그" 아들(인자, the Son of Man)을 선택해서 사용하는 것이 흥미롭다. 이 표현은 특별히 그리스어 정관사 용법을 사용한 것이 분명하다.

이런 선택의 중요성은 인자가 다니엘 7장의 인간적이고 신적인 존재의 독특한 조합임을 드러낸다. 그 본문에서 사람과 같은 인물의 아들은 하나의 인간을 지시하지만, 구름을 타는 것은 구약성경에서 오직 하나님이나 신들만이 그렇게 한다고 말하는 어떤 일을 알려준다(출 14:20; 34:5; 민 10:34; 시 104:3; 사 19:1). 따라서 그 표현은 승귀의 순간에 이 인물에게 권세를 준다는 것을 한 번 보여주면서 인간적인 것과 신적인 활동이 결합하고 있다. 이 결합은 예수에게 매우 중요하다. 그의 인격과 사역을 반영해주는 다양한 요소를 독특하게 결합시켜주기 때문이다. 예수가 자신의 사역 전 영역을 포괄하는 다양한 문맥에서 인자라는 용어를 사용하는 것은 이런 그림을 발전하게 해준다. 특히 예수가 인자라는 단어를 계속해 사용하는 것을 들었던 제자들은 그것이 무엇을 의미했는지 이해했을 것이다. 제자들은 그 표현의 사용을 예수에게만 제한함으로써 그것의 독특한 용법을 유지한 것처럼 보인다.

따라서 인자는 예수가 자신과 자신의 권세를 주목시키기 위해 사용했던 호칭이다. 예수는 자신의 사역 마지막에 이르러서야 그 충분한 의미를 드러내셨다. 하지만 이 호칭은 예수를 신적인 활동에 관여하는 인류의 대표자로 언급하고 있다. 그것은 예수가 인간의 대표자가 될 신적인 권세를 가지고 보냄 받은 존재라고 말하는 한 가지 방식이었다. 이런 문맥에서 죄를 위한 십자가에서의 고난을 포함해 예수의 모든 사명과 사역이 이루어진다.

벤 위더링턴 3세(Ben Witherington III) 켄터키 주 월모아에 있는 애즈베리 신학교에서 신약성경을 가르치는 아모스 석좌 교수이고, 스코틀랜드의 세인트 앤드루스 대학교 세인트메리 칼리지의 박사과정 교수로 있다. 위더링턴 박사는 연합 감리교회에서 안수를 받은 장로이고 존 웨슬리 회원이다. 최근에는 *New Testament Rhetoric*과 같은 교재뿐 아니라 *The Lazarus Effect*와 *Roman Numerals*라는 매우 칭송을 받는 고고학 소설을 출간했다. 2009년에는 신약학과 윤리학에 대한 그의 주요 연구 중 첫 번째 책인 *The Indelible Image*를 출간했다.

30
하나님의 아들

■ **벤 위더링턴 3세**   기독교 변증가들이 저지른 커다란 실수 중 하나는 예수가 공개적으로 그렇다고 주장했던 것에만 초점을 모으는 것이다. 어떤 사람이 어떤 존재인가 하는 것과 사람들이 그에 관해 어떠하다고 주장하는 것은 매우 다른 두 가지 일일 수 있다. 예수의 공적인 주장들은 단지 예수가 그의 핵심적인 제자들에게 가르쳤던 것의 자그마한 부분 집합이고 예수가 자기 자신에 대해 생각하고, 드문 경우에는 공개적으로 주장한 것을 포함해 다양한 방식으로 계시했던 것의 자그마한 부분 집합일 뿐이다. 우리는 예수가 살았던 문화의 특성을 잘 이해할 필요가 있다. 예수는 개인주의를 강조하거나 개인이 되기를 애쓰는 현대 서구 문화에서 살지 않으셨다. 오히려 1세기에 살았던 사람들은 그 사람의 주된 관계망에 의해 정체성이 규정되었다. 실제로 소위 예수를 부르는 거의 모든 호칭은 관계적인 용어들이라는 점에 유의하라. 예수는 하나님과의 관계에서 아들이고, 인류와의 관계에서 아들이며, 하나님의 기름 부음 받은 자(메시아/그리스도의 의미)이고, 다스리는 사람들과의 관계에서 주님이며, 다윗과의 관계에서 아들이다. 예수가 완전히 생소한 사람

들에게 자신에 관해 직접적으로 엄청난 주장을 하시면서 이스라엘 사람들과 잘 어울리지 못한 결정적인 이유 중 하나는 다음과 같다. 곧 군중들과 다른 것은 비정상적이고 바람직하지 않은 것으로 보였던 세계에서 예수가 자신에 관해 주장한 것들이 심하게 오해받을 수밖에 없었다는 것이다. 예를 들어 예수는 자신의 제자들과 함께 있을 때 그들에게 "사람들이 나를 누구라고 하느냐?"(막 8:27)라고 물으셨다. 예수가 살던 세상에서 사람들은 보통 다른 사람들에 의해 규정되었고 그들이 한 부분을 이루는 집단에 의해 규정되었다.

하나님의 아들이라는 표현은 종종 현대 기독교의 토론에서는 신성을 함축하곤 한다. 그러나 고대 유대에서는 신성을 거의 함축하지 않았다. 때때로 천사들이 하나님의 아들로 불렸다는 것은 사실이다(창 6:2). 하지만 유대인들이 하나님의 아들에 관해 생각했을 때 그들은 일상적으로 하나님께로부터 기름 부음을 받은 왕을 생각했다. 예를 들어 시편 2편은 제사장에게 기름 부음을 받고 왕으로 대관되고 있는 다윗의 후손 왕에 대해 논의하는 것이 매우 분명하다.

세상의 군왕들이 나서며 관원들이 서로 꾀하여 여호와와 그의 기름 부음 받은 자를 대적하며…주께서 그들을 비웃으시리로다.…"내가 나의 왕을 내 거룩한 산 시온에 세웠다" 하시리로다. 내가 여호와의 명령을 전하노라.…"너는 내 아들이라. 오늘 내가 너를 낳았도다. 내게 구하라! 내가 이방 나라를 네 유업으로 주리니 네 소유가 땅끝까지 이르리로다"(시 2:2-8).

이 마지막 절은 예수의 세례 사건에서 부분적으로 인용되고 있어 우리에게 친숙하다(막 1:11과 병행구절을 보라). 유대교에서는 왕이 하나님과 특별한 관계를 맺고 있고 사실상 왕은 대관식을 거행할 때 하나님의 아들로

     기독교를 위한 변론

입양되었다고 믿었다. 마가복음 1:11에서 특별히 흥미로운 것은 다른 공관복음서에 나오는 "오늘날 내가 너를 낳았다"라는 구절이 생략되었다는 것이다. 마가는 예수가 세례를 받는 시점에 하나님의 아들로 입양되었다고 말하기를 원치 않았기 때문이다. 오히려 세례는 성자가 항상 가지고 있었고 이제 공적으로 드러나게 될 정체성을 성부가 그에게 확인해주는 단계다.

하지만 예수가 하나님과 자신의 관계를 다윗 왕과 하나님의 관계와 동일하게 보지 않았다는 것은 의심의 여지가 없다. 우선 예수가 하나님께 **아바**라고 기도했다는 것은 우리에게 많은 것을 말해준다. 아바라는 단어는 애정을 담은 사랑하는 아버지를 의미하는 아람어다(막 14:36을 보라. 아바는 비속어가 아니다. 아바는 "아빠"[Daddy]가 아니다).[1] 예수가 자신을 단순히 왕이나 예언자적 인물로 생각했다면, 그는 솔직히 자신이 하나님을 아바라고 부르며 기도한 것을 설명할 수 없을 것이다. 왜냐하면 그 어떤 유대인도, 심지어 예수 시대 이전의 그 어떤 왕도 "나의 사랑하는 아버지"라는 말로 하나님께 기도하지 않았기 때문이다. 이 말은 충격적인 친밀함처럼 들렸을 것이다. 구약성경에서는 하나님이 매우 드물게 아버지라고 불렸다. 하지만 그들은 절대로 아바로서의 하나님에게 기도하지 않았다. 이것은 새로운 것이며, 예수가 하나님과 자신의 관계를 어떻게 보았는가에 대해 특별한 점을 시사해준다. 예수는 하나님 아버지와 특별하게 밀접한 관계를 맺고 있다고 믿었다. 이보다 훨씬 더 충격적인 것은 예수가 제자들에게 그들이 이전에는 결코 갖지 못했던 하나님과의 친밀한 관계를 자신이 줄 수 있음을 시사하면서, 제자들에게 아바로서의 하나님께 기도하라고 가르쳤다는 사실이다. 이런 이유로 연대기적으로 매우 초기의 신약성경 문서로 인정되는 바울의 여러 서신에서, 바울은 그리스도인들에게 아바로서의 하나님께 기도하라고 말한

---

1) 이 부분과 관련해서 개역개정이 "아바"를 "아빠"라고 번역하고 있는 것은 지나친 의역이 아닐 수 없다―역자 주.

다. 참으로 성령은 그리스도인들이 하나님 아버지께 기도하기를 원하신다. 예수와 하나님의 관계보다는 약하지만 그리스도인들은 예수와의 관계를 통해 하나님의 아들과 딸이 되었기 때문이다(갈 4:6; 롬 8:15). 그리고 예수가 아람어로 자신의 제자들에게 가르쳤던 주기도문의 첫 단어는 바로 아바였다(눅 11:2). 우리는 다음과 같이 질문할 수 있다. 만일 예수가 사람들을 구원할 뿐만 아니라 인간 존재가 이전에 맺고 있었던 그 어떤 관계와도 비교할 수 없는 하나님과의 관계를 하나님으로부터 소외된 사람들에게 부여할 수 있다고 생각했다면, 예수는 어떤 종류의 존재인가? 이것은 그 자체로 예수가 자기를 이해한 것에 대해 많은 것을 함축하고 있다.

예수가 자신을 하나님의 아들로 이해했다는 사실에 관한 더 깊은 통찰력은 마태복음 11:27 같은 본문에 대한 엄밀한 검토에서 나온다. "내 아버지께서 모든 것을 내게 주셨으니 아버지 외에는 아들을 아는 자가 없고 아들과 또 아들의 소원대로 계시를 받는 자 외에는 아버지를 아는 자가 없느니라." 이 말씀의 앞부분과 관련된 것은 예외가 있을 수 없다. "나를 만드신 모든 것을 아시는 하나님 외에는 나를 진정으로 알지 못한다"라는 말은 누구나 할 수 있다. 하지만 예수의 독특한 자기 이해를 반영하는 것은 뒷부분이다. 예수는 다른 사람들은 알지 못하는 어떤 방식으로, 또 어느 정도까지 하나님을 아는 자로 자신을 보고 계신다. 게다가 그분은 자신을 그런 지식에 대한 통로 또는 독특한 중재자로 보고 있다. 그뿐 아니라 예수는 자신이 이런 친밀한 지식을 드러내 줄 사람들을 선택했다고 말하고 있다. 이 말씀은 그 자체로 예수가 자신을 신적인 존재로 생각했음을 증명해주지는 않지만, 하나님을 아는 지식에 이르게 하고 동시에 그 지식을 나누어주는 자로서의 예수의 역할에 있어 독특하고 전례가 없는 위치에 예수를 자리하게 한다. 바울은 35년 혹은 그보다 많은 세월이 지난 후에 "하나님은 한 분이시요, 또 하나님과 사람 사이에 중보자도 한 분이시니 곧 사람이신 그리스도 예수라.

그가 모든 사람을 위하여 자기를 대속물로 주셨으니 기약이 이르러 주신 증거니라"(딤전 2:5-6)라고 강조한 것은 놀라운 일이 아니다. 후에 기독교 신학이 예수가 진정으로 하나님의 구원하는 지식과 능력과 현존의 중재자라면, 그리고 예수를 중보자로 보는 것이 옳다면, 예수는 인류에게 하나님을, 하나님에게 인류를 대표할 수 있었어야만 한다는 추론을 끌어낸 것은 옳은 일이었다. 짧게 말하면 예수는 하나님의 본성과 인간 존재의 본성에 모두 참여해야만 했다.

예수가 자신의 제자와 다른 사람들에게 간접적인 방법을 통해서 자신의 정체성을 드러낸 한 가지 중요한 방법은 다양한 형태의 지혜 연설, 예를 들어 비유를 말씀하신 것이었다. 마가복음 12:1-12이 즉각적으로 머리에 떠오른다. 이 비유에서 하나님이 포도원에 보낸 마지막이자 최종적인 대리자요 특사는 그의 아들이다. 물론 포도원은 하나님이 선택하신 유대 백성들에 대한 오랜 상징이었다(사 5장을 보라). 그리고 포도원을 돌보는 사람들은 물론 예언자나 제사장 그리고 왕을 비롯한 이스라엘의 종교 지도자들이었다. 아들이 "그가 사랑하는 자"라고 불리는 방식에 유의하라. "사랑하는 아들"이라는 유대적인 문구는 종종 "독생자"에 관한 동의어로 사용되었고, 특히 소중한 자라는 의미로 사용되었다. 그렇다면 예수는 이 비유에서 그가 "사랑하는 아들"이라 불릴 수 있고 다른 유대인들과는 구별되는 어떤 방식으로 하나님의 아들이라고 그 자신을 보고 있는 것이다. 예수는 자신의 독특한 기원(동정녀 탄생에 대해서는 마 1장을 보라) 때문에 아버지와 독특한 관계를 맺은 것으로 이해했을까? 이것은 타당한 추론처럼 보인다.

하나님의 아들이라는 호칭은 초기 유대교에서는 신성보다는 왕권을 함축하는 것으로 흔하게 사용되었지만, 그럼에도 그것은 신성을 함축했었다. 당시 이스라엘 주변의 더 폭넓은 문화에서는 왕들이 신적인 의미에서 하나님의 아들이라고 아주 자연스럽게 받아들여졌기 때문이다. 분명히 바울 같은 사람들이 그리스와 로마 세계의 이방인들에게 예수를 전하기 위해서 이 호칭을 사용했을 때, 이 호칭은 때때로 이런 종류의 중요성을 전달했음이 틀림없다. 이런 일련의 사고를 이끈 것은 예수 자신이 하나님의 아들이라는 용어를 사용했다는 점임을 이해하는 것이 중요하다. 비록 예수가 죽은 이후에 바울과 다른 사람들이 예수가 하나님의 아들임을 계속해서 확대하고 설명하고 상론해서 예수 운동이 전 제국에 걸쳐 퍼지고 점차 하나의 이교적인 현상이 되기는 했지만 말이다. 이 주제에 관해 더욱 상세한 것을 알고 싶다면, 내가 저술한『그리스도의 다양한 얼굴』을 살펴보는 것이 좋을 것이다.[2]

---

2) Ben Witherington III, *The Many Faces of the Christ* (New York: Continuum, 2005).

　　　　　　　　　　　　　　　　　　　　기독교를 위한 변론

벤 위더링턴 3세(Ben Witherington III) 켄터키 주 윌모아에 있는 애즈베리 신학교에서 신약성경을 가르치는 아모스 석좌 교수이고, 스코틀랜드의 세인트앤드루스 대학교 세인트메리 칼리지의 박사과정 교수로 있다. 위더링턴 박사는 연합 감리교회에서 안수를 받은 장로이고 존 웨슬리 회원이다. 최근에는 *New Testament Rhetoric*과 같은 교재뿐 아니라 *The Lazarus Effect*와 *Roman Numerals*라는 매우 칭송을 받는 고고학 소설을 출간했다. 2009년에는 신약학과 윤리학에 대한 그의 주요 연구 중 첫 번째 책인 *The Indelible Image*를 출간했다.

31
하나님으로서의 예수

■ 벤 위더링턴 3세　예수가 자신을 하나님으로 생각했는지에 관한 논의는 후대의 생각과 관련된 논의를 성경에 투영해서 읽는 시대착오적인 것으로 종종 비난을 받는다. 예수 시대 이전에는 어떤 유대인도 하나님을 삼위일체 또는 하나의 신적 본성을 공유하는 세 위격으로 생각한 사람이 없었다고 말하는 것이 안전할 것이다. 구약성경에서 하나님이라는 용어가 등장할 때마다 그 용어는 야웨를 가리키거나 그렇지 않으면 잘못된 이방의 신을 가리킨다. 신약성경에서도 마찬가지로 **하나님**(*theos*)이라는 단어는 거의 항상 성부 하나님만을 지칭하고 있다. 비록 테오스라는 그리스어가 예수에게 사용되는 경우(롬 9:5)가 신약성경에 7번 등장하지만 말이다. 그 가운데 두 곳은 요한복음에 있다(요 1장과 20장). 요한복음 20:28은 특히 중요하다. 하나님이라는 환호가 예수로 알려진 인간 존재에게 매우 분명하게 적용되고 있기 때문이다. 반면에 요한복음 1장에서는 그 사실이 덜 분명하다.

만일 우리가, 예수가 자신의 삶에서 생각했던 것처럼 생각하려고 노력한다면, 왜 예수가 "안녕, 내가 하나님이야"라고 말하며 갈릴리에서 행진하지 않았는지에 대한 이유가 분명해진다. 그 이유는 다음과 같다. 곧 "내가 하나님이야"라는 말은 "내가 야웨다" 또는 그리스도인들의 표현대로 하면 "내가 하늘 아버지다"라는 말로 오해받을 수 있고, 그러면 그는 그 자리에서 돌에 맞아 죽었을 것이 분명하다. 물론 예수는 자신을 성부(아버지)라고 절대 주장하지 않았고 야웨라고는 더더욱 주장하지 않았다. "나와 아버지는 하나"(요 10:30)라는 요한복음의 말씀조차 "나와 아버지는 동일하다"거나 "나와 아버지는 한 인격이다"라는 것을 의미하지 않는다. 예수는 덜 오해받는 방식, 곧 자신의 유대교적인 문화와 배경에서 효과적인 방식을 선택해 자신의 특별한 신적 정체성을 드러냈다.

이 방식 중 하나가 마가복음 12:35-40에서 충분히 분명하게 나타나 있다. 이 토론에서 예수는 메시아가 다윗의 주가 되실 것을 제안하고 있다. 물론 간접적인 방법을 선택하고 있다. 그래서 청중들은 예수가 무엇을 말하려는지 알기 위해 자신들의 지성을 적극적으로 활용해야 했지만, 그럼에도 그런 간접적인 방법이 함의하는 바는 분명하다. 이런 함의는 다음과 같은 흔한 방식으로 더욱 분명해진다. 곧 예수는 사실상 **인자**라는 표현을 통해 다니엘 7:13-14을 간접적으로 암시하면서 누가 경배를 받고 누가 영원히 다스릴 사람인지에 관한 논의를 간접적으로 사용한다. 매우 이상한 일이지만, 가장 신적인 함축을 가진 호칭은 **하나님의 아들**이라기보다는 **인자**(사람의 아들)다.

예수가 자신이 누구인가를 보여주는 다른 간접적인 방식이 있다. 예를 들어 예수는 독특하게 아멘이라는 문구를 자신의 선언에 앞세우고 있다. 아멘이라는 말은 어떤 이가 말한 것의 진실성을 확인하기 위해서 사용되었다. 예를 들어 어떤 모임에서 누군가 말을 한다면, 그 모임의 사람들은 아멘이라고 말하면서 그의 말을 확증했다. 하지만 예수는 그렇지 않다. 그는 말하기에 앞서 자신의 말의 진실성을 자신이 보증하고 있다! 예수는 자기 말의 진실성을 확보하기 위해 다른 증인들이 필요 없었다. 예수가 "주께서 이렇게 말씀하신다"라는 예언자들의 형식을 절대 사용하지 않음에 유의하라. 왜 그런가? 극적인 선언을 하실 때 예수는 단지 하나님을 위해 말씀하고 있는 것이 아니다. 예수는 동일한 신적인 권세를 가진 존재로서 말씀하고 있다. 이것은 예수가 자기를 이해한 것에 관해 간접적으로 많은 것을 우리에게 말해준다. 예수는 그 자신의 권세로 말하고 있다는 사실도 마찬가지다. 자신의 논점의 타당성을 주장하기 위해 모든 사람이 앞선 권위를 인용하는 문화에서 "너희가…라고 들었으나 나는 너희에게 이른다"(마 5:21-22)라는 구절은 많은 것을 말해준다. 따라서 예수가 다음과 같이 자유롭게 말할 수 있었던 것은 더 많은 사실을 보여준다.

1. 몇몇 모세의 법(예를 들어 안식일에 일하는 것에 관한 가르침이나, 마태복음 7:15에서 정한 것과 부정한 것에 관한 가르침, 또는 마태복음 19장에 있는 이혼에 관한 가르침)은 더는 쓸모가 없다고 말씀하신다.

2. 율법의 요구를 자유롭게 강화하신다(마 5장에서 간음에 관하여 말하고 있는 것).

3. 단지 율법을 넘어갈 뿐만 아니라 율법에 반대해 전적으로 다른 방향으로 나가는 새로운 가르침(예를 들어 눈에는 눈이라는 반응과 같은 정확한 또는 동등한 반응에 반대되는 보복하지 말라는 가르침)을 자유롭게 제안하신다. 우리는 물어야만 한다. 어떤 종류의 사람이 그 자신의 말과 하나님의 말씀에 이런 종류의 자유와 권위를 가지고 접근할 수 있는가?

하나님에 관한 기능적 용어와 존재론적인 용어 사이의 차이에 관한 현대의 논의가 예수에게 적용될 때 그것은 시대착오적인 동시에 전혀 도움이 되지 않는다. 그것은 초기 유대인들이 그런 주제들에 관해 생각했던 방식이 아니기 때문이다. 만일 어떤 사람이 실제로 하나님으로서 기능하고 있다면 그 사람은 그렇게 할 성품이나 본성을 가지고 있어야만 한다. 예수가 말씀하고 있듯이 "나무는 각각 그 열매로 안다"(눅 6:44). 다른 방식으로 말하자면, 사람들은 어떤 사람이 행한 일이나 행동하는 방식이 그 사람의 성격을 드러내 준다고 믿고 있었다. 사실이 그러하다면, 만일 누군가가 지상에 온 하나님처럼 행동했다면 그는 하나님이거나 그렇지 않으면 정신이 나간 것이다. 왜냐하면 그렇지 않다면 그것은 사기꾼이나 망상에 사로잡힌 사람을 다루는 분명한 경우가 될 것이기 때문이다. 전자의 경우에는 돌에 맞게 되고, 후자의 경우에는 정상적인 사회에서 추방된다.

몇 가지 비유는 예수가 자신에 관해 얼마나 독특하게 생각했는지를 드러내 준다. 예를 들어 마가복음 12:1-12에서 예수는 하나님 아버지의 유일한 사랑을 받는 아들로서 마지막 특사로 지상에 보내진 자로 묘사되고 있다. 또는 마태복음 25:31-46에서는 인자가 땅에 와서 심판할 자로 묘사되어 있다. 이 일은 하나님만이 하실 수 있거나 하셔야만 하는 일이다. 우리는 물어야만 한다. 어떤 종류의 사람이 그가 하늘에서 세상을 심판하기 위해 다시 올 것이라고 믿는가? 이런 일이 마가복음 14:62에 분명하게 제안되어 있다. 어떤 종류의 사람이 성전 바깥 구역을 자유롭게 청결하게 할 수 있다고 느끼는가? 더욱 좋게 표현하면, 마가복음 11장에서 예수가 행했다고 말하고 있는 것처럼 다가오는 심판에 관한 예언적인 징표를 자유로이 수행하는 사람은 누구인가?

삼위일체 교리의 온전한 형성이 신약성경 시대 이후에나 이루어졌다는 것은 확실히 바른 지적이다. 하지만 예수가 이전에는 야웨에 관해서만 서술적으로 사용되었던 말과 행위와 성품을 자신에게 서술적으로 사용하면서 일신론에 관한 기독론적인 재형성에 시동을 거셨다는 것도 동일하게 분명한 사실이다. "오! 주여, 오소서"(고전 16:22)를 의미하는 **마라나타**(*marana-tha*)라는 아람어로 예수에게 기도 드려야 한다고 생각한 사람은 바울이 아니었다. 이것은 이미 예루살렘에 있던 초창기 예수의 제자들의 기도였다. 이들은 아람어를 사용했고 예수의 재림을 고대했다. 초기 유대인들은 죽은 랍비가 다시 오거나 무덤 너머로부터 다시 오도록 기도하는 것 이상을 알고 있었다. 단지 하나님만이 기도의 대상이 되어야 한다. 마찬가지로 요한복음 1장에 있는 로고스 찬송시나 빌립보서 2:5-11에 있는 기독론적인 종에 관한 찬송시에서와 같이 초기 그리스도인들은 예수에게 신적인 경배와 찬양을 드렸다. 이런 생각은 바울이나 다른 초기 그리스도인들의 고안물이 아니었다. 이런 생각들은 예수가 자기 제자들에게 남긴 "영혼불멸송(頌)"[1]이나 신적인 인상으로 소급된다. 가장 중요하게 이런 인상의 재확증은 초기 교회 전체를 통해 "부활하신 주님"으로 (초기의 그런 고백에서) 고백되었던(고전 12:3을 보라) 부활하신 주님과의 개인적인 만남을 통해 이루어졌다. 이것은 부분적으로는 예수가 자신의 사역 동안 그런 존재로 자신을 드러내신 것 때문이었고, 더 중요하게는 십자가 이후에 그런 존재로 자신을 드러내신 것 때문이었다.

에두아르트 슈바이처(Eduard Schweizer)의 말을 다른 말로 바꾸어 표현하자면, 예수는 어떤 한 가지 형식이나 호칭 또는 분류에 일치하는 분이 아니었다. 예수는 다른 사람들이 미리 갖고 있던 개념에 합치하려고 시도하지 않으면서 그분의 방식으로 자신의 정체성을 드러내기를 선택하셨다. 예수는 4세기나 5세기의 기독론적인 논쟁이라는 훨씬 후대의 문맥에서가 아니라, 자신의 초기 유대교적인 문맥에 어울리는 방식으로 자신의 신적인 정체

---

1) 1807년 William Wordsworth가 지은 시 제목을 패러디한 것이다—역자 주.

성을 드러내셨다. 오늘날 우리는 후대의 논쟁적인 기독론적 토론과 형식의 안목이 아니라 초기 유대교의 안목으로 신약성경 본문을 읽을 필요가 있다. 그렇게 할 때 우리는 그의 동시대인들 가운데 독특했던 예수가 자신의 방식으로, 자신의 말로, 그리고 자신의 적절한 시간에 신적인 본성을 드러내기로 선택하셨다는 결론에 이르게 될 것이다. 한술 더 떠서 예수는 부활절 아침에 겁에 질리고 문제투성이였던 제자들에게 이 진리를 재확인해주기 위해 돌아오셨다. 이 내용을 좀 더 살펴보려면 내가 저술한 『선견자 예수』를 보라.[2]

---

2) Ben Witherington III, *Jesus the Seer* (Peabody, MA: Hendrickson, 2000).

크레이그 A. 에반스(Craig A. Evans) 캐나다의 노
바스코샤에 있는 아카디아 신학교에서 신약을 가
르치는 페이전트 석좌 교수다. 『만들어진 예수』
(*Fabricating Jesus*, 새물결플러스 역간, 2011)
그리고 N. T. 라이트와 함께 저술한 *Jesus, the Final
Days*를 포함해 50권 이상의 책을 쓴 저자요 편집자
다. 케임브리지 대학교와 더럼 대학교, 옥스퍼드 대
학교, 예일 대학교 그리고 전 세계에 흩어져 있는 다
른 종합대학교와 단과대학, 신학교에서 강의했고,
수많은 텔레비전 다큐멘터리에 출연했다.

32

예수는 자신의 폭력적인 죽음과 부활을 예견했는가?

■ **크레이그 A. 에반스**　20세기 동안 복음서 비평가들은 죽음과 부활에 관한 예수의 예언이 초기 기독교가 형성한 사후 예언이라고 주장했다. 양식비평가인 루돌프 불트만(Rudolf Bultmann, 1884-1976)은 자기 시대의 학문적인 의견을 다음과 같이 정확하게 요약했다. "고난과 부활에 관한 예언은…오래도록 교회의 이차적인 구성물로 간주되고 있다."[1]

불트만이 지적했던 예언은 공관복음서에서 발견되는 예언들이다(막 8:31; 9:31; 10:33-34과 마태와 누가의 병행구절들을 보라). 이런 예언들이 예수에게 일어났던 사건들을 고려해서 편집되었다는 점은 인정되어야만 한다. 하지만 예수가 자신의 폭력적인 죽음을 예견했고 부활을 통해 그것을 입증했음을 믿을 만한 아주 좋은 이유가 있다. 예수가 자신의 폭력적인 죽음을 예견했다는 증거를 살펴보자.

---

1) Rudolf Bultmann, *The History of the Synoptic Tradition* (1921; repr., Oxford: Basil Blackwell, 1972), 152. 『공관복음서 전승사』(대한기독교서회 역간, 1970).

폭력적인 죽음의 예견

무엇보다도 세례 요한의 운명은 분명 예수 자신의 운명에 관한 전조가 되었을 것이다. 예수와 요한의 관계가 밀접했을 것이라는 생각은 개연성이 아주 높다. 그래서 예수가 회개와 하나님 나라의 도래에 관한 요한의 선포를 이어받으면서 자신의 위험을 분명하게 인식했다고 생각하는 것은 타당하다. 정말로 예수는 세례 요한을 처형했던 헤롯 안티파스가 자신을 죽음으로 위협한 것에 대해 다음과 같이 반박하신다. "너희는 가서 저 여우에게 이르되 '오늘과 내일은 내가 귀신을 쫓아내며 병을 고치다가 제삼 일에는 완전하여지리라'하라. 그러나 오늘과 내일과 모레는 내가 갈 길을 가야 하리니 선지자가 예루살렘 밖에서는 죽는 법이 없느니라"(눅 13:32-33). 성전을 거닐다가 유대 종교 지도자들과 요한의 세례에 관해 말하면서(막 11:27-33) 예수는 사악한 소작인들의 비유를 말씀하신다(막 12:1-12). 이 비유는 포도원 주인의 "아들"(즉 예수)이 살해당할 것을 언급하고 있다.

아마도 예수가 자기 죽음을 예견했다는 가장 강력한 증거는 그가 잡히시기 전날 밤 이루어진 겟세마네 동산에서의 기도에 나타난다. 그 기도에서 예수는 임박한 사건을 바라보며 자신의 두려움을 드러내신다. 얼굴을 파묻고 예수는 말한다. "아바 아버지여, 아버지께는 모든 것이 가능하오니 이 잔을 내게서 옮기시옵소서. 그러나 나의 원대로 마시옵고 아버지의 원대로 하옵소서"(막 14:36).

이 짧지만 함축적인 기도는 분명 진짜 예수의 기도다. 초기 그리스도인이 예수가 두려워하고 자기 죽음을 향해 나아가기를 주저하는 듯한 발언을 고안해낸 이유를 상상하기는 어려운 일이 아닐 수 없다.[2] 다만 우리는 이 구

---

2) 나는 여기서 초기 교회가 자신을 당혹하게 했을 자료를 만들어내는 것은 개연성이 없어 보인다는 "당혹성의 기준"을 언급하고자 한다.

 기독교를 위한 변론

절을 요한복음에서 침착하고 평온한 예수와 비교해볼 필요가 있을 따름이다. 요한복음에서 예수는 가장 위대한 존엄을 가지고 하늘 아버지와 함께 영원부터 함께 누리고 있는 영광을 회고하고 있다(요 17장을 보라). 이런 예수의 모습은 공관복음서의 고뇌에 찬 기도와 매우 강한 대조를 이루는 것으로 보인다. 정말이지 자기 죽음에서까지도 요한복음의 예수는 이런 초실재적인 평온함과 존귀를 유지하면서 십자가에서 "다 이루었다"(요 19:30)라고 선언하고 있다. 따라서 사도 요한의 전승은 예수를 보다 존귀하고 위엄 있는 모습으로 그리는 교회론적인 성향을 보여주고 있다. 공관복음서의 겟세마네 동산의 기도는 그런 경향을 드러내지 않는다.

또한 복음서는 예수가 자신의 제자들에게 십자가를 지고 자신을 따르라고 말씀하셨다고 말한다(막 8:34). 여기서 예수는 폭력적인 죽음을 예견하고 있다. 이런 암울한 운명을 바라보면서 제자들은 예수를 따를 수 있었을까? 여기서 흥미로운 것은 어떤 의미에서 예수 자신이 제자들에게 가르쳤던 것을 수행하는 데 실패하고 있다는 것이다. 자신의 십자가를 저야 할 시간이 되었을 때 예수는 그렇게 할 수 없었다. 다른 누군가가 그의 십자가를 대신 졌다(막 15:21). 예수의 말씀과 나중에 실제로 일어난 일 사이의 긴장은 그 말씀의 진정성을 강하게 증거한다. 왜냐하면 이것이 부활절 이후에 지어낸 이야기라면 예수가 수난의 사건과 온전히 일치하는 어떤 일을 말씀하게 할 것이기 때문이다.

또한 이스라엘 백성을 위한 유익으로 귀결되는 의인의 고난이라는 유대교적인 모형이 존재한다. 우리는 신비로운 제사장 탁소(Taxo)와 그의 일곱 아들을 떠올릴 수 있다. 그들의 순교는 하나님 나라의 도래와 사탄의 종말에 앞서 일어났다.[3] 마카비오 가문의 순교자들의 죽음도 이스라엘의 구속을

---

3) *Testament of Moses* 9-10을 보라.

위한 길을 닦고 있는 것으로 기억되고 있다(마카베오하 7:32-33).

예수가 살고 사역했던 종교적인 문맥이 중요한 방식으로 분명하게 드러나는 복음서의 증거를 보면, 예수가 어떤 시점에서 자신의 폭력적인 죽음을 말하고 그것의 의미를 설명하려고 했다는 것은 매우 개연성이 높다.

부활의 예견

예수는 자신의 부활을 예견했을까? 아마도 그는 자신의 부활을 예견했을 것이다.[4] 자신의 죽음에 대해 말씀하시자마자 예수는 부활에 관한 주장을 말씀하기 시작하셨다. 예수가 부활을 예견하지 않았다면 그것은 매우 이상했을 것이다. 왜냐하면 경건한 유대인들은 죽은 자의 부활을 분명하게 믿고 있었기 때문이다. 살펴보아야 할 세 가지 요인이 존재한다.

첫째, 예수는 자기 시대의 많은 유대인처럼 마지막 날의 부활을 믿었다.[5] 그는 부활을 믿지 않는 사두개인들에게 부활을 변호했다(막 12:18-27). 또한 자신이 주인으로서 접대한 만찬에 관해 다음과 같이 말했다. "잔치를 베풀거든 차라리 가난한 자들과 몸 불편한 자들과 저는 자들과 맹인들을 청하라. 그리하면 그들이 갚을 것이 없으므로 네게 복이 되리니, 이는 의인들의 부활시에 네가 갚음을 받겠음이라"(눅 14:13-14). 게다가 예수는 종말의 시

---

4) 나의 연구 "Did Jesus Predict His Death and Resurrection?" in Stanley E. Porter, Michael A. Hayes, and David Tombs, eds., *Resurrection*, JSNTSupp 186 (Sheffield: Sheffield Academic Press, 1999), 82-97을 보라; 또한 N. T. Wright, *The Resurrection of the Son of God* (Minneapolis: Fortress, 2003), 409-11을 보라. 『하나님의 아들의 부활』(크리스챤다이제스트 역간, 2005).

5) 단 12:1-3; 1 Enoch 22-27; 92-105; Jubilees 23:11-1; 4 Macc. 7:3; 4 Ezra 7:26-2; 2 Bar. 21:23; 30:2-; Josephus, *Jewish War*, 2.8.11 154; 2.8.14 165-66; *Jewish Antiquities*, 18.1.3-14, 16, 18을 보라.

　　　　　　　기독교를 위한 변론

간이 가까이 왔고 하나님의 통치가 느껴지기 시작했다고 믿었기 때문에, 아마도 일반적인 부활 그 자체가 멀지 않은 것으로 믿었던 듯하다. 동일한 생각이 사해 문서에서 증언되고 있다. 그 문서에는 메시아와 일반적인 부활이 연결되어 있다.[6] 우리는 이것과 관련해서 예수가 자신이 부활할 것을 예견했다고 해석해야만 한다.

둘째, 예수가 "삼 일 후" 또는 "제삼 일에"라고 자신의 부활에 관해 예견한 것은 거의 확실하게 호세아 6:2에 근거하고 있다. 물론 예수는 아람어로 된 본문을 인용했다. 이것은 아람어를 말하고 아람어 성경을 해석했던 예수의 산물이지, 그리스어 성경을 읽고 부활절 이후에 증거 본문을 제시하는 그리스도인 공동체의 산물이 아니다. 히브리어 본문은 "여호와께서 이틀 후에 우리를 살리시며 셋째 날에 우리를 일으키시리니 우리가 그의 앞에서 살리라"(그리고 그리스어도 비슷하게 읽힌다)라고 말한다. 반면에 아람어 본문은 "여호와께서 다가오는 위로의 날에 우리에게 생명을 주실 것이다. 죽은 자를 살리는 부활의 날에 그가 우리를 살리실 것이다"라고 말한다. 예수는 이 아람어 주해에 반영된 해석적인 정향을 전제하셨다. 예수는 자신이 "삼 일 후에"(또는 "제삼 일에"), 즉 "죽은 자를 살리는 부활의 날에" 살리심을 받으실 것이라는 확신의 표현 가운데 이 본문을 언급했다. 부활은 하나님 나라를 가까이 가져왔고, 하나님 나라는 분명 가까이 있음이 틀림없다. 호세아의 이 본문은 실제로 복음서 그 어디에도 직접 인용되거나 간접적으로 언급되지 않았다. 복음서는 이 본문을 기독교적 증거 본문으로 보는 것에 반대한다. 정말이지 제자들이 예수의 언급과 흥미로운 주해를 온전하게 이해했고, 어떤 방식으로든 예수의 예견(들)을 듣고 재확신했다는 암시는 존재하지 않는다. 예수의 확신에도 불구하고 예수 운동은 그 기세를 상실했다.

---

6) 4Q521을 보라.

셋째, 경건한 유대인 순교자들은 폭력적이고 잔인한 죽음 이후에 부활을 통해 그들의 정당함을 인정받기를 기대하는 강력한 전통이 존재한다.[7] 이것과 관련된 이야기가 마카베오하 7장에 나온다. 거기에는 모세의 율법을 어기기를 거절했던 일곱 형제의 고문과 처형에 관한 끔찍한 이야기가 기록되어 있다. 형제 중 한 명은 안티오코스에게 화가 나서 대답했다. "이 못된 악마, 너는 우리를 죽여서 이 세상에 살지 못하게 하지만 이 우주의 왕께서는 당신의 율법을 위해 죽은 우리를 다시 살리셔서 영원한 생명을 누리게 할 것이다"(마카베오하 7:9). 또 다른 형제는 그 독재자에게 경고한다. "나는 지금 사람의 손에 죽어서 하나님께 가서 다시 살아날 희망을 품고 있으니 기꺼이 죽는다. 그러나 너는 부활해 다시 살 희망이 전혀 없다"(마카베오하 7:14). 이 젊은 형제들도 부활을 기대했는데, 예수는 왜 기대하지 않았어야 하는가?

전체적으로 취합된 증거는 예수가 자신의 부활을 아마도 일반적인 부활의 한 부분으로 예견했고, 이 부활이 자기 죽음 이후에 곧 발생하리라고 예견했다는 결론을 지지해준다. 예수의 부활이 그것도 "제삼 일에" 정말 발생했고 그의 제자들은 아주 깜짝 놀랐다.[8]

---

7) J. W. van Henten, *The Maccabean Martyrs as Saviours of the Jewish People: A Study of 2 and 4 Maccabees*, JSJSupp 57 (Leiden: Brill, 1997)을 보라. 또한 J. W. van Henten and F. Avemarie, *Martyrdom and Noble Death: Selected Texts from Graeco-Roman, Jewish and Christian Antiquity* (New York: Routledge, 2002)를 보라.

8) James D. G. Dunn, *Jesus Remembered*, vol. 1 of *Christianity in the Making* (Grand Rapids: Eerdmans, 2003), 818-24. 『예수와 기독교의 기원 상,하』(새물결플러스 역간, 2010).

마이클 R. 리코나(Michael R. Licona)　남아프리카 공화국의 프리토리아 대학교에서 신약학 연구로 박사 학위를 취득했다. 예수의 부활의 역사성에 관한 주제로 박사 학위를 썼다. 북미선교회 변증학 코디네이터이기도 하다. 또한 *Paul Meets Muhammad*의 저자이며 개리 하버마스와 함께 저술한 *The Case for the Resurrection of Jesus*는 상을 받았다. 리코나는 *The Case for the Real Jesus*에서 리 스트로벨과 인터뷰했던 사람 중 하나다. 그는 수많은 라디오와 텔레비전 인터뷰에 출현했고 현재는 40개 이상의 대학교 캠퍼스에서 강연하고 있다.

33

우리는 예수가 십자가에서 죽었다는 것을 확신할 수 있는가?

고대의 십자가 처형 살펴보기

■ 마이클 R. 리코나

신약성경의 사복음서 모두는 예수가 십자가에 못 박혔고 그 결과 죽으셨다고 보도한다. 이런 보도들이 정확하다는 결론을 보증할 정도로 증거는 충분한가? 이 질문에 관한 대답을 탐구하기 전에 이 질문의 중요성을 주목하기를 원한다. 예수의 대속과 부활은 기독교 교리의 모퉁이 돌이다. 두 가지 가운데 어느 하나라도 일어나지 않았다면 사도들이 선포한 기독교는 거짓이다. 왜냐하면 예수가 십자가에서 죽지 않았다면 신약성경이 가르치는 우리의 죄를 위한 희생적인 죽음도 없었을 것이기 때문이다. 게다가 **부활**이라는 용어는 시신이 불멸의 육체로 변화되는 것을 의미하기 때문에 예수가 죽지 않았다면 부활을 통해 변화할 시신도 없게 된다.

부활이 없다면 기독교는 거짓이다. 사도 바울은 다음과 같이 가르쳤다. "그리스도께서 다시 살아나신 일이 없으면 너희의 믿음도 헛되고 너희가 여전히 죄 가운데 있을 것이요"(고전 15:17). 복음서들은 예수도 부활이 자신의 주장을 사실로 보여주는 증거가 될 것이라고 말했다고 보도한다(마 12:39-40; 요 2:18-22). 그러므로 예수와 바울에 따르면 예수의 부활이 일어나지 않았다면, 지금은 또 다른 세계관을 찾아야 할 시기다. 따라서 부활이 죽음을 요청한다면 예수의 십자가 죽음은 깨어져서는 안 되는 하나의 연결고리다. 기독교가 진실이라고 간주되기 위해서는 말이다.

이 논문은 예수가 십자가에 달려 죽으셨다는 주장의 신빙성을 지지해주는 네 가지 증거를 제시하고자 한다.

첫째, 기독교와 비기독교에 대한 고대의 수많은 자료가 예수의 처형을 보도한다. 1세기에 기록된 신약성경의 사복음서와 무수한 편지 외에도, 무수한 고대의 비기독교 자료에 예수의 처형이 기록되었다. 요세푸스(Josephus, 1세기 후반), 타키투스(Tacitus, 2세기 초반), 루키아노스(Lucian, 2세기 초엽에서 중엽까지), 마라 바르 세라피온(Mara bar Serapion, 2-3세기)은 모두 이 사건을 언급한다. 이런 비그리스도인들이 자신들의 저술에서 예수를 언급하고 있다는 사실은 예수의 죽음이 기독교권 바깥에도 알려졌고 그리스도인들이 고안했던 어떤 일이 아니었음을 보여준다.

둘째, 십자가 처형에서 살아남을 가능성은 매우 낮았다. 십자가 처형과 많은 경우 그에 앞서 행해지는 고문은 고대에 사람을 죽이는 최악의 방식이었다. 우리 중 많은 사람이 멜 깁슨이 제작한 "패션 오브 크라이스트"라는 영화를 관람하면서 채찍질하는 잔인한 광경을 봤을 것이다. 많은 고대의 자료가 이것을 묘사하고 있다. 특히 1세기 유대 역사가였던 요세푸스는 채찍질을 너무나 심하게 당해서 뼈가 발라지는 지경에까지 이른 한 사람에 대해 말하고 있다.[1] 다른 곳에서 그는 어떤 일단의 사람들이 그들의 창자가 드러날 때까지 채찍질을 당했다고 보도하고 있다.[2] 『폴리카르포스의 순교』라는 이름의 2세기 문헌에는 로마의 채찍이 정맥과 동맥을 드러내는 것이라고 기록되어 있다.[3]

---

1) Josephus, *Jewish War*, 6.304. 『유대전쟁사1, 2』(나남 역간, 2008). 그리고 2.612와 *Jewish Antiquities*, 12.256을 보라.
2) Josephus, *Jewish War*, 2.612.
3) *Martyrdom of Polycarp*, 2.2.

그리고 희생자는 도시의 담벼락 바깥으로 끌고 가 거기서 병사들이 못을 사용하여 그를 십자가나 나무에 박아야 했다.[4] 그 죄수는 고문과도 같은 고통 가운데 십자가에 달린 채로 내버려졌다. 사실 고문한다는 단어는 라틴어 엑스크루키오(*excrucio*)에서 기원한 것으로, 문자적으로는 "십자가로부터"를 의미한다. 1세기 로마 철학자 세네카(Seneca, 기원전 4-기원후 65)는 십자가형을 당한 희생자가 얻어맞아 쓸모없는 시신이 되며, 불구자가 되어 있었고, 보기 흉하게 변형된 채 못이 박혀서 "매우 긴 극도의 고통 가운데 생명의 호흡을 이어갔던" 것으로 묘사했다.[5]

십자가 처형에서 살아남은 어떤 사람에 관하여는 단 한 가지 설명만이 존재한다. 요세푸스는 자신의 세 친구가 십자가 처형을 당하는 것을 보았다고 보도한다.[6] 그는 신속하게 자신의 또 다른 친구였던 로마의 사령관 티투스(Titus, 기원후 39-81)에게 청원하여 세 사람 모두를 즉시 십자가에서 내려 당시 로마가 제공할 수 있었던 최상의 의학적인 돌봄을 제공했다. 그러나 이런 조치에도 불구하고 세 사람 중 두 사람은 결국 죽었다. 그러므로 예수가 일찍 십자가에서 내려와 의학적인 도움을 받았더라도 생존할 가망은 거의 없다고 보아야 할 것이다. 게다가 예수가 살아 있을 때 십자가에서 내려졌다거나 로마가 최상의 의료는 고사하고 그 어떤 의료행위를 제공했다는 증거도 존재하지 않는다.

셋째, 의료 전문가들은 예수가 십자가에 못 박힌 결과로 분명히 죽었다는 일치된 결론을 내린다.[7] 십자가 처형을 당하는 동안 사망에 이르게 한 실

---

4) 고대의 자료 중 압도적인 자료가 처벌을 받는 자를 십자가나 나무에 박기 위해 못이 사용되었음을 언급한다. 요한복음이 예수의 십자가 처형에서 못의 사용을 언급하고 있고(요 20:25, 27), 누가는 그 사실을 암시하고 있기 때문에(눅 24:39), 예수가 십자가에 못 박히지 않았다고 생각할 타당한 이유가 없다.

5) Seneca, *Epistles*, 101.

6) Josephus, *The Life*, 420-21.

7) 이 가운데 많은 의견이 Raymond Brown, *The Death of the Messiah* (New York:

제 원인에 대해서는 여전히 논란의 여지가 있지만, 많은 사람이 예수가 질식사, 즉 산소 부족으로 죽었다는 데 의견을 모은다. 십자가 처형에 관한 우리의 역사적인 이해는 그런 결론을 지지한다. 수많은 고대의 자료가 십자가 처형을 당하는 사람의 죽음을 촉진하기 위해 십자가에 매달려 있는 자의 다리를 부러뜨렸다고 보도한다.[8] 어떻게 다리를 부러뜨리는 것이 죽음을 촉진하는가? 내게는 대도시 병원의 응급실에서 책임자로 근무하는 의사 친구가 두 명 있다.[9] 나는 그들에게 십자가에서 처형된 사람의 다리를 부러뜨리는 것이 그의 죽음을 앞당기는 데 어떤 의학적인 이유가 있는지 물었다. 그들은 몇 가지 가능성이 존재하지만 분명히 그런 일은 아주 드문 경우라고 대답했다. 그렇다면 어떻게 십자가에 달린 사람의 다리를 부러뜨리는 행동이 그 사람의 죽음을 촉진하는가?

제1, 2차 세계대전 동안 독일인들은 아우프빈덴(aufbinden)이라 불리는 방법으로 희생자들을 고문했다. 그들은 이 고문법을 사용하는 동안 희생자들의 손목을 묶어 높이 매달아서 발버둥치면 발가락만 바닥에 닿도록 했다. 매달린 희생자들이 지치면 그들의 몸은 늘어지고, 그 결과 숨 쉬기가 어려워진다. 숨을 내쉴 때 사용하는 근육보다 들이마실 때 사용하는 근육이 더 강하기 때문에 이산화탄소가 증가하여 결국에는 불편한 죽음을 맞이하게 되는 것이다. 아우프빈덴 모의실험이 있었다. 이 실험에서 참여자들의 팔을 45도 각도나 그 이하의 각도로 묶어서 그들의 발이 땅에 닿지 못하게 했다. 사람들은 이런 자세로 12분 이상 의식적으로 머물러 있을 수 없었다. 십자가 처형을 당한 희생자의 다리를 부러뜨리는 것은 그들이 자신들의 발에 박

Doubleday, 1994), 2:1088에 기록되어 있다.

8) Cicero, *Orations*, 12.12.27. 『설득의 정치』(민음사 역간, 2015); *Gospel of Peter*, 4:14. 「베드로복음」에는 다리를 부러뜨리는 것이 십자가에 달린 희생자가 더 오래도록 고통을 당하게 하려고 금지되어 있다고 나온다.

9) 그들의 이름은 Dr. Jim Ritchie와 Dr. Jack Mason이다.

기독교를 위한 변론

혀 있는 못을 밀어 일시적으로 숨 쉬는 것을 더 쉽게 하려는 것을 막기 위해서다. 응급실 외과 전문의인 내 두 친구는 예수가 십자가 처형을 통해 외상을 경험했고, 십자가 위에서 산소 부족으로 죽었으며, 그 이후 5분 동안 죽은 상태로 십자가에 있었다면 그가 소생될 가능성은 전혀 없다는 의견을 밝혔다. 게다가 요한복음은 예수가 이미 죽었는지를 확인하기 위해 한 군인이 예수의 옆구리를 창으로 찔렀다고 보도한다. 이런 행동은 1세기 로마의 역사가 퀸틸리아누스(Quintillian, 기원후 35-100)가 언급한 것과 유사하다.[10]

로마인들이 십자가에서 예수의 죽음을 촉진시키려고 했다는 것을 믿을 이유가 있는가? 요세푸스는 기원후 70년에 로마인들이 예루살렘을 멸망시키기 전, 십자가에 달린 자들을 십자가에서 내려 해지기 전에 매장하는 것이 유대인들의 관습이었다고 말한다.[11] 십자가에서 처형당한 희생자가 그 위에서 3일 동안이나 살아 있었고 죽음 이후에 새나 개, 벌레들의 먹잇감이 되게 하기 위해 희생자들을 오랫동안 십자가에 매달아두었다는 보도들도 존재한다. 하지만 이것은 기원후 70년의 멸망 이전의 예루살렘의 행습은 아니었다. 예수는 기원후 30년이나 33년에 십자가에 달리셨다. 따라서 우리는 예수의 죽음이 그가 처형되던 날 해지기 전에 로마인들에 의해 확인되었다고 믿을 수 있는 매우 타당한 이유가 있다.

넷째, 예수가 십자가 처형에서 어떻게든지 살아남았다면 자신의 제자들에게 자신이 부활한 것을 믿으라고 말하지 않았을 것이다. 무덤에서 죽어가는 예수를 상상해보라. 그는 혼수상태에서 막 깨어나 어둠 가운데 두려워 떨고 있다. 이윽고 그는 출구를 막고 있는 매우 무거운 돌에 자신의 못에 찔렸던 손을 얹어 그것을 밀쳐낸다. 그리고 "친구, 그대는 어디서 왔소?"라고

---

10) Quintillian, *Declamationes maiores*, 11.9. "십자가에서 죽은 자에게 있어 사형 집행자는 창에 찔린 자들의 매장을 금하지 않는다."

11) Josephus, *Jewish War*, 4.317.

말하는 보초들을 만난다. 예수는 "나는 이 무덤에서 나왔소"라고 말한다. 그리고 그는 그 보초들을 때려눕힌다. 그런 다음 예수는 자신의 제자들을 찾기 위해 못에 찔리고 상처 입은 발로 몇 킬로미터까지는 아니지만 수백 미터를 걸어간다. 마침내 예수는 제자들이 머물러 있는 집에 도달하여 그 문을 두드린다. 베드로가 문을 열어 불구가 된 몸을 구부리고 있는 불쌍한 예수를 보고 말한다. "이런! 저는 현재 당신의 몸과 같은 부활체를 가지게 될 날을 기다릴 수 없습니다!" 역사가는 예수가 어떻게 상처 입은 몸으로 자기 제자들에게 자신이 불멸의 몸을 가진 부활하신 생명의 주님이라는 것을 확신시킬 수 있었는지 물어야만 한다. 살아 있다고? 간신히 살아 있어. 부활하셨다고? 절대 그렇지 않아.

요약하자면 예수가 십자가 처형으로 죽었다는 역사적인 증거는 아주 강력하다. 고대의 수많은 자료가 예수의 죽음을 증언하고 있다. 그 가운데 몇 가지는 비기독교 자료여서 사건이 기독교적 해석으로 편향되지 않은 것들이다. 십자가 처형에서 살아남을 가능성은 거의 없다. 전문적·의학적 견해는 예수가 십자가 처형의 준엄함 때문에 확실히 죽었다고 말한다. 비록 예수가 어찌어찌하여 십자가 처형에서 생존할 수 있었다 하더라도 그가 부활했다는 믿음을 제자들에게 일으키지는 못했을 것이다.

예수 세미나의 공동설립자이자 매우 회의적인 생각을 하는 존 도미닉 크로산(John Dominic Crossan)조차도 "[예수가] 십자가에 못 박혔다는 것은 역사적인 어떤 사건만큼이나 확실하다"라고 결론짓고 있다.[12] 그런 다음 그 책에서 크로산은 세 가지 경우에 기초해서 예수가 죽었다는 것으로 귀결된다고 주장한다. 이와 비슷하게 무신론자이자 신약성경 비판자인 게르드 뤼데만(Gerd Lüdemann)도 다음과 같이 말한다. "십자가 처형의 결과로서의

---

12) John Dominic Crossan, *Jesus: A Revolutionary Biography* (San Francisco: Harper-Collins, 1991), 145. 『예수』(한국기독교연구소 역간, 2007).

예수의 죽음은 논란의 여지가 없다."[13] 따라서 예수가 십자가에서 죽은 것에 대한 강력한 증거가 있고 그 반대 주장에는 타당한 증거가 없으므로, 역사가는 예수가 십자가에 못 박혔고 그 과정을 통해 예수가 죽었다고 결론을 내려야만 할 것이다.

---

13) Gerd Lüdemann, *The Resurrection of Christ* (Amherst, NY: Prometheus Books, 2004), 50.

개리 R. 하버마스(Gary R. Habermas, 미시간 주립 대학교 Ph.D.) 버지니아 주 린치버그에 있는 리버티 대학교의 탁월한 연구 교수이자 철학과와 신학과의 학과장이다. 36권의 책(예수의 부활을 주제로한 18권)을 출간했고, 가장 최근에는 앤터니 플루, 그리고 데이비드 바게트와 함께 『부활 논쟁』(*Did the Resurrection Happen?*, IVP 역간, 2012)을 출간했다. 여러 책에 기고자로 참여했으며 학회지나 다른 정기 간행물에도 100편 이상의 논문을 발표했다. 지난 10년 동안 그는 미국과 해외에 있는 15개의 대학·원과 신학교에서 방문 교수와 외래 교수로 수십 개의 과목을 가르쳤다. http://www.garyhabermas.com에 있는 그의 웹사이트를 보라.

■ **개리 R. 하버마스**   최근의 신학적 탐구에서 매우 흥미로운 한 가지 발전이 있었다. 그것은 현대 비평학자들의 절대 다수는 예수가 장사되었던 무덤이 결과적으로 빈 채로 발견되었다는 견해를 최소한 어느 정도까지 지지한다는 것이다. 나는 여기서 빈 무덤을 지지하며 인용되는 20가지 이상의 논증 가운데 몇 가지를 제시할 것이다.

빈 무덤을 지지하는 주된 논증

첫째, 빈 무덤을 지지하는 가장 강력한 논증은 아마도 무덤의 위치와 그것을 둘러싼 사건과 관련이 있다. 복음서의 설명은 예수가 예루살렘에 있던 무덤에 장사되었다는 점에서 의견의 일치를 보인다. 예수가 죽었고 그 도시에서 장사되었다고 주장하면서 이것을 의문시하는 비평가들은 거의 없다. 대부분의 사람이 교회의 탄생으로 이어지는 초기 기독교 설교가 여기서 발생했다는 데 동의한다.

하지만 예수의 무덤이 예루살렘 가까이에 있었기 때문에, 전혀 비어 있지 않았다면 심각한 문제를 일으킨다. 예수의 무덤이 비어 있지 않았다면, 초기 기독교의 설교는 즉각적으로 반박되었을 것이다. 예수가 부활했다는 설교의 메시지가 썩어가는 예수의 시신과 대조 되었다면, 죽은 자 가운데서 예수가 부활했다고 설교하는 것이 어떻게 가능했겠는가? 그 시신을 보여주는 것만으로도 기독교 메시지는 말살되었을 것이고 기독교가 어떤 동력을 얻기도 전에 손쉽게 부정되었을 것이다. 따라서 예수의 무덤이 비어 있지 않았다면 예루살렘은 초기 기독교의 가르침이 거점을 마련할 수 있는 마지막 장소였을 것이다. 어느 일요일에 예수의 무덤으로 향한 산책이 그 문제를 이런저런 방식으로 해결할 수 있었을 것이다.

한 가지 독창적인 대답은 육신이 정말로 무덤에 있었지만 곧바로 해체되어 알아볼 수 없게 되었다고 주장하는 것이다. 그렇지 않으면 무덤은 누군가 점검할 수 있도록 열려 있기보다는 계속해서 닫혀 있었을 것이다.[1] 하지만 이런 질문은 무덤이 비어 있다는 기독교 가르침의 논점을 완전히 놓치고 있다. 따라서 어떤 시체가 예수의 것이든지 아니면 다른 사람의 것이든지 예수의 무덤에서 발견되었거나, 혹은 무덤이 여전히 닫혀 있었다면 이것은 무덤이 **비어 있었다**는 가르침에 어긋나는 것이다. 예루살렘에서 이런 실수는 곧바로 노출되었을 것이다.

둘째, 복음서의 설명을 지지하는 논증으로 가장 흔하게 언급되는 것은 빈 무덤에 관한 첫 번째 증인이 여성들이었다는 사실에 관한 완전한 합의일 것이다. 여성들이 법정에서 증언하는 것이 허락되지 않았다는 것은 엄격히

---

1) 예수가 결코 무덤에 장사된 적이 없었다는 제안에 대해서는 Gary R. Habermas, *The Historical Jesus: Ancient Evidence for the Life of Christ* (Joplin, MO: College Press, 1996), 127-29에 열거된 9가지 비판을 보라.

말해서 사실은 아니었지만, 중요한 문제와 관련해 여성의 증언을 반대하는 강력한 편견이 있었다는 것은 분명한 사실이다.[2]

이런 일반적인 입장에도 불구하고 복음서는 여성들이 빈 무덤의 중요한 증인들이었다고 주장한다. 만약 여성들이 이 사실을 발견한 첫 번째 사람들이 아니었다면, 복음서의 저자들은 왜 여성들의 증언을 그토록 중요하게 생각했을까? 그렇게 여성들을 중요하게 생각하는 것이 대다수의 청자에게는 복음서 저자들의 주장을 현저히 약화시켰을 것이다. 1세기 팔레스타인의 상황이 여성을 그렇게 중요하게 생각하지 않았다면, 우리는 복음서 저자들이 여성들이 빈 무덤을 발견했다고 분명히 확신했다는 결론만을 내릴 수 있을 따름이다. 복음서 저자들은 비판을 피하기보다는 진리를 보도하는 데 더 많은 관심을 기울였다. 이 부분에 도전하는 학자들이 거의 없을 정도로 이 논증은 매우 폭넓게 받아들여지고 있고 이런 사실은 이 논증의 장점이 된다.

셋째, 복음서에 나오는 빈 무덤에 관한 설명은 바울의 저술보다 나중에 기록되었지만, 많은 사람이 빈 무덤에 관한 설명을 증언한다는 사실은 매우 중요하다. 다른 말로 우리가 복음서의 기원에 관하여 어떤 주요한 견해를 취하든지 간에 빈 무덤 이야기는 한 가지 독립적인 자료 이상에서 등장하고 있다. 사실 학자들은 복음서에는 세 가지 또는 네 가지와 같이 많은 독립적인 전승이 있을 수 있다고 생각한다. 이 사실은 복음서의 빈 무덤에 관한 보도들이 시기적으로 앞서고 동시에 역사적이라는 가능성을 상당히 높여준다. 예루살렘이라는 장소와 여성들의 증언과 함께, 나는 그런 전승들이 빈 무덤을 지지하는 최고의 논증들이라고 생각한다.

넷째, 최근 대부분의 학자들은 바울이 명백하게 빈 무덤을 언급하지 않았지만 고린도전서 15:3-4에서 바울 사도가 다른 이들에게 보도했던 초기

---

2) 이 주제들에 대한 탁월한 토론이 Carolyn Osiek, "The Women at the Tomb: What Are They Doing There?" *Ex Auditu* 9 (1993): 97-107에 제공되어 있다.

전승은 빈 무덤을 함축하고 있다는 데 동의하는 것처럼 보인다. 복음서의 내용은 예수의 죽음에서 그의 장사됨, 죽은 자 가운데서 부활함, 그리고 그의 나타나 보이심으로 열거된다. 이런 순서는 그것이 아무리 변형된 것이라 해도 죽고 장사지낸 예수의 몸이 그 후에 일으킴을 받았음을 강력하게 시사해준다. 그러므로 땅에 묻혔던 것이 정확하게 나타났다. 간략하게 말하자면 내려갔던 것이 올라온 것이다. 그런 과정은 장사지낸 무덤이 비어 있는 것으로 귀결되었을 것이다.

바울이 특별히 빈 무덤을 언급하지 않았다는 것은 그렇게까지 강력한 논점이 될 수 없다. 여전히 예수의 죽은 육신이 장사되었고 부활했고 나타나 보였다고 그토록 분명하게 말하는 것은 그 과정에서 무덤이 비어 있지 않았다면 매우 이상한 논리가 된다.

다섯째, 많은 학자가 사도행전 13장이 아마도 또 다른 초기 전승, 즉 나중 시대에 쓰인 책에 포함된 초기 설교에 관한 설명을 매우 잘 보존하고 있다는 점을 인정한다. 사도행전 13:29-31, 36-37에서 발견되는 보도는 바울의 것으로 받아들여지고 있고 분명하게 예수의 시신이 무덤에 놓였다고 가르친다. 그런 다음에 예수는 어떤 육체적인 분해를 겪지 않고 부활하셔서 제자들에게 나타나셨다. 만일 그렇다면 지금 우리는 바울이 훨씬 더 강력하게 빈 무덤을 인정했던 초기 본문을 갖고 있는 것이다. 왜냐하면 예수는 나타나셨고 그의 육신은 어떤 부패도 겪지 않았기 때문이다.

여섯째, 마태복음 28:11-15과 순교자 유스티누스 및 테르툴리아누스의 보도에 따르면, 유대교 지도자들은 거의 200년 동안 또는 그 이상을 빈 무덤에 관해 예수의 제자들이 예수의 시신을 훔쳐간 것으로 설명하려고 시도했다.[3] 이것은 심지어 유대교 고위층마저도 예수의 시신이 거기에 없었다는 사실을 인정했음을 의미한다!

---

3) Justin Martyr, *Dialogue with Trypho*, 108; Tertullian, *On Spectacles*, 30.

하지만 회의론자들마저도 유대 지도자들이 제공한 설명이 형편없이 빈약하다는 것을 자유롭게 인정하고 있다. 예를 들어 제자들이 예수의 시신을 훔쳐갔다면 우리는 어떻게 제자들이 믿을 수 없을 정도로 변화된 것을 설명할 수 있는가? 제자들은 자신들의 직업과 건강, 심지어는 그들의 안위뿐만 아니라 가족들과 함께 보내는 시간까지도 박탈당했다. 그들은 자신들이 분명히 지어낸 이야기를 설교하기 위해 수십 년 동안을 로마 제국 전역에서 추적당하며 살아야 했다. 게다가 그들이 거짓된 선포로 알고 있었던 예수의 부활을 위해 기꺼이 죽을 수 있었다는 사실을 어떻게 설명하겠는가? 더 나아가 이런 설명은 예수의 메시지를 거절했던 예수의 형제 야고보의 회심을 어떻게 설명하는가? 또한 우리는 베드로가 유대교에서 개종한 것에 관한 그 어떤 설득력 있는 이유를 발견할 수 없다. 따라서 유대교 지도자들조차도 분명하게 설득력이 없는 다른 설명을 제시하려고 빈 무덤을 인정했다!

일곱째, N. T. 라이트(N. T. Wright)와 다른 이들의 학문적인 논지에 대해 한마디 해야겠다. 고대 세계에서 이방인이든 유대인이든 아니면 그리스도인이든 그와 상관없이 기원후 2세기까지의 저술들은 부활에 관한 정확한 정의가 분명 육체적인 개념이었다는 점에서 완전한 합의를 보여주었다. 고대 사람들은 죽은 자 가운데서 부활하는 것은 예수의 육체에서만 일어날 수 있고 어떤 예외적인 것도 존재하지 않는다고 생각했다. 따라서 예수에 관한 바울의 저술과 다른 신약성경뿐만 아니라 구약성경과 복음서의 설명에서 부활의 의미는 동일했다. 이런 사실은 예수의 부활이 육체적인 방식으로 생각되었음을 보여준다. 그리고 육체의 부활은 빈 무덤이 필요하다.[4]

---

4) Wright, *The Resurrection of the Son of God*, xix, 31, 71, 82-83, 201-206, 273, 314, 710. 『하나님의 아들의 부활』(크리스챤다이제스트 역간, 2005).

이상의 내용은 현대의 학자들 다수가 빈 무덤의 사실을 인정하는 몇 가지 이유다. 물론 여전히 다른 논증들이 추가로 제공될 수 있을 것이다. 이것은 역사가인 마이클 그랜트(Michael Grant)가 "역사가는…정당하게 빈 무덤을 부정할 수 없다"라고 결론을 내리는 이유다. 다른 곳에서 사용되는 동일한 역사적인 기준을 적용한다면, "증거는 무덤이 정말로 비어 있었다는 결론을 필연적으로 내리도록 충분히 확고하고 타당"하기 때문이다.[5]

우리가 여기서 제시했던 것과 같은 논증에 비추어보면 이런 결론은 피하기 매우 어려운 것처럼 보인다. 역사적인 규칙을 다양한 자료에 정상적으로 적용하면, 그것은 예수가 죽고 얼마 지나지 않아 예수의 무덤은 정말로 비어 있는 것으로 발견되었음을 보여준다.

---

5) Michael Grant, *Jesus: An Historian's Review of the Gospels* (New York: Macmillan, 1992), 176.

35

예수의 부활 현현

■ 개리 R. 하버마스　　신약성경이 복음의 자료들을 규정하고 확인할 때는 최소한 세 가지 주제가 항상 언급된다. 그것은 바로 예수의 신성과 죽음, 그리고 부활이다.[1] 예수의 부활에 있어 핵심은 예수가 죽음 이후에 제자들에게 나타난 것이다. 비평학자들은 초기 교회의 예배와 저술과 증언이라는 전체 기획이 절대 가능하지 않다는 점에 동의한다. 예수의 제자들이 예수가 죽음 이후에 그들에게 나타나 보이심으로써 죽음을 극복했다는 절대적인 확신이 없었다면 말이다.

나는 이 교리에 강력한 근거가 있다고 생각하지만, 이 글 전체에서는 신약성경 저술에 관한 영감이나 신뢰성을 가정하지 않을 것이다. 이 글에서는 거의 예외 없이 절대다수의 비복음주의권의 학자들도 인정하는 잘 입증된 자료들만을 언급할 것이다. 여기서 근거들과 관련한 주요 특색 이상을 제시할 수는 없어도, 인상적인 자료들을 제시하면서 각각의 논점을 확증할 것이다.

우리는 다음과 같은 점을 처음부터 분명히 해야만 한다. 곧 현대의 학자

---

1) 예를 들어 행 2:22-36; 3:12-23; 롬 1:34; 10:9을 보라.

들은 자료들이 언제 신약성경 저술에서 취해졌는지에 별로 관심을 기울이지 않는다. 그뿐만 아니라 그들은 대개 자료에 그다지 관심을 기울이지 않는다. 확증된 자료들은 그것이 발견되는 어느 곳이든지 사용될 수 있기 때문이다.

잘 증언되고 인정된 자료들만을 전적으로 사용하면서 나는 예수의 부활 현현을 지지하는 10가지 고려사항을 열거할 것이다. 각각의 관점은 다음과 같은 공통점을 가지고 있다. 그것은 한 사람이나 그 이상의 사람들이 예수의 죽음 이후에 그를 다시 보았다고 전적으로 확신했음을 확인해준다. 비록 여기서는 추가적인 논지를 제시할 수 없지만, 다른 곳에서 나와 다른 사람들은 예수를 보았다는 확신을 어떤 자연적인 수단으로 설명하는 것이 가능하지 않다고 훨씬 상세하게 주장했다. 놀랍게도 비교적 소수의 회의적인 학자들만이 이와 다른 가설을 지지한다.[2] 그러므로 가장 그럴듯한 결론은 제자들과 다른 사람들이 정말로 부활하신 예수를 보았다는 것이다.

여기 내가 주장하는 가장 핵심적인 부분이 있다. 이 10가지 논증은 제자들과 다른 사람들이 실제적이고 가시적인 경험을 했다는 것을 보여준다. 실현 가능한 자연적인 대안들을 실패한 것과 나란히 놓아보면, 우리는 예수가 죽음 이후에 실제적으로 많은 사람에게 나타나셨다는 특별히 강력한 표지를 볼 수 있다. 이런 나타나심은 개인들에게만 아니라 집단적으로도 이루어졌다. 다른 말로 표현하면 다양한 증거가 가시적인 경험을 보여주고, 자연주의적인 설명의 시도들이 가시적인 경험을 설명해주지 못한다면, 가장 그럴듯한 설명은 예수가 죽은 자들 가운데서 부활하셨다는 것이다. 간단하게 산술적으로 표현하면, **초기 제자들의 경험 더하기 자연주의적 이론의 실패는**

---

2) Gary R. Habermas and Michael R. Licona, *The Case for the Resurrection of Jesus* (Grand Rapids: Kregel, 2004), 특별히 79-150을 보라; Gary R. Habermas, *The Risen Jesus and Future Hope* (Lanham, MD: Rowman & Littlefield, 2003), 특별히 1장을 보라.

　　　　　　　　　　　　　　　기독교를 위한 변론

예수 부활의 현현이다.

우리의 처음 네 가지 논증은 바울의 편지에서 나온다. 나머지 6가지 논증은 다른 신약성경 자료에서 취한 것이다.

첫째, 최근 학자들은 수많은 이유에서 예수의 부활 현현을 토론할 때 사도 바울에서 시작한다. 바울은 초기 기독교 메시지의 강력한 반대자였다(고전 15:9; 갈 1:13-14; 빌 3:4-7). 그러나 그는 유대교의 높은 지위를 버리고 기독교로 개종했다. 바울이 개종한 이유는 분명 그가 부활하신 예수를 보았다는 믿음에 있다(고전 9:1; 15:8; 갈 1:16). 예수가 바울에게 나타나신 것은 분명히 바울이 부활하신 예수와 관련해 예외적으로 강력한 증인으로서 유대교뿐만 아니라 기독교의 전문가가 될 수 있는 자격을 부여해준다.

둘째, 학자적이고 목격자적인 증언을 넘어 바울은 예수의 부활 현현 사건에 훨씬 많은 공헌을 하고 있다. 현대의 학자들은 고린도전서 15:3에서 바울이 실제로는 자신의 편지보다 연대기적으로 20년에서 30년 앞서는 매우 오랜 전승을 기록하고 있다고 더욱 폭넓게 주장하고 있다. 그것은 심지어 바울 자신이 기독교로 개종하는 것보다 앞서는 것일 수도 있다. 자신이 다른 사람들로부터 이 전승을 받았다고 설명한 다음에, 바울은 초기 기독교에서 설교되었던 복음을 간결하게 다음과 같이 보도하고 있다. 그리스도께서 우리의 죄를 위해 죽으셨고 장사되었다. 나중에 그리스도는 죽은 자들 가운데서 부활하셨고 많은 증인에게 나타나셨다.

바울은 자신의 독자들에게 그가 다른 사람들에게서 받았던 이런 가르침을 전하고 있다고 말한다(고전 15:3). 여기서 바울의 분명한 진술이 중요한 이유는 학자들이 바울의 증언에 존경심을 가지기 때문이다. 더 나아가 뒤에 이어지는 단어들은 바울이 만든 것이 아니라는 많은 본문 상의 암시들이 존재하기 때문에 바울의 주장은 입증되고 있다. 예컨대 현현에 대한 이런 목록은, 만일 그 목적이 후대에 전달되어 그들을 가르치기 위한 고대의 교리문답이었다면 하나의 병행적인 구조를 드러낼 것이다. 더욱이 이것의 다른 몇 가지 특징들, 즉 그리스어 문장 구조나 사용된 어휘들의 몇몇 단어들을 바울의 다른 서신들과 비교해보면 바울의 것이 아님을 알 수 있다.

이 주제를 소개하는 대부분의 학자는 바울이 이런 자료를 그가 회심한 직후 3년이 지나 처음으로 예루살렘을 방문했을 때인 기원후 35년경에 받았다고 생각한다. 바울은 자신이 베드로와 예수님의 형제 야고보를 방문했다고 설명하고 있다(갈 1:18-19). 그는 본문 앞뒤의 즉각적인 문맥에서 복음의 본질이 무엇인지에 대해 논의하고 있다(갈 1:11-2:10). 추가적으로 갈라디아서 1:18에서 바울의 단어 선택은 그가 정보를 얻기 위해서 두 사도를 접견하거나 그들에게 질문한 것을 보여준다. 여기서 우리는 분명하게 예수의 부활 현현을 포함하는 예외적인 초기 전승을 가지고 복음 보도에 집중하게 된다.

셋째, 바울은 복음 메시지의 진리를 확신하는 일에 너무나 조심해서, 이 첫 방문 이후 14년 만에 예루살렘을 다시 방문했다(갈 2:1-10). 놀랍게도 바울의 목적은 자신이 설교했던 것이 진리라는 것을 절대적으로 확신하는 것이었다(갈 2:2). 잠시 동안 바울은 자신의 연구를 수행했다. 이때 베드로와 야고보 이외에도 또 다른 중요한 사도였던 요한도 생존해 있었다. 바울이 이들보다 더 탁월한 세 명의 기독교 지도자를 찾아갈 수 있었을까? 결정적으로 이 네 명의 증인은 초기 교회에서 가장 영향력 있는 사람들이었다. 그리고 이들은 한목소리로 초기 단계에서 예수의 부활 현현에 대해 증언했다. 요점은 서로 다른 세 명의 사도가 부활을 포함하는 바울의 복음적인 가르침(고전 15:1-5)을 공인했다는 것이다. 그들은 바울의 메시지에 아무것도 더하지 않았다(갈 2:6, 9). 바울이 예루살렘을 두 번 여행한 것은 그가 갈망했던 자료들과 복음에 대한 확신을 제공했다.

넷째, 고린도전서 15:11에서 바울은 여전히 또 다른 개인적인 증언의 층

 기독교를 위한 변론

을 하나 더 첨가했다. 이제 바울은 그 자신도 다른 사람들이 설교하던 것을 알고 있었다고 주장한다. 그리고 몇 해 전에는 그들이 바울의 메시지를 확인해주었듯이, 바울은 이제 그들도 예수의 부활 현현에 대해 바울이 가르쳤던 동일한 진리를 가르친다고 증언했다(고전 15:11). 사실 바울은 베드로(고전 15:5)와 야고보(고전 15:7) 두 사람에 관한 별개의 현현을 기록했다. 따라서 요한과 함께 모든 사도가 동일한 진리를 선포했다. 그들은 부활하신 예수의 현현의 증인들이었다(고전 15:12, 15).

학자들은 한결같이 바울을 부활 현현에 대한 가장 초기 증인이자 최고의 증인으로 간주한다. 이런 4개의 생각은 예수의 부활 현현에 대한 바울의 증언에 있는 가치와 관련해서 몇 가지 흔적을 제공해준다. 하지만 바울의 저술을 유일한 증거라고 하기는 힘들다. 훨씬 단단한 격자를 함께 만들어줄 더 많은 증거가 최소한 6개는 더 존재한다.

다섯째, 학자들은 고린도전서 15:3 이외에도 일반적으로 신약성경의 다른 많은 책이 초기 전승들이 등장하는 다른 텍스트보다 앞선 시기의 초기 전승들을 포함하고 있다는 데 의견의 일치를 보이고 있다. 최고의 실례들은 대부분 사도행전에서 발견된다. 사도행전에는 초기 설교가 간결히 요약되어 있다.[3] 이들 초기 진술의 핵심은 예수 그리스도의 죽으심과 부활이다.

여섯째, 실제로 제자들의 친구나 적, 신자나 비판자들을 포함해서 그 누구도 제자들이 부활하신 예수를 봤다는 확신이 그들에게 급진적인 변화를 일으켰음을 부인하지 않는다. 제자들은 **특별히 자신들의 부활 신앙을 위해** 기꺼이 죽을 용의가 있었다. 수 세기에 걸쳐 많은 사람이 정치적이거나 종교적 대의를 위해 자신의 생명을 기꺼이 내어놓았다. 하지만 여기서 결정적인 차이점은 많은 사람이 단순하게 자신의 **확신**을 위해 죽었다면, 예수의

---

3) 흔히 인용되는 실례는 행 1:21-22; 2:22-36; 3:13-16; 4:8-10; 5:29-32; 10:39-43; 13:28-31; 17:1-3, 30-31을 포함한다.

제자들은 자신들이 기꺼이 죽으려고 했던 사건의 진리 또는 거짓을 알 수 있는 바른 위치에 있었다는 것이다.

일곱째, 예수의 사역 기간 동안 예수의 형제 야고보는 회의론자였다. 이 것은 거의 항상 인정되는 사실이다(요 7:5). 아마도 야고보는 예수가 제정신이 아니라고 생각했던, 마가복음 3:21-35에 나오는 예수의 가족 구성원 중 한 명이었을 것이다. 그러나 그가 나중에 예루살렘 교회를 이끌었다는 놀라운 보고를 어떻게 설명하겠는가?(갈 1:18-2:10; 행 15:13-21) 고린도전서 15:7에 있는 신조적인 논평(creedal comment)에 따르면 예수는 또 다른 한 가지 부활 현현의 지시봉(pointer)이 되는 야고보에게 나타나셨다.

여덟째, 예수가 장사된 무덤은 얼마 지나지 않아 빈 채로 발견되었다. 부활이라는 초기 사도적 설교는 예루살렘에서 시작되었다. 그곳에서 봉인되거나 시신이 안치된 무덤은 재앙이 되었을 것이다! 게다가 여인들이 빈 무덤을 가장 빨리 목격한 사람들이었다는 일치된 의견은 또 다른 강력한 고려사항이다. 당시 여성들의 증언에 반대하는 광범위한 편견은 여성들의 보도가 꾸며지지 않았음을 언급해주기 때문이다. 비록 빈 무덤이 부활 현현을 입증해주지는 않지만 그것은 부활한 예수를 보았다는 제자들의 주장을 강화해준다.

아홉째, 예수의 부활이 초기 기독교 신앙의 **중심**이었다는 것은 신자들이 예수를 보았다고 반복적으로 확증하고 불신자들이 그것에 도전했기 때문에 그 실재성을 입증해준다. 예를 들면, 바울은 자신의 복음 메시지가 진실하다는 것을 확실하게 하려고 최소한 두세 번 예루살렘의 사도들을 방문했다. 정말이지 이런 사건이 없었다면 기독교는 존재하지 않았을 것이다(고전 15:14, 17). 이것은 교회의 중심적인 선포였다(행 4:3). 불신자들은 신앙의 이 중심부를 공격했지만 그것이 근거하던 바위인 예수의 현현을 부인할 수는 없었다.

마지막으로 불신자들이 자연적인 용어로 예수에게 일어난 일을 설명하려고 했던 지난 2,000년 동안의 시도는 실패했다. 예루살렘에 있는 유대교 지도자들은 부활 현현의 선포를 철저하게 탐구할 수 있는 능력과 동기와 위치를 가지고 있었다. 그들은 예수의 죽음과 장사지낸 바 된 것을 알고 있었다. 그리고 그 오류를 드러내기에 이상적인 위치에 있었지만 그들은 그 증거를 논박하지 못했다. 심지어 오늘날의 회의적인 많은 학자도 무엇이 일어났는지에 대한 설명을 제대로 하지 못한다.

이런 10가지 이유로 현재 대다수의 학자가 예수의 제자와 다른 사람들이 예수가 십자가에 달린 후에 예수를 보았다고 결론을 내리고 있다. 이것은 초기 신자들이 주장했던 것이며 수많은 관점으로부터 놀라울 정도의 상세한 내용이 이런 가르침을 확증하고 있다. 우리는 심지어 제자들이 이런 증거들 자체에 압도되었다고 말할 수 있다. 이런 증거들은 제자들이 부활한 예수를 보았다는 확신을 주었다. 자연주의적 설명들이 이런 경험들을 설명할 수 없다고 가정한다면, 예수의 부활 현현은 역사적인 사실에 관한 최고의 설명이 된다. 산술적으로 표현하면, 초기 제자들의 체험 더하기 자연주의적 이론의 실패는 예수 부활 현현이다.

마이클 R. 리코나(Michael R. Licona) 남아프리카 공화국의 프리토리아 대학교에서 신약학 연구로 박사 학위를 취득했다. 예수의 부활의 역사성에 관한 주제로 박사 학위를 썼다. 북미선교회 변증학 코디네이터이기도 하다. 또한 *Paul Meets Muhammad*의 저자이며 개리 하버마스와 함께 저술한 *The Case for the Resurrection of Jesus*는 상을 받았다. 리코나는 *The Case for the Real Jesus*에서 리 스트로벨과 인터뷰했던 사람 중 하나다. 그는 수많은 라디오와 텔레비전 인터뷰에 출현했고 현재는 40개 이상의 대학교 캠퍼스에서 강연하고 있다.

36
예수의 부활 현현은 환각이었는가?

■ 마이클 R. 리코나   우리는 모두 다르게 형성되었다. 나에 대해 말하자면, 나는 늘 뒤늦은 후회를 하는 사람이어서 그런 후회하는 나 자신이 싫다. 나는 화장품 가게의 문을 나오기 전에 다른 제품을 사는 것이 좋지 않을까를 고민하면서 독일 쾰른 지방에서 나오는 오드콜로뉴 향수를 사지도 못한다. 강한 기독교적 분위기에서 성장했지만 나는 20대 초반에 기독교 진리에 대해 의문을 갖기 시작했다. 그리고 결국 하나님에 대한 선택이 내 삶의 가장 중요한 선택일 수 있음을 알게 되었다. 셀 수 없을 정도의 예외가 존재한다 해도, 우리는 주로 우리가 믿도록 양육된 것을 믿는 경향이 있다. 나는 하나님을 기쁘시게 해 드리려고 내가 할 수 있는 최선을 다하면서 하나님과의 훌륭한 관계를 맺고 있고, 내 삶을 통해 하나님이 나를 인도하셨으며, 무수한 내 기도에 하나님이 응답하셨다고 확신하고 있다. 하지만 다른 종교를 추종하는 사람들도 비슷한 확신이 있다. 이것은 내가 어떤 특정한 관점에서 이 세상의 일들을 보고 믿도록 길들여진 것이 아닐까? 어떻게 나는 타당한 확신을 갖고 기독교가 진리라는 것을 **알게 되었을까?**

이런 질문은 미래에 관한 내 계획을 혼란 속으로 내던져버릴 정도로 나를 괴롭혔다. 왜 내가 심각한 회의가 있는 신념체계에 내 삶을 바쳐야 할까? 개리 R. 하버마스라는 탁월한 기독교 철학자는 예수의 부활을 연구하는 데 자신의 학자적 삶을 송두리째 바쳤다. 그가 나를 이 주제로 이끌었다. 그리고 그것은 중요한 주제였다. 결국 기독교의 진리는 예수가 실제로 죽은 자로부터 부활하였는가에 따라 서기도 하고 넘어지기도 한다. 아마도 가장 초기의 기독교 저술가였다고 할 수 있는 사도 바울은 "그리스도께서 다시 살아나신 일이 없으면 너희의 믿음도 헛되고"(고전 15:17)라고 말하고 있다.

나사렛 예수가 정말로 죽은 자 가운데서 부활했느냐는 주제에 많은 관심이 쏠렸다. 개리 R. 하버마스는 1975년부터 그 주제에 관해 발표된 3,400개 이상의 학문적인 책과 논문들의 참고문헌 목록을 편찬했다. 또 다른 전문가이자 미국의 피츠버그 신학대학원 교수인 데일 앨리슨(Dale Allison)은 예수 부활의 역사성이라는 주제를 신약성경 연구에서 "상을 베푸는 퍼즐"이라고 말했다.

앞 장에서 개리 R. 하버마스는 많은 역사적 증거가 예수의 제자들과 심지어 두세 명의 회의론자들마저도 부활한 예수가 나타난 것을 경험했다고 설득력 있게 제안하고 있음을 강하게 주장했다. 역사적으로 가장 잘 입증된 경험이 집단적인 배경 안에서 열두 명의 제자에게 동시에 나타난 것이다. 하지만 우리는 이런 경험들이 부활하신 예수의 실제적인 나타나심이라기보다 심리적인 특징을 지닌 경험일 수 있다고 물을 수 있다. 결국 심리적 현상은 흔한 현상이고 많은 것이 예수의 나타나심에 대한 설명으로 제안되고 있다. 하지만 지면은 우리에게 단지 문헌이 제안하고 있는 가장 두드러진 것만을 다룰 수 있게 한다. 그것은 부활 현현이 환각이었다는 것이다.

환각은 "외부의 자극이 없음에도 실체에 대한 강렬한 감각을 지니고 있는 잘못된 감각적 인식"으로 정의할 수 있다.[1] 다른 말로 하면, 환각은 실제로 존재하지 않는 어떤 것을 인식하는 것이다. 이것은 수많은 방법으로 발생한다. 환각을 겪는 사람들은 실제로는 존재하지 않는 어떤 것을 보고, 듣고, 만지고, 냄새 맡고, 맛을 본다고 믿는다. 때때로 환각은 그것을 겪는 사람이 어떤 것을 보고, 또 듣는다고 생각할 때와 같이 다중적인 방법으로 발생할 수도 있다. 하지만 다중적인 방법은 단일한 방법으로 발생하는 환각보다는 흔하지 않다.

약 15%의 사람들이 한 번 또는 그 이상의 환각을 경험한다. 연구에 따르면 어떤 특성을 지닌 유형의 사람이 환각을 더욱 잘 경험했다. 여성들이 남성들보다 환각을 더 잘 경험하고, 노인들이 젊은이들보다 환영을 더 잘 보았다. 그리고 사랑하는 이를 상실한 노년의 성인들이 환각을 경험하는 그룹에서 가장 높은 비율을 차지했다. 50%라는 엄청난 비율이다![2]

이런 사실들을 염두에 두고 예수의 제자들과 교회를 박해하던 바울, 그리고 예수를 반대했던 동생 야고보가 부활한 예수에 대한 환각을 경험했을 것이라는 가능성을 고려해보자. 열두 명의 제자 전부와 바울, 야고보는 모두 남성이었다. 그리고 그들은 각기 다른 연령대에 속해 있었고 다른 특성을 지니고 있었다. 열두 제자가 슬퍼하고 있었다는 것은 분명하다. 하지만 제자들이 환각을 겪었다는 제안은 그들 가운데 15% 이상이 그 경험을 했다는 것을 논증해야만 한다. 사랑하는 사람과 사별한 노인 중 우리가 발견하는 50% 이상의 엄청나게 많은 사람이 실제로 환각을 경험했다. 정말이지 그것은 놀랍게도 100%일 수 있다! 게다가 환각이 비슷하게 발생했다면 그들은 환각을 동시에 경험했을 것이라고 제안되어야만 한다. 그들은 자신들이 동

---

1) Gary R. Vandenbos, ed., *APA Dictionary of Psychology* (Washington, DC: American Psychological Association, 2007), 427.
2) Andre Aleman and Frank Laroi, *Hallucinations: The Science of Idiosyncratic Perception* (Washington, DC: American Psychological Association, 2008)을 보라.

일한 예수를 보았다고 믿게 하는 동일한 방법으로 환각을 경험해야만 하는 일이 발생했다. 다른 말로 집단 환각이 실제로 발생했다면 제자들은 환각을 다른 방법, 최소한 다소 다른 내용으로 경험했으리라는 것이 더욱더 그럴듯해 보인다. 아마 어떤 사람은 "나는 예수가 문 너머에 있는 것이 보여"라고 말했을 것이다. 반면에 또 다른 사람은 "아니야. 나는 그가 천장 위에 떠다니는 것이 보여"라고 말했을 것이고, 또 다른 사람은 "아니야. 나는 그가 나에게 말씀하고 있는 것이 들려"라고 말했을 것이며, 또 다른 사람은 "나는 그가 우리와 함께 이 방 안에 있는 것이 느껴져"라고 말했을 것이다. 대신에 우리는 제자들이 예수를 **보았다**는 보고를 하고 있다.

하지만 그 이상의 문제가 있다. 그리스도인들을 박해하는 일을 자신의 사명이라 여긴 바울은 예수의 죽음에 대해 슬퍼하지 않았고 따라서 환각을 경험할 수 있는 후보로 적절하지 않았다.

더욱 진전된 문제는 집단 환각과 관련이 있다. 환각이 어떤 개인의 마음에서 발생하는 아무런 외부의 실재도 가지지 않는 하나의 사건이기 때문에, 어떤 사람은 다른 사람의 환각에 참여할 수 없다. 이런 의미에서 환각은 꿈과 같다. 나는 밤중에 내 아내를 깨워서 "여보, 지금 나는 하와이에 있는 꿈을 꾸고 있소. 다시 잠을 자요. 내 꿈에 동참해서 신나는 휴가를 즐깁시다!"라고 말할 수 없다. 우리는 다시금 잠을 청해 둘 다 하와이에 있는 꿈을 꿀 수 있다. 그러나 동일한 꿈에 참여하지는 못한다. 동일한 장소에서 동일한 활동을 하며 정확하게 동일한 말로 동일한 토론을 수행할 수는 없다. 이것은 꿈이 개인의 마음에서 발생하는 것이고 서로 상응하는 외부적인 실체가 전혀 없기 때문이다. 그런 의미에서 환각은 하나의 심리적인 현상과 유사하다.

개리 십시(Gary A. Sibcy)는 집단 환각에 관심이 있는 임상심리학 박사 학위를 받은 임상심리학자다. 그는 다음과 같이 말하고 있다.

나는 지난 20년 동안 심리학자들과 정신과 의사, 그리고 다른 적절한 건강관리 전문가들이 쓴 전문적인 문헌(전문가에게 심사를 받은 논문과 책들)을 살펴보았고 거기에 분명히 그 어떤 외부적인 대상도 존재하지 않는 집단 환각, 즉 한 사람 이상의 사람들이 시각적이거나 다른 감각적인 인식을 공유하는 사건에 대해 문서로 보고된 경우를 한 번도 만나보지 못했다.[3]

예수의 현현이 단지 환각이라고 주장하는 사람들에게 최소한 한 가지 더 어려운 문제가 있다. 그것은 예수의 무덤이 비어 있었다는 것이다. 만일 예수가 사실상 죽은 자들 가운데서 부활하지 않았고 부활 현현이 환각이었다면, 우리는 여전히 어떻게 예수의 무덤이 비어 있게 되었는지를 설명해야만 한다. 부활 현현을 설명하는 데 있어서 우리가 위에서 살펴본 것처럼 환각이 끔찍하게도 부적절하다는 사실과는 별도로, 비록 그 사실이 아니라고 해도 그들은 예수의 빈 무덤에 대해 설명해주지 못한다.

요약하자면 환각이 예수의 부활 이후의 현현을 설명해준다는 제안은 여러 이유에서 무너지고 만다. 비록 예수의 제자들 가운데 전부는 아니지만 최소한 몇몇이 환각을 경험할 수 있는 정서였을 수 있었다는 것을 인정한다 해도, 부활하신 예수에 대한 몇몇 경험의 특성, 특별히 집단적인 배경에서 발생했던 경험들과 예수의 적대자인 바울에게 일어난 경험의 특성과 예수의 빈 무덤은 이런 경험이 단지 환각이 아니었음을 강력하게 제안한다.

---

3) 2009년 3월 10일에 저자와 나눈 개인적인 서신에서 인용했다.

빌 고든(Bill Gordon)　북미선교회의 그룹·신앙
간 복음전도연구회의 자문 위원이다. 1987년에 뉴
올리언스 침례신학교에서 조직신학으로 신학 박
사 학위를 취득했다. *Faith Discipleship: FAITH
Reaching Out to Cults*와 *Faith Discipleship:
FAITH Reaching Out to World Religions*라는 책
의 기고자로 참여했고, 미국 복음주의신학회의 회원
으로 활동 중이다.

37
삼위일체

■ 빌 고든

삼위일체 교리는 기독교 신앙에서 가장 중요한 것 중 하나다. 이 교리는 하나님에 대한 기독교 이해의 중심이며 모든 기독교 단체가 이 교리를 받아들이고 있다.

삼위일체 교리는 오직 하나의 살아계신 참 하나님이 존재한다는 믿음이다. 하지만 그 한 하나님은 성부·성자·성령으로 구별되는 세 위격이시다. 이 세 위격은 구별되는 인격적 속성을 갖지만 세 위격 사이의 본성이나 본질 또는 존재의 구분은 없다. 삼위 하나님은 영원한 교제를 즐기시며 함께 영원하시고 동등하시다.

삼위일체 교리는 세 하나님이 존재한다고 믿는 삼신론(tritheism)을 거부한다. 오직 한 하나님이 계신다. 또한 삼위일체 교리는 양태론(modalism)을 거부한다. 양태론은 하나님이 다양한 시간에 다양한 양태로 나타난 한 인격(one person)이라는 신앙이다. 그러나 삼위일체의 세 위격(three persons)은 동시적으로 존재하신다. 삼위는 한 하나님 안에 구별되는 영원한 위격들이시다.

삼위일체라는 단어가 성경에서 발견되지는 않지만 그 진리성은 많은 성경 본문에 표현되어 있다. 성경은 성부를 하나님으로, 성자를 하나님으로, 성령을 하나님으로 인정한다.

초기 교회 역사에서의 삼위일체 교리

삼위일체 교리를 거부하는 많은 사람은 그 교리가 사도 시대 이후에 발전했다고 주장한다. 삼위일체 교리에 대한 대부분의 비판자는 삼위일체 교리가 교회에 소개된 사건으로 325년의 니케아 공의회와 381년의 콘스탄티노플 공의회를 언급한다. 그러나 이런 주장은 역사적 기록에 의해 지지받지 못한다. 이 사실은 니케아 회의와 콘스탄티노플 공의회 이전의 그리스도인들의 저술을 살펴보면 잘 알 수 있다.

로마의 클레멘스(Clement of Rome, 기원후 50-99)는 96년 어간에 고린도 교회에 보내는 편지를 썼다. 그는 이 편지에서 하나님을 삼위일체 교리와 양립할 수 있는 용어들로 설명하고 있다. 클레멘스는 "우리는 한 하나님, 한 그리스도, 우리에게 부어지는 은혜의 한 성령을 소유하고 있지 않은가?"라고 쓰고 있다.[1] 또한 그는 "하나님이 살아계시고, 주 예수 그리스도가 살아계시며, (선택된 자들이 믿고 소망하는) 성령"에 대해 말하고 있다.[2] 추가적으로 마태복음 28:19의 삼위일체 형식이 90-100년 어간에 기록된 교회의 교범인 『열두 사도들의 가르침』(*Didache*, 분도출판사 역간, 2002)에 두 번 인용되고 있다.

안디옥의 이그나티우스(Ignatius of Antioch, 35-117)는 117년에 죽기 전

---

1) Cyril Richardson, ed., *Early Christian Fathers* (New York: Macmillan, 1970), 65.
2) Ibid., 70.

　　　　　기독교를 위한 변론

에 여러 편지를 썼다. 그는 에베소에 보낸 자신의 편지에서 예수 그리스도의 인성과 신성을 단언하고 있다. "여러분의 일치와 선택의 근원은, 여러분이 우리의 하나님이신 아버지와 예수 그리스도의 뜻으로 당하는 진정한 고난이다."[3] 동일한 편지에서 이그나티우스는 "오직 한 의사—육신으로 나셨지만 영적이시고, 나셨지만 나지 않으셨으며, 성육신하신 하나님이시고 죽음 가운데 진정한 생명이시며, 하나님뿐 아니라 마리아에게서 나신, 먼저 고난에 매이셨지만 그것을 이기셨던—예수 그리스도 우리의 주님이 계신다"라고 말하고 있다.[4] 또한 로마인들에게 보내는 편지에서 이그나티우스는 예수 그리스도를 "우리의 하나님"으로 언급하고 있다.[5] 유스티누스라는 이름의 또 다른 초기 그리스도인은 155년경에 『제일 변증』이라는 책을 썼다. 이 저술에서 유스티누스는 그 아들이 신적인 분이라고 선언하고 있다.[6]

또한 삼위일체 교리는 176-177년경에 아테나고라스가 마르쿠스 아우렐리우스(Marcus Aurelius, 121-180)와 루키우스 아우렐리우스(Lucius Aurelius, 161-192) 황제에게 보낸 탄원서에 다음과 같이 함축되어 있다. "성령의 일치와 능력을 통해 성자는 성부 안에, 성부는 성자 안에 존재하신다."[7] 아테나고라스는 나중에 자신의 탄원서에서 삼위일체적인 입장을 반복하고 있다. "우리는 하나님에 대해, 성자에 대해, 그의 말씀에 대해, 성령에 대해 말한다. 그리고 우리는 성부와 성자와 성령이 능력 가운데 연합해 있다고 말한다."[8]

리용의 이레나이우스(Irenaeus, 130-220)는 2세기 후반에 『이단을 반박

---

3) Ibid., 87-88.
4) Ibid., 90.
5) Ibid., 103.
6) Ibid., 285.
7) Ibid., 309.
8) Ibid., 326.

함』(*Against Heresies*)이라는 책을 썼다. 이 책에서 이레나이우스는 "보이지 않으시는 성부의 기쁨을 따라 그리스도 예수는 우리의 주님이요, 하나님이요, 구원자시며 왕이시다"라고 말하고 있다.[9] 비슷한 시기에 테르툴리아누스(Tertullian, 155-240)도 『프락세아스를 반박함』에서 성부·성자·성령이 한 하나님이시라고 주장했다.[10] 오리게네스(Origen, 185-254)와 로마의 노바티아누스(Novatian, 3세기 중엽)를 포함하여 다른 초기 그리스도인들도 삼위일체 교리에 대한 신앙을 지지했다.[11]

삼위일체 교리에 대한 성경의 증거

성경은 성부를 하나님이라고 인정한다. 시편 89:26은 "그가 내게 부르기를 '주는 나의 아버지시요, 나의 하나님이시요, 나의 구원의 바위시라' 하리로다"라고 말씀하고 있다. 베드로는 자신의 첫 번째 편지를 "하나님 아버지의 미리 아심을 따라…택하심을 받은 자들에게" 편지하고 있다(벧전 1:2; 또한 마 6:9; 7:11; 롬 8:15; 벧전 1:17을 보라).

요한복음 1:1은 예수(성자)를 하나님이라고 부른다. "태초에 말씀이 계시니라. 이 말씀이 하나님과 함께 계셨으니 이 말씀은 곧 하나님이시니라." "이 말씀은 곧 하나님이시니라"는 구절을 여호와의 증인들이 자신들의 「신세계역 성경」에서 번역하는 것처럼 "그 말씀은 신이셨다"[12]라고 번역하는 것은

---

9) Ibid., 360.

10) Justo L. González, *A History of Christian Thought* (Nashville: Abingdon, 1970), 1:18283.

11) Ibid., 226, 242.

12) 국내 여호와의 증인이 사용하는 「신세계역 성경」에는 이렇게 번역되어 있지만, 여호와의 증인은 "그 말씀이 하나의 하나님이었다"라는 의미로 가르친다—역자 주.

　　　　　　　　　기독교를 위한 변론

정당하지 않다.[13] 그리스어 원문에 정관사가 없는 것은 단지 **하나님**이라는 단어가 그 문장의 술어라는 것을 보여줄 따름이다. 이 구절이 예수가 성부보다 열등한 신이라는 것을 보여준다는 여호와의 증인들의 주장은 잘못되었다. 그런 주장은 그리스어 문법에도 어긋날 뿐만 아니라 1세기 유대인들에게는 생각조차 할 수 없는 일이었다. 실제로 여호와의 증인은 큰 하나님과 작은 하나님으로 이루어져 있는 다신론 형태를 지지한다.

도마가 예수를 "나의 주시며 나의 하나님"이라고 고백했을 때(요 20:28), 예수는 도마를 교정해주지 않으셨다. 바울과 바나바는 사도행전 14:8-18에서 루스드라 사람들이 자신들에게 신적인 경의를 표하려고 했을 때 매우 다르게 행동하고 있다. 그들은 자신들이 신적인 존재가 아니라는 것을 그 사람들에게 상세하게 설명했다. 요한계시록에 따르면 요한이 경배하려고 했던 천사도 신적인 존경을 받아들이기를 거부하고 있다. 천사는 "나는 너와 및 예수의 증언을 받은 네 형제들과 같이 된 종이니 삼가 그리하지 말고 오직 하나님께 경배하라"(계 19:10)라고 말하면서 요한이 그만둘 것을 주장한다.

디도서 2:13은 예수 그리스도가 하나님이심을 선언하고 있다. "복스러운 소망과 우리의 크신 하나님 구주 예수 그리스도의 영광이 나타나심을 기다리게 하셨으니." 요한복음 1:18이 "본래 하나님을 본 사람이 없으되 아버지 품속에 있는 독생하신 하나님이 나타내셨느니라"라고 말씀하고 있으므로, 이 본문이 성부의 나타나심을 가리킨다고 이해하는 것은 매우 어려운 일이다. 디도서 2:13은 예수 그리스도가 하나님인 동시에 구주이심을 말하고 있다. 베드로후서 1:1도 이런 동일한 진리를 가르치고 있다. 거기서 예수 그리스도는 "우리의 하나님이요, 구주"로 불린다. 이 본문들은 예수 그리스도가

---

13) *New World Translation of the Holy Scriptures* (New York: Watchtower Bible and Tract Society, 1984).

진실로 하나님이심을 선언하고 있다.

시편 45:6을 인용하면서 히브리서 저자는 "아들에 관하여는 하나님이여, 주의 보좌는 영영하며 주의 나라의 규는 공평한 규이니이다"(히 1:8)라고 말하고 있다. 히브리서 1:10에서 히브리서 저자는 하나님을 언급하고 있는 시편 102:24-25을 인용하여 성자에게 적용한다. 그러므로 영감받은 히브리서의 저자는 성자가 하나님임을 확인해주고 있다.

또한 성경은 성령을 하나님이라고 주장한다. 베드로는 사도행전 5:3-4에서 다음과 같이 주장했다. "베드로가 이르되 '아나니아야, 어찌하여 사탄이 네 마음에 가득하여 네가 성령을 속이고 땅 값 얼마를 감추었느냐? 땅이 그대로 있을 때에는 네 땅이 아니며 판 후에도 네 마음대로 할 수가 없더냐? 어찌하여 이 일을 네 마음에 두었느냐? 사람에게 거짓말한 것이 아니요, 하나님께로다.'" 성경은 오직 하나님에게만 속하는 속성들을 가지고 있는 분으로 성령을 묘사하고 있다(시 139:7-13; 눅 1:35; 롬 15:19; 고전 2:10; 히 9:14). 성령은 하나님의 일을 하신다(창 1:26-27; 욥 33:4; 요 3:5-6; 행 16:6-7, 10; 롬 1:4; 벧전 3:18; 벧후 1:21). 또한 성령은 하나님께만 드려지는 영예를 받으신다(마 28:19; 고후 13:14).

성경은 성부·성자·성령을 구별되는 위격으로 묘사하고 있다

성부와 성자는 구별되는 위격들이시다. 성경은 예수를 성부와 구별하고 있다(요 1:14, 18; 3:16). 성부는 성자를 보내시기 때문에 두 위격은 서로 구별된다(요 10:36; 갈 4:4).

게다가 성부와 성자는 성령과 구별되는 위격들로 묘사되고 있다. 예수는 성령을 자신과 성부와 구별했다(요 14:16-17). 성령은 성부로부터 나오시고

(요 15:26) 성부와 성자로부터 보내심을 받는다(요 14:26; 15:26).

성령은 하나의 인격이시다. 비록 "영"에 해당하는 그리스어 단어가 중성이지만 요한복음 15:26과 16:13-14에서 요한은 성령을 언급할 때 남성대명사를 사용한다. 성령의 위로하시고 도우시며 가르치시는 사역은 성령께서 하나의 인격이셔야만 한다는 것을 제안해준다(요 14:16, 26; 15:26). 성령의 이름이 다른 사람들과 함께 언급된 것은 성령 자신의 인격성을 암시해준다(마 28:19; 요 16:14-15; 행 15:28; 고후 13:14; 벧전 1:1-2). 그리고 성령은 그 자신의 인격성을 암시해주는 행동을 수행하신다(창 6:3; 눅 12:12; 행 2:4; 13:2; 16:6-7; 롬 8:26; 고전 2:10-11). 성령의 인격성은 성령이 다른 사람들의 행동에 영향을 받는다는 점에서도 드러나 있다(마 12:31; 행 5:3-4, 9; 7:51; 엡 4:30).

삼위일체의 세 위격은 영원하다. 성자의 위격은 그가 성육신하시기 전에 존재했다(요 1:1-3; 8:58; 17:5, 24; 빌 2:6; 골 1:15-17; 계 1:4). 다른 성경 본문도 성령의 영원성을 드러내 준다(창 1:1-2; 히 9:14).

삼위일체 교리는 일종의 삼신론이 아니다. 그리스도인들은 성부·성자·성령이 세 하나님이라고 믿지 않는다. 그들은 세 위격을 한 하나님 안에서의 세 위격이라고 믿는다. 삼위는 구별된 위격이지만 본질은 하나다. 하나님은 셋이 아니라 한 분이시고, 하나 안에서 셋이다(요 5:17, 19; 14:9; 15:26; 17:21-23; 고후 5:19).

삼위일체의 세 위격은 동등하다. 성부는 성자와 동등하며 성자는 성령과 동등하다(롬 8:11-14; 고후 4:4; 갈 3:26; 4:4-6; 히 1:3; 벧후 1:21). 여러 성경 본문은 동일한 문맥에서 성부·성자·성령에 대해 말하고 있다(마 28:19; 고전 12:4-6; 고후 13:14; 엡 4:4-6; 딛 3:4-6). 삼위일체의 세 위격 모두는 죽은 자 가운데서 예수를 일으키셨다(요 2:19; 고전 6:14; 벧전 3:18).

예수 그리스도의 사역과 가르침

구약성경은 예수의 탄생에 대해 예언했을 뿐만 아니라 그의 신성도 분명히 확증한다. 그의 탄생에 대해서 마태복음 1:23은 이사야 7:14을 인용하여 예수를 "하나님이 우리와 함께하신다"라는 의미인 "임마누엘"이라고 부르고 있다. 동정녀 탄생도 예수의 신적 본성과 인간적인 본성을 드러내 준다. 예수의 선재성은 그의 신성을 분명히 확증한다(요 1:1; 8:58; 17:5, 24; 빌 2:5-11).

예수는 성부와의 동등됨을 주장했다. 요한복음 5:17에서 예수는 "내 아버지께서 이제까지 일하시니 나도 일한다"라고 말하고 있다. 예수의 유대교 청중들은 이것을 신성에 대한 주장으로 이해하고 그를 죽이려 했다. 예수가 성부를 불렀을 때(요 5:17-18), 그는 자신의 신성을 확실하게 밝혔다. 성부를 "내 아버지"라고 부름으로써 성부와 자신의 특별한 관계를 말했던 것이다 (요 20:17).

요한복음 5:23에서 예수는 "아들을 공경하지 아니하는 자는 그를 보내신 아버지도 공경하지 아니하느니라"고 말씀하면서 하나님과의 동등됨을 주장했다. 마찬가지로 예수는 요한복음 10:30에서 "나와 아버지는 하나이니라"고 말씀하면서 자신의 신성도 주장했다. 그러자 예수의 유대 청중들이 다시금 돌을 들어 예수를 쳐 죽이려 했다. 예수가 하나님과 동등됨을 주장하면서 신성모독 죄를 범했다고 생각했기 때문이다. 신성에 대한 예수의 주장은 "나는 ~이다"라는 말씀에서도 볼 수 있다. 요한복음 8:58에서 예수는 단지 선재만을 주장하신 것이 아니라 "나는 스스로 있는 자"이신 하나님(출 3:14)과 동등됨을 주장했다.

예수가 성부와 완전히 동등하다는 것을 확증하면서 성경은 그가 자신을 성부에게 자발적으로 복속시켰다고 주장하고 있다. 빌립보서 2:6-8은 예수

　　　　　　　　　　　　　　　　　　　　　　기독교를 위한 변론

가 이 땅 위에 오실 때 자신의 하늘 영광을 버리셨지만 성부 하나님과 동등함을 말하고 있다.

그는 근본 하나님의 본체시나

하나님과 동등됨을 취할 것으로 여기지 아니하시고

오히려 자기를 비워

종의 형체를 가지사

사람들과 같이 되셨고

사람의 모양으로 나타나사

자기를 낮추시고

죽기까지 복종하셨으니

곧 십자가에 죽으심이라.

성부의 계획에 대한 이런 자발적인 복종은 성부가 자신을 보내셨다는 것을 예수가 드러내셨던 경우들을 설명해준다(요 6:38; 12:44-45; 14:24; 17:3). 이것은 예수가 "아버지는 나보다 크심이라"(요 14:28)고 말씀하시면서 하고자 했던 것을 분명히 해준다.

예수의 신성은 그의 행동에서도 분명히 드러난다. 예수는 하나님만이 하실 수 있는 일들을 하셨다. 예수는 죄를 용서하셨는데(마 9:6), 이것은 유대인들에게는 신성모독이었다. 하나님만이 죄를 용서하실 수 있기 때문이다. 예수는 모든 권세를 주장하셨다(마 28:18). 예수는 자신이 구원의 유일한 길이라고 주장했다(요 3:36; 14:6). 그는 세상을 심판할 권세가 자신에게 있다고 주장하셨다(요 5:22). 창세기 1:1은 "태초에 하나님이 천지를 창조하시니라"고 말씀하고 있다. 하지만 신약성경은 예수가 세상을 창조하셨다고 이야기한다(요 1:3; 골 1:16-17).

유일한 결론은 삼위일체라는 기독교 교리는 정확히 하나님에 대한 성경적인 증언을 묘사해준다는 것이다. 유한한 인간은 삼위일체 교리를 합리적으로 설명할 수 없다. 우리가 온전하게 이해하지 못하는 하나님에 대해 성경이 가르치는 많은 일이 있기 때문에 이런 사실이 우리를 놀라게 해서는 안 된다. 예를 들어 성경은 하나님의 존재, 세상의 창조, 죄로부터의 속죄, 그리고 죽은 자의 부활에 대해 확실하게 말씀한다. 비록 이런 진리들이 유한한 지성으로 온전히 이해될 수 없다는 사실에도 불구하고 말이다. 그리스도인들은 삼위일체론의 가르침을 합리적으로 설명할 수 있어서 받아들이는 것이 아니라 성경이 그 가르침을 가르치고 있어서 받아들인다.

 기독교를 위한 변론

탈 데이비스(Tal Davis)　　미국 남침례회총회 (Southern Baptist Convention) 산하에 있는 북미 선교부의 종교 간 대화 진행자이고, 종교 간 연구 분야에서 30년 이상 활동하고 있다. 플로리다 주립대학교와 사우스웨스턴 침례신학교를 졸업했고, 뉴올리언스 침례신학교에서 목회학 박사 학위를 취득했으며 컬트에 관여하는 것이 가족들에게 미치는 영향에 관한 주제에 집중해서 연구했다. 탈은 필립 로버츠의 *Mormonism Unmasked*에 기고한 사람 중 한 명이고, 산드라 태너와 *Faith Discipleship: FAITH Reaching Out to Cults, Faith Discipleship: FAITH Reaching Out to World Religions*와 *Meeting the World: Ministering Cross-Culturally*를 함께 저술했다. 또한 종교 간 대화를 다룬 2개의 다큐멘터리 비디오를 촬영하는 데 자문위원으로 봉사했고, 다양한 출간물에도 폭넓게 기고했다.

38

예수는 다른 모든 종교 지도자보다 우월한가?

■ 탈 데이비스　19살의 남침례교 신자인 데이비드는 미국의 주립대학교 1학년에 재학 중이었다. 그가 졸업하는 데 필요한 기본 교육과정에는 인문학이나 종교학과 관련된 몇 가지 선택과목을 수강해야 했다. 그는 학과목 요람을 살펴보고 비교 종교학에서 한 과목을 발견했다. 그 과목은 그가 특별히 흥미를 느끼고 있던 것으로, 그 학교에서 가장 유명한 종교학 교수가 가르치고 있었다.

유명한 아이비리그 신학교 출신인 그 교수는 다음과 같은 말로 첫 수업을 시작하여 데이비드를 놀라게 했다. "우리는 세계의 주요한 종교 운동의 역사와 신념을 검토해볼 것입니다. 하지만 처음부터 말하건대 우리는 그 모든 것이 신앙 추종자들의 문화적·사회적·심리적·실존적 경험에 관한 합당한 표현이라는 전제에서 시작할 것입니다. 비록 이들 종교가 교리와 실천에서 외형적·형식적 진술이 다를지 모르지만, 모든 종교는 삶에서의 경외와 신비, 그리고 우주에 관한 유사한 본질을 표현하고 있습니다. 게다가 우리는 각각의 종교 창시자들이 모두 다양한 방식으로 유사하고 보편적인 도덕적·영적 개념들을 표현하고 있다고 가정할 것입니다. 그러므로 우리는 이런 모든 종교가 그 권위와 계시적인 타당성에서 동등하다고 가정할 것입니다.”

데이비드는 자신과 같이 그 교수의 선언에 놀란 또 다른 학생이 교실 안에 있을까 궁금해서 교실 주변을 둘러보았다. 분명 그렇지 않은 것 같았다. 다른 모든 학생은 아무런 놀라움이나 관심의 기색 없이 정확히 앞을 바라보고 있었다.

불행하게도 데이비드의 경험은 대학생들에게 일반적인 것이 되었다. 기독교 가정과 보수적인 교회에서 양육받은 학생들은 종종 자신들의 신앙 교의들이 대학교 교수들과 같은 권위 있는 인물들에게 도전받을 때 어리둥절해한다.

감사하게도 데이비드는 교수의 선언을 논란의 여지가 없는 사실로 받아들이지 않았다. 그는 다양한 신앙의 진리 주장들과 그 모든 지도자가 동등하다는 주장을 탐구해보기로 했다. 그리고 여러 달 동안 연구한 끝에 모든 종교가 동등하지 않고, 예수 그리스도는 다른 세계의 주된 종교의 창시자들보다 우월하다는 결론에 이르게 되었다. 그의 결론은 다섯 가지 진리 체계에 근거해 있었다.

예수 그리스도는 시간이나 공간에서 어떤 시작도 갖지 않는 유일한 세계 주요 종교의 창시자다

성경은 예수 그리스도가 지금까지 살았던 다른 어떤 사람과 달리 시간이나 공간에서 아무런 시작도 갖지 않는 분이라고 가르치고 있다. 즉 예수는 영원부터 성부 하나님과 성령 하나님과 함께 신성 안에서 성자 하나님으로 선재하셨다. 그리스도인들은 비록 성부·성자·성령이 구별된 위격이기는 하지만 한 하나님이라고 믿고 있다(마 28:19-20; 고전 8:6; 12:4-6; 고후 1:21-22; 13:14; 벧전 1:2).

　　　　　　　　　　　기독교를 위한 변론

요한복음은 다음과 같이 진술한다. "태초에 말씀이 계시니라. 이 말씀이 하나님과 함께 계셨으니 이 말씀은 곧 하나님이시니라. 그가 태초에 하나님과 함께 계셨고 만물이 그로 말미암아 지은 바 되었으니 지은 것이 하나도 그가 없이는 된 것이 없느니라"(요 1:1-3). 사도 바울은 골로새서 1:15-17에서 다음과 같이 말한다. "그는 보이지 아니하는 하나님의 형상이시요, 모든 피조물보다 먼저 나신 이시니, 만물이 그에게서 창조되되 하늘과 땅에서… 만물이 다 그로 말미암고 그를 위하여 창조되었고 또한 그가 만물보다 먼저 계시고 만물이 그 안에 함께 섰느니라."

예수는 기원에 관해 질문받았을 때 "아브라함이 나기 전부터 내가 있느니라"(요 8:58)고 대담하게 주장했다.

성경은 예수가 영원히 존재하셨으며 시간적인 기원이 없다고 가르친다. 어떤 다른 종교 지도자도 그런 주장을 할 수 없다. 가우타마 부다(기원전 560-480)와 무함마드(기원후 570-632), 공자(기원전 551-479), 그리고 다른 모든 종교의 창시자들은 태어나면서 자신들의 삶을 시작했다. 그러나 예수는 지상에 탄생하기 이전에 하늘에 신성으로서 이미 존재했다.

예수 그리스도는 그가 오신 것과 같이 세상에 오신 유일한 세계 주요 종교의 창시자다

비록 예수는 하나님으로서 영원히 선재하셨지만 성경은 그가 독특한 방식으로 이 세상에 들어오셨다고 말한다. 예수는 동정녀 탄생의 결과 육체로 이 세상에 태어나셨다.

마태복음 1:20-21에 따르면 주의 천사는 요셉에게 그와 정혼한 마리아를 그녀가 잉태하였다고 신부로 데려오기를 두려워하지 말라고 말한다. 왜냐하면 "그에게 잉태된 자는 성령으로 된 것이라. 아들을 낳으리니 이름을 예수라 하라. 이는 그가 자기 백성을 그들의 죄에서 구원할 자이심이라”고 말하고 있기 때문이다.

마태는 “이 모든 일이 된 것은 주께서 선지자로 하신 말씀을 이루려 하심이니 이르시되 ‘보라! 처녀가 잉태하여 아들을 낳을 것이요. 그의 이름은 임마누엘이라 하리라’ 하셨으니, 이를 번역한즉 하나님이 우리와 함께 계시다 함이라”(마 1:22-23)고 설명하고 있다.

누가복음은 마리아 자신이 잉태하여 아들을 낳을 것이라고 천사장 가브리엘에게 통보를 받았다고 기록한다(눅 1:26-33). 누가는 마리아의 반응이 불신앙이었다라고 말한다. “나는 남자를 알지 못하니 어찌 이 일이 있으리이까?”(눅 1:34)

천사는 “성령이 네게 임하시고 지극히 높으신 이의 능력이 너를 덮으시리니, 이러므로 나실 바 거룩한 이는 하나님의 아들이라 일컬어지리라. 보라! 네 친족 엘리사벳도 늙어서 아들을 배었느니라. 본래 임신하지 못한다고 알려진 이가 이미 여섯 달이 되었나니, 대저 하나님의 모든 말씀은 능하지 못하심이 없느니라”(눅 1:35-37)고 설명하고 있다.

따라서 예수는 모든 종교 지도자 가운데서 유일하게 기적적으로 잉태되었으며 처녀에게서 태어났다. 심지어 위대한 히브리 예언자 모세조차도 지상의 아버지가 있다.

이슬람의 창시자 무함마드도 남자와 여자에게서 태어났고 신성에 대해서는 어떤 주장도 하지 않았다. 바하이교[1]의 최고 예언자인 바하 알라(Bahā’ Allāh, 1817-1892)는 일상적인 방식으로 잉태되어 태어났다.

---

1) 바하이교는 1863년 이란에서 생겨났다. 바하이교도들은 이란 태생의 현자 바하 알라를 최후의 예언자로 본다. 이런 이유로 이슬람을 창시한 무함마드가 최후의 예언자라고 믿는 무슬림은 바하이교를 이단으로 생각한다―편집자 주.

     기독교를 위한 변론

예수 그리스도는 완전하고 죄 없는 삶을 사셨던 유일한 세계 주요 종교의 창시자다

공정하게 말하자면 그리스도인들은 세계의 종교 창시자들이 도덕과 정의의 높은 기준을 가르쳤다는 데 동의한다. 예를 들어 부처는 지혜와 도덕에 이르는 한 가지 방법으로 팔정도를 가르쳤다. 바하 알라는 정의와 세계 평화와 인간의 권리에 대해 높은 원칙들을 가르쳤다. 물론 모세는 십계명과 율법책을 제시했다.

이 종교 중 그 어느 것에도, 다른 어떤 비기독교적 신앙에서도 그 추종자들이 자신들의 신앙의 창시자가 완전하다거나 죄가 없다고 주장하지 않는다. 단지 그리스도인들만이 성경이 가르치는 대로 예수 그리스도가 전적으로 죄로 얼룩지지 않으셨다고 주장한다. 히브리서 기자는 다음과 같이 말한다. "우리에게 있는 대제사장은 우리의 연약함을 동정하지 못하실 이가 아니요, 모든 일에 우리와 똑같이 시험을 받으신 이로되 죄는 없으시니라"(히 4:15).

마찬가지로 사도 바울은 그리스도의 속죄 효력에 대해 논하면서 다음과 같이 말한다. "하나님이 죄를 알지도 못하신 이를 우리를 대신하여 죄로 삼으신 것은 우리로 하여금 그 안에서 하나님의 의가 되게 하려 하심이라"(고후 5:21). 부당하게 예수를 정죄하여 죽음에 이르게 했던 로마 총독 본디오 빌라도마저도 "나는 그에게서 죄를 찾지 못하였노라"라고 예수의 무죄를 인정하고 있다.

세상의 모든 종교 창시자 중 예수 그리스도만이 유일하게 죄가 없으시고 완전한 삶을 사셨다. 따라서 오직 예수만이 인류에게 필요한 구원을 가능케 하는 데 필요한 일을 하실 자격을 가지셨다.

무함마드는 죄를 용서받기 위해서는 사람들이 진정으로 죄 용서를 요청할 필요가 있으며, 알라가 원한다면 (여러분은 그것을 결코 확신할 수는 없지만) 죄를 용서해줄 것이라고 가르쳤다. 부처는 죄가 진실로 "용서될 수" 없으며, 이런 삶에 대한 열망은 계몽에 의해서만 극복되어야 한다고 가르쳤다.

하지만 성경은 죄를 용서받을 수 있는 유일한 길은 죄를 덮는 속죄가 이루어지는 것이라고 가르친다. 구약성경은 짐승을 사용하는 희생제사 제도가 어떤 죄를 일시적으로 속죄할 수 있다고 가르쳤다. 하지만 신약성경은 죄에 대한 궁극적인 희생이 예수 그리스도가 십자가에서 죽으심을 통해 이루어졌다고 가르친다. 그는 세상 죄를 위한 희생적인 속죄의 죽음을 죽으셨다.

요한복음 3:16은 "하나님이 세상을 이처럼 사랑하사 독생자를 주셨으니 이는 그를 믿는 자마다 멸망하지 않고 영생을 얻게 하려 하심이라"고 말씀하고 있다.

로마서 8:3은 "율법이 육신으로 말미암아 연약하여 할 수 없는 그것을 하나님은 하시나니 곧 죄로 말미암아 자기 아들을 죄 있는 육신의 모양으로 보내어 육신에 죄를 정하사"라고 말씀하고 있다.

오직 예수만이 죄가 없으셔서 우리의 희생양이 될 수 있는 자격이 있었다. 게다가 예수는 우리의 죄된 삶과 지옥에서 우리를 구출하기 위해 기꺼이 자신을 내어주셨다. 예수는 "이를 내게서 빼앗는 자가 있는 것이 아니라 내가 스스로 버리노라"라고 말씀하셨다(요 10:18).

예수 그리스도는 자신의 권능과 권세를 드러내기 위해 죽은 자 가운데서 부활하신 유일한 세계 주요 종교의 지도자다

전 세계 역사에서 가장 중요한 사건이 무엇인지 생각해보았는가? 바퀴의 발명, 로마 제국의 출현, 제2차 세계대전 또는 공산주의의 몰락이 과연 세계 역사에서 가장 중요한 사건일 수 있을까?

분명 모든 시대의 가장 중요한 사건이자, 고대와 관련해 역사적으로 가장 잘 증언된 사건 중 하나는 예수 그리스도가 죽은 자 가운데서 육체로 부활했다는 것이다. 성경은 예수가 십자가에 못 박힌 지 삼 일 후에 죽은 자 가운데서 부활하셨고, 그 후 40일 동안 수많은 증인이 살아 있는 그를 보았다고 말하고 있다.

사도 바울은 예수의 죽음에 대해 "장사 지낸 바 되셨다가 성경대로 사흘 만에 다시 살아나사 게바에게 보이시고 후에 열두 제자에게와 그 후에 오백여 형제에게 일시에 보이셨나니. 그중에 지금까지 대다수는 살아 있고 어떤 사람은 잠들었으며 그 후에 야고보에게 보이셨으며 그 후에 모든 사도에게와 맨 나중에 만삭되지 못하여 난 자 같은 내게도 보이셨느니라"라고 고린도 교인들에게 보도하고 있다.

사복음서 기자들과 다른 신약성경 기자들과 함께 바울은 예수의 부활 사실을 절대적으로 확신했다. 바울은 심지어 만일 그것이 사실이 아니라면 기독교 신앙은 거짓이라고까지 말하고 있다. "그리스도께서 만일 다시 살아나지 못하셨으면 우리가 전파하는 것도 헛것이요, 또 너희 믿음도 헛것이며 또 우리가 하나님의 거짓 증인으로 발견되리니, 우리가 하나님이 그리스도를 다시 살리셨다고 증언하였음이라. 만일 죽은 자가 다시 살아나는 일이 없으면 하나님이 그리스도를 다시 살리지 아니하셨으리라"(고전 15:14-15).

정말이지 기독교는 그리스도의 부활의 진리 위에 서거나 무너진다. 부활은 예수 자신에 대한 주장과 그리스도인들이 선포하는 메시지 모두를 입증해주는 하나의 역사적 사건이다. 다른 어떤 종교 지도자들도 자신의 진리 주장을 그런 부정할 수 없는 방식으로 확증하지 않았다. 모세는 위대한 예언자였지만 죽었다. 무함마드도 죽었다. 부처도 죽었다. 공자도 죽었다. 바하 알라도 죽었다. 세계 종교의 모든 창시자는 죽었다. 오직 예수 그리스도만이 단번에 자신의 신성과 주권을 확립하시는 이 궁극적인 기적으로 죽음 자체를 이기셨다.

예수는 그의 탄생과 삶과 죽음을 통해 다른 모든 사람에 대한 자신의 우월성을 드러내셨다. 따라서 지금까지 생존했던 어떤 사람도 예수처럼 우리의 충성을 확보할 수 없다. 예수만이 우리에게 구원의 길을 제공하며 영원한 삶에 대한 확신을 부여한다. 오래전 사도 베드로가 담대하게 말한 것처럼 "다른 이로써는 구원을 받을 수 없나니 천하 사람 중에 구원을 받을 만한 다른 이름을 우리에게 주신 일이 없음이라"(행 4:12). 예수 자신은 "내가 곧 길이요, 진리요, 생명이니 나로 말미암지 않고는 아버지께로 올 자가 없느니라"(요 14:6)고 말씀하셨다.

다른 믿음을 믿는 사람들이나 불가지론자들 또는 무신론자들과 함께 그리스도에 대해서 이야기를 나누려고 할 때, 우리는 다른 모든 종교보다 기독교가 우월하다고 믿는 이유에 집중해야만 한다. 하지만 다른 신앙이나 그들의 지도자들을 과소평가하거나 비하하지 않도록 조심해야만 한다. 과소평가나 비하하는 일은 일반적으로 이미 존재하고 있을지도 모르는 장벽을 그저 더 크게 만들 뿐이다. 도리어 우리가 다른 신앙과 함께 공유하는 공통적인 원칙들을 살펴보고 어떻게 그리스도만이 세상에서 하나님의 계시의 온전한 표현이며 유일한 구원의 길인지를 분명히 보여주라.

기독교는 도덕적 원칙이나 신비로운 체험 위에 세워지거나 무너지지 않는다. 기독교가 도덕적 원칙이나 신비로운 체험 위에 세워졌다면, 기독교는 세상에 있는 어떤 다른 종교보다 더 좋은 종교일 수 없고 예수 그리스도는

　　　　　　　　　　　　　　　　　　　　기독교를 위한 변론

단지 또 다른 위대한 종교 교사나 도덕 교사에 불과할 것이다. 그렇지 않다. 기독교는 전적으로 한 사람 예수 그리스도의 인격과 사역 위에 서거나 무너진다. 예수가 주장했던 것처럼, 그는 사람으로 세상에 오셔서 죄 없는 삶을 사셨고 우리의 죄를 위한 속죄의 죽음을 십자가에서 죽으시고 죽은 자들로부터 부활하신 우주의 주님이시다. 그렇지 않으면 전체 기독교 신앙은 어마어마한 거짓말이다.

그리스도의 유일성에 대한 추가적인 자료들

Colson, Chuck. *Answers to Your Kids' Questions*. Wheaton: Tyndale, 2000. 『교회 다니는 십대 이것이 궁금하다!: 십대들이 던지는 까다로운 질문 100가지』(홍성사 역간, 2006).

Geisler, Norman, and Ronald Brooks. *When Skeptics Ask*. Wheaton: Victor Books, 1990.

Habermas, Gary R., and Michael R. Licona. *The Case for the Resurrection of Jesus*. Grand Rapids: Kregel, 2004.

Lewis, C. S. *Mere Christianity*. New York: Macmillan, 1957. 『순전한 기독교』(홍성사 역간, 2001).

McDowell, Josh. *More Than a Carpenter*. Wheaton: Tyndale, 1977. 『누가 예수를 종교라 하는가: 오늘 내 삶에 역사하는 그리스도』(두란노 역간, 2010).

________. *The New Evidence That Demands a Verdict*. Nashville: Thomas Nelson, 1999.

Strobel, Lee. *The Case for Christ*. Grand Rapids: Zondervan, 1998. 『예수는 역사다』(두란노 역간, 2002).

________. *The Case for Faith*. Grand Rapids: Zondervan, 2000. 『특종! 믿음 사건』(두란노 역간, 2011).

마이클 R. 리코나(Michael R. Licona)　남아프리카 공화국의 프리토리아 대학교에서 신약학 연구로 박사 학위를 취득했다. 예수의 부활의 역사성에 관한 주제로 박사 학위를 썼다. 북미선교회 변증학 코디네이터이기도 하다. 또한 *Paul Meets Muhammad*의 저자이며 개리 하버마스와 함께 저술한 *The Case for the Resurrection of Jesus*는 상을 받았다. 리코나는 *The Case for the Real Jesus*에서 리 스트로벨과 인터뷰했던 사람 중 하나다. 그는 수많은 라디오와 텔레비전 인터뷰에 출현했고 현재는 40개 이상의 대학교 캠퍼스에서 강연하고 있다.

■ 마이클 R. 리코나　　마크 트웨인은 "내가 이해할 수 없고 나를 괴롭히는 것들은 성경의 내용이 될 수 없고, 내가 이해하는 것들만이 성경에 포함될 수 있다"라고 예전에 말했다. 나는 성경의 모든 가르침 중 "예수가 하나님에게 이르는 유일한 길이다"라는 주장이 나에게 가장 골칫거리였음을 인정한다. 사람들이 천국에 가기 위해서는 오직 예수만 믿어야 한다는 점에서 하나님은 부당하지 않은가? 아니면 그것은 단지 어떤 그리스도인들이 이런 식으로 성경을 해석하는 한 가지 문제에 불과한 것이 아닐까?

예수 자신이 하나님에게 이르는 유일한 길임을 주장했다는 광범위한 증거가 있다. 예수의 주장이 다양하게 입증되고 있을 뿐만 아니라, 그의 초기 추종자인 베드로와 바울도 예수기 유일한 길이라고 가르쳤다(마 11:27; 눅 10:22; 12:8-9; 요 3:36; 행 4:12; 롬 10:1-2; 살후 1:8-9; 딤전 2:5; 히 10:26-27). 사실 초창기의 그리스도인들이 이런 가르침을 반대했다는 주장은 그 어디에도 없다. 다음과 같은 예수의 진술을 고려해보라.

내가 곧 길이요, 진리요, 생명이니 나로 말미암지 않고는 아버지께로 올 자가 없
느니라(요 14:6).

너희가 만일 내가 그인 줄 믿지 아니하면 너희 죄 가운데서 죽으리라(요 8:24).

이 주장들은 매우 놀라운 주장이다. 미국 새들백 교회의 담임목사인 릭
워렌이 시사토크 프로그램인 "래리 킹 라이브"에 출현하여 자신에 대해 예
수님과 비슷한 발언을 했다고 생각해보라. 우리는 여전히 릭 워렌을 가난한
자들과 궁핍한 자들을 돕기 위해 많은 것을 나누는 훌륭한 사람으로 생각할
것이다. 하지만 이것과 관련해 실수는 하지 마라. 우리는 맥도널드에서 판
매하는 해피 밀에서 감자튀김이 몇 개 부족한 것처럼 그를 부족한 사람으로
생각할 것이다. 예수의 말을 들었던 많은 사람과 제자들이 수많은 사람에게
예수의 말을 그대로 전했을 때처럼, 그의 주장은 오늘날의 사람들에게도 충
격적이 되고 있다. 그렇다면 우리는 하나님께 이르는 유일한 길이라는 예수
의 거리낌 없는 주장을 어떻게 생각해야만 할까?

우선 예수의 주장들이 참인지를 질문해야 한다. 많은 사람이 하나님에
대해 자기만이 알고 있는 고유한 진리가 있다는 유사한 주장을 했기 때문이
다. 예수가 사람들에게 자기 존재에 대해 주장했던 것을 증명하라고 요구받
았을 때, 그는 단 한 가지만을 제시했다. 그것은 죽은 자 가운데서 자신이 부
활했다는 사실이다. 이것은 매우 좋은 시험이며 다른 종교에서 제공하는 것
과는 다르다. 코란은 다음과 같이 말한다. 곧 사람들이 자신 안에 비교할 만
한 아름다운 수라(sura, 시편처럼 코란에 포함되어 있지만 독립적인 코란이다)
를 만들려고 노력할 때, 그들은 코란의 신적인 영감을 이해할 수 있다. 모르
몬경에 따르면 우리가 그것을 읽고 그것이 참인지를 알려달라고 하나님께
진지하게 질문하면, 하나님은 우리에게 그에 대한 진실을 알려주실 것이다.

　　　　　　　　　　　　　　　　　　기독교를 위한 변론

이런 시험에 흥미가 있는 사람들을 위해 코란 108장을 읽어보자.

보라! 우리는 그대에게 풍성한 은혜를 베풀었다.

따라서 당신의 주님께 기도하고 제물을 바치라.

보라! 너희의 적들은 조력자들과 후손들이 부족해질 것이다.

최소한의 동등한 미와 의미가 있는 또 다른 어떤 것을 생각하는 것은 어렵지 않다. 시편 117편을 생각해보자.

너희 모든 나라들아, 여호와를 찬양하며,

너희 모든 백성들아, 그를 찬송할지어다.

우리에게 향하신 여호와의 인자하심이 크시고,

여호와의 진실하심이 영원함이로다.

할렐루야!

그렇지 않으면 디모데전서 3:16에 보존된 초기 기독교가 부르던 찬송시는 어떤가? 그것은 예수가 다음과 같이 되었다고 말하고 있다.

육신으로 나타난 바 되시고,

영으로 의롭다 하심을 받으시고,

천사들에게 보이시고,

만국에서 전파되시고,

세상에서 믿은 바 되시고,

영광 가운데서 올려지셨느니라!

어떤 무슬림은 코란 108장을 아랍어로 읽으면 언어적으로 탁월한 미를 알 수 있다고 주장할지 모른다. 하지만 그리스도인이나 유대인도 시편 11편을 히브리어로 읽으면 유사한 언어적인 미를 알 수 있다고 반론을 제시할 것이다. 디모데전서 3:16에 있는 찬송은 원래 그리스어 형태로 표현되었고, 사람들이 그리스어로 그 찬송을 읽을 때 운율과 문법적인 구조 모두에서 아름다움을 느낄 수 있다. 따라서 코란이 제시하는 시험은 개인적인 취향의 문제로 환원되고 만다. 여러분은 아랍어나 히브리어 또는 그리스어의 아름다움 중 어느 것을 선호하는가? 이것은 바흐와 베토벤 그리고 번스타인의 음악 중 어떤 것을 선택할지 고민하는 것과 같다.

나는 성령을 통해 모르몬경이 진리인지 알 수 있도록 하나님께 진지하게 기도드리면서 모르몬경의 많은 부분을 읽어보았다. 내가 읽고 기도했음에도 하나님은 침묵하셨다. 물론 많은 고고학적인 사실은 모르몬경이 신적인 영감을 받지 않았음을 보여준다. 따라서 코란과 모르몬경이 제공하는 시험은 매우 주관적이다.

하지만 예수가 제시했던 시험, 곧 죽은 자 가운데서 예수가 부활했다는 사실을 믿을 수 있는지에 관한 시험은 매우 인상적이다. 그런 시험의 답은 개인의 취향이나 감정을 고양시키는가에 기초하지 않는다. 예수는 자기의 주장을 확증해주며, 이 시험의 답은 죽은 자로부터 부활했든지 아니면 그 자신이 또 다른 거짓 예언자임을 드러내며 부활하지 못했든지 둘 중 하나다. 지면 관계상 여기서는 예수의 부활에 대한 역사적인 진상을 제공할 수는 없을 것이다. 개리 R. 하버마스와 나는 『예수의 부활에 대한 판례』에서 그 일을 했다. 만일 우리가 예수 자신이 하나님이라고 주장했던 그런 참된 존재임을 잠시라도 받아들인다면, 그것은 자신이 하나님에게 이르는 유일한 길이라는 예수의 주장과 그 주장이 가져다주는 불편함을 조화시키는 데 크게 도움이 된다. 그럼에도 내가 소개하고자 하는 수많은 반론이 여전히 존재한다. 가장 기본적인 세 가지 질문에 대답함으로써 유일한 길이라는 예수의 주장에 대한 대부분의 반대를 다룰 수 있다는 것이 내 견해다.

무엇이 진리인가?

예수가 로마 총독 빌라도 앞에 인도되었을 때, 그는 자신이 진리를 선포하기 위해 세상에 왔노라고 말했다. 빌라도는 예수에게 "진리가 무엇이냐?"라고 물었다. 어떤 그리스도인이 하나님께 나아가는 유일한 참된 길은 예수라고 반복해서 주장할 때, 오늘날 많은 사람이 기분이 상하여 그에게 이렇게 질문할지도 모른다. "진리는 당신의 좁은 견해보다 더 넓으며 각 사람에 따라 서로 다르다." 그렇다면 무엇이 진리인가?

어떤 진술이 실체와 상응하는 한에서 그것은 진리다. 나는 내 아내 데비와 결혼한 지 21년이 되었다. 그럼에도 우리는 안락함에 대한 개념이 서로 다르다. 내 아내는 독일인 혈통으로 추운 날씨에 안락함을 느낀다. 반면에 나는 따뜻한 날씨에 안락함을 느낀다(나의 아버지는 온두라스 출신이다). 만일 우리 집 거실 온도가 20도라면 내 아내는 보일러를 끌 것이고 나는 스웨터를 입을 것이다. 이 경우에 진리는 개인적인 동시에 상대적이다. 데비에게는 더운 것이 진리이고 나에게는 추운 것이 진리다. 그러나 우리의 감각과 관계없는 진리가 존재한다. 그것은 우리 방의 온도가 20도라는 사실이다.

이것은 다른 분야에서도 적용된다. 나는 항상 우주에 매혹되고, 아이였을 때는 우주인이 되기를 원했다. 대부분의 미국인이 그랬던 것처럼 닐 암스트롱과 버즈 올드린이 달 위를 걸을 때 나도 텔레비전 앞에 앉아 있었다. 1997년 헤일밥(Hale-Bopp) 혜성이 지구에 가까이 왔을 때, 우리는 그것을 육안으로 볼 수 있었다. 기원전 383년 스파르타인들 이후로 우리가 이 혜성을 본 최초의 사람들이었다! 혜성을 중계하던 시간에 몇 가지 뉴스가 동시에 방영되었다. 그 혜성 옆 하늘에 점이 나타났는데 천문학자들은 그 정체를 화성이라고 확인했다. 하지만 하늘의 문(Heaven's Gate)이라는 자그마한 이교 집단의 지도자였던 마샬 애플화이트(Marshall Applewhite)는 그 점이 혜일밥 혜성을 끌고 있는 우주선이고, 그것이 지구를 파괴할 것이지만 자신들을 지구에서 구출해줄 것이라고 38명의 추종자에게 확신을 주었다. 애플화이트의 추종자들은 그 우주선이 천국이라는 또 다른 은하계로 자신들의 영혼을 옮겨갈 것을 믿고 자살에 이르기까지 그를 매우 신뢰했다.

하늘의 문이라는 이교 집단의 진리 주장을 검토해보자. 애플화이트가 예언했던 것처럼 지구는 파괴되지 않았다. 그리고 애플화이트는 수상한 구석이 있는 인물이었다. 그는 43세 때 신용카드를 훔치다가 붙잡혔다. 그리고 그는 "정신 건강 문제" 때문에 음악 교수직에서도 해고되었다. 여기 개인적이고 상대적인 진리가 존재한다. 하늘의 문의 구성원들은 애플화이트를 추종하면서 평화와 소망과 성취의 감정을 얻었다. 하지만 모든 사람에게 참인 객관적인 진리가 있다. 애플화이트는 거짓 예언자였고 그의 추종자들은 속았다. 그들 자신의 생명을 앗아가는 지점에 이르기까지 그들의 진지한 신념은 진리를 바꾸지 못했다.

우리가 하늘의 문이라는 종교의 진리 주장을 평가할 수 있다면 다른 종교의 진리 주장도 평가할 수 있을 것이다. 다른 종교의 추종자들은 자신들의 종교적 신념과 실천이 그들에게 평화와 소망을 가져다주며 인생의 목적을 부여해준다는 것을 발견할 것이다. 사실 여기에 참된 진술이 있다. 곧 비기독교적 종교를 추종하는 사람들은 수많은 가치 있는 혜택을 인정해오고 있다. 하지만 그것이 하나님에게 이르는 배타적인 길이라는 예수의 주장이 참이라면 다음의 진술은 거짓이 된다. 곧 무함마드는 하나님이 용납하실 수

   기독교를 위한 변론

있는 효과적인 길을 제공했다. 다른 말로 하면 어떤 종교는 객관적 의미에서는 거짓이지만 주관적 의미에서 진리일 수 있다. 나는 객관적·주관적 의미 모두에서 진리인 종교적 가르침을 따르는 데 관심이 있다.

나는 이것이 매우 공격적이라는 것을 인정한다. 하지만 우리는 진리의 길에서 우리를 벗어나게 하는 문화, 곧 우리가 사는 정치적으로 편견이 없는 문화에 심하게 사로잡혀 있어서는 안 된다. 어떤 진술의 진리는 그것이 얼마나 실재에 가깝게 상응하는가에 의해 측정된다. 예수가 하나님에게 이르는 유일한 길이고 자신의 주장을 확인해주기 위해서 죽은 자 가운데 부활했다면, 다음의 진술은 그것이 참일 매우 높은 개연성을 가진다. 곧 예수가 하나님에게 이르는 유일한 길이다.

무엇이 윤리적인가?

자신의 신앙을 다른 사람들과 나누어본 경험이 있는 서구의 그리스도인이라면, 예수가 유일한 길이라고 주장하는 것이 다른 사람들에게 편협함과 모욕감을 줄 수 있음을 이해할 것이다. 몇 년 전 나는 대학 캠퍼스에서 무슬림 교수와 공개 토론을 한 적이 있다. 나는 그날 저녁 강연에서 기독교를 역사적으로 탐구했고, 예수는 신이고 그의 죽음과 부활이 모두 역사적인 탐구에 의해 확증될 수 있음을 발견했다고 주장했다. 질의하고 응답하는 시간에 어떤 청중이 나에게 "왜 그 무슬림 교수와 서로 미워하느냐?"라고 질문했다. 사실 우리는 그날 저녁 행사 동안 서로에게 매우 협조적이었다. 그래서 나는 "그를 미워하지 않고 그가 나를 미워한다고 느끼지도 않는다"라고 대답했다. 그리고 나는 무슬림 교수의 견해가 내 견해와 마찬가지로 동일하게 타당하거나 참된 주장이라고 논평했다면, 그는 나를 존중하지 않을 것이고,

그가 나에게 동일한 것을 말하려고 한다면 나도 그를 존중하지 않을 것이라고 말했다. 그리고 그런 논평은 도리어 모욕적인 것이라고 덧붙였다. 왜냐하면 우리 둘 모두는 자신의 종교 전통이 상대방의 전통을 배척하는 진리라고 강하게 이해하고 있기 때문이다. 따라서 내가 무슬림의 견해가 기독교의 견해와 같이 타당하다고 주장한다면, 무슬림 교수는 내가 무슬림을 폄하하는 논평을 했다고 이해할 것이다. 나는 다음과 같이 말하면서 청중에게 답변하는 것을 마무리했다. 곧 우리는 가장 강한 의미에서 상대방의 소중한 견해에 대해 동의하지 않는 것이 확실히 가능하다. 물론 그런 견해를 가질 그들의 권리를 인정하고 심지어 변호하면서까지 말이다. 내가 말하고 싶었던 논점은 다음과 같다. 곧 어떤 사람들이 예수가 유일한 길이라는 나의 신념이 편협하고 모욕적이라고 주장한다면, 그들은 자신의 다원주의적인 접근도 마찬가지로 편협하고 모욕적이라는 사실을 무시한다는 것이다. 그들은 어떤 고유한 견해에 대해 편협함을 보여주고 또 그런 견해를 가진 사람들을 모욕하고 있다.

에이미 질 레빈(Amy-Jill Levine)은 유대인으로서 미국 테네시 주에 있는 밴더빌트 대학교 신약성경 분야의 탁월한 교수다. 레빈 교수는 예수가 유일한 길이라는 기독교의 주장이 도덕적으로 의심스럽지 **않다**는 견해를 밝혔다. 그녀는 다음과 같은 말을 덧붙였다. "내가 다른 사람에게 당신은 다원적이지 않기 때문에 당신의 성경 읽기나 전제가 어쨌거나 잘못이라고 주장하는 데서 나는 '도덕적인 의심'을 더 많이 발견한다.…복음적인 그리스도인은 유대인인 나를 기독교로 개종시키려고 시도할 자유가 있다. 그런 시도는 성경적으로 보장되어 있고 복음적인(배타적인) 신학과 일치한다. 나는 여전히 '고맙습니다. 그러나 사양하겠습니다'라고 말할 자유가 있다. 나는 어떤 사람이 '나의 소중한 고백적인 전통이 단지 제한된 가치만을 가지고 있다'라고 나에게 말하기를 원치 않는다. 나는 또 다른 사람에게 동일한 일을 하려

　　　　　　　　　　　　　　　　　　　　기독교를 위한 변론

고 생각하지 않을 것이다."[1]

더욱이 사람들은 상대방에게 모욕을 주는 것을 피하고자 진리를 희생시키는 때도 있다. 충분한 구명정을 설비하지 않은 타이타닉 호가 가라앉는 동안에 승객들이 급하게 구명정을 달라고 소리치자, 선원들이 잠깐 동안 극심한 공포를 가라앉히려고 승객들에게 아침이 되면 모든 일이 좋아질 것이니 객실로 돌아가 잠을 자라고 말하는 것은 아마도 **비윤리적인** 처사일 것이다. 진리는 중요하다. 우리가 상대방에게 모욕을 주지 않으려는 노력으로 진리를 희석하거나 부정하기보다 진리를 발견하도록 이끄는 결정을 내리는 것이 훨씬 더 중요하다. 상대방에게 모욕을 주지 않으려는 것은 우리가 본 것처럼 승산이 없는 상황이다. 하지만 우리의 믿음을 다른 사람들과 나눌 때, 그리스도인들은 "온유와 두려움"(벧전 3:15)으로 그 일을 해야 한다는 것을 기억해야만 한다. 우리는 다른 사람들을 사랑해야만 하고, 지금까지 이야기되었던 가장 위대한 소식을 나누려는 우리의 노력 가운데 감사해야만 한다.

무엇이 요청되는가?

아마도 여러분은 다음과 같은 말을 들어본 적이 있을 것이다. "당신이 무엇을 믿는지는 중요하지 않다. 하늘에 이르는 길은 하나님에 대한 진지함과 선함과 믿음으로 포장되어 있다." 이런 진술은 예수의 독점적인 주장이 주는 모욕감을 없애려는 시도다. 하지만 그것은 새로운 문제를 발생시킨다. 하나님에 대한 포괄적인 진지함과 선함과 믿음이 하나님을 받아들이기 위한

---

1) A. J. Levine, "Homeless in the Global Village," in *Moving beyond New Testament Theology? Essays in Conversation with Heikki Räisänen*, ed. T. C. Penner and C. V. Stichele (Helsinki: Finnish Exegetical Society/University of Helsinki, 2005), 195-96.

진정한 요구사항이라고 주장하면서, 다음과 같은 종교적인 주장을 하는 것이다. 곧 "이것이 우리가 하나님을 달래는 방법이다." 어떤 사람이 나에게 그런 말을 할 때, 나는 단지 "어떤 근거 위에 그런 신념이 기초하고 있는가? 그것은 성경이나 코란이나 다른 어떤 거룩한 책에서 나온 것이 아니다. 내가 왜 그것을 믿어야 하는가? 당신은 개인적으로 하나님의 음성을 들었는가?"라고 물을 따름이다.

이런 주장에는 또 다른 문제가 있다. 얼마나 많은 진지함과 선함이 요구되는가? 대부분의 사람은 수백만의 사람을 대량 학살한 히틀러나 스탈린, 모택동과 폴 폿[2](Pol Pot) 같은 독재자들이 하늘에 거주하는 사람들의 최종 명단에 포함되지 않을 것이라는 생각에 동의할 것이다. 하지만 그다음 기준이 모호해진다. 무슬림 테러리스트들이 자신들의 신을 섬기는 것으로 생각한 일을 하는 과정에서 무고한 사람들을 죽이는 일은 어떻게 되는가? 어떤 사람은 우리는 단지 십계명을 지킬 필요가 있다고 제안할지도 모른다. 우리는 그중 얼마나 많은 것을 지켜야만 하는가? 당신은 어린아이로서 도둑질하고 안식일을 어기고 망령된 방식으로 하나님의 이름을 사용하고 부모의 명예를 더럽히고 당신의 형제자매를 잘못 비난하고 다른 사람에게 속한 어떤 것에 대한 집착적·강박적 욕망이 있지 않았는가? 그렇게 한 적이 있다면 당신은 이미 십계명 가운데 6개를 범했다! 어디에 경계선을 그어야 하는가? 하나님이 그 선을 그리는 분이시라면 우리는 그분이 선을 어디에 그리셨는지를 알아보려고 노력해야 하지 않는가?

기독교 복음은 하나님이 용납하시는 요구사항을 제시한다. 그것은 우리 중 누가 할 수 있는 것이 아니다(롬 6:23). 그것은 모두 하나님이 예수 안에서 우리를 위해 행하신 일에 대한 것이다(엡 2:8-9). 우리는 우리의 영원한

---

2) 캄보디아의 킬링 필드의 학살자로 알려진 인물이다─역자 주.

 기독교를 위한 변론

운명을 예수에게 맡겨야만 한다(요 14:6). 그리고 예수의 신성과 속죄의 죽음, 부활을 믿어야만 한다(요 8:24; 롬 10:9). 또한 우리는 예수가 하늘로 가는 길은 좁고 찾는 이가 적다고 말했음을 인정해야 할 것이다(마 7:13-14).

예수의 유일한 주장에 대한 사람들의 혐오감을 인정하면서 어떻게 나는 다른 사람들과 복음을 나눌 수 있을까? 나는 세 가지 행동을 제안하고자 한다. 첫째, 우리가 토론했던 가장 기초적인 질문 세 가지에 대한 대답을 이해하라. 무엇이 진리인가? 무엇이 윤리적인가? 무엇이 요청되는가? 둘째, 예수의 메시지를 사랑으로 옷 입히라. 사람의 마음을 끌고 겸손하라. 사람들은 당신이 얼마나 관심이 많은지를 알 때까지 당신이 얼마나 많이 알고 있는지에 대해 관심이 없다.

셋째, 타이밍이 중요하다는 것을 인식하라. 어떤 사람들은 지금 여러분이 편협하다고 생각할지도 모른다. 하지만 그들의 생명이 허물어질 때가 오거나 그들이 암에 걸렸다는 것을 막 알게 되었을 때, 그들은 당신이 그들에게 답을 주기를 원할지도 모른다. 그리고 아마 당신이 자신의 신앙에 충실한 것에 대해 당신을 존경하게 될 것이다.

마이클 R. 리코나(Michael R. Licona) 남아프리카 공화국의 프리토리아 대학교에서 신약학 연구로 박사 학위를 취득했다. 예수의 부활의 역사성에 관한 주제로 박사 학위를 썼다. 북미선교회 변증학 코디네이터이기도 하다. 또한 *Paul Meets Muhammad*의 저자이며 개리 하버마스와 함께 저술한 *The Case for the Resurrection of Jesus*는 상을 받았다. 리코나는 *The Case for the Real Jesus*에서 리 스트로벨과 인터뷰했던 사람 중 하나다. 그는 수많은 라디오와 텔레비전 인터뷰에 출현했고 현재는 40개 이상의 대학교 캠퍼스에서 강연하고 있다.

40

복음을 전혀 들어보지 못한 사람들은 어떻게 되는가?

■ 마이클 R.리코나

앞 장에서 논의했던 것처럼, 신약성경은 예수가 하나님에게 이르는 유일한 길이 자신을 통해 이루어진다는 것을 믿었음을 분명히 보여준다. 하지만 우리는 결코 복음을 들어보지 못한 사람들에게 이런 주장이 정당한지 질문해야 할 것이다. 그들은 자신에게 결코 제시된 적이 없는 메시지를 받아들이지 않았다고 하나님으로부터 영원히 분리되어 정죄를 받아야 하는가? 그리스도의 복음을 믿지 않고 죽은 아이와 지적 장애인들의 운명은 어떻게 되는가? 그들은 자신들이 이해할 수 없는 메시지를 믿지 않았기 때문에 하나님에게서 영원히 분리되어야 하는가?

이런 문제들은 신중하게 대답해야 하는 어려운 문제들이다. 성경은 이런 주제들에 대해 직접적으로 말하지 않기 때문에 우리는 사변(speculation)에 관여하게 될 것이다. 결국 우리는 이런 어려운 질문들에 대해 두 가지 신적 원칙들을 인정하면서 개연성이 높은 해결책을 제시할 수 있다.

먼저 복음을 전혀 듣지 못하고 죽은 사람들의 운명에 관한 질문을 소개함으로 시작할 것이다. 어떤 친구가 무료 뮤지컬 관람권 두 장을 얻었다며 자신과 함께 가기를 원하는지 알고 싶어 내게 전화했다. 뮤지컬이 나의 흥미를 끌지 못했으므로 나는 그의 친절한 제안을 거절했다. 내가 그의 관대한 초대에 응하지 않았기에 그는 도시에서 공연하고 있는 **어떤 뮤지컬에** 관한 상세한 내용을 나에게 제시할 아무런 의무도 없다. 예컨대 그것이 "캣츠"(*Cats*)든지 "위키드"(*Wicked*)나 "코러스 라인"(*A Chorus Line*)이든지 나에게 아무런 문제가 되지 않을 것이다.

그 대신 친구가 나에게 무료 야구경기 관람권 두 장을 금방 얻었는데 자신과 함께 야구장에 갈 수 있는지 알기 원한다고 상상해보자. 나는 야구 애호가이기 때문에 친구의 제안을 받아들이기 전에 어느 팀의 경기인지를 그에게 물어볼 것이다. 이 경우에는 내가 그의 관대한 초대에 응했기 때문에 그는 야구경기에 대해 상세한 내용을 제공할 것이다.

로마서 1장에 따르면 하나님은 그분의 보이지 아니하는 신성의 얼마를 우리가 사는 세상을 통해 알려지도록 하셨다. 별과 태양과 달, 바다와 많은 다른 자연의 신기한 것들은 황소나 말, 송아지나 어떤 사람의 작품이 아니다. 이들은 광대한 지성을 가진 우주 설계자의 작품이다. 로마서 2장에서 바울은 하나님이 우리의 양심에 자신의 도덕 법칙에 대한 기본적인 지식을 주입하셔서 우리가 본능적으로 강간이나 살인, 도둑질, 그리고 거짓이 비도덕적이라는 것을 알게 하셨다고 말하고 있다. 우리는 모두 자신이 다양하게 자행한 비도덕적인 행동에 대해 하나님 앞에 책임을 져야 한다. 신학자들은 이런 유형의 지식을 **일반계시**라고 부른다. 다른 말로 하자면, 우리의 우주와 양심을 인정하고 나면 우리는 어떤 종류의 하나님이 존재하시며 우리가 그분의 도덕 법칙을 따라 살아가는 데 실패했음을 인식하게 된다는 것이다.

불행하게도 이런 문제가 하나님께 이르면 대부분의 사람이 그런 문제에 무관심하다는 것은 역사의 슬픈 증언이다. 하나님은 우리에게 뮤지컬을 볼 수 있는 표를 제공해주시고 우리는 그 제안을 거절하는 것과도 같다. 솔로

   기독교를 위한 변론

몬은 비상한 지혜를 가지고 있던 사람으로 알려져 있다. 그는 1,000명의 사람 중 한 사람도 하나님에 대해 진정으로 관심이 있는 사람이 없다고 평가했다(전 7:27-29). 솔로몬이 단순히 문자적으로 이렇게 말한 것인지, 아니면 효과를 위해 과장한 것인지는 알기 어렵다. 하지만 대부분의 사람은 다음과 같은 솔로몬의 일반적인 결론에 동의할 것이다. 곧 절대다수의 사람들은 진정으로 하나님에 대해 아무런 관심이 없다. 이것은 사람들이 악하다고 말하는 것이 아니다. 사람들이 최소한 하나님에게 무관심하다고 말하는 것이다. 이와 관련해서 신학자들이 **특별계시**라고 말하고 있는 것, 즉 하나님이 누구신가에 대한 특수한 정보를 사람들에게 제공할 그 어떤 도덕적인 의무가 하나님께는 없다. 하나님께 무관심한 사람들이 2분의 아들 예수에 대한 특별한 메시지를 들었다 하더라도 일반적으로 그들은 그 메시지에 반응하지 않는다. 그래서 그들은 하나님의 심판대 앞에 설 때 핑계할 수 없을 것이다.

이것은 우리의 난제(quagmire)를 다른 견해에서 볼 수 있게 한다. 우리는 복음을 전혀 들어보지 못한 전 세계 사람의 숫자를 생각할 때 위축된다. 하지만 그들 중 절대다수가 하나님께 대해 무관심하다는 사실을 고려할 때, 하나님이 그들에게 자신에 대한 세부사항을 계시하지 않았음에 대해 불공평하다고 생각하기에는 어려움이 존재한다. 하나님은 자신에게 무관심한 사람들에게 자신에 대한 세부사항을 제공할 어떤 도덕적 의무도 갖고 있지 않으시기 때문이다.

하지만 하나님을 섬기고 기쁘시게 하는 일에 대해 진심으로 관심이 있지만 복음을 들어보지도 못한 채 죽은 사람들은 어떻게 되는가? 사도행전 17장에서 바울은 고대 그리스의 아테네에서 일단의 철학자들 앞에서 말한다. 그는 "알지 못하는 신"에게라는 글귀가 적혀 있는 제단을 보고 사람들이 복음에 대한 논의로 나아가는 도약대로 그것을 사용했다. 우주와 그 가운데 있는 만물을 만드신 하나님은 모든 사람이 그분을 찾도록 하셨다. 심지어는 하나님을 발견하기 전에 하나님을 더듬어 찾도록 하셨다. 우리는 하나님의 자녀로서 금이나 돌로 만들어지지 않았기 때문에 하나님을 금이나 돌로 만들면 안 된다. 하나님은 그분 자신에 대한 인간의 무지를 기꺼이 묵인해오셨다. 하지만 무지의 시대는 지나갔고 이제 회개할 때가 이르렀다. 왜냐하면 하나님이 예수를 통해 그분 자신을 드러내셨기 때문이다. 그분은 죽은 자 가운데서 예수의 부활을 통해 이 사실의 증거를 제공하셨고 이런 특별계시가 전 세계에 걸쳐 알려지도록 하셨다.

예수의 인격과 그의 부활 안에서 사는 인류에게 전해진 하나님의 계시를 들어보지 못한 사람들은 일종의 무지의 시대에 살고 있는 것이다. 이 경우에 하나님은 그들이 받았던 지식, 즉 일반계시에 반응하는 모습을 보시고 그들을 심판하실 것이다. 그래서 복음을 들어보지 못하고 죽었지만, 자연에 나타난 증거를 보고 창조주가 있음을 받아들이고 자신들이 도덕적으로 살지 못한 행동에 대해서는 창조주에게 책임을 져야 하며 그분의 자비를 구했던 사람들은 하나님의 심판을 면하게 될 것이다. 그래서 우리는 복음을 전혀 들어보지 못하고 죽은 사람들의 운명에 대한 질문에 해답을 제공해주는 다음과 같은 첫 번째 신적 원칙을 가지게 된다. **하나님은 우리가 받은 지식에 대한 우리의 반응에 따라 심판하실 것이다.**

비록 방금 제시한 대답이 내가 현재 받아들이는 것이지만 다른 타당한 대답도 제시되었다. 어떤 사람들은 하나님이 세상을 창조하시기 전에 어떤 이가 복음에 반응할지 알고 계셨고, 그들이 복음을 들을 수 있는 장소에서 적절한 시기에 태어나게 하셨다고 주장한다. 또 다른 어떤 사람들은 하나님이 선교사들을 보내시고 꿈이나 환상을 통해 진지하게 진리를 찾는 사람들에게 복음을 전달하셨다고 주장한다. 사실 이런 수단을 통해 그리스도를 알게 된 수많은 사람의 이야기가 있다. 이런 견해에서는 진지한 마음으로 진리를 알려는 사람이라면 그 누구도 복음을 듣지 못하고 죽을 수 없다.

이 질문은 복음을 받아들이지 않고 죽은 아기들과 지적 장애인들에 대한 하나님의 반응으로 문제를 이끈다. 성경은 정확하게 이 질문을 제기하지 않는다. 따라서 우리는 하나님의 성품에 대해 일별해볼 수 있는 다른 상황 가운데서 하나님이 어떻게 반응하시는지에 기초해 이를 짐작해볼 필요가 있다. 다른 말로 하자면, 하나님이 다른 상황 가운데서 비슷한 방식으로 응답하실 것이라고 제안하기 위해 사용될 수 있는 원리들을 말해주는 실제적인 예를 찾아야 할 것이다.

하나님은 이스라엘을 이집트의 종살이 하는 가운데서 구출하셨고 광야에 있는 동안 그들의 필요를 공급하셨다. 이스라엘이 마침내 하나님께서 약속하신 땅에 이르렀을 때, 그들은 그 땅이 하나님이 약속하셨던 것과 같은지를 살펴보고자 열두 명의 정탐꾼을 보냈다. 모든 정탐꾼이 그 땅이 좋다고 보고했다. 하지만 열 명은 지금 그 땅에 거주하는 자들이 이스라엘 백성들보다 훨씬 장대하다며, 그 땅을 차지하려는 시도는 분명히 파멸할것이라고 경고했다. 다른 두 명의 정탐꾼은 그 땅을 그들에게 주시기로 약속하셨던 하나님이 그들을 승리로 이끄실 것을 상기시키면서 그 일을 계속할 것을 격려했다. 고심 끝에 이스라엘은 그 땅을 차지하기를 거절했고, 그 결과 하나님은 그들을 책망하시며 순종한 두 명의 정탐꾼 가족을 제외하고는 이스라엘 모든 사람이 죽게 될 광야로 다시 돌아가라고 명령하셨다. "또 너희가 사로잡히리라 하던 너희의 아이들과 당시에 선악을 분별하지 못하던 너희의 자녀들도 그리로 들어갈 것이라. 내가 그 땅을 그들에게 주어 산업이 되게 하리라"(신 1:39). 이깃은 하나님의 성품을 일별할 수 있게 해주며 두 번째 신적인 원칙을 제공해준다. **하나님은 선과 악 사이에서 선택할 수 있는 정신적인 능력을 갖추고 있지 못한 사람들에게 책임을 묻지 않으신다.**

요약해보자. 우리는 복음을 이해할 수 있는 정신적인 능력을 갖추고 있지 못했던 어린아이들과 지적 장애인들뿐만 아니라 복음을 전혀 들어보지 못하고 죽은 사람들의 운명에 대한 어려운 질문에 직면해 있다. 성경이 직접적으로 이 두 문제를 다루지 않기 때문에 가능한 해법에 관하여 추측하고 생각해보는 것이 우리의 유일한 행동 방침이다. 하지만 우리는 하나님의 행동과 그분의 성품을 일별해주는 다른 상황들을 살펴볼 수 있었다. 따라서 우리는 두 가지 신적 원칙을 주장했다. (1) 하나님은 우리에게 주어진 그분의 지식에 대해 우리가 어떻게 반응하는지와 관련해서 심판하신다. 최소한 이 지식은 우리의 도덕적 실패에 대해 책임을 지게 될 창조주가 존재한다는 사실로 이루어져 있다. (2) 하나님은 선과 악 사이에서 선택할 수 있는 정신적인 능력을 갖추지 못한 사람들에게 책임을 묻지 않으신다.

여기서 우리는 하나님이 예수의 복음이라는 특별한 메시지를 받지 않고 죽은 사람들과 지적으로 복음을 이해할 수 없는 사람들을 향해 부당하게 행동하지 않으시리라는 것을 주장했다. 하지만 이 대답의 다른 면은 우리가 받았고 이해한 것에 대해 하나님이 우리에게 책임을 물으신다는 것이다. 이것은 대부분 예수의 복음에 관한 온전한 지식이다. 따라서 남아 있는 문제는 다른 사람들이 아니라 당신이다. 예수에 대해 당신은 어떻게 할 것인가?

　기독교를 위한 변론

벤 위더링턴 3세(Ben Witherington III) 켄터키 주 월모아에 있는 애즈베리 신학교에서 신약성경을 가르치는 아모스 석좌 교수이고, 스코틀랜드의 세인트 앤드루스 대학교 세인트메리 칼리지의 박사과정 교수로 있다. 위더링턴 박사는 연합 감리교회에서 안수를 받은 장로이고 존 웨슬리 회원이다. 최근에는 *New Testament Rhetoric*과 같은 교재뿐 아니라 *The Lazarus Effect*와 *Roman Numerals*라는 매우 칭송을 받는 고고학 소설을 출간했다. 2009년에는 신약학과 윤리학에 대한 그의 주요 연구 중 첫 번째 책인 *The Indelible Image*를 출간했다.

41

바울이 기독교를 창안했는가?

■ 벤 위더링턴 3세 바울이 기독교를 창안했느냐는 질문이 종종 제기된다. 사실 어떤 사람들은 바울이 기독교 신앙의 창시자라고 너무나 확신한 나머지 예수가 창안한 단순한 종교를 거창하게 변질시킨 첫 번째 사람으로 바울을 지목하고 있다. 우리는 오늘날에도 여전히 "예수에게로 돌아가자"라는 외침을 듣고 있다. 이 외침의 이면에는 "그리고 바울에게서 벗어나자"라는 주장이 내포되어 있다. 여러분은 이런 외침에 대한 것을 예수 세미나(Jesus Seminar)의 여러 구성원에게 들을 것이다. 많은 풍자 만화처럼 이 그림도 본래의 자리에 위치해야 한다.

바울이 기독교를 창안했느냐는 질문에 대한 대답은 많은 부분 우리가 **창안**과 **기독교**라는 말의 의미를 어떻게 사용하느냐에 달려 있다. 분명히 니케아 신조와 칼케돈 신조에 토대한 기독교는 기원전 1세기에는 온전하게 존재하지 않았다. 가톨릭이나 개신교도 그 점에서는 마찬가지다. 가장 초기에 예수를 따랐던 추종자들 모두는 유대인들이었고, 그들이 신약성경의 모든 책을 썼다. 물론 한두 가지 예외(예컨대 누가복음과 사도행전의 저자)가 있기는 하지만 말이다. 분명히 가장 초기에 예수를 따랐던 추종자들은 그들 자신이 새로운 종교를 만든다고 생각하지 않았다. 그들은 예수를 추종하는 유대교의 한 분파에 있었다. 하지만 다양한 요인들(성장과 복음전도 그리고 많은 이방인의 개종; 토라 중심보다는 그리스도 중심; 제국의 여러 회당으로부터의 축출)을 포함한 하나의 과정을 통해 예수 운동은 사실상 초기 유대교로부터 분리된 하나의 독립체가 되었다. 그리고 바울의 생애와 사역 동안에 이미 그렇게 분리된 상태로 있었던 것 같다. 우리는 바울이 예수 운동을 유대교에서 빼내어 자신의 종교적인 단체로 인도한 촉매제였다고 말할 수 있다. 바울은 기독교의 창시자는 아니었지만 어떤 의미에서 그는 수많은 이방인이 그런 분파적인 단체 안으로 들어오게 한 가장 큰 책임이 있는 산파였다고 할 수 있다. 이방인들은 유대인이 되기 위한 첫 번째 기초(즉 유대교의 음식 규례를 지키거나, 할례를 받거나, 안식일을 지키는 것) 위에서 그리스도인이 될 수 있었던 것이 아니다. 이것은 결과적으로 성지인 예루살렘을 제외한 예수 운동의 힘의 균형을 로마 제국 전역으로 옮겨놓았다.

하지만 여기에는 그것 이상의 고려사항이 있다. 고린도전서 9:19-23과 같은 본문을 생각해보자. 이 본문에서 바울은 몇몇 사람이라도 그리스도에게로 인도하기 위해 모든 수단을 써서 유대인에게는 유대인이 되고 이방인에게는 이방인이 되었다고 말한다. 자신이 이전에 바리새인이었고, 지금도 여전히 유대교의 일원이라고 생각하고 있는 사람이 이렇게 말하는 것은 매우 이상한 방식이다. 그렇지 않다면 기원후 약 49년 즈음 바울이 가장 초기에 쓴 갈라디아서에서 다음과 같이 말하고 있음에 유의하라. "내가 이전에 유대교에 있을 때에 행한 일을 너희가 들었거니와…내가 내 동족 중 여러 연갑자보다 유대교를 지나치게 믿어"(갈 1:13-14). 유대교는 바울에게 분명 과거의 일이 되었다. 그는 더 이상 유대교 "안에" 있거나 "지나치게 믿고" 있지 않다. 바울은 다른 어떤 것, 즉 그가 유대교에서 분리된 독립체라고 생각

  기독교를 위한 변론

했던 "그리스도 안에" 있거나 더욱 광범위하게 "그리스도의 몸 안에" 있다고
생각했다.

상당히 오랜 시간 동안 지속된 어떤 종교적 운동에는 다른 사람들보다
더 분명하게 미래를 내다본 개척자들이나 선구자들이 항상 존재한다. 바울
은 분명히 그런 사람 중 한 사람이었다. 그는 은혜에 의해 예수를 믿음으로
말미암아 구원 또는 새 탄생이 이루어진다고 주장했는데, 바울의 시대에는
소수의 사람만이 그런 주장을 온전하게 이해했음이 아주 분명하다. 한 가지
예를 든다면, 바울의 생각은 유대 그리스도인들마저도 이제는 모세 언약과
그 율법을 지킬 의무가 없다는 것을 의미한다. 유대 그리스도인들은 하나의
복스러운 선택이나 선교 전략(바울이 그랬던 것처럼)으로 모세 언약과 율법
을 지키지 않을 수 있었다. 하지만 그런 것들은 유대 그리스도인들에게조차
도 요구되지 않았고 이방인들에게는 더더욱 그러했다. 바울은 예수의 제자
가 되기 위해서는 유대인이 되어야만 하느냐는 질문에 부정적으로 답변했
다. 베드로와 야고보 같은 사람들은 구원의 기초에 대해서는 이론적으로 동
의했지만, 그렇다면 그리스도인들은 어떻게 살아야 하는가라는 질문이 제
기되었을 때, 특별히 유대 그리스도인들은 어떻게 살 것인가라는 질문이 주
제가 되었을 때, 일치된 답변을 하지 않았다. 예루살렘 공동체의 야고보와
다른 유대 그리스도인들은 자신들의 동료 유대인들에게 훌륭한 증인이 되
어서 그들 중 몇 사람이라도 그리스도에게로 인도하기 위해서는 율법을 지
켜야 할 의무가 있다고 생각했다.

하지만 바울은 은혜에 의해 예수를 믿음으로 말미암는 구원의 급진적인
영향을 잘 이해하고 있었다. 당신이 유대 그리스도인들의 할례와 율법 준수
를 요구했다면, 바울은 당신이 사실상 두 가지 다른 그리스도인 단체나 두
가지 예수를 따르는 다른 방식을 만든다고 이해했다. 갈라디아에서 어떤 활
동을 했는지 바울의 행적을 추적했던 유대주의자들은 이 문제를 이해하고

있었다. 그래서 그들은 이방인을 포함한 모든 사람이 모세의 율법을 지켜야 한다고 더욱 일관성 있게 주장했다.

결국 모세의 율법과 과연 모세의 율법이 그리스도인들에게 부과되어야만 하는지에 관한 바울의 견해는 아주 분명하게 다음과 같은 것, 곧 그리스도 안에 있는 것은 "유대교 안에 있는" 것 이상의 가치가 있는 완전히 다른 것임을 드러내 준다. 이것이 갈라디아서에서 바울이 모세의 율법을 초등교사에 비유하며 정교하게 논증을 펼친 이유다. 초등교사는 하나님의 백성들이 성인이 될 때까지 그들을 감독하는 사람들을 말한다. 하지만 이제 예수가 오셨기 때문에 그들은 더 이상 이런 후견인 아래에 있지 않다(갈 4장). 바울은 심지어 예수가 율법 아래 태어나신 주된 이유 중 하나가 율법 아래 있는 자들을 속량하기 위해서, 즉 그들을 율법의 지배로부터 구하시기 위함이었다고 말하는 데까지 나아가고 있다(갈 4:4-5). 율법 아래 있는 자들은 그리스도가 오셔서 그들을 속량하실 때까지 율법에 매여 있는 것으로 간주되었다. 이제 이것은 충분히 분명하게 분파적인 언어, 즉 유대교로부터 분할된 단체의 언어가 되었다. 바울은 갈라디아서 2:21에서 만일 어떤 사람이 모세의 율법을 지킴으로 의롭다 함을 받으려 한다면 "그리스도께서 헛되이 죽으셨다!"라고 주장하고 있다. 게다가 바울은 자신의 개종자들에게 "내가 할례를 받는 각 사람에게 다시 증언하노니 그는 율법 전체를 행할 의무를 가진 자"(갈 5:3)라고 촉구하고 있다. 이것은 바울이 고린도후서 3:7-18에 있는 구원사적 논증에서 모세의 율법과 십계명을 하나의 영광스러운 시대착오적인 것, 즉 그 시대에는 영광스러운 어떤 것이었지만 갑작스럽게 쓸모없어진 어떤 것으로 말하고 있는 이유다.

바울이 채찍과 돌에 맞고 이 회당과 저 회당에서 쫓겨난 것은, 그가 단순히 십자가에 못 박힌 그리스도를 통한 구원이 아니라 모세의 율법을 지킬 필요가 없는 종교적 삶에 관한 내용을 담은 급진적인 메시지를 전했기 때문이다. 고린도후서 11:25-27은 바울의 동료 유대인들이 바울을 살해하려 했음을 암시해준다. 그 이유는 분명하다. 유대교 신약성경 학자인 알랜 시갈(Alan Segal)이 바르게 본 것처럼, 바울은 배교한 유대인으로 보였고 예수 운동은 참된 유대교의 경계를 넘어선 것으로 간주되었다.[1] 이 모든 것의 결말은 분명하다. 바울이 고린도인들에게 편지를 썼을 때, 유대교와 기독교 사이에는, 최소한 성지 바깥에는 이미 갈림길이 있었다. 갈라디아서에서 우리는 여전히 조금이기는 하지만 그 과도기를 볼 수 있다. 따라서 예수 그리스도를 예배의 중심으로 하는 새로운 형태의 종교가 탄생하는 것을 도운 산파로서 바울을 보는 것은 정말로 옳은 일이다.

이것은 바울이 예수가 신이라는 생각이나 삼위일체 개념 또는 예수의 속죄 죽음에 관한 생각을 창안했다는 것을 의미하지 않는다. 그리고 그는 동정녀 탄생의 개념을 찬양한 것으로 비난받을 수도 없다. 왜냐하면 그는 동정녀 탄생을 자신의 그 어떤 편지에서도 결코 언급하지 않기 때문이다. 바울은 예수가 부활한 주님이시고 육신으로 오신 하나님의 아들이라는 믿음을 다른 모든 그리스도인과 공유했다. 즉 그는 예수를 따르는 동료 제자들과 자신의 기독론을 공유했다. 의심할 것도 없이 바울은 이런 진리를 자신의 교회에서 신선한 방식으로 설명하고 탐구하고 적용했다. 그가 야고보와 다른 가르침을 첨가한 것도 있었다. 예를 들어 바울은 유대 그리스도인들이 예수에 관한 자신들의 제자도를 드러내고 살 수 있는지, 그리고 살아야만 하는지에 관해 야고보와 다른 것을 첨가했다. 그는 다른 그 누구보다 은혜에 의해 믿음으로 말미암는 구원과 그리스도의 삶을 주장하는 데 더욱 일관되었다. 동시에 바울은 그리스도인의 삶의 지침이 "그리스도의 법"이라는 점을 확증함에 있어서도 더욱 일관되었다. "그리스도의 법"은 모세의 율

---

1) Alan Segal, *Paul the Convert* (New Haven: Yale University Press, 1992)를 보라.

법에 대한 그리스도의 단순한 해석이 아니다. 그것은 도리어 예수가 인정하고 재해석한 구약성경의 부분들(예컨대 십계명의 일부분)을 예수의 독특한 가르침에 더하고, 그리스도의 도덕적 모범을 더하고, 예수 시대 이후에 생겨난 몇몇 초기 기독교의 가르침을 첨가한 것이다.[2]

결국 우리는 바울이 하나님의 백성을 새로운 방향으로 인도하고, 미지의 해역을 통과해서, 새로운 약속의 땅으로 인도한 목자였다고 말할 수 있다. 그곳에서 유대인과 이방인들이 아주 동일한 기초와 바로 그 동일한 제자도를 요청하는 그리스도 안에서 연합하게 된 것이다. 비록 그가 이 최종 결과를 기독교라고 부르지는 않았지만 바울은 예수와 공생애를 함께했던 본래의 사도들 그 누구보다도 초기 교회가 될 공동체의 형태를 탄생시킨 책임이 있었다. 비록 바울이 그 공동체의 교리나 윤리를 창안하지는 않았지만, 그는 이런 진리를 가지고 행동하는 공동체가 출현할 때까지 그 진리를 가장 일관되게 적용했다.[3]

---

2) 이 모든 것에 대해서 Ben Witherington III, *Grace in Galatia: A Commentary on Paul' Letter to the Galatians* (Grand Rapids: Eerdmans, 1995)와 Ben Witherington III and Darlene Hyatt, *Paul' Letter to the Romans: A Socio-Rhetorical Commentary* (Grand Rapids: Eerdmans, 2004)를 보라.

3) 더욱 상세한 취급을 위해서는 Ben Witherington III, *The Paul Quest: The Renewed Quest for the Jew of Tarsus* (Downers Grove, IL: InterVarsity Press, 1998)를 보라.

4부

성경에 대한 질문

안드레아스 J. 쾨스텐버거(Andreas J. Köstenberger)
노스캐롤라이나 주 웨이크포레스트에 있는 사우스이스턴 침례신학교의 신약학 교수이며 박사과정 연구 책임자다. 가정과 교회와 사회에 대한 성경적 기초 회복을 돕는 일에 헌신하고 있는 Biblical Foundations 사역의 설립자이자 의장이기도 하다(http://www.biblicalfoundations.org). *God, Marriage, and Family: The Cradle, the Cross, and the Crown; Salvation to the Ends of the Earth Encountering John; Women in the Church*와 *The Heresy of Orthodoxy*를 포함한 20권이 넘는 책의 저자이자 편집자, 그리고 역자다. 또한 그는 미국 복음주의신학회 저널의 편집인으로 봉사하고 있으며 *Jesus and the Feminists*의 저자인 마가렛 엘리자베스 쾨스텐버거와 부부다.

42

오늘날의 성경은 원본으로 쓰인 그대로인가?

■ 안드레아스
J. 쾨스텐버거

성경은 원래 히브리어와 아람어(구약성경), 그리스어(신약성경)로 기록되었다. 우리가 오늘날에 사용하는 성경은 원어 성경을 영어(나 다른 언어)로 번역한 것들이다. 예수는 (아마도 히브리어와 그리스어를 알고 계셨을 것이지만) 대부분 아람어로 가르치셨고, 그래서 그리스어 신약성경 자체는 예수의 가르침을 아람어에서 그리스어로 번역한 내용을 기록하고 있다.

오늘날의 성경이 원본으로 쓰인 그대로인가 하는 문제는 다음과 같은 2가지 중요한 질문을 내포하고 있다. (1) 우리가 이용할 수 있는 성경의 사본들(MSS)은 성경 각각의 책들의 원본 내용을 정확하게 표현한 것(성경의 자필 원고)인가? 이것은 본문 **전승**(transmission)의 문제다. (2) 이용할 수 있는 번역본은 원어로 기록되어 있는 성경을 충실하게 번역한 것인가? 이것은 **번역**의 문제다.

첫 번째 문제와 관련해서는 성경 본문의 원본인 자필 원고는 존재하지 않는다. 다만 우리는 사본만 이용할 수 있다. **필사본**이라는 단어는 인쇄기에서 만들어진 사본을 의미하기보다는 손으로 쓰인 어떤 것을 지칭하는 데 사용된다. 원본의 증거는 점토판, 돌, 뼈, 나무, 다양한 금속, 질그릇 조각(도편[ostraca]) 위에 쓰인 어떤 것으로 남아 있고 가장 중요하게는 파피루스와 양피지(또는 피지[vellum])에 기록되어 있다.

대부분의 고대의 책들은 편집된 다음에 하나의 두루마리로 만들어졌다. 파피루스 두루마리는 약 10.668m의 길이를 초과하지 않았기 때문에 고대의 저자들은 긴 문학 작품을 여러 권의 "책들"로 나누었다(예를 들어 누가는 누가복음과 사도행전을 두 개의 책으로 저술해 한 세트로 구성했다).

나중에 기원후 1, 2세기에는 때때로 코덱스가 사용되었다. 코덱스는 여러 편의 파피루스를 묶은 것으로 근대적인 책 형태의 원형을 이루었다. 따라서 초기 그리스도인들은 개별적인 책들을 모아서 순서대로 엮어 지금의 신약 정경으로 만들었다. 성경이라는 말은 그리스어 **비블로스**(*biblos*, 책)에서 나왔으며, **타 비블리아**(*ta biblia*, 책들)를 가장 먼저 사용한 예는 클레멘스 2서 2:14(약 150년)에서 발견된다.

원래의 자필 원고는 없지만 현존하는 필사본의 증거는 성경 본문의 진정성에 높은 신뢰를 부여한다. 수 세기에 걸쳐 있는 다양한 형태의 엄청나게 많은 수의 필사본이 구약성경과 신약성경이 진실됨을 입증하고 있다.

구약성경과 관련된 기본적인 증언은 카이로 게니자(Cairo Geniza, 895년), 레닌그라드 코덱스(Leningrad Codex, 1008년), 코덱스 바빌로니쿠스 페트로팔리타누스(Codex Babylonicus Petropalitanus, 916년), 알레포 코덱스(Aleppo Codex, 약 900년), 브리티시 뮤지엄 코덱스(British Museum Codex, 950년), 로이힐린 코덱스(Reuchlin Codex, 1105년)를 포함하여 마소라 사본으로부터 나온다(마소라 서기관들은 유대인 서기관들이다). 레닌그라드 코덱스는 가장 오래된 완결된 필사본으로 남아 있으며 히브리 성경 본문의 주된 자료가 되고 있다. 하지만 이런 필사본들의 가장 초기본이 기원후 9세기 것으로 추정되기 때문에 원래의 자필 원고와는 시기상의 격차가 상당히 크다.

다른 증언은 타르굼(아람어 번역과 주석들)과 70역(LXX, 구약성경의 그리스어 번역본), 사마리아 오경, 사해문서(DSS)를 포함한다. 1940년대와 50년대에 발견된 사해문서는 학자들에게 기원전 250-100년 사이로 추정할 수 있는 구약성경 본문에 대한 증언을 제공해준다. 예컨대 쿰란 4번 동굴(4Q)에서는 400개의 다양한 필사본을 이루고 있는 대략 40,000개의 조각들이 발견되었는데, 그중 100개는 성경으로서 에스더서를 제외한 모든 구약성경을 담고 있다. 주목할 만한 것은 사해문서와 마소라 사본을 비교해보면 매우 작은 불일치만 볼 수 있다는 것이다.

따라서 구약성경에 대한 필사본의 증거는 원래의 구약성경 본문이 조심스럽게 보전되었고 우리의 현대 성경에 정확하게 표현되어 있음을 확고하게 드러내 준다.

신약성경 본문은 고대 세계에서 가장 잘 입증된 문서로 남아 있다. 신약성경에 대한 증언은 세 개의 광범위한 범주로 나뉜다. 곧 그리스어 필사본, 고대의 다른 언어로 된 번역들(역본들), 그리고 초기 교회의 저술가들(교회 교부)에게서 발견되는 신약성경 인용문으로 나뉜다. 6,000개가 넘는 그리스어 필사본은 파피루스 조각과 대문자체(Uncial, 간격이나 구두점 없이 모두 대문자로 쓰인 것), 소문자체(Minuscule, 소문자 필기체와 같은 원고)를 포함하고 있다. 파피루스는 그 초기 연대가 연대기적으로 원래의 자필 원본에 가장 근접해 있다는 것을 함축한다는 사실 때문에 가장 중요한 그룹을 형성하고 있다. 예를 들어 (요 18장의 몇 구절을 담고 있는) $\mathfrak{P}^{52}$와 (목회서신을 제외한 모든 바울 서신을 담고 있는) $\mathfrak{P}^{46}$은 필시 원래의 저술에서 30년 안에 쓰인 것들이다.

대문자체는 연대기적 중요성에서 파피루스 다음으로 중요하다. 시내 산 코덱스는 약 350년경에 쓰인 대문자체인데 현존하는 전체 신약성경 중 가장 이른 연대에 속한다. 바티칸 코덱스, 알렉산드리아 코덱스, 에프라엠 코덱스, 베자 코텍스 같은 다른 대문자체들도 마찬가지로 중요한 증거 본문을 이루고 있다.

소문자체는 그리스어 필사본의 가장 큰 그룹을 형성하고 있지만 상대적으로 후기의 것으로 여겨진다.

마지막으로 초기 역본과 교회 교부들은 학자들이 가장 그럴듯한 원래의 독법을 재구성하는 데 도움을 주는 초기 증거를 제공해준다. 6,000개 이상의 그리스어 필사본, 10,000여 개 이상의 라틴어 불가타 필사본, 9,300개 이상의 초기 역본은 신약성경에 25,000개가 넘는 증거 문헌이 존재함을 보여준다.

하지만 이런 필사본의 순전한 다양성이 본문의 절대적인 획일성으로 귀결되지는 않는다. 수천 개의 다양한 독법(대부분은 사소한 것들이다)이 필사본들 사이에 존재한다. 서기관들은 정확한 사본을 재생하기 위해 엄청난 노력을 기울였지만 인간의 오류에서 벗어날 수는 없었다. 필사자의 오류는 비의도적 오류와 의도적 오류의 형태로 구분할 수 있다. 비의도적 오류는 대다수 본문에 이문(異文)을 가져오는 원인이 된다. 이 오류는 전형적으로 눈의 오류(예를 들어 단어를 보지 못하고 넘어가거나 그 자리를 잃어버리는 것)와 손의 오류(펜을 흘리거나 난외[欄外]에 쓰인 부호), 귀의 오류(비슷한 소리가 나는 단어들을 혼동하거나 어떤 단어를 오해함)를 포함한다. 의도적 오류는 서기관이 본문에서 인지한 오류를 교정하려고 시도하거나 교리와 조화의 관심으로 본문을 바꿀 때 생겨났다. 이 오류들은 종종 결함이 있는 사본의 그다음 사본을 통해 표준화되곤 했다.

모든 그리스어 필사본은 지리적 기원과 그리스어 문체, 연대에 기초해 학자들이 본문 가계(알렉산드리아, 서방, 비잔틴)를 분류할 수 있게 해주는 특징을 드러낸다. "본문비평"이라 불리는 학문의 종사자들이 수행한 비교 분석을 통해 학자들은 각각 개별적인 경우에 원래의 자필 원본에 대한 가장 그럴듯한 독법을 재생하기 위해 모든 필사본을 자세히 검토하고 있다.

　　　　　　　　　　　　　　　기독교를 위한 변론

본문비평가들은 날짜와 본문의 유형, 입증된 독법과 같은 까다로운 기준과 이문에 대한 가능한 이유들(예를 들어 신학적으로 어려운 독법을 제거하는 것)을 샅샅이 살핀 독법들 사이에서 판단을 내린다. 그리스어 필사본을 검토하는 것에 더하여, 본문비평가들은 동시에 다른 모든 관련 있는 증언(예를 들어 역본과 교회 교부들)을 고려한다.

비록 본문비평은 매우 복잡하고 때로 논란의 여지가 있는 학문이지만 우리에게 최소한 2가지 확실한 결과를 제공해준다. 첫째, (생략을 포함하여) 다른 독법의 그 어느 것도 성경의 중심적인 메지시나 신학적 내용에 영향을 미치지 않는다. 둘째, 오늘날 성경 본문은 원래의 원문에 대한 정확하고 신실한 표현임이 확실하다.

두 번째 주제, 즉 **번역**의 문제는 본문 **전승**의 문제가 해결되면 자연스러운 결과로 뒤따라온다. 원문에 비교되는 오늘날 성경의 신실성과 정확성을 평가하기 위해 우리는 번역 이론과 영어 성경의 역사라는 주제를 탐구해보아야만 한다. 성경을 그 원자료의 언어(히브리어, 아람어, 그리스어)에서 수용자의 언어(예를 들어 영어)로 번역하는 과제는 언어의 특성과 의사소통과 관련된 엄청난 주제를 포함하고 있다. 단어의 의미는 내재된 의미의 어떤 고정된 형식에서 발견되는가, 그렇지 않으면 사용되는 문맥에 의해 결정되는가? 의미는 원래 문법의 형식적 특징 안에 자리하는가, 아니면 문법에서 단어의 기능에 자리하는가? 이런 문제들은 번역 이론에 관한 단지 몇 가지 질문에 불과하다.

어떤 번역가들은 정확한 번역이 형식적 등가물의 축어적 접근을 요구한다고 주장한다(KJV, NKJV, NASB, ESV). 또 다른 번역가들은 두 언어 사이에 직접적인 일대일의 상관관계로 해석하는 것은 실제로 의미를 왜곡한다고 주장한다. 이런 번역가들은 역동적 또는 기능적 등가물의 구문적 접근을 채택하고 있다(NRSV, NIV, CEV, NLT, TNIV). 언어적·주해적·문체적 고려를

해보면 역동적이거나 기능적인 등가물에 일치하도록 이루어진 번역은 원래의 의미를 더욱 잘 반영해주는 듯하다. 모든 번역가의 목표는 그들이 어떤 번역 이론을 채택하든지 간에 성경의 문학적 미와 신학적 장엄함과 가장 중요하게는 원 메시지를 보존해주는 방식으로 본문을 정확하게 반영하는 번역본을 만드는 것이다.

영어 성경의 역사는 오늘날의 성경이 정말로 성경을 그 원래적인 언어로 충실하게 반영하고 있다는 사실을 만족스럽게 드러내 준다. 수 세기 동안 서구 사람들이 이용했던 유일한 성경은 기원후 4세기 말엽에 교황 다마수스(Pope Damasus, 305-384)가 권한을 부여하고 히에로니무스(Jerome, 347-420)가 번역했던 라틴어 불가타였다. 불가타는 중세 유럽 전체에 걸쳐 성경의 공식적인 판본으로 사용되었는데 그 이용이 성직자들과 수도사 종단, 학자들에게 국한되었다.

영국의 사제이자 옥스퍼드의 학자였던 존 위클리프(John Wycliff, 1330-1384)는 평범한 영어를 말하는 사람들이 읽을 수 있는 전체 성경을 만든 첫 번째 사람이었다. 하지만 그의 번역은 히브리어나 그리스어가 아닌 불가타에 의존한 것이었다. 윌리엄 틴들(William Tyndale, 1494-1536)은 1526년 그리스어 본문에 근거한 첫 영어 신약성경을 발행했다. 틴들의 두 명의 조력자들인 마일스 커버데일(Miles Coverdale, 1488-1569)과 존 로저스(John Rogers, 1505-1555)는 전체 성경에 대한 그들 각자의 번역을 출간하면서 자신들의 일을 마무리했다. 커버데일 성경(1535년)과 매튜 성경(1537년)이 바로 그것이다. 1560년에 발행된 제네바 성경은 전적으로 원어에서 번역했다. 이것은 제임스 1세가 제네바 성경의 당파적인 성격을 교정해 번역판을 발행할 수 있는 길을 마련해주었다. 그래서 1611년에 주로 틴들의 작업에 근거하여 매우 유명한 흠정역(Authorized Verson 또는 킹제임스역)이 발간되었고, 이 성경은 270년 동안 타의 추종을 불허하는 영어 번역본 역할을 했다.

20세기에는 수많은 새로운 번역이 나왔다. 새로운 번역의 갱신과 산출은 새로운 필사본의 발견, 영어라는 언어에서의 변화, 그리고 언어학의 발전으로 대두되었다. 오늘날 어떤 영어 성경을 펼칠 때, 우리는 신실한 연구를 수행한 앞선 세대들이 원래 주어진 대로 성경을 유지하고 보존하기 위해 엄청난 노력을 기울였다는 사실을 알아야 한다.

다니엘 B. 월리스(Daniel B. Wallace, 댈러스 신학교 Ph.D.) 댈러스 신학교의 신약연구 교수이고 신약사본연구센터(http://www.csntm.org)의 실무책임자다. 케임브리지의 틴데일 하우스, 독일 뮌스터의 신약신학 사본연구소, 독일 튀빙겐 대학교의 박사후과정에서 연구했다. 또한 그는 세계신약학회와 성경연구소, 성경문헌학회, 복음주의신학회 등의 회원이다. 학술적인 신학 잡지에 수십 편의 논문을 발표했고 *Greek Grammar beyond the Basics: An Exegetical Syntax of the New Testament; Granville Sharp's Canon and Its Kin: Semantics and Significance; Reinventing Jesus: How Contemporary Skeptics Miss the Real Jesus and Mislead Popular Culture*(공동저서); *Dethroning Jesus: Exposing Popular Culture's Quest to Unseat the Biblical Christ*(공동저서); *Who's Afraid of the Holy Spirit?*(공동편집, 저자); *New English Translation/ Novum Testamentum Graece*와 *Revisiting the Corruption of the New Testament: Manuscript, Patristic, and Apocryphal Evidence, Text and Canon of the New Testament* 1(편집자, 공동저서)을 포함한 20여 권 이상의 책을 쓴 저자이자, 공동저자이거나 편집자요 논문 기고자다.

■ 다니엘 B. 월리스

개요

이번 장은 성경의 무오성을 주장하는 사람들에 대한 반론으로 사용되는 인기 있는 논증을 소개한다. 본질적으로 이 논증은 다음과 같은 질문을 제기한다. 우리가 원래의 본문을 본 적도 없는데, 당신은 어떻게 무오한 본문을 가지고 있다고 주장할 수 있는가? 표면상으로 이 질문은 너무나 강력해 보여서 어떤 사람들은 결코 이것을 넘어가지 못한다. 이번 장은 이런 질문 배후에 놓여 있는 가설과 그 가설들이 왜 오류인지를 보여줄 것이다.

문제

1949년에 미국 복음주의신학회(Evangelical Theological Society)가 설립되고 신앙선언문이 발표되었는데 이 선언문이 기초한 교리는 다음과 같다. "오직 성경만이 그리고 성경 전체는 기록된 하나님의 말씀이고 그러므로 원본에 있어 무오하다."[1] 이것은 무오에 관한 현대의 교리를 잘 보여주는 것이다. 우리는 이 항목에 나오는 **원본**(autograph)이라는 단어와 씨름하고 있다. 무오성에 관한 현대의 정의는 대개 그 교리를 원래의 필사본 또는 원본에만 한정하고 있다. 사본은 무오하지 않다. 번역본도 마찬가지다. 하지만 원본은 무오하다. 이런 분명한 표현은 벤자민 워필드(Benjamin Warfield, 1851-1921)에게서 커다란 자극을 받았다. 워필드는 수 세대 전에 매우 탁월했던 미국 프린스턴 신학교의 신학자로서 여러 작품을 출간했는데 성경의 영감과 관련해서는 『성경의 영감과 권위』가 특히 중요하다.[2]

하지만 문제를 이런 식으로 보는 데는 다음과 같은 성가신 질문이 문제가 된다. 어떻게 우리는 성경의 원본을 소유하고 있지 않은 데도 성경의 원본이 무오하다고 믿을 수 있을까? 성경의 무오성 교리를 받아들이지 않는 사람들은 너무나 자주 이런 질문을 제기하고 있고, 이것은 거의 수사학적인 질문이 되었다. 이에 관한 대답은 분명하다. 그 어떤 사려 깊은 사람도 성경의 무오성 교리를 주장할 수 없다. 원본이 상실되었기 때문이다. 따라서 그 교리는 입증될 수 없다. 우리는 그런 교리에 대해 **기껏해야** 불가지론적일 수 있다. 이런 취지로 다음의 진술을 생각해보라.

우선 오늘날 우리는 원본을 이용할 수 없다. 만일 성경이 그 권위를 영감과 무오에서 도출한다면, 원본만이 어떤 권위를 지닌다. 왜냐하면 우리가 지금 가지고 있

---

1) 최근에 복음주의신학회는 모든 구성원이 반드시 서명해야만 하는 제2의 교리를 추가했다. "하나님은 삼위일체시다. 성부·성자·성령 각 위는 창조되지 않은 위격이며 본질에서 하나이며 능력과 영광에서 동등하다."

2) B. B. Warfield, *The Inspiration and Authority of the Bible* (1948; repr., Philadelphia: P&R, 1970), 46. "그리스도인들은 원본이 상실되었다는 사실에 대해 염려할 필요가 없다." 그 이유는 동일한 페이지에 있는 각주 22에 제시되어 있다.

 기독교를 위한 변론

는 사본은 영감되지도, 무오하지도 않기 때문이다. 이것은 모든 성경을 믿는 그리스도인이 자신의 믿음을 존재하지 않는 권위에 두고 있다는 결론을 강요한다.[3]

하나님이 그분의 작품을 영감하시기에 충분히 중요한 오류가 없는 성경을 생각하셨다면, 그분은 분명히 그 사본의 과정까지도 영감하셨을 것이다. 그래서 사본도 오류가 없는 상태에 있어야 한다는 사실이 종종 지적되고 있다. 분명히 오류가 없는 작품을 영감하실 수 있는 하나님은 동시에 오류가 없는 사본을 영감하실 수 있었다. 하나님은 그렇게 하지 않으셨기 때문에 우리가 오류 없는 성경을 소유하는 것에 대해 매우 중요하다고 생각하지 않으셨던 것 같다. 하지만 이것이 우리에게 중요하지 않다면 왜 그것이 원래는 중요했겠는가?[4]

아마도 우리가 신약성경의 원본을 발견할 수 있다면, 그것은 저자가 말하고자 했던 것에 매우 가까울 것이다. 하지만 여기서도 본문은 온전히 올바르지 않을 것이다. 저자가 스스로 그것을 기록했다면 그는 실수했을 수 있고, 그가 서기관에게 불러주었다면 서기관이 실수했을 수도 있다.[5]

위의 내용은 영감 교리에 관한 회의론을 보여주는 대표적인 인용문들이다. 그리고 위에서 언급한 것처럼 그런 질문은 거의 수사적인 것으로 이루

---

3) Darin M. Weil, "Inerrancy and Its Implications for Authority: Textual Critical Considerations in Formulating an Evangelical Doctrine of Scripture," *Quodlibet Journal* 4, no. 4 (November 2002); 또한 http://www.quodlibet.net/articles/weil-inerrancy.shtml도 이용할 수 있다. Weil은 무오론자이며 이 주제와 유사한 주제를 소개하는 데 자기 논문의 나머지를 할애하고 있다.

4) Paul J. Achtemeier, *The Inspiration of Scripture: Problems and Proposals* (Philadelphia: Westminster John Knox, 1998), 71-72.

5) Jack Finegan, *Encountering New Testament Manuscripts: A Working Introduction to Textual Criticism* (Grand Rapids: Eerdmans, 1974), 54.

어져 있다. 즉 어떤 대답도 진실로 기대되지 않는다. 왜냐하면 그런 질문을 제기하는 사람은 어떤 대답도 주어질 가능성이 없다는 것을 먼저 가정하기 때문이다. 이 한 가지 질문은 무오성을 반대하는 사람의 으뜸패이며 결정적이고 논박 불가능한 것으로 간주되고 있다. 하지만 그것은 충분히 진정으로 생각한 결론인가?

여기서 중요한 절차상의 논점은 다음과 같다. 우리가 무오를 받아들이든 그렇지 않든 상관없이 이 논문은 단지 불가지론이 제기하는 논증만을 소개한다. 즉 원본이 존재하지 않기 때문에 우리는 진정으로 원본의 무오를 주장할 수 없다는 것이다. 나의 기본적인 논점은 불가지론의 논증이 정말로 타당하지 않다는 것이다. 이것은 아래에서 분명하게 밝힐 것이다. 하지만 여기서는 무오를 변호하거나 규정하거나 공격하려고 시도하지 않을 것이다. 도리어 무오에 대한 회의론자들의 첫 번째 (그리고 때로는 유일한!) 반대에 집중하는 데 노력하고자 한다. 이는 이런 추론이 정당한지에 대해 일반적으로 알려진 사실을 바로잡기 위한 것이다.

답변

이 질문에 대답하면서 우리는 세 가지 일에 주의를 기울일 것이다. 지금 펼치려는 논증은 마치 각각의 것이 독립된 단위인 것처럼 세 가지 일 중 어느 한 가지에서 발견되지 않는다.

우리가 오늘날 사용할 수 있는 자료들, 즉 현존하는 필사본에서 시작해보자.

증인의 양과 연대

자료들은 점점 늘어나고 있다. 십 년마다 그리고 실제로는 매 해 새로운 필사본(manuscript, MSS)이 발견되고 있다. 현재 그리스어 신약성경 필사본의 숫자는 5,700개에 가깝다. 이 숫자는 그 어떤 다른 고대 문헌의 필사본 숫자보다도 훨씬 많다. 사실 평균적인 고전 작가의 저술은 보통 20개 미만의 필사본만이 현존한다. 신약성경은 그리스어 필사본**만으로도** 이것을 약 300배나 초과하고 있다! 그리스어 필사본 이외에 라틴어, 콥트어, 시리아어, 아르메니아어, 조지아어(Georgian), 아랍어, 그리고 많은 다른 신약성경의 역본이 존재한다. 라틴어 필사본의 숫자만 해도 거의 10,000개나 된다. 모두 합해서 신약성경은 평균적인 고전 작가의 작품보다 대략 1,000배나 많은 필사본이 존재한다. 호메로스(Homer)와 헤로도토스(Herodotus, 기원전 484-425) 같은 비범한 작가들의 작품도 신약성경 사본의 양이 누리는 것에 비교조차 할 수 없을 정도다. 사실 호메로스는 사본에 관한 한 멀찌감치 떨어져 있는 2위다. 오늘날 호메로스의 현존하는 사본은 2,300개에도 이르지 못하고 있다.

하지만 그리스어 성경과 역본의 증언 이외에도 신약성경은 교부들의 주석과 인용에서 다시금 등장한다. 100,000회에 걸친 인용문이 존재한다. 정말이지 모든 그리스어 필사본이 파괴된다고 해도 학자들은 교부들의 인용만으로도 신약성경의 약 50%에 해당하는 구절들을 복원할 수 있을 것이다.

신약성경 본문비평의 기본적인 문제는 자료 부족이 아니라 자료가 너무 많은 데서 오는 당혹감이다.

이런 필사본의 시기는 어떤가? 비록 신약성경 필사본의 절대다수는 원본으로부터 시간상 1,000년 이상 떨어져 있지만 첫 1,000년에 해당하는 상당한 문서들이 존재한다. 당연히 우리가 시간과 관련해서 원본에 가까이 가면 갈수록 필사본은 점점 더 적어진다. 하지만 그럼에도 특별히 다른 고대

문헌과 비교했을 때 그 숫자는 인상적일 만큼 많다.

평균적인 고대 그리스 저술가의 저술은 최소한 500년 이내에는 사본이 존재하지 않는다. 많은 경우에 대부분은 아니라 해도 1,000년이 지나서야 사본이 존재한다. 신약성경의 경우에는 그렇지 않다. 가장 초기의 조각은 원본의 100년 이내인 2세기의 것이다. 1930년대에는 2세기 초기의 신약성경 사본 파편인 $\mathfrak{P}^{52}$ 하나만이 존재했다. 그것은 그 연대가 기원후 100-150년 사이로 추정되는 요한복음 18장의 한 부분이다.[6] 오늘날 2세기 그리스어

---

6) 요한복음의 연대를 정함에 있어 이 시대와 파피루스의 적합성은 최근까지 논란이 되고 있다. Brent Nongbri, "The Use and Abuse of $\mathfrak{P}^{52}$: Papyrological Pitfalls in the Dating of the Fourth Gospel," *Harvard Theological Review* 98, no. 1 (January 2005): 23-48을 보라. Nongbri는 자신의 논문에서 아래와 같이 결론 내리고 있다(그는 후대의 연대를 지지하기 위해 A. Schmidt의 논증을 가져온다. 또한 그는 $\mathfrak{P}^{52}$와 다양한 다른 필사본과의 매우 상세한 비교를 수행했다). "이런 개관으로부터 등장하는 것은 파피루스 연구자들에게는 놀라울 것이 없다. 고문서학은 텍스트, 특히 문학적인 작가가 쓴 본문들의 연대를 정하는 가장 효과적인 방법이 아니다. Roberts는 $\mathfrak{P}^{52}$판본에서 이 점을 지적했다. 진짜 문제는 신약성경을 연구하는 학자들이 파피루스학의 증거들을 이용하고 남용해오고 있는 방식이다. 나는 Roberts의 책을 과격하게 수정하지 않았다. 나는 $\mathfrak{P}^{52}$의 친필에 대해 절대적으로 '똑같이 닮은꼴'인 어느 3세기 문서의 파피루스를 제시하지도 않았다. 심지어 내가 그렇게 했다 해도 그것은 우리가 $\mathfrak{P}^{52}$의 연대를 3세기의 어느 정확한 시점으로 확정하도록 강요하지는 않는다. 고문서학의 증거는 그런 방식으로 작동하지 않는다. 내가 한 일은 $\mathfrak{P}^{52}$에 대해 가능한 연대의 창을 진지하게 고려해볼 때 2세기 후반과 3세기 초반 시대를 생각하는 것이 가능하다는 것을 보여주는 것이다. 그러므로 $\mathfrak{P}^{52}$는 **요한복음이 2세기 전반기에 출현(또는 비출현)했다는 것과 관련한 논쟁들을 침묵하게 만드는 증거로 사용될 수 없다.** 명시적인 시기를 포함하고 있는 하나의 파피루스 또는 분명한 고고학적인 층서단위 문맥에서 발견되는 파피루스는 학자들이 $\mathfrak{P}^{52}$가 하기를 원하는 일을 할 수 있다. 지금의 현재 상태 그대로 파피루스학적인 증거는 제4복음서의 시기에 대한 토론을 다룸에 있어 다른 형태의 증거에 비해 부차적인 위치를 차지해야만 한다." 위 논문의 논지는 $\mathfrak{P}^{52}$의 표준적인 시기를 기원후 100-150년에 포함하게 하는 것은 논란의 여지가 있고 그래서 요한복음의 시기는 다시금 의심의 여지가 있다는 것이다.

분명히 어떤 학자들은 그보다 나중으로 시기를 정하고 있지만 그들은 소수 그룹에 속한다. 그 조각을 발견하고 그 시기를 약 100-150년으로 추정한 C. H. Roberts는 Wilhelm Schubart와 H. I. Bell로부터 이 시기에 대한 확인을 받았다(C. H. Roberts, ed., *An Unpublished Fragment of the Fourth Gospel in the John Rylands Library* [Manchester, UK: University of Manchester Press, 1935], 16; Ulrich Wilcken, "Die Bremer Papyrus Sammlung," *Forschungen und Fortschritte* 12 [1936]: 90; 그리고 W. H. P. Hatch, *The*

　　　　　　　　　　　　기독교를 위한 변론

신약성경 필사본은 십여 개가 존재한다. 그리고 3세기에 접근하게 되면 우리는 신약성경 본문을 확립하는 데 있어 지금까지 발견한 가장 중요한 필사본 몇 가지를 갖기 시작한다. $\mathfrak{P}^{66}$, $\mathfrak{P}^{75}$, $\mathfrak{P}^{45}$, $\mathfrak{P}^{46}$은 중요한 파피루스 가운데 단지 몇 개에 해당하며 모든 파피루스가 3세기 초보다 늦지 않는다. 이들 사이에는 바울 서신 10개, 사복음서 전부, 그리고 사도행전이 제시되었다. 4세기로 들어가면 신약성경의 완성 이후 250년 안에 우리는 위대한 대문자체 성경을 가지게 된다. 시내 산 사본(Aleph)과 바티칸 사본(B)이 그것이다. 1859년 그것이 발견되었을 때 시내 산 사본은 신약성경 전체를 포함하는 것으로 드러났다. 오늘날 그것은 여전히 다른 필사본보다 500년 이상 앞서는 가장

Principal Uncial Manuscripts of the New Testament [Chicago: University of Chicago Press, 1939], plate I). Frederick Kenyon이라는 또 다른 학자는 가장 근접한 병행이 시대가 153년으로 추정되는 필사본이라고 생각했다. Kurt Aland는 Roberts에게 동의했다("Zur Liste der neutestamentlichen Handschriften VI," *Zeitschrift für die neutestamentliche Wissenschaft* 48 [1957]: 149; *Repertorium der griechischen christlichen Papyri I: Biblische Papyri: Altes Testament, Neues Testament, Varia, Apokryphen*, Patristische Texte und Studien 18 [Berlin: Walter de Gruyter, 1976]). A. Deissmann은 그것이 1세기 후반만큼이나 이른 시기로 추정할 수 있다고 생각했다("Ein Evangelienblatt aus den Tagen Hadrians," *Deutsche allgemeine Zeitung* 564 [1935]; 또한 그 조각의 시기에 대한 다양한 학자들의 인용을 보려면 *Catalogue of Greek and Latin Papyri in the John Rylands Library 3* [Manchester: University of Manchester Press, 1938, 1-3을 보라]). 하지만 $\mathfrak{P}^{52}$에 대해 오래도록 주장된 연대를 그렇게 자신만만하게 무시하는 것(개연성 있는 것에 주의해서 차라리 가능한 것을 주장하는 것)은 포스트모던적인 의제에서 나온 무모한 수단처럼 보인다. 회의론이 성경과 관련된 모든 문제를 지배해야만 한다. 물론 Nongbri가 제안하고 있는 **확실한** 연대를 위한 선결과제(날짜를 추정할 수 있는 다른 인공물들 사이에 그 조각을 위치시켜주는 필사본에 대한 분명한 날짜 또는 **원 위치에서의** 발견)는 잘 알려져 있다. 하지만 가능성의 많은 그림자는 확실성이 부족하다. "고문서학은 본문의 날짜를 정하는 가장 효과적인 수단이 아니다"라는 저자의 진술은 보다 나은 수단이 이 조각에 대해서 우리에게 가용하다는 것을 암시해주는 것 같다. Nongbri가 인정하고 있듯이 이것은 그렇지 않은 것 같다. Nongbri는 고문서학을 이 문서의 표준적인 날짜를 불신하기 위하여 사용하고 있다! 그러나 그는 $\mathfrak{P}^{52}$가 요한복음의 연대에 관해 많은 것을 가져올 것 같다는 것을 인정하려고 하지 않는다. 파피루스가 요한복음의 날짜를 정함에 있어 "증거로 사용될 수 없다"는 그의 결론은 분명히 과장된 것이다. 신약성경 필사본의 절대다수는 엄격하게 고문서학적의 기초에서 시기가 결정되며, 2세기만큼이나 이른 시기의 다른 다양한 요한복음 파피루스가 존재한다는 사실은 Nongbri의 회의론이 부당하다는 것을 제안해준다.

오래되고 완결된 신약성경이다. 하지만 이 귀중한 필사본이 결코 빛을 보지 못했다 하더라도 그 간격을 메워줄 다른 초기의 필사본이 많이 있다. 우리 는 신약성경의 단어들을 결정하는 데 하나의 필사본에 의존하지 않는다.

이 모든 것의 논점은 우리가 거의 모든 장소에서 발견되는 원래의 신약성경을 구성할 수 있는 충분한 자료를 가지고 있다는 것이다. 사실상 대부분의 학자가 신약성경 본문비평에서 우리가 작업하고 있는 자료의 엄청난 부요함과 다양성, 그리고 연대 때문에 확정적이지 않은 교정(conjectural emendation)이 존재하지 않는다는 데 동의할 것이다.[7] 이것이 전적으로 옳은지 그렇지 않은지 상관없이 신약성경이 고대 세계에서 가장 잘 보존되어 온 종교 문헌인 것은 사실이다. 그리고 만일 확정적인지 않은 교정이 필요하다면 그것은 단지 극단적으로 드문 경우에만 필요하다.

따라서 현존하지 않는 원본 때문에 성경의 무오성을 반대하는 논증은 그 효력을 말로 표현하지 않은 추정, 즉 원본은 존재하는 자료들에서 복원할 수 없다는 추정에 의존하고 있다. 하지만 대부분의 학자가 그런 추정이 거의 잘못되었다고 생각한다.

---

7) 즉 필사본의 증거 없이 본문의 단어를 재구성하는 것은 거의 모든 다른 고대의 문헌에 요구된다. Kurt and Barbara Aland는 다음과 같이 주장하는 데까지 나아간다. 곧 "원래의 독법이 어떤 단일한 필사본이나 역본에서 발견될 수 있을지 모른다는 원리는 단지 또는 거의 오로지 이론적인 가능성일 뿐이다"(*The Text of the New Testament*, 2nd ed. [Grand Rapids: Eerdmans, 1989], 281). 그리고 "본문의 전승 자체가 아무런 단절을 보여주지 않는 곳에서 본문 상의 난점은 추측이나 해설 또는 넣어 읽기 등의 방법으로 결정해서는 안된다. 그런 시도는 난제들 앞에서 굴복할 것이고 그런 시도 자체가 본문을 침해하는 것이다"(ibid., 280). 또한 G. D. Kilpatrick, "Conjectural Emendation in the New Testament," *New Testament Textual Criticism*, ed. Eldon J. Epp and Gordon D. Fee (Oxford: Clarendon, 1981), 349-60. 또한 저자가 추측을 거절하고 있는 추측에 대한 특별한 취급을 위해서는 David Allan Black, "Conjectural Emendations in the Gospel of Matthew," *Novum Testamentum* 31 (1989): 15를 보라. 반면에 흔하지 않으면, 신약성경 학자는 추측을 실행할 것이다. 하지만 그런 경우는 단지 흔치 않은 경우일 뿐만 아니라 자기 의식적인 힘겨운 싸움이기도 하다. J. Strugnell, "A Plea for Conjectural Emendation in the New Testament," *Catholic Biblical Quarterly* 36 (1974): 543-58을 보라.

이문(異文)의 질

극단적인 입장을 지지하면서 잠시라도 가장 최악의 지지자가 되어보자. 신약성경 몇 곳(분명 십여 곳보다 많지는 않을 것이다)에서 확정적이지 않은 교정이 필요하다고 가정해보자. 만일 그렇다면 그런 사실이 원본은 무오하다는 복음주의자들의 주장을 무효로 하는가? 그것은 이문들의 질(the quality of variants)에 달려 있다. 이와 관련하여 대부분의 신약성경 학자는 어떤 교리도 본문 상의 이문에 위협을 받지 않을 것이라는 데 의견을 같이한다. 이런 견해는 성경비평을 위해 많은 일을 했던 슈바벤의 경건주의자 벵겔(J. A. Bengel, 1687-1752)에게로 소급된다. 벵겔 이래로 다른 많은 사람이 다음과 같은 사실을 동일하게 주장했다. 어떤 교리도 본문의 이문에 의해 위태롭게 되지 않는다.[8]

나의 견해는 분명히 낙관론적인 것은 아니지만 이 논문에서 다루는 우리의 목적을 위한 적절한 논점을 훼손하지는 않을 것이다. 나는 **어떤 주요한 교리도 그 어떤 가용한 이문에 의해 위협받지 않는다**는 데 동의한다. 형용사 **"주요한"**과 **"가용한"**이 여기서 중요하다. **"주요한"**이라는 말은 구원에

---

8) D. A. Carson, *The King James Version Debate: A Plea for Realism* (Grand Rapids: Baker, 1979), 56, 65를 보라. 확실히 모든 신약성경 학자가 동일한 의견을 갖지는 않는다. 특별히 Bart Ehrman, *The Orthodox Corruption of Scripture* (Oxford: Oxford University Press, 1996)를 보라. 그뿐만 아니라 K. W. Clark의 논문들(예컨대 "Textual Criticism and Doctrine," in *Studia Paulina: In Honorem Johannis de Zwaan* [Haarlem: De Erven F. Bohn, 1953], 52-65)을 보라. Ehrman의 최근의 인기 있는 책 *Misquoting Jesus: The Story behind Who Changed the Bible and Why* (San Francisco: HarperSanFrancisco, 2005)에서, Ehrman은 심지어 그리스도의 신성이 본문 상의 변이에 의해 위협받을 수 있다고 제안하고 있는 것 같다(114). 자신의 결론에서 Ehrman은 이용할 수 있는 본문 상의 이문이 과연 예수가 화를 내셨는가(막 1:14의 이문) 또는 예수가 세상의 종말에 대해 무지하셨는가(마 24:36의 이문)를 결정하는 데 있어 주요한 요인이 된다고 주장한다(208). 하지만 Ehrman이 자신의 책에서 잘못하고 있는 것은 이들 주제가 강조의 문제인 반면에 그 본문들은 실제로 문제가 되지 않는다는 점에 유의하지 않는 것이다. 왜냐하면 그 본문들은 예수가 화를 내셨다고 말하고 있고(예컨대 막 3:5) 마지막이 언제 올 것인지를 알지 못한다고 주장하는(막 13:32) 논란의 여지가 없는 본문이기 때문이다.

필요한 본질적인 교리를 의미한다. "**가용한**"은 원본의 단어를 표현해주는 합당한 기회가 있는 어떤 이문을 의미한다. 이제 나는 무오성을 본질적인 교리로 간주하지 않는다는 것을 재빨리 덧붙일 것이다. 동시에 나는 이 진술이 지지하는 원칙에 그것을 포함할 것이다. 아마도 우리는 그 진술을 다음과 같이 수정할 수 있다. 즉 어떤 주요한 교리나 다른 많은 교리도 그 어떤 가용한 이문에 의해 위협받지 않는다. 물론 이렇게 말하는 것은 다소 막연하다. "다른 많은 교리"는 수많은 교리를 의미할 수 있다! 그럼에도 우리의 목적을 위한 논점은 심지어 무오성 교리마저도 가용한 본문 상의 이문에 의해 위협받지 않는 것 같다는 것이다.

여러분은 내가 성경의 무오성 교리를 변호하거나 공격하지 않고 다만 무오성에 반대하는 논증, 즉 내가 보기에 논리적 힘을 결여하고 있는 논증을 다루고 있다고 말하면서 이번 장을 시작한 것을 기억할 수 있을 것이다. 앞의 단락은 이런 중립적인 입장을 부정하는 것처럼 보인다. 그러나 이것은 여러분이 마지막 부분에서 보게 될 것처럼 그렇지 않다.

본문에 있는 이문이 교리에 미치는 최소한의 영향과 관련해 주목할 만한 것은 너무나 많은 이문이 있다는 것이다. 수십만의 이문이 있다! 오늘날 가장 잘된 추정은 신약성경에는 300,000에서 400,000의 본문 상의 이문이 존재한다는 것이다. (그리스어로) 140,000단어 이하의 책에서 그것은 엄청나게 중요하다. 하지만 이 이문들의 절대다수는 본문의 중요성에 그 어떤 영향을 미치지 않는 단순한 철자 차이에 불과하다. 또한 이문에는 동의어들이 있고 사소한 첨가가 있다. 예를 들어 대명사를 이름으로 대치하거나 "주 예수"라는 호칭에 "그리스도"를 첨가하는 것과 같은 것이다. 이들도 실제적으로 본문의 의미에 영향을 미치지 못한다. 확실히 주해나 주어진 본문의 의미에 영향을 미치는 수백 가지 이문이 존재한다. 하지만 그 어떤 가용한 이문도 어떤 주요한 교리에 영향을 미치지는 않으며 심지어 해결 불가능한 이

                                        기독교를 위한 변론

문조차도 신약성경의 가르침에 최소한의 영향을 미칠 뿐이다.

여기서 몇 가지 실례를 드는 것이 적절할 것이다. 본문의 문제 중 가장 악명 높은 것은 로마서 5:1의 ἔχομεῖ/ἔχωμεν의 문제다. 바울은 "우리가 평화를 누린다"(ἔχομεν)라고 말하고 있는가, 아니면 "평화를 누리자"(ἔχωμεν)라고 말하고 있는가? 직설법과 가정법의 차이는 단 한 글자다. 오미크론과 오메가는 그 결정을 훨씬 더 어려운 것으로 남겨두고 (후대의 그리스어처럼) 헬레니즘 시대의 그리스어에서 동일하게 발음되었던 것 같다. 사실 학자들은 이 본문 상의 문제에 대해 의견이 갈린다. 하지만 여기서의 논점은 다음과 같다. 이문이 성경의 가르침에 모순되는가? 내가 생각에는 그렇지 않은 것 같다. 바울이 말하길 그리스도인들이 평화를 누린다고 했다면, 그는 하나님 아버지와 맺는 우리의 신분 상태에 대해 말하고 있다. 바울이 그리스도인들로 하여금 하나님과 평화를 누리라고 권하고 있다면, 그는 그리스도인들에게 "믿음의 직설법", 곧 그리스도인의 삶이 기초해 있는 토대가 되는 진리를 부여잡으라고 권하고 있다. 우리는 신약성경과 심지어 바울의 전체 저작에서 이 두 종류의 발언 모두에 대한 풍부한 예를 갖고 있다. 사도들은 하나님과 우리가 화해한 상태를 선언함과 동시에, 그리스도인들이 하나님과 화해해야 한다고 권고한다. 두 가지 발언 모두 참이다. 물론 다른 수준에서 참이기는 하지만 말이다. 로마서 5:1에서의 진정한 문제는 어느 이문이 참인지가 아니라 바울이 무엇을 말하고 있는지다. 궁극적으로 이것은 주해에 영향을 미치는 문제이지만 신학에 영향을 미치는 문제는 아니다.

마태복음 18:15을 살펴보자. ᾽Εὰν δὲ ἁμαρτήσῃ [εἰς σέ] ὁ ἀδελφός σου("만일 네 형제가 **너에 대해**[against you] 죄를 범하면…"). 여기서는 εἰς σέ("너의 대해")가 불확실하다.

지금 문제가 되는 것은 바른 행동에 대한 문제(즉 어떻게 교회의 권징이 행해져야 하는가)이지 바른 교리의 문제가 아니다. 즉 그리스도인 A는 **단지**

그리스도인 B의 죄가 그리스도인 A에 대해 이루어진 것일 때에만 그의 죄를 다룰 권리와 책임이 있는가? 그렇지 않으면 그리스도인 A는 자신이 그리스도인 B가 저지른 죄의 희생자가 아니라고 해도 그리스도인 B의 죄를 다룰 권한과 책임이 있는가? 이 본문 상의 문제는 해결하기가 어렵지만 그것이 주요한 교리에 영향을 미치는 것은 아니다.

몇몇 학자들이 고린도전서 본문에서 제거되어야 한다고 생각하는 고전 14:34-35에 대해서도 동일하게 말할 수 있다. 고든 피(Gordon Fee)와 필립 페인(Philip Payne)은 이 점에 관해서 설득력 있게 말했다. 하지만 그 본문이 고린도전서 원본의 한 부분이든지 아니든지 그것은 어떤 주요한 교리에는 아무런 영향을 끼치지 않는다. 사실 본문은 교회 내에서의 여성의 위치를 다루고 있다. 그래서 이 본문은 여성들에게는 매우 중요한 본문이다! 그러나 구원의 교리에는 아무런 영향을 미치지 않는다.

또 다른 실례는 사도행전 1:11의 서방 본문으로, 이 본문에는 εἰς τὸν οὐρανόν("하늘로")이 생략되어 있다. Οὗτος ὁ Ἰησοῦς ὁ ἀναληφθεὶς ἀφ' ὑμῶν εἰς τὸν οὐρανόν("너희로부터 하늘로 취하여 간 이 예수…"). 어떤 사람들은 이 구절 때문에 서방 본문이 그리스도의 승천 교리를 약하게 만든다고 주장한다. 하지만 그런 견해를 주장하기 위해서는 승천에 관한 **모든** 언급을 서방 본문에서 없애야만 한다. 하지만 11절에서 첫째와 셋째 εἰς τὸν οὐρανόν은 훼손되지 않고 있다.[9] 서방의 서기관들이 문체상의 이유로 단어와 구를 다

---

9) (K. W. Clark 같은) 어떤 학자들(앞의 각주를 보라)은 어떤 교리가 다양한 본문에서 억제되고 있음을 보여주려고 시도하지만 이것은 다시 어떤 교리가 제거되거나, 위협받거나, 영향을 받는 것이 아님을 드러내 준다. 예컨대 그리스도의 신성에 대해 논란의 여지가 있는 여러 본문이 존재하지만 그리스도의 신성이 그 본문들 때문에 조금이라도 위험에 처해 있지는 않다. 또한 이 방법은 킹제임스역만을 사용하는 사람들이 현대의 번역본을 비난하기 위해 사용하고 있다. 그리스도의 피, 하나님이 **우리의** 아버지라거나 그리스도의 신성을 언급하고 있지 않은 이곳저곳의 필사본은 종종 하나님의 말씀을 훼손하려고 했던 이단들이 산출한 것으로 여겨지고 있다. 킹제임스역만을 사용하는 사람들이 사용하는 가장 유명한 본문

 기독교를 위한 변론

듬으려고 시도했다는 것은 사실일 것이다. 하지만 그들이 그리스도의 승천에 대한 어떤 언급을 제거하려고 시도했다는 극단적인 주장은 의심스럽다. 만일 그러하다면 그들은 자신들의 시도에서 매우 무능했다. 더군다나 신약성경이 원래 그리스도의 승천을 말하고 있지 않고 이런 가르침은 단지 후대에 첨가된 것이라고 생각하는 것은 전적으로 합당하지 않다.

일반적으로 무오론자들에게 가장 문제를 일으키는 것으로 인용되는 본문 상의 문제 중 다음과 같은 것들이 있다.[10]

마 1:7-8	Ἀσάφ 대 Ἀσά ("아삽" 대 "아사")
마 1:10	Ἀμώς 대 Ἀμών ("아모스" 대 "아몬")
막 1:2	ἐν τῷ Ἠσαΐᾳ τῷ προφήτῃ 대 ἐν τοῖς προφήταις ("선지자 이사야에" 대 "선지자들에")
막 2:26	ἐπὶ Ἀβιαθὰρ ἀρχιερέως 대 생략 ("아비아달이 대제사장일 때" 대 이 구절의 생략)[11]
막 5:1	Γερασηνῶν 대 Γαδαρηνῶν ("게라세네스" 대 "가다레네스")
눅 23:45	τοῦ ἡλίου ἐκλιπόντος 대 καὶ ἐσκοτίσθη ὁ ἥλιος ("해가 일식이 되었다" 대 "해가 어두워졌다")

은 요한의 콤마(*Comma Johanneum*)라는 요일 5:7-8이다. 공인 본문(*Textus Receptus*)의 3판에서 드러나 있는 것처럼 이 본문은 삼위일체를 드러내 준다는 것이다. 여기서의 단어들에 대한 본문 상의 기초는 빈약해서 사실상 모든 신약성경 학자가 이것을 알고 있다. 게다가 복음주의신학회의 1% 미만의 학자들만이(이 추산도 후한 것이다) 요한의 콤마를 진정한 것으로 받아들이고 있다. 하지만 해마다 복음주의신학회의 **모든** 구성원들은 자신들의 삼위일체 고백에 서명해야만 한다. 요한의 콤마 제거가 삼위일체를 파괴하는 것이라면 어떻게 복음주의신학회의 모든 구성원이 삼위일체를 포함하는 고백선언문에 서명을 할 수 있겠는가?

10) 각각의 경우에 NA[27] 본문의 독법이 먼저 제시된다.

11) 이 경우에 서방 본문은 역사적 불일치를 해소하기 위해 이 구절을 제거한다. 하지만 오늘날 서방 본문의 독법을 진정성 있는 것으로 받아들이는 본문비평학자는 극소수에 불과하고 사실 거의 없다고 생각해도 무방하다.

요 7:8	οὐκ 대 οὔπω("아니다" 대 "아직도 아니다")
행 12:25	εἰς Ἰερουσαλήμ 대 ἐξ Ἰερουσαλήμ 대 ἀπο Ἰερουσαλήμ("예루살렘으로" 대 "예루살렘 바깥으로" 대 "예루살렘으로부터")
행 16:12	추측 대 다양한 독법[12]
행 20:4	Δερβαῖος 대 Δουβέριος("더베" 대 "도베리우스")
벧후 3:10	εὑρεθήσεται("발견될 것이다") 대 다양한 독법[13]

위의 본문들은 신학의 형성과 관련하여 신약성경에 있는 더욱 흥미롭고 중요한 문제들 가운데 자리하고 있다. 하지만 신약성경에 대한 표준적인 주석은 이런 본문들이 제기하는 문제가 실제적이라기보다는 짐짓 그렇게 보일 뿐이라는 것을 보여준다. 우리는 다음과 같은 이전의 논점을 강조하는 것으로 충분할 것이다. 그 어떤 주요한 교리도 이문에 의해 위협받지 않는다.[14]

125년 전 호르트(F. J. A. Hort, 1828-1892)는 본문의 1,000분의 1보다 적은 분량이 의심스럽다고 대담하게 생각했다. 이것은 약 140개의 단어가 분명하게 확증되지 않았음을 의미한다. 나는 이 숫자가 너무 높지 않은가 생각한다. 하지만 그럼에도 많은 회의론자들이 기꺼이 믿으려는 것보다는 낮다고 생각한다. 상한선으로 우리는 의심스러운 신약성경 본문의 1%를 다루고 있다. 그것은 1,400단어 미만이다. 신약성경 모든 구절에 있는 참된 본문

---

12) Bruce M. Metzger, *A Textual Commentary on the Greek New Testament*, 2판 개정판 (New York: United Bible Societies, 2005), 393-95에 있는 토론을 보라.

13) Ibid., 636-37에 있는 토론을 보라.

14) *Misquoting Jesus*라는 책에서 Ehrman은 더욱 중요한 다른 본문 상의 이문, 즉 주요한 교리들에 직접적으로 영향을 미치는 이문을 만들어냈다고 생각한다. 대부분의 경우에 Ehrman이 제기하는 본문은 1993년에 나온 그의 학문적인 책 *The Orthodox Corruption of Scripture*에서 이미 언급했던 본문들이다. 하지만 여러 학자가 그 두꺼운 책에 나오는 본문 상의 선택이나 그의 해석의 잘못을 비판했다.

은 **어떤** 필사본에 들어 있을 것이다. 게다가 내가 이미 주장했던 것처럼 그 가운데 어디에서도 어떤 주요한 교리가 문제되지 않는다. 이것을 실용적으로 말하자면 우리가 네슬레-알란트의 그리스어 신약성경에 있는 본문 또는 비평장치를 보고 있을 때, 우리는 원본을 보고 있다고 말할 수 있다. 그렇다면 원본이 사라졌기 때문에 성경의 무오성을 지지할 수 없다는 논증은 고려할 가치가 없다. 우리는 그리스어 신약성경의 페이지 어딘가에 원본을 가지고 있다.

복음주의자들과 본문비평 이론

마지막으로 우리는 신약성경의 본문과 관련해서 복음주의자들 사이에 이루어지는 다양한 의견을 다루어보자. **복음주의자**라는 말은 내게 그리스도인들을 의미한다. 그것은 그중에서도 성경의 무오성 교리를 받아들이는 사람들을 의미한다. 확실히 모든 복음주의자가 무오성 교리를 지지하지는 않지만 여기서는 그런 사람들을 다루려고 한다. 하지만 아마도 "복음주의자들과 본문비평 이론"보다 더 나은 제목은 "무오론자들과 본문비평 이론"일 것이다. 하지만 무오론자들이라는 것은 복음주의자들이 아닌 많은 사람(복음주의자라는 호칭을 좋아하지 않는 기독교 이단 그룹의 구성원들과 많은 근본주의자)을 포괄한다. 따라서 **복음주의자들**이란 용어를 사용하겠다.

신약성경 본문비평 분야에는 여러 학파가 존재한다. 극우적인 편에는 다수 본문 또는 보통 비잔틴을 선호하여 다수 사본을 받아들이는 사람들이 있다(비잔틴/다수 본문이 킹제임스역의 배후에 있다). 이런 학자들이 구성하는 사본은 그들에게 무오성에 관한 **염려**(Angst)를 일으키지 않는다. 즉 다수 사본이 진정한 사본이라면 복음주의자들은 갑자기 무오성을 버릴 필요가 없다.

극우의 반대편에는 내적 증거에 우선권을 부여하는 자들(엄격한 또는 철

저한 절충주의자들)이 있다. 확실히 이 진영에는 많은 복음주의자가 소속되
어 있지 않다(아마도 이 진영에는 본문비평가들이 많이 없기 때문일 것이다!).
그리고 그들이 믿는 본문은 무오성을 포기하도록 하지 않는 원본이다. 하지
만 여기서는 2가지가 중요하다. 첫째, 본문비평에 대한 이 접근 방법이 다른
어떤 학파보다 소위 확정적이지 않은 교정을 채택할 경향이 더 높을 수 있
지만, 엄격한 절충주의자들은 최소한 어떤 필사본의 지지를 받지 않은 독법
을 채택하는 것을 일반적으로 분명하게 반대한다.[15] 둘째, 복음주의자들은
신약성경 학자들 중에서도 추측을 가장 적게 채택하는 그룹에 속한다. 그들
은 추측하는 방법이 생각하지 못한 필사본을 발견할 수 있음을 대단히 존중
하는 경향을 보인다. 하지만 정확하게 이것 때문에 그들이 무오하다고 주장
하는 본문은 필사본에서 발견되는 본문이고, 무오성을 보호하기 위해 무에
서 만들어진 본문이 아니다. 그리고 단어들이 만들어내는 것 같은 불일치로
인해 본문을 다룰 때는 항상 추측이 제안된다는 점을 강조해야만 할 것이
다. 따라서 단어들의 불일치가 결코 수용할 수 없는 오류를 복음주의자들에
게 산출한다면, 복음주의자들은 소위 확정적이지 않은 교정을 가장 잘하는
사람들이어야만 한다.

극우적인 신학자들과 철저한 절충적인 신학자들 중간에 합리적인 절충
주의자들이 존재한다. 이들은 자신들이 복음주의자들이든지 그렇지 않든지
오늘날 본문비평의 다수를 점하고 있다. 본문비평에 대한 이런 접근 방법은
대부분의 현대어 성경 번역의 배후에 있다. 이 폭넓은 진영 안에도 많은 분
파(permutation)가 존재한다. 하지만 그런 다양한 분파를 살펴보아도, 복음
주의자들은 모든 분파에서 발견된다. 그들이 원본으로 구성한 본문은 그들

---

15) G. D. Kilpatrick, "Conjectural Emendation in the New Testament," in *New Testament
Textual Criticism*, 349-60이 그렇다. 최근에 Kilpatrick의 학생인 J. K. Elliott는 엄격한
절충주의자에게 있어서 새로운 출발을 기록하며 막 1:1에서 절충을 정말로 허용했다.

　　　　　　　　　　　　　　　　기독교를 위한 변론

에게 무오성을 포기하라고 강요하지 않는다.[16]

이 다양한 사상의 학파들은 모두 다른 원래의 신약성경을 구성하고 있지만 무오론을 지지하는 복음주의자들은 각각의 학파 안에서 발견된다. 그 **어떤 본문비평학파도 무오론의 특성 때문에 무오론자들(inerrantists)을 자신들의 학파를 구성하는 구성원에서 배제하지 않는다.** 다른 말로 하면 다양한 학파에 소속된 복음주의자들은 자신들이 어떤 신약성경 본문을 채택하든지 상관없이 그것을 무오한 것으로 보고 있다. 그리고 앞에서 언급했던 것처럼 복음주의자들은 본문 상의 난점을 해결하기 위해 추측을 채택하지 않는 경향이 있다. 따라서 원본이 사라진 이후에는 본문이 무오한지 어떤지 우리가 알 수 없다는 논증은 **특별히** 복음주의자들에게는 잘못된 가정이다. 본문이 무오한지 어떤지 알 수 없다는 논증은 크게 세 가지 경우일 때, 즉 (1) 확정적이지 않은 교정이 어떤 부분에서 필요할 때, (2) 그런 부분에서 추측하는 것이 무오성 교리를 위태롭게 하는 성격을 포함하고 있는 본문에서의 불일치를 해결할 수 있을 때, (3) 복음주의자들만이 추측을 채택했을 때 사실일 것이다(복음주의자들이 추측을 채택했을 때, 그들은 자신들에게

---

16) 분명히 어떤 진영 안에 있는 복음주의자들은 때때로 무오성을 주장할 수 없는 다른 진영에 있는 사람들을 정죄하는 경향이 있다. 이것은 특별히 다수 본문 진영에 있는 사람들에게 있어서 사실이다. 즉 그들은 유오한 본문을 받아들이는 다른 복음주의자들을 정죄하는 경향이 있다(James A. Borland, "Re-examining New Testament Textual-Critical Principles and Practices Used to Negate Inerrancy," *Journal of the Evangelical Theological Society* 25 [1982]: 499-06을 보라). 때때로 심지어 다수 본문 진영 바깥에서 우리는 "만일 여러분이 이런 본문 상의 이문을 받아들이지 않는다면 성경은 더는 무오하지 않다"라고 주장하는 복음주의자를 발견할 수 있다. 가장 유명한 것은 Gordon Fee가 자신의 고린도전서 주석에서 주장한 내용이다. 만일 14:34-35이 진정하다고 주장한다면 바울 사도는 모순에 사로잡힌다는 것이다. "이 구절들이 11:2-6에 분명히 모순된다는 사실은 훨씬 큰 어려움이다"(Gordon D. Fee, *The First Epistle to the Corinthians*, NICNT [Grand Rapids: Eerdmans, 1987], 702). 하지만 대부분의 복음주의자, 정말로 대부분의 신약성경 학자는 이 구절들의 진정성에 반대하는 Fee의 논증에 설득되지 않고 있으며, 대부분의 학자가 이 구절을 11장과 조화시키는 데 별다른 문제를 느끼지 못하고 있다.

유리한 주장만 한다는 비난을 받을 수 있기 때문이다). 하지만 이런 조건들은 분명히 충족되지 않고 있다. 결과적으로 불가지론적인 논증은 공허하다.[17]

결론

우리가 성경의 무오성 교리를 어떻게 생각하는지 상관없이 최소한 알려지지 않은 원본에 근거하여 무오성을 반대하는 논증은 논리적으로 오류가 있다. 우리는 필사본 어딘가에 신약성경 본문을 가지고 있다. 그리고 뚜렷한 이문이 있는 성경 본문은 무오성의 문제와 관련된 것이라기보다는, 그 본문이 확정되었지만 어떤 다른 문제와 관련이 있다. 지금 확실히 본문의 이문과 관련해서는 무오성에 관한 도전이 있다. 이것은 부인할 수 없다. 하지만 그런 도전들은 무오론자들이 직면하는 더 큰 도전에 비교하자면 자그마한 도전에 불과하다.

그래도 복음주의자들은 큰 문제들이 있는 곳에서 본문을 바꾸려고 하지 않는다. 어느 복음주의자가 유다의 죽음에 관한 2가지 기록, 베드로가 예수를 세 번 부인한 것에 대한 일정한 병행적인 설명, 또는 구레뇨가 실시했다는 인구조사를 확실하게 삭제한 것을 깔끔하게 조화시키는 것을 좋아하지 않겠는가? 그리고 마가복음 2:26에서 예수가 다윗의 성전 규례 위반을 "대제사장 아비아달" 때에 일어난 사건으로 말하지 않았다는 것을 누가 좋아하지 않겠는가? 이런 문제들은 몇 가지 개별적인 본문 상의 문제들보다 무오성에 훨씬 더 큰 문제를 일으키는 것들이다. 그리고 이런 문제들은 손쉬운

---

17) 분명히 구약성경 본문비평은 추측이 몇 가지 장소에서 적용되어야만 하는 다른 유형의 존재다. 그럼에도 세 번째 조건은 불가지론적인 논증을 매력 없는 것으로 남겨둔 채 여전히 충족되지 않고 있다.

　기독교를 위한 변론

본문비평적인 해결을 할 수 있는 본문 안에 있지 않다.[18] 따라서 논증은 더 큰 것에서 더 작은 것으로 나아간다. 복음주의자들이 제시하는 확정적이지 않은 교정에 의해서 무오성에 관한 주된 도전들이 해결되지 않는다면, 본문의 이문을 포함한 자그마한 도전들은 분명 복음주의자들이 무오성 교리를 버릴 만큼 만족스러운 도전이 아니다.

이것은 결코 주요한 문제들이 해결 불가능하다는 것을 제안하는 것이 아니다. 도리어 여기서 나의 논증은 단순하다. 곧 무오론자들이 요리할 수 있는 몇 가지 자그마한 본문 상의 문제들보다 훨씬 더 큰 물고기가 있다는 것이다.

간단히 말해서 무오성 교리는 복음주의자들이 신약성경의 더 확실하지 않은 본문에 직면했을 때조차 받아들이는 교리다. 그리고 비록 신약성경에 기록된 단어에 100% 확실성이 없더라도, 원본에 있는 단어들은 의심의 여지없이 분명하다. 말하자면 필사본이나 네슬레-알란트 27판에 있는 이문들에는 원본의 단어가 분명하게 있다. 확정적이지 않은 교정은 사실상 불필요하다. 그리고 복음주의자들은 필사본에 있는 성경 본문비평장치(apparatus)에서 활용할 수 있는 이문들이 전체적으로 성경의 무오성 교리에 관한 자신들의 믿음을 제거하기에 충분한 설득력을 가져다준다고 생각하지 않는다.

지적인 정직함의 문제로서 나는 성경의 무오성을 중도에 포기하려고 불가지론적인 논증을 사용하는 사람들에게 충고 한마디 하겠다. 불가지론적인 논증이 표면상으로는 건전하게 보일지 모르지만, 조금만 살펴보면 그런 회의론적 논증은 곧바로 허물어진다. 그렇지 않으면 1991년에 텍사스 주의 주지사였던 앤 리처즈(Anne Richards)가 했던 불멸의 명언을 그들에게 대

---

18) 몇 가지 필사본 특히 서방의 여러 필사본은 막 2:26에 있는 공격적인 단어들을 삭제하고 있다. 하지만 이것은 다음과 같은 나의 더 큰 논점을 드러내 준다. 곧 본문비평적인 해결이 다른 근거에서 특별히 강력하지 않다면, 복음주의자들은 무오성을 위한 어려운 문제들에 대한 본문비평적인 해결로 달려가지 않는 경향이 있다.

신 들려주고 싶다. "그건 전혀 설득력이 없다."

요약하자면 비복음주의자들이 성경의 무오성과 원본의 문제를 제기할 때 그들이 만들어낸 가설이 있다. 그것은 원본에 있는 성경 말씀들은 절대 되찾을 수 없는 것이다. 달리 말해 그것은 알려지지 않았고 알려질 수 없다는 것이다. 이런 가설은 원본의 단어가 필사본 어떤 곳에서 발견될 수 없음을 함축하고 있다. 이것은 분명히 사실이 아니다. 실용적으로 우리는 원본의 단어를 필사본이나 네슬레-알란트 그리스어 신약성경에 있는 **비평장치**에서 발견할 수 있다. 우리는 우리 눈앞에 원본을 가지고 있다. 단지 그것이 윗줄인지 아니면 아랫줄인지를 항상 확신할 수는 없지만 말이다.

우리는 여기에 두 번째 논점을 덧붙일 수 있다. 복음주의자들은 본문비평을 사용하는 모든 주요한 진영에 소속되어 있다. 따라서 가용한 이문(즉 원본의 단어를 반영해주는 진정한 가능성을 가지고 있는 것)이라고 고려되고 있는 것이 무엇이든지 상관없이 복음주의자들은 무오성에 대한 자신들의 믿음에서 흔들리지 않을 것이다. 확실히 본문비평과 관련하여 무오성에 대한 도전이 존재한다. 그러나 전체적으로 이런 도전들은 중요하지 않은 것들이다(그리고 이 모든 도전을 다루는 것은 이 논문의 범위를 벗어나는 것이다). 그 도전들은 성경의 무오성이라는 교리와 관련해서 주요한 문제로 보이지 않는다.

44

왜 모든 번역인가?

■ **데니 버크**

성경을 1권 사려고 기독교 서점을 돌아다닐때, 우리는 엄청나게 많은 번역본을 선택할 수 있다는 사실에 무척 당황할 수 있다. 하지만 많은 그리스도인은 어느 번역이 가장 좋은 것인지를 평가할 수 있는 아무런 기준이 없다. 이 논문은 새로운 번역을 위한 몇 가지 역사적인 이유를 제시하고, 우리 시대에 그토록 많은 역본이 산출되도록 하는 번역 철학에 대해 설명하려고 한다. 따라서 우리는 이 논문의 제목에서 제기된 물음을 역사적인 관점과 동시에 철학적인 관점에서 다루어야만 한다. 역사적으로 말하자면, 우리는 성경에 대한 영어 번역이 왜 그토록 급증했는지 생각하지 않을 수 없다. 왜 각각의 세대들이 번역의 과제를 수행하고 있는가 하는 문제가 등장한다. 또한 다양한 번역 철학에 대해 생각할 필요가 있다. 우리는 다양한 영어 역본이(특히 현대의 역본) 중요한 방식에서 서로 차이가 나게 하는 것이 무엇인지를 이해할 필요가 있다.

새로운 번역을 위한 역사적 이유들

각 세대의 그리스도인들은 복음을 선포할 책임이 있기에, 모든 사람이 기록된 하나님의 말씀을 이용할 수 있도록 번역할 책임도 있다. 이것이 성경 번역의 과제다. 모든 세대는 원문에 기초해서 해석이 달라지고, 번역어가 더 늘어나고, 성경신학 이외의 영역에서 옛 번역의 개정이나 새로운 번역을 요구하는 것을 목격한다. 해를 거듭하면서도 변하지 않는 한 가지는 역사가 새로운 영어(또는 다른 언어들) 번역을 요구한다는 것이다.

옥스퍼드 대학교의 설득력 있는 설교자이자 교수였던 존 위클리프(John Wycliffe, 1331-1384)는 14세기 로마 교황 제도와 교회 위계질서가 타락했다고 보았고 그것을 개혁하고자 노력했다. 그의 저항 운동의 일부분은 영국의 그리스도인들을 위하여 그들의 언어로 번역된 성경을 제공하는 것이었다. 위클리프는 평범한 그리스도인들도 하나님의 말씀에 접근하길 원했다. 그 시대까지 어떤 사람도 성경 전체를 영어로 번역하지 못했다. 위클리프는 영국에서 부흥이 일어나는 것을 보기 원했고 다음과 같이 말한 것으로 전해진다. "그리스도인들이 그리스도의 말씀을 가장 잘 알 수 있는 모국어로 복음을 공부할 수 있도록 도울 것입니다."[1] 그리하여 1382년에 위클리프는 성경 전체를 손으로 쓴 첫 번째 영어판을 완성했다.

존 위클리프가 성경을 영어로 번역한 것이 중요하고 중대했지만 그것이 최고의 번역은 아니었다. 위클리프의 번역은 그리스어와 히브리어(성경의 원어) 필사본이 아니라 히에로니무스의 라틴어 번역(불가타, 약 403년)에 근거했다.[2] 후대의 번역은 이런 단점을 교정했다. 게다가 위클리프의 번역은

---

1) Paul D. Wegner, *The Journey from Texts to Translations: The Origin and Development of the Bible* (Grand Rapids: Baker Academic, 1999), 281-82.
2) Bruce Metzger, *The Bible in Translation: Ancient and Modern Versions* (Grand Rapids: Baker Academic, 2001), 59.

 기독교를 위한 변론

중세 영어[3]로 이루어졌는데 이런 영어의 형태는 후대의 독자들에게는 너무나도 구식이었다.

케임브리지 대학교의 교수였던 윌리엄 틴들(William Tyndale, 1494-1536)은 그리스어 본문에 근거해서 신약성경을 번역했다. 틴들의 성경은 영국에서 처음으로 인쇄된 신약성경 번역본이었다(1526년). 틴들은 히브리어 텍스트에서 구약성경의 일부분도 번역했지만 전체 번역을 끝마치지 못하고 죽었다. 그가 신구약 성경의 원래 언어에 근거해 번역한 것은 위클리프의 작업을 넘어서는 꼭 필요한 개선책이었다. 또 다른 개선책은 틴들의 번역 영어가 근대 영어 시대[4]에 속한다는 사실이다.[5] 마일즈 커버데일(Myles Coverdale, 1488-1569)의 작품에 이르러서야 비로소 구약성경과 신약성경 전체가 번역되어 대중들에게 등장했다(1535년).

커버데일 이후 영어로 번역된 다른 성경역본이 많이 있었지만 영어 번역의 분수령은 의심할 것도 없이 킹제임스역(King James Version, 1611년)이었다. 위클리프 이후에 이루어진 많은 번역은 개인이 작업한 것이지만 킹제임스역은 번역위원회가 구성되어 약 50명이 넘는 번역자가 공동으로 작업한 결과물이다.

그 시대 가장 우수한 최정예 성경학자들 몇몇이 원어 성경을 번역하기 위해 그 작업에 공헌했다. 영국의 제임스 1세(1566-1625년)는 성공회 신자들뿐만 아니라 청교도와 개혁파 전통을 추종하는 사람들도 받아들일 만한 번역을 제공하려고 노력하면서 그들에게 권한을 부여해주었다.[6] 그들의 노

---

3) 영어 역사에서 중세영어는 1100-1500년의 영어인데 지금의 현대 영어와는 많은 차이가 있다—역자 주.

4) 지금의 영어의 모습과 비슷한 형태를 갖추게 된 근대 영어 시대, 그중에서도 초기 근대 영어 시대는 보통 1500-1700년 또는 1800년까지로 구분한다—역자 주.

5) Wegner, *The Journey from Texts to Translations*, 289.

6) Ibid., 307.

력의 결과로 영어로 쓰인 작품 중 가장 위대한 종교적·문학적 대작이 만들어졌다. 20세기 후반에 개정표준역(Revised Standard Bible)과 다른 번역의 확산이 이루어질 때까지 킹제임스역은 영어 독자들 사이에서 아무런 경쟁자가 없을 정도로 독보적이었다.

수천 개의 고대 그리스어 필사본과 히브리어 필사본이 발견될 뿐 아니라 성경의 언어와 문화에 대한 이해의 폭이 깊고 넓어진 것은 최소한 새로운 영어 번역이 수 세기에 걸쳐 등장했던 이유의 한 부분을 형성해준다. 영어라는 언어에서 발생한 변화가 오래된 고대 형태의 영어를 사용하는 오래된 역본들을 새로운 역본으로 대체할 것을 요구했다.

새로운 번역을 위한 철학적 이유들

오늘날 그토록 많은 번역이 이루어지는 이유 중 하나는 번역을 지배하는 철학의 다양성이다. 번역은 단어들을 한 언어에서 다른 언어로 대치하는 것 이상의 의미를 포함한다. 어느 번역이든지 실제로는 성경의 의미를 다른 언어로 해석하는 것이고, 번역자들마다 고대의 본문을 영어로 옮기는 제일 나은 방법에 대한 의견이 서로 다르다. 기본적으로 오늘날 통용되는 번역 철학으로 세 가지가 있다. 형식적 등가 방법, 역동적 등가 방법, 풀어쓰기 방법이 그것이다.

형식적 등가 방법(formal equivalence approach)은 번역 가운데 가장 문자적인 방법이다. 형식적 등가 방법을 활용하는 번역은 본질적으로 축어적인 번역이다. 이런 번역 방법은 원래 언어의 다양한 형식을 적절한 영어의 형식으로 재생하려고 시도한다. 예를 들어 주어진 그리스어 본문에 관사가 있다면 형식적 등가 번역은 종종 영어 관사를 가지고 그 관사를 번역하려고

　　기독교를 위한 변론

시도할 것이다. 킹제임스역(1611년)과 신미국표준역(NASB, 1971년, 1995년 개정), 개정표준역(RSV, 1952년), 영국표준역(ESV, 2001)은 모두 이런 번역 방법을 반영하고 있다.

역동적 등가 방법(dynamic equivalence approach)은 원문의 축어적 번역을 시도하지 않고 도리어 동일한 사상을 가진 것으로 번역한다. 예를 들어 어떤 번역자가 주어진 그리스어 본문에서 관사를 마주치면 대응하는 영어 관사로 그것을 번역할 필요가 없다. 그것이 신실하게 그 원문의 사상을 포착해주는 한에서는 종종 관사를 포함하지 않는 영어 형식이 선택된다. 이 방법을 활용하는 번역자들은 축어적 번역이 항상 원문의 의미를 바르게 포착하지는 못한다는 것을 인정하고 역동적 등가 번역이 필요하다고 주장한다. 이런 범주에 해당하는 두 가지 대중적인 번역이 신국제역(NIV 1978년)과 신개정표준역(NRSV 1990년)이다.

풀어쓰기 역본(paraphrased version)은 고대의 본문으로부터 번역하려고 애를 쓰지 않기 때문에 기술적으로 번역이 아니다. 풀어쓰기는 "문장의 자유로운 번역 또는 확장, 다른 말로 그 의미를 표현하기"다.[7] 이런 범주에 속하는 역본은 케네스 테일러의 리빙 바이블(1971년)과 유진 피터슨의 메시지 성경(신약성경 1993년; 구약성경 지혜서 1997년; 구약성경 예언서 2000년)이 있다.

이런 다른 번역의 철학은 지난 세기에 걸쳐 등장했던 다양한 번역의 어느 조그마한 부분도 설명해주지 못한다. 예컨대 신국제역(NIV)은 1970년대에 대중성을 확보했던 번역 철학, 즉 역동적 등가의 직접적인 결과물이다. 하지만 어느 방법이 최고인지에 대해서는 성경을 연구하는 학자들 사이에서도 여전히 논란이 지속되고 있다. 평생 85개 나라를 유랑하며 언어와 문

---

7) Metzger, *The Bible in Translation*, 175.

자에 스며 있는 문화적·사회적 배경을 연구한 유진 니다(Eugene Nida)가 역동적 등가 방법을 고취하는 데 매우 큰 영향을 미치고 있다면, 미국 휘튼 대학의 영문학 교수였던 리렌드 라이켄(Leland Ryken)과 다른 사람들은 본질적으로 문자적 방법을 지지하고 있다.[8]

---

8) Leland Ryken, *Choosing a Bible: Understanding Bible Translation Differences* (Wheaton: Crossway, 2005), 13-18.

존 맥레이(John McRay) 일리노이 주 휘튼 대학의 신약학과와 고고학 명예교수다. 1956-2002까지 자신의 학문적인 여정 가운데 하딩 대학교, 립스콤 대학교, 중부 테네시 주립대학교와 휘튼 대학 등 4개 대학에서 가르쳤다. 이스라엘의 세포리스와 헤로디움에서 고고학 발굴 작업을 했고, 이스라엘의 카이사레아 마리티마에서는 7년간 발굴팀을 이끌었다. 현재는 미국과 그리스, 이스라엘, 오스트레일리아, 러시아, 독일의 여러 대학과 전문적인 협회 모임 및 교회에서 고고학과 성경에 대하여 폭넓게 강의하고 있다. 또한 전문적인 학술지에 수많은 논문을 발표했고 *Archaeology and the New Testament, Paul: His Life and Teaching, and Bible Archaeology*를 출간했다.

45

고고학과 성경

어떻게 고고학적인 발견이 성경의 신뢰성을 높이는가?

■ 존 맥레이

성경은 약 1,500년의 기간에 걸쳐서 기록된 많은 종류의 문서를 모아놓은 책이다. 성경 맨 앞에 있는 5권(오경)의 구성을 시작으로 66권의 전체 문서가 기원후 1세기 말엽에 완성되었다. 이런 문서들은 다양한 지리학적 배경과 역사적 시기에 사용된 히브리어와 아람어, 그리스어로 구성되었다. 성경의 배경과 시대와 관련된 고고학적 발견은 기록된 사건 대부분이 발생했던 문화적인 문맥을 밝혀주고 구약성경과 신약성경 시대의 성경 기록의 신뢰성을 고양해준다. 예를 들어 신약성경 문서가 기록된 성경 역사의 마지막 100년 동안에 일어난 많은 사건은 중요한 고고학적 발견을 통해 예증되어 왔다. 아래에 나오는 것들은 인상적인 고고학적 발견 중 몇 가지다. 지면의 제약으로 구약성경의 역사적 현장이 되는 1,400년 동안에 대한 토론은 다루지 못했다.

실로암 못

기원전 8세기 유대 왕 히스기야는 도시 담벼락 안쪽에 있는 실로암 못으로 물이 흐르게 하려고 약 533.4m의 암벽을 통과하는 터널을 만들었다. 이 터널은 지하의 기혼(Gihon) 샘에서 남쪽 예루살렘에 있는 오벨 산을 통과했다. 요한복음 9:7에서 예수가 시각장애인을 보내어 물에 눈을 씻고 다시 보게 한 곳이 바로 이 못이었다.

최근까지도 그 못의 작은 부분에 접근하는 것이 가능했다. 19세기 후반 그 지역이 발굴된 이후에 실완(Silwan, 실로암의 현대식 표현) 마을 사람들은 작은 못 북서쪽 구석에 미나레트(minaret, 뾰족탑)와 함께 모스크를 건설했고, 이 모스크는 아직도 그 위에 서 있다. 2005년 첫 6개월 동안에 이루어진 발굴에서는 길이 50m(그 너비는 아직 알려지지 않았다)에 달하는 커다란 못의 동쪽 부분이 발견되었다. 이것은 모스크가 있는 이 작은 못의 남쪽 약 10m 부근에 있었다. 즉 이 두 개의 못은 의심할 것도 없이 (두 부분이 있었던 베데스다 못과 같이) 실로암 못이라고 불렸던 더 커다란 못의 일부분이다. 이 못에 들어가려면 일련의 돌계단을 지나야 했고, 이곳에는 못의 북쪽 편에서 발견된 자그마한 경로를 통해 기혼 샘으로부터 신선하게 흐르는 물이 공급되고 있다. 아마도 이 못은 성전에 들어가기 전 정결의식을 치르기 위한 주요한 시설이었을 것이다. 이것이 바로 예수가 기적을 위하여 이 못을 선택했던 이유일 것이다. 최근에는 돌로 포장된 길도 발견되었는데 이 길은 못에서 오벨 산을 거쳐 성전에 이른다.

무덤에 있는 구르는 돌

마태복음 28:2은 천사가 하늘에서 내려와 예수의 무덤에서 "돌을 굴려 내고 그 위에 앉았다"라고 말하고 있다. 그리스도 시대부터 많은 무덤이 예루살렘에서 발견되고 있고, 몇몇 무덤은 지금도 그 입구에 구르는 돌을 가지고 있다. 예수 시대의 한 무덤이 아디아베네의 헬레나(Helena of Adiabene) 여왕을 매장하기 위해 다메섹 문 북쪽에 세워졌는데 아직도 그 장소에 돌이 있다. 더 잘 보전되어 있는 또 다른 구르는 돌은 현대 예루살렘 근처에 세워진 킹데이비드 호텔의 남쪽인 헤롯 대왕 가문의 묘 입구 옆에 아직 서 있다. 60개 이상의 구르는 돌 묘지가 최근에 이스라엘과 요르단에서 발견되어 연구 중이다.

가야바의 무덤

1990년 11월에 예루살렘에서 가야바의 이름이 새겨져 있는 유골단지를 포함하고 있는 한 무덤이 발견되었다. 그 매장 동굴은 게헨나 골짜기 남쪽 총독 관저 부근 평화의 숲에 있는데, 현재 그곳에는 국제연합이 자리하고 있다. 예수가 죽기 바로 직전에 그 앞에 섰던 대제사장의 이름이 가야바였다(마 26:3, 57; 눅 3:2; 요 11:49; 18:13, 14, 24, 28). 나중에 시몬 베드로와 요한이 예루살렘에서 그 앞에 섰었다(행 4:6). 고고학자들은 그 자리가 가야바 가문의 매장 동굴임을 확인했다.

가버나움 회당

예수가 약 30세의 나이에 갈릴리 나사렛에서 자신의 공적 사역을 시작하고 그곳에 있는 회당에서 쫓겨났을 때(눅 3:23; 4:16-30) 그는 갈릴리 바다의 북쪽 해안에 있는 작은 동네인 가버나움에 가셨다. 거기서 예수는 분명히 자신의 제자 중 한 사람인 시몬 베드로의 집에 머무르시고(마 8:14; 막 2:1) 회당에서 가르치셨다(막 1:21; 3:1; 요 6:59). 가버나움에서 이루어진 고고학적인 발굴은 4-5세기에 유행하던 건축물 구조의 석회암으로 만든 회당 하나가 서 있는 것을 발견했다. 1세기 양식의 회당 바닥과 벽 부분이 후대에 지어진 건물의 바닥 아래서 발견되었다.

사도행전 17:6과 데살로니가의 읍장들

어떤 성경 비판가들은 사도행전의 저자인 누가가 데살로니가 회당에서 복음을 전하던 사도 바울과 관련된 사람들을 읍장들에게 끌고 갔던 것을 언급하기 위해 그리스어 단어인 **폴리타르케스**(*politarchēs*)를 잘못 사용하고 있다(행 17:6)고 주장하면서 아주 오랫동안 성경의 신뢰성에 도전을 가하고 있다. 그들은 누가의 시대에 그런 직책이 존재하지 않았다고 강하게 주장한다. 하지만 폴리타르케스라는 단어가 각인된 금석문이 데살로니가에서 발견되어 현재 대영제국박물관에 전시되어 있다. 에그나티아 거리에 있는 1세기 아치에 부착된 이 비문은 "폴리타르케스의 시대에…"라는 말로 시작하고 있다. 이 단어를 포함하는 35개의 비문이 현재 발견되었고 그 가운데 19개가 데살로니가에서 나온 것이다. 그리고 최소한 3개의 비문이 기원후 1세기에 세워졌다고 추정되고 있다. 이 비문들은 폴리타르케스라는 직책이 신약성경 시대에 데살로니가에 존재했음을 입증해주고 성경이 정확하게 그 단어를 사용하고 있음을 보여준다.

고린도의 에라스토스

기원후 50년 이전 그리스 고린도 지역에 있는 극장 북동쪽 구석에서 18.89m의 정방형 구역이 돌로 포장되었다. 이 발굴을 통해 그 포장에 새겨 넣은 라틴어 비문의 일부분이 발견되었다. 그 비문에는 "에라스토스는 조영관[1](aedile)직에 보답하기 위해 자신의 비용으로 이 돌을 포장했다"라고 기록되어 있다.

이 비문의 에라스토스는 발굴 출판물을 통해 로마서 16:23에서 바울이 언급하고 있는 에라스토스로 확인되고 있다. 로마서는 고린도에서 기록되었고 그 편지에서 에라스토스는 "이 성의 재무관"으로 언급되고 있다. 비문의 편집자는 이런 동일시를 지지하는 주요한 논점 세 가지를 개진하고 있다. (1) 이 포장은 기원후 50년 어간에 놓였는데 에라스토스는 아마도 그때 개종했던 것 같다. (2) 에라스토스라는 이름은 흔하지 않아 이 비문 이외에 고린도에서는 발견되지 않는다. (3) 이 본문에서 바울이 "재무관"(οικονομος)으로 사용하고 있는 특수한 그리스어 단어는 고린도의 조영관의 직무를 묘사해주는 적절한 용어다.

---

1) 공공 건물, 도로, 시장 등을 관장하던 공무원이다—역자 주.

카이사레아 마리티마에서 발견된 로마서 13:3의 비문

나는 1972년 이스라엘 해변에 있는 카이사레아에서 발굴 작업을 통해 로마서 13:3의 그리스어 본문이 적힌 커다란 모자이크 비문을 발견했다. 1960년에 이스라엘의 고고학자 아브라함 네게브(Abraham Negev)는 우리가 발견한 것보다 짧은 비문을 발견했다. 두 본문이 기록된 시대는 최소한 5세기로 추정되고, 커다란 공공건물(아마도 로마 총독의 궁전이나 기록보관소 건물)의 모자이크 바닥의 일부분으로 그리스어 신약성경의 본문과 동일했다. 이 비문들은 우리가 가진 신약성경의 가장 오래된 필사본 가운데 몇 개의 본문만큼이나 오래된 것이다.

고린도 법정에서 갈리오 앞에 선 바울

신약성경과 관련하여 가장 중요한 발견 중 하나는 법정(그리스어 *bēma*) 또는 화자의 연단이다. 이곳에서 국가의 공식적인 선언이 낭독되었고, 시민들이 해당 관리들 앞에 섰다. 이것은 그리스의 고린도에 있는 광장의 중심에 여전히 서 있다. 커다란 돌로 만들어진 연단은 가까이서 발견된 비문의 한 부분에 의해 확인되었고, 바울이 그 도시에 도착하기 바로 직전인 기원후 25-50년 사이에 만들어진 것으로 추정된다.

바울은 자신의 두 번째 선교여행 동안 고린도에서 18개월을 보냈다. 그 기간의 마지막에 유대인들은 자신들의 법을 어겼다는 죄목으로 바울을 갈리오 앞으로 데려가기 위해 기원후 51년 5월 혹은 6월에 아가야 지방의 총독으로 갈리오가 취임할 때를 이용했다(행 18:12). 갈리오는 바울이 로마 법을 어기지도 않았고 "무슨 부정한 일이나 불량한 행동"도 하지 않았음을 발

기독교를 위한 변론

견했고, 따라서 유대인 법의 재판관이 되기를 거부하면서 바울의 고소자들을 자신이 앉아 있던 이 "법정"에서 쫓아냈다(행 18:16-17). 갈리오는 나중에 네로 황제의 고문이 되었던 스토아 철학자인 세네카의 형제였다. 아마도 세네카는 네로 황제에게 바울이 이미 고린도의 갈리오 앞에서 무죄를 선고받았다는 사실을 알렸을 것이고, 그래서 사도행전의 마지막 절에 암시되어 있는 로마에서의 바울의 첫 번째 체포에 대해 호의적인 결과가 나오도록 영향을 미쳤을 것이다. 이 법정을 언급하는 누가의 정확성은 다시 한 번 성경의 정확성을 고양시켜준다.

갈리오는 고린도 만(灣) 건너 델포이에 있는 자신의 공식 관저에서 출발해 고린도를 방문했다. 델포이의 공공건물 벽에 걸려 있었던 비문 중 네 개의 조각이 발굴되었는데, 이 조각들은 갈리오의 취임에 대한 정보를 담고 있고 그의 재임 기간을 확정하는 데 도움을 준다.

이 조각들은 클라우디우스(Claudius, 기원전 10-기원후 54년) 황제가 델포이 시, 즉 델포이의 시민들이나 갈리오의 후임자에게 보낸 편지의 사본에서 나왔다. 그 후임자가 이 편지를 돌로 새겨 그 건물의 벽에 붙여놓았던 것이다. 여기에는 그의 통치 시대와 함께 로마 황제 클라우디우스의 이름에 덧붙여 "아시아의 총독 갈리오"라는 이름이 적혀 있다.

이 편지가 작성된 시대는 기원후 52년으로 추정된다. 총독은 일반적으로 일 년 동안 직무를 유지했고, 지방 총독은 4월 중순 이전에 직무를 위해 로마를 떠나 유대로 가기를 요구받았기에 갈리오는 아마도 그의 임기를 기원후 51년 5월에 시작했을 것이다. 그리고 바울은 갈리오 앞에 불려 나오기 18개월 이전에 고린도에 도착했으므로(행 18:11-12), 49-50년 겨울, 아마도 기원후 50년 1월에 고린도에 들어갔을 것이다.

이것은 사도행전 18:2에 있는 누가의 진술과도 잘 부합한다. 제2차 전도여행으로 고린도에 도착했을 때 바울은 아굴라와 브리스길라를 만났는데

"글라우디오가 모든 유대인을 명하여 로마에서 떠나라 한 고로" 이들은 "최근에" 로마에서 온 유대인들이었다. 이 추방령은 다른 고대의 자료에도 언급되어 있고 기원후 49년으로 추정할 수 있다. 하드리아누스 황제(기원후 117-138년 재임)의 비서실장 수에토니우스(Suetonius)는 로마 황제들에 대한 전기를 기록한 『열두 명의 카이사르』(*The Twelve Caesars*, 다른세상 역간, 2009)를 남겼다. 이 책에서 그는 "로마에 있는 유대인들이 그리스도를 선동하며 지속적인 소란을 일으켰기 때문에 로마에서 추방당했다"라고 말하고 있다.[2] 따라서 사도행전에 나오는 누가의 설명은 정확히 확인되고 예증되고 있다.

---

2) Suetonius, *Claudius*, 25.4를 보라.

　　　　　　　　　　　　　　　　　　기독교를 위한 변론

크레이그 L. 블롬버그(Craig L. Blomberg) 콜로라도 주 리틀턴에 있는 덴버 신학교의 신약학 교수다. 스코틀랜드 애버딘 대학교에서 박사 학위를 취득했고, 12권의 책을 출간했으며 7권 이상의 책을 공동 편집했다. 또한 수십 편의 학술 논문을 발표했고 여러 사람과 공동으로 책을 저술했다. 그와 함께 복음서의 역사적 신뢰성과 해석을 다룬 책 3권, 비유 해석과 설교 2권, 주석서(마태복음, 고린도전서, 야고보서에 대한 주석) 3권, 예수와 복음서들을 다루는 교과서, 사도행전부터 요한계시록까지를 다루는 교과서, 성경에서의 물질적인 부를 다루는 2권의 책을 출간했다.

46
복음서의 역사적인 신뢰성

■ **크레이그 L. 블롬버그**　신약성경의 복음서에 나오는 예수에 관한 묘사의 주요한 윤곽은 믿을 수 있는가? 많은 비평가는 그런 묘사에 동의하지 않는다. 예수에 관한 묘사를 믿지 않은 비평가들로 구성된 예수 세미나는 1990년대에 가장 잘 알려진 모임이 되었다. 그들은 마태, 마가, 누가, 요한 네 개의 정경 복음서와 외경인 「도마복음」에서 예수의 말로 묘사한 18%와 그의 행동으로 묘사한 16%만이 예수가 실제로 말하고 행한 것과 밀접한 관련이 있다고 주장했다. 동시에 대략 1980년부터 오늘날까지 예수 묘사에 관해 훨씬 더 대표적인 단면을 보여주는 학자들은 역사적 예수에 관한 제3의 탐구로 불리는 것을 시작했다. 이 탐구에서 우리는 복음서로부터 많은 것을 배울 수 있고, 그 시대의 다른 역사적·문화적 발전과 관련해서 읽을 수 있는 것들이 훨씬 더 많을 것이라는 낙관론적인 견해가 등장했다. 이 논문은 복음서들, 특히 공관복음서(마태, 마가, 누가)의 역사적 신뢰성을 점증적으로 지지해주는 여러 방면의 증거를 간략하게 살펴볼 것이다. 이 논증들은 기독교 신앙을 전제하지 않는다. 모든 논증은 고대 문서의 폭넓은 다양성의 신뢰성을 평가하는 표준적인

역사적 접근 방법에 따라 이루어진다.

우리는 복음서를 재구성하면서 고대의 그 어떤 문학작품보다 복음서의 원문이 사실과 가장 비슷하다는 것을, 엄청난 확신을 가지고 말할 수 있다. 비록 어떤 원본도 남아 있지 않지만 고대 그리스어로 필사된 것만 5,000개라는 엄청난 분량의 필사본(자그마한 조각에서 완전한 신약성경까지)은 어떤 다른 유대 문학작품이나 그리스 또는 로마의 문학작품과 관련해 우리가 가진 것을 훨씬 능가한다. 역사가들은 종종 두 자리 숫자의 필사본이 있다면, 스스로 행운이라고 생각한다! 학자들은 본문비평이라는 학문과 방법을 사용해서 필사본들이 발견된 장소와 시대를 정하고 분류하고 비교하고 대조해서 가장 많은 원본을 담고 있는 것이 어떤 것인지를 97-99%의 정확성을 가지고 결정할 수 있다. 복음서에서 가장 오래된 것으로 알려진 조각, 곧 기원후 125년경으로 추정되는 요한복음 18장의 몇 구절은 우리가 요한복음의 원본을 구성하는 일을 담당한 1세대 안에 있도록 해준다. 대부분의 다른 고대 작품에 대해서 말하자면, 원본과 가장 오래된 사본 사이에는 최소한 여러 세기가 차이가 난다. 고대 작품 중 어느 것도 복음서에 있는 어떤 것을 사실로 만들어주지는 못한다. 하지만 그것은 우리가 다른 고대 저자들에 대해서는 전혀 확신할 수 없는 것과 복음서의 저자들이 주장했던 것에 대해서는 알 수 있음을 의미한다.

저자들은 정확한 역사를 서술할 수 있는 위치에 있었다. 그들이 그렇게 하려고 선택했다면 말이다. 전통적인 기독교는 예수를 따랐던 가장 친밀한 열두 제자 중 두 사람(마태와 요한)이 복음서를 기록했다고 주장한다. 제3의 인물(마가)은 열두 제자 중에서 지도자 역할을 담당했던 베드로의 기억을 엄밀하게 따르고 있다. 그리고 제4의 인물(누가)은 이전에 기록된 자료들을 엄밀하게 살펴보았을 뿐만 아니라 예수의 삶을 목격한 사람들을 심층적으로 만나서 기록했다(눅 1:1-4). 더욱 회의적인 학자들은 우리가 방금 언급한

 기독교를 위한 변론

네 명의 제자들보다 1세기 무명의 그리스도인들을 생각해야만 한다고 제안했다. 하지만 어느 방식이든지 우리는 목격자 정보로부터 기껏해야 두 단계 정도 떨어져 있다.

보수적인 학자들은 전형적으로 마태, 마가, 누가복음의 연대를 60년대로, 요한복음의 연대를 90년대로 추정한다. 반면에 자유주의 학자들은 마가복음의 연대를 70년대로 추정하고 마태와 누가복음의 연대를 80년대로, 요한복음의 연대를 90년대로 추정한다. 하지만 어느 쪽이든지 우리는 여전히 1세기의 증거를 말하고 있다. 다시 이 두 가지 마지막 논점을 다른 고대의 역사와 전기들에서의 일반적인 상황과 비교해보자. 대부분의 역사가들은 매우 높은 정확성을 가지고 알렉산드로스 대왕의 생애를 재구성할 수 있다고 생각한다. 하지만 그들이 재구성한 알렉산드로스 대왕은 기원전 322년에 죽은 사람이었고, 그들의 재구성은 아리아노스(Arrian, 기원후 86/89-146/150)와 플루타르코스(Plutarch, 기원후 46-120)가 1세기 후반과 2세기 초반에 쓴 전기 작품에 의존하고 있다.

그런데 처음 두 세대의 그리스도인들(대략 기원후 30-100년)은 역사적인 정보를 보존하는 데 관심이 있기나 했을까? 이것은 종종 두 가지 이유로 인해 의심을 받곤 한다. 첫째, 어떤 사람들은 우리가 알고 있는 것처럼 이 세대를 끝장내기 위하여 예수가 이 땅으로 빨리 돌아오실 가능성을 인식한 것이 역사가로서 기능하는 데 최소한의 흥미를 배제했다고 주장한다. 어떤 사람이 거룩해질 것이라고 믿었던 것에 관한 역사를 번거롭게 기록하겠는가? 언젠가 세상이 끝날 것으로 생각했다면 말이다. 글쎄, 유대인들은 최소한 기원전 8세기 이래로 그렇게 생각했다! 유대 예언자들은 수 세기 동안 "주의 날"이 가까이 왔다고 약속했다. 그리고 하나님의 백성들도 주님에게 하루는 1,000년이라는 것을 알고 있었다(시 90:4). 그래서 인간의 일상적인 사건이 지속되었다. 둘째, 어떤 사람들은 복음서 저자들의 이념적인(즉 신학적인) 편견이 역사적인 사실들을 필연적으로 곡해했을 것이라고 주장한다. 어떤 이념에 대한 열정적인 헌신이 어떤 작가들이 역사를 아무렇게나 대하도록 한다는 데에는 의심의 여지가 있을 수 없다. 하지만 어떤 종류의 이념은 실제로 사실들에 대한 더욱 큰 충실함을 요구하기도 한다. 예를 들어 제2차 세계대전 이후에 유대인들은 나치 치하에서 자신들이 경험했던 홀로코스트가 다시는 일어나지 않도록 하려는 열정적인 헌신의 이유로 인해, 자신들이 겪었던 잔혹 행위를 객관적이고 상세하게 연대순으로 기록했다. 홀로코스트의 규모를 실제로 축소하는 끔찍한 수정주의를 만들어내거나 심지어 그것을 송두리째 부정한 사람들은 덜 헌신된 사람들이었다. 성경의 주장에 따르면(고전 15장) 기독교 신앙은 사셨고 죽으셨고 부활하신 예수에게 의존하고 있으므로, 복음서 저자들은 이 이야기를 바르게 말해야 할 충분한 이유가 있었다.

하지만 그들은 그렇게 할 수 있었는가? 역사적 사건이 30년만 지나도 인간의 기억은 흐려지고 왜곡될 수 있다. 그러나 1세기 유대교는 구전 문화였고 기억을 중시하는 교육을 실천하는 일에 몰두해 있었다. 몇몇 랍비들은 전체 히브리 성경(기독교의 구약성경)을 암송하는 데 헌신했다. 하나의 복음서에 포함된 정보의 양을 온전하게 기억하고 보존하는 것은 이런 유의 문화에서 성장한 사람에게는 어렵지 않았을 것이다. 이런 문화는 예수의 생애와 가르침에 대한 기억을 성스러운 것으로 생각했다.

그렇다면 왜 복음서는 문자적으로 동일하지 않은가? 우선적으로 물어야 할 질문은 필요한 복음서가 왜 하나 이상이었는가다. 더욱이 공관복음서에서 문자적 유사성은 대개 하나의 복음서가 다른 복음서에 문학적으로 의존하고 있거나 또는 두 복음서가 함께 하나의 공통 자료에 의존하고 있다는 표시로 여겨지고 있다. 이런 차이점에 대해 수많은 이유가 존재한다. 많은 이유는 각각의 저자들이 자기가 알고 있던 훨씬 더 많은 정보 가운데서

　　　　　　　　　　　　　　　　　　　　기독교를 위한 변론

어느 것을 포함할지, 그렇지 않으면 제외할지를 선택한 것(요 21:25)과 관련이 있다. 특별한 신학적 강조점과 독특한 지리적 경계, 그리고 더욱 큰 문학적 하부 장르의 질문 등은 이 선택과 생략의 많은 부분을 설명해준다. 하지만 복음서들이 동일한 사건을 포함하는 곳에서조차 문자적 평행은 이야기의 다른 부분을 풀어쓰고, 축약하고, 확대하며, 설명하고 다듬는 상당한 자유를 가지고 배치되었다. 이 모든 것은 그 시대의 역사 편찬의 기준으로는 완전히 받아들일 만한 것으로 간주되었고 어떤 경우에도 잘못된 것으로 생각되지 않았다. 그뿐만 아니라 최근의 연구도 기독교 전승은 처음에 이야기를 구전으로 전달했으므로, 구전으로 전해지는 스토리텔링의 형태와 유연성은 복음서의 부수적인 차이점이 발생하는 것에 관한 많은 부분을 설명해준다고 지적한다.

그렇다면 우리는 복음서 저자들이, 말하자면 드라마 형식으로 된 소설이나 비극보다는 고대의 역사나 전기에 유사한 어떤 것을 기록하려고 시도했다고 가정할 수 있을까? 그렇게 가정할 수 있다. 누가복음 서문에 가장 가까운 형태는 유대 세계에서는 요세푸스에게서 발견되고, 그리스 세계에서는 헤로도토스와 투키디데스 같은 비교적 정확한 작가들에게서 발견되기 때문이다.

또 다른 한 쌍의 논증이 이런 주장을 한걸음 더 진전시켜준다. 말하자면 예수가 했던 어려운 말씀들은 복음서 저자들이 무엇을 포함하고 포함하지 않을지에 관한 상당한 제약을 느꼈음을 암시해준다. 아버지와 어머니를 미워하라는 예수의 명령에 대한 누가의 설명(눅 14:26)은 마태복음에 있는 병행구절(마 10:37)로 설명할 수 있지만, 누가가 그 구절을 생략하고 자기 부모를 공경하라는 모세의 율법과의 명백한 모순을 피했다는 설명이 훨씬 더 쉬울 것이다. 누가가 단지 생략할 수 있는 자유를 느꼈기 때문이라고 말하면서 말이다. 예수가 자신이 다시 오게 되는 날이나 시간을 알지 못한다고 주장하는 것(막 13:32)에 대해서도 동일하게 말할 수 있다. 복음서 저자들이 예수 세미나와 그와 유사한 생각을 하는 작가들이 주장하는 방식으로 전통을 마음대로 주무를 수 있는 비슷한 자유를 가지고 있었다면, 복음서에 있는 수많은 당혹스러운 내용은 모두 회피할 수 있었을 것이다.

반대로 정경 복음서에서 예수가 절대 다루지 않은 주제들은 복음서의 정확성을 더욱 지지해준다. 마취제가 없던 시대에 이방인 성인 남자가 그리스도인이 되는 과정에서 그들이 전체 유대교의 율법을 지키고 있다는 표시로 할례를 받아야만 하는지에 대한 토론은 그리스도인 1세대를 완전히 분열시킬 위협이 되었다(갈 2:1-10; 행 15장). 그 시대에 복음서 저자 중 한 명이 할 수 있는 가장 쉬운 일은 자신에게 마음대로 할 자유가 있었던 것처럼 할례의 주제에 관한 예수의 가르침을 인용하거나 만들어내는 것이었을 것이다. 하지만 정경 복음서의 어느 구절에도 제자들 사이에서 벌어진 할례의 역할에 관한 예수의 의견이 피력되지 않는다. 예수가 죽고 25년 뒤 고린도 교회를 완전히 파괴할 정도로 위협을 가했던 방언(고전 12-14장)에 관한 문제에 대해서도 동일한 것을 말할 수 있다.

비그리스도인 저술가의 글이나 성경 본문의 꽤 많은 곳은 복음서에 나오는 예수의 생애에 관한 세부 내용을 확인해주고 있다. 예수는 기원후 1세기 초 30년에 유대인으로 살았고, 서출로 태어났으며 자칭 교사로 매우 유명해진 사람이었고, 몇몇 사람을 자신의 내부적인 핵심 제자들로 선택했고, 유대교의 음식법을 무시했으며 멸시받는 이들과 식사했다. 그리고 어떤 이들은 그를 메시아라고 믿었지만, 어떤 유대 지도자들은 그에게 격분했다. 그는 본디오 빌라도에 의해 십자가에 못 박혀 죽었지만, 그의 추종자들 몇 사람이 그가 죽은 자 가운데서 부활했다고 믿었고 결코 사라지지 않는 신생 종교를 시작했다. 어떤 사람들은 이것과 관련한 많은 세부 사항이 사실이 아니라고 주장할지도 모른다. 하지만 거의 모든 역사적·전기적 저술이 왕과 황제, 군사적 장군, 종교적 권력을 가진 제도적인 지위에 있었던 사람들, 오래 살아남았던 "학파"의 유명한 철학자들, 그리고 일반적으로 더욱 부유하고 영향력 있는 사람들에게 초점을 맞추었던 세상에서, 1세기에서 3세기에 걸친 비그리스도인 저술가들이 예수를 언급하고 있다는 것은 주목할 만하다. 4세기에 기독교가 합법화되기 전에 불명료하고 십자가에 못 박힌 랍비가 어느 날 지구상의 가장 많은 숫자의 사람들이 채택한 종교가 되어 추종자들을 얻게 되리라고 누가 상상이나 했겠는가?

고고학은 가공물이나 금석학과 관련한 아주 많은 양의 증거를 확인해준다. 예를 들어 예루살렘에는 실로암과 베데스다 연못이 존재하고, 요한복음 5:2이 묘사하는 것처럼 베데스다 연못에는 다섯 개의 행랑이 있으며, 유다 총독이었던 본디오 빌라도가 존재했음을 증명해준다. 그리고 발목뼈에 못을 박는 로마의 십자가 처형, 열세 명의 사람들(예수와 그의 열두 명의 제자들)을 태울 수 있을 정도로 큰 고깃배, 가야바의 무덤, 예수의 형제 야고보의 것으로 추정되는 유골단지(뼈를 보관하는 함) 등등이 존재했다는 것을 확인해준다. 그리고 복음서에 있는 이 모든 상세한 내용은 그 고고학적인 확증이 나오기 전에는 한때 의심을 받았던 것들이다.

마지막으로 다른 기독교의 증거는 복음서에 있는 상세한 내용 전체를 확인해준다. 2세기 기독교 저술가들은 동의를 얻기 위해 복음서로 돌아가, 복음서 설명의 상당 부분을 인용하고 있다. 더욱 중요하게 복음서가 기록된 형태와, 동시에 주로 그 이전에 형성된 야고보와 베드로와 바울의 편지들은 예수의 말씀에 관한 수많은 암시와 약간의 인용을 담고 있다. 이것은 예수의 말씀이 조심스럽게 보전된 형태로서 구전으로 유포되어 있었음이 틀림없음을 보여준다. 아마도 이 모든 것 가운데 가장 강력한 것은 그리스도의 육체적 부활에 대한 증언이 구전 전승으로 받고 전해지고 있었던 것으로, 교리문답의 언어로 표현되었고, 그래서 아마도 예수의 죽음 이후에 2년이 채 되지 않아 바울이 회심할 때 가르침 받은 것의 한 부분(고전 15:1-3)을 형성했을 것이다. 이런 전승들은 단지 유대 랍비였던 예수의 생애 이후에 오래도록 발전한 후대의 그리스 전설이 아니다. 이 전승들은 예수의 제자들이 처음부터 주장했던 혁명적인 주장이었다!

기독교를 위한 변론

47
신약성경 정경

■ 크레이그 L. 블롬버그 정통 유대인들은 대부분 신약성경을 거부한다. 왜냐하면 히브리 성경이 반복적으로 그 자체를 영원한 것이라고 선언하고 있기 때문이다. 이것은 어떤 것도 히브리 성경에 덧붙일 것이 없다는 것을 암시한다. 자유주의 신학자들은 종종 신약성경을 27권에 **제한하는** 것을 거부한다. 그들은 초기 기독교 시대에서 전승되어 정경 신약성경에 동일하게 포함할 가치가 있는 영감된 다른 기독교 문헌이 존재한다고 믿고 있기 때문이다. 정확하게 어떤 요소가 신약성경 정경 형성에 관련되었고 이런 요소들은 얼마나 정당한가?

하나님의 율법과 하나님의 말씀이 영원히 지속된다는 것은 사실이다. 그러나 구약성경의 예언자들도 자신들의 계시에 불완전함이 있음을 인정한다. 예레미야 31:31-34은 도래하는 **새 언약**을 예언하는 가장 분명하고 광범위한 본문이다. 그런데 많은 본문은 새로운 메시아 시대를 바라보고 있다. 모세의 언약이 하나의 "약속"(testament, 그리스어 디아테케[*diathēkē*]는 "언약"을 의미할 수 있다)으로 인도되었기 때문에 새 언약에 수반하는 기록된 "약속"을 기대하는 것은 논리적이었다. 최소한 이것은 2세기 말엽에 테르툴리아누스(Tertullian, 기원후 155-240)가 주장했던 방법이다.

하지만 신약성경이 나오게 된 과정은 무엇이었는가? 베드로후서 3:16에서 이미 우리는 바울의 "편지들"을 읽을 수 있다. 이것은 바울의 편지들이 1세기에 함께 수집되기 시작했음을 의미한다. 사복음서는 2세기까지 함께 회람되었다(180년경에 사복음서의 조화 문제가 등장했다). 지금까지 존재하는 가장 오래되고 거의 완결된 신약성경 필사본은 4세기로 연대가 추정되지만 그 이전 단계의 것들은 아마도 3세기에 등장했을 것이다. 처음에는 신약성경의 순서에 대한 온전한 합의가 없었다. 복음서들을 함께 모으고 또 바울 서신을 (따로) 함께 모으는 것은 자연스러웠다. 요한계시록은 마지막에 기록된 것이었고, 인간 역사의 마지막 일들에 대해 토론하고 있기 때문에 자연스럽게 문집의 끝에 왔다. 사도행전과 히브리서, 그리고 일반 서신은 오늘날 우리가 발견하는 부분으로 확정되기 이전에 성경의 여러 자리에서 "떠돌았다."[1]

현재의 순서에 대한 타당한 이유는 다음과 같이 설명할 수 있을 것이다. 복음서는 기독교 신앙의 창시자이자 신약성경이 존재하는 이유인 예수의 생애에 대한 전기이기 때문에 맨 앞에 온다. 마태, 마가, 누가, 요한복음의 순서는 아마도 여러 교회의 교부들이 그것들이 기록된 시기를 추측한 순서와 일치한다. 일반적으로 마태는 온전한 복음서라기보다는 히브리 방언으로 된 어떤 것을 기록했을 것으로 믿어지고 있기는 하다. 마가가 가장 먼저 기록되었지만, 대부분의 현대 학자가 여러 이유로 믿고 있는 것처럼, 마태는 사복음서 중 가장 유대적이고 구약성경과의 가장 많은 연결고리를 가지고 있기 때문에 쉽사리 맨 앞에 놓일 수 있었을 것이다.

사도행전은 예수의 죽음과 부활 직후 예수의 제자들의 세대를 다루고 있기 때문에 그다음에 온다. 그다음으로 모든 첫 세대 그리스도인들에게 가

---

1) 전체 이야기를 보려면 Paul D. Wegner, *The Journey from Texts to Translations*을 살펴보라.

장 영향력이 있었던 바울의 편지를 시작으로 함께 분류된 모든 서신서가 이어진다. 두 서신이 동일한 수신자에게 보내진 것이기 때문에 근접해 있는 경우를 제외하고는 바울 서신은 긴 편지부터 길이 순서로 배열되어 있다(갈라디아서는 에베소서보다 조금 짧기 때문에 이 규칙에 어긋난다). 먼저 교회에 보내는 편지가 오고, 그다음으로 개인에게 보내는 편지가 온다. 각각의 편지는 길이에 따라 배열된다. 히브리서 저자는 그 서신이 처음 출간되었을 때부터 불명확했다. 어떤 사람들은 그것을 바울의 것으로 생각하지만, 많은 사람이 그렇게 생각하지 않았기 때문에 히브리서는 바울 서신 바로 다음에 있고, 바울 서신 **안에** 그 길이에 따라 정당한 장소에 들어가 있지 않다. 소위 말하는 일반 서신은 분명 예수 운동의 첫 수십 년 안에 그들 저자의 중요성이나 탁월함의 정도에 따른 순서로 배열되었다. 비록 60년대에 로마의 첫 감독이었던 베드로가 후대 그리스도인들의 눈에는 예수의 형제 야고보를 결국에 능가했지만 야고보는 초기에 예루살렘이라는 모교회(mother church)의 지도자였다. 베드로가 간발의 차이로 그 뒤를 이었고, 그다음에 요한(사도행전의 여러 문맥에서 베드로의 "조수"였다), 마지막으로 네 사람 가운데 가장 덜 유명한 유다가 뒤따른다.[2]

정확한 27권의 책은 기원후 367년의 아타나시오스의 부활절 주교 회칙 편지에 이르기까지 최종적으로 합의가 되지 않았다. 그리고 이런 정경은 단지 393년의 히포 회의와 397년의 카르타고 회의에서만 형식적으로 비준되었다. 비록 고대로부터 많은 증거가 단지 영구히 사라졌을 수도 있지만, 정경의 최종적인 단계에 이르는 과정은 최소한 부분적으로 알아볼 수 있다. 2세기 중엽 기독교 이단 분파들, 그중에서 가장 유명한 영지주의와 마르키온

---

2) 대부분의 사람이 다루고 있는 것보다 순서의 문제를 더 상세하게 다루고 있는 책은 William R. Farmer and Denis M. Farkasfalvy, *The Formation of the New Testament Canon* (New York: Paulist, 1983)이다.

주의(구약성경의 악한 하나님과 그리스도인들의 사랑의 예수를 대립시켰던 견해)는 자신들이 믿기에 유일하게 영감되고 권위 있는 문서들의 목록을 작성하기 시작하면서 사도적 전승의 더욱 충실한 후예임을 자처했다. 특히 3세기에 로마의 박해가 심해진 것은 때로는 그리스도인들이 아주 문자적으로 어떤 책들을 위해 기꺼이 죽음을 결단해야만 했음을 의미했다.

사복음서와 사도행전, 그리고 첫 문장에 바울의 이름이 있는 13개의 편지, 베드로전서, 또는 요한1서의 수용과 관련해서는 아무런 논쟁도 없었던 것 같다. 결국에 신약성경 안으로 "들어오게 되었던" 다른 7권은 그것과 관련해 다양한 문제를 가지고 있었다. 바울이 히브리서를 썼는가? 그렇지 않으면 또 다른 사람이 쓴 것인가? 야고보는 믿음과 행함의 역할에 대해 바울과 반대되는가? 베드로전서와 너무나도 다른 문체와 내용을 가진 베드로후서는 정말 베드로의 것인가? 요한2서와 요한3서, 그리고 유다서는 포함할 만한 길이와 중요성을 가지고 있는가? 그리고 요한계시록은 어떻게 해석되어야만 하는가?

이런 질문들에도 불구하고 이 7권의 책은 결국에는 받아들여졌다. 2세기 후반의 무라토리 정경목록(Muratorian canon)은 21권의 이름을 제시하고 있다. 3세기 초 테르툴리아누스는 22권을 언급했다. 대략 비슷한 시기에 오리게네스는 27권 모두를 언급했지만 6권은 논란이 되고 있다고 주장했다. 4세기 초 유세비오스도 27권의 전체 목록을 제시하고 오리게네스가 어떤 책들에 관해 의심하고 있다는 언급을 인용했다.

동시에 소수의 추가적인 문서들이 때때로 다른 27권과 함께 같은 수준으로 받아들여지도록 제안되었다. 비록 27권 가운데 논란이 되었던 책들만큼의 수준은 아니었지만, 정통적인 「헤르마스의 목자」와 「바나바의 편지」는 일반적으로 가장 많이 제안되었던 문서들이다. 「바나바의 편지」에는 부분적으로 반셈족적인(anti-Semitic) 내용이 있어서 교회는 결국 그것을 거부했다. 게다가 두 편지는 속사도 교부들이 저술한 것으로 알려진 작품 문집에서 가져온 2세기 글들을 반영한다. 속사도 교부들은 지금 우리가 가지고 있는 신약성경을 구성하는 1세기 문서들보다 이후의 시대에 저술했고 그들은 사도들보다 권위가 약간 떨어지는 것으로 인식되었다. 실제로 비정경적인 문서로부터 정경적인 문서들을 가려내기 위해 세 가지 기준이 통용되었다. 가장 중요한 첫 번째 기준은 사도나 사도와 가까운 동료가 저술한 저작이어야 한다는 **사도성**이다. 따라서 사도성은 모든 실천적인 목적을 위해서 기독교 역사의 처음 100년 정도에 속하는 저술들에 제한된다. 두 번째 기준은 **정통성** 또는 이전에 계시된 성경, 곧 그리스도인들이 구약성경으로 부른 히브리 성경과 모순되지 않아야 한다는 것이다. 마지막으로 초기 교회는 **보편성**이라는 기준을 사용했다. 이것은 기독교 전체에 보편적으로 (또는 최소한 광범위하게) 사용되는 적절한 것이어야 함을 의미했다. 예를 들어 이 기준은 영지주의 분파에서만 받아들여진 영지주의 저작들을 배제했다.[3]

현대의 역사적 수정주의자들(historical revisionist)은 종종 정경 이외의 문서들에 대한 동방정교회와 로마 가톨릭의 접근 방법이 출현한 것을 말하기 위해 "억압"이나 "검열" 같은 언어를 사용한다. 마치 예전에 소위 그리스도인이라는 사람들이 세운 집단이 어딘가에서 다수의 신자가 자신들의 정경에 포함되는 책의 수를 줄여 확대된 정경을 구성하자고 합의했던 어느 시절이 있었던 것처럼 말이다. 어떤 주장도 이 주장보다 진리로부터 더 멀어진 주장은 없을 것이다. 정경은 작은 문집에서 점차 확장되었다. 몇몇 영지주의 분파가 어딘가에서 자신들만의 독특한 문서 얼마를 성경과 동등한 것

---

3) 관련된 역사적인 발전과 요인들에 대해서는 특히 F. F. Bruce, *The Canon of Scripture* (Downers Grove, IL: InterVarsity, 1988), 117-269를 보라. 네 번째 기준은 분명 성령의 증언이었다. 하지만 이 기준은 다른 기준보다 주관적인 본성 때문에 모순되는 결론을 산출했다. 그래서 성령에 의존한다고 주장하는 경쟁적인 주장들은 항상 그 주장들은 시험할 수 있는 더 객관적인 기준을 항상 요구했다.

으로 제안했다는 것은 가능한 주장이다. 하지만 그렇다고 하더라도 그 증거는 주목을 받지 못했다. 비록 그 문서들이 그것을 만들어낸 공동체에서 특별한 기능을 수행했다 하더라도 영지주의 문헌은 신약성경의 최종적인 정경에 공식적으로 포함되도록 제안된 적이 없었다.[4]

로마 가톨릭과 개신교는 오늘에 이르기까지 구약의 정경에 대해 의견을 달리하고 있지만 두 기독교회 모두 동방 정교회와 함께 신약성경의 내용에 대해서는 의견을 같이하고 있다. 1,600년 동안 신약성경 정경의 내용에 대해서는 기독교회 안에서 어떤 중요한 논쟁도 있지 않았다. 그리스도인들은 확고한 근거 위에서 이들 27권이 신약성경에 속하며 다른 고대의 저술들을 타당한 이유에서 제외해야 한다고 확신하고 있다.

---

4) 기독교 역사 초기에 신약성경에 포함되거나 배제되어야 할 책들의 완전한 목록이 제시된 것을 보려면 Lee M. McDonald and James A. Sanders, eds., *The Canon Debate* (Peabody, MA: Hendrickson, 2002), 591-97을 보라.

크레이그 L. 블롬버그(Craig L. Blomberg) 콜로라도 주 리틀턴에 있는 덴버 신학교의 신약학 교수다. 스코틀랜드 애버딘 대학교에서 박사 학위를 취득했고, 12권의 책을 출간했으며 7권 이상의 책을 공동 편집했다. 또한 수십 편의 학술 논문을 발표했고 여러 사람과 공동으로 책을 저술했다. 그와 함께 복음서의 역사적 신뢰성과 해석을 다룬 책 3권, 비유 해석과 설교 2권, 주석서(마태복음, 고린도전서, 야고보서에 대한 주석) 3권, 예수와 복음서들을 다루는 교과서, 사도행전부터 요한계시록까지를 다루는 교과서, 성경에서의 물질적인 부를 다루는 2권의 책을 출간했다.

48

우리는 콥트 교회의 「도마복음」을
어떻게 생각해야 하는가?

■ 크레이그 L. 블롬버그 1990년대에 잘 알려진 예수 세미나는 5개의 복음서, 곧 마태, 마가, 누가, 요한복음, 그리고 **「도마복음」**에 나오는 예수의 것으로 알려진 말과 행적 모두에 진정성이 있다고 생각했다. 유니티 교회(Unity School of Christianity)로 알려진 교회[1]에서는 주일 아침 복음의 교훈을 때때로 「도마복음」에서 선택한다. 그리고 일레인 페이절스(Elaine Pagels)는 자신의 베스트셀러 『믿음을 넘어서』에서 정경에 속하지 않은 「도마복음」이라는 책에서 발견하는 훨씬 매력적인 종교를 지지하며 정통 기독교를 거부한다고 말했다.[2] 「도마복음」은 정확히 어떤 책이고 요즘 왜 특정 단체가 이 복음서를 중요하게 받아들이고 있을까?

우선 우리는 세 가지 서론적인 예에 포함되어 있는 콥트 교회의 「도마복

---

1) 건강과 번영, 행복과 마음의 평화를 추구하는 긍정적이고 실천적인 기독교를 표방하며 1889년 미주리 주 캔자스 시에 설립한 교회다—역자 주.

2) Elaine Pagels, *Beyond Belief: The Secret Gospel of Thomas* (New York: Vintage, 2003). 『믿음을 넘어서』(루비박스 역간, 2006).

음」을 3세기 외경인 흔히 「도마의 유아기 복음」(*Infancy Gospel of Thomas*)이라 불리는 것과 구별해야만 한다. 「도마의 유아기 복음」은 "신동"으로 알려진 예수가 행했다고 하는, 상상에나 나올 법한 기적들을 담고 있다. 콥트 교회의 「도마복음」은 제2차 세계대전 직후 이집트의 케노보스키온(Chenoboskion) 가까이에 있는 나그함마디(Nag Hammadi)에서 발견된 두루마리 모음으로, 나그함마디 도서관 일부분을 차지하고 있다. 이 "도서관"은 전적으로는 아니라고 해도 주로 콥트어로 기록된 영지주의 작품을 소장하고 있다. 콥트어는 고대 이집트와 에티오피아의 어느 지역에서 사용된 언어다.

영지주의는 플라톤의 극단적인 이원론에서 시작했던 혼합 종교 내지는 철학으로, 물질 세계와 비물질 세계를 날카롭게 구분하면서 후자만이 구속할 만한 것이라고 주장했다. 이것은 몇 가지 유대교적인 개념과 상당수의 기독교적 개념들, 그리고 약간의 추가적인 그리스 철학과 혼합되었다. 그 결과 우리가 사는 우주의 창조는 더 열등한 "신"이 반역한 행위(더 전문적으로 표현하면 원래적인 신성에서 "유출"한 것)였다는 확신에 근거한 세계관이 생겨났다. 다양한 신념을 지닌 여러 분파가 이 세계관을 신봉했다. 이들에 의하면, 속량은 자신 안에 놓여 있는 (또는 놓여 있을지 모르는) 신성의 불꽃을 인식하고 비밀스러운 "지식"(그리스어 그노시스[*gnōsis*])을 통하여 그 불꽃을 불길처럼 타오르게 하는 것을 포함한다.

물질은 본질적으로 악하기 때문에 대부분의 영지주의자는 금욕주의자들이 되었지만 일부 사람들은 쾌락주의를 선택했다. 거의 대부분의 사람은 예수의 신성을 기꺼이 받아들였지만 (비록 그들이 자신들만의 그리스 철학의 용어로 예수의 신성을 이해했지만) 예수의 인성 개념에서는 망설였다. 그들은 하나님이 어떻게 진정으로 사람이 될 수 있는지 이해할 수 없었다. 왜냐하면 그들은 이것이 하나님을 악하게 만드는 것이라고 믿었기 때문이다. 따라

　　　　　　　　　　　　　　　　　　　　기독교를 위한 변론

서 그들에게 예수는 완전한 인간 존재로서 대속의 죽음을 죽으심으로가 아니라, 인간인 것처럼 보였지만 인간과 우주의 본성에 대한 진리를 드러내심으로써 사람들을 속량하셨다. 이 진리를 받아들이는 엘리트들은 악한 세상을 초월할 수 있게 된다.

복음서들이라 불리는 나그함마디 본문 대부분은 주로 부활 이후에 비밀스러운 배경에서 신약성경과는 별반 유사점이 없는 언어와 개념으로 이루어진 예수와 다양한 제자들 사이의 확장된 대화를 담고 있을 뿐이다. 이들 문서 대부분은 시기적으로 기원후 3세기를 앞서지 않는다. 하지만 「도마복음」은 다르다. 「도마복음」은 예수가 말했다는 114개의 어록으로 구성되어 있고 그중 절반 이상은 단지 "예수께서 말씀하시기를…"로 시작한다. 비록 나머지 말씀이 배경, 주제 또는 대화 상대에 대한 간략한 언급으로 시작하고 있지만 단지 2개 또는 3개의 연속된 본문만이 분명하게 그룹을 이루고 있을 뿐이다. 문서 대부분은 부분적으로 우리가 다른 유대교나 그리스 로마 세계의 자료, 즉 그 제자들 중 한 명이나 두 명이 기억하는 유명한 랍비나 철학자의 "최고의" 가르침의 요약본에서 발견하는 것과 비슷하다.

현존하는 콥트 교회의 「도마복음」은 그 기원이 4세기 또는 5세기로 추정되지만, 1,800년대 후반에 옥시린쿠스라고 불리는 또 다른 이집트의 장소에서 발견되었고 그 시대가 2세기로 추정되고 있는 그리스어 문서의 조각은 「도마복음」의 더 오래된 판본의 일부를 보여주는 것으로 판명되었다. 따라서 「도마복음」은 아마도 하나 또는 두 가지 다른 문서의 몇 가지 작은 조각들을 제외하고는 고대 언어로 보존하고 있는 가장 오래된 비정경적인 "복음서"로 알려져 있다.

동시에 「도마복음」은 그 어록의 거의 절반이 마태, 마가, 누가, 또는 요한복음 어딘가에 최소한 유사한 병행구절을 발견할 수 있다는 점에서도 다른 비정경적인 복음서들과 다르다. 예컨대 「도마복음」의 말씀 34은 "예수께서

'맹인이 맹인을 인도하면 그들 두 사람 모두 구덩이에 빠질 것이다'고 말씀하셨다"라고 선언하고 있다(마 15:14 참조).[3] 말씀 44는 "누구든지 아버지에 대해 신성 모독죄를 범한 사람은 용서받을 것이고 아들에 대해 신성 모독죄를 범한 사람도 용서받을 것이지만 성령에 대해 신성 모독죄를 범한 사람은 이 땅이나 하늘에서도 용서받지 못할 것이다"(막 3:28-29 참조)라고 말하고 있다. 그리고 말씀 48은 "너희가 이 한 집 안에서 서로 화평을 누린다면 그들은 산을 향하여 '옮겨져라'고 말하면 산이 옮겨질 것이다"(막 11:23 참조)라고 선언하고 있다.

「도마복음」의 말씀 중 거의 3분의 1의 기원은 매우 분명하게 영지주의적이다. 따라서 「도마복음」의 말씀 3b는 "하나님 나라가 너희 안에 있다. 그리고 그것은 너희 바깥에 있다. 너희가 너희 자신을 알게 될 때 그때 너희는 알려지게 될 것이다. 그리고 너희는 살아계신 아버지의 아들이 바로 너희들이라는 것을 알게 될 것이다. 하지만 만일 너희들이 너희 자신을 알지 못한다면 너희는 궁핍 가운데 거하며 가난한 것이 바로 너희임을 알게 될 것이다"라고 말하고 있다. 다시 「도마복음」의 "말씀" 29는 "만일 육신이 영 때문에 존재하게 된다면 그것은 놀라운 일이다. 하지만 만일 영이 몸 때문에 존재하게 된다면 그것은 놀라운 일 중에서 놀라운 일이다. 정말로 나는 이 위대한 부요가 이런 가난함 가운데 그 집을 만들었는지에 대해 놀란다"라고 선언하고 있다. 다른 말로 부패할 것이 부패할 수 없는 것으로부터 나올 수 있는 것은 놀라운 일이지만, 그것이 반대라면 그것은 훨씬 더 놀라운 일일 것이다.

「도마복음」의 나머지 가르침은 명백하게 정통적인 가르침도 아니고, 필연적으로 영지주의적인 가르침도 아니다. 그것의 대부분은 다양한 방식으

---

3) 모든 인용문은 James M. Robinson, ed., *The Nag Hammadi Library in English*, rev. ed. (San Francisco: HarperSanFrancisco, 1997)에서 가져왔다.

로 해석할 수 있을 정도로 모호하다. 예를 들면 이 문서에서 가장 짧은 말씀 (말씀 42)인 "행인이 되라"는 말씀을 생각해보자. 이것은 우리가 마치 그저 지나가는 방문자와 같이 이 타락한 세상을 살아야만 한다는 것을 의미하는 가? 신약성경의 예수는 그렇게 가르치셨을 **수도 있다**. 그렇지 않으면 이것 은 사람들이 자신을 자유롭게 하기를 갈망해야만 하는 어떤 것으로 물질 세 계를 다루고 있는가? 이렇게 되면 이 말씀은 영지주의적인 말씀이 된다. 아 니면 말씀 56을 생각해보자. "이 세상을 이해하게 되는 사람마다 (단지) 시 체만을 발견했고 시체를 발견한 사람은 세상보다 우월하다." 이것은 자신들 이 죽으리라는 것을 인정하고 (맘몬 신을 섬기기를 피한) 사람들은 죄를 피하 게 될 것이지만, 만일 타락한 세상을 경배하면 그들이 죽으리라는 것을 의 미하는가? 아니면 기독교 사상과는 반대로 물질적인 **육체**에 집착하는 사람 마다 죽을 것만을 고집하지만, 최소한 이것은 물질 **세계**를 고집하려고 시도 하는 것보다는 낫다는 것을 의미하는가? 그렇지 않으면 이것은 전혀 다른 어떤 것을 의미하는가?

이 세 번째 범주의 말씀들이 특히 학자들의 호기심을 불러일으켰다. 더 욱 정통적으로 들리는 몇 가지 가르침은 다른 성경에 보존되지 않은 예수의 진정한 가르침을 반영하고 있는가? 역사적 예수의 반지를 가지고 있는 도마 의 말씀 가운데 몇 가지는 말씀 98에 있는 비유를 포함한다. "아버지의 나라 는 마치 강한 어떤 사람을 죽이기를 원하는 어떤 사람과 같다. 그 자신의 집 에서 그는 자신의 칼을 뽑아 그의 손이 수행할 수 있는지를 알기 위해서 벽 을 찌른다. 그 이후에 그는 그 강한 사람을 죽였다." 이를 통해 우리는 특별 히 누가복음 14:28-32에 있는 망대 건축자와 전쟁에 나가는 왕의 비유를 생 각하게 된다. 또는 말씀 82를 생각해보자. "나에게 가까운 사람은 불에 가깝 다. 그리고 나로부터 먼 사람은 하나님 나라에서 멀다." 그렇지만 심지어 예 수 세미나조차도 다른 복음서에 병행구절이 없는 「도마복음」의 말씀에 많은 의미를 부여하지 않았다.

사람들이 특히 깊은 인상을 받는 유일한 본문은 사복음서와 병행하는 본문들, 곧 비유들이다. 이 비유들이 「도마복음」에서는 더 짧고 덜 풍유적으로 보인다. 만일 길이와 세부사항이 발전하는 전승의 표시라면, 공관복음의 설명이 「도마복음」보다 나중에 와야만 한다. 그러므로 「도마복음」이 쓰인 시대는 1세기 중엽으로 추정할 수도 있을 것이다. 하지만 사실상 예수의 가르침의 이어지는 구전 전승은 풍유적인 요소들을 첨가하기보다는 종종 줄이고 제거했다. 따라서 이런 기준들은 결정적이지 않음이 입증된다. 게다가 니콜라스 페린(Nicolas Perrin)은 「도마복음」이 사복음서의 가장 이른 조화로 알려진 타티아노스(Tatian, 기원후 120-180)의 『디아테사론』(*Diatessaron*, 약 180년)에 의존하여 시리아에서 기원했다는 견해를 강력하게 입증했다. 현존하는 콥트어를 시리아어로 번역하면서 페린은 「도마복음」의 말씀 순서가 임의적으로 보이는 이유는 각각의 말씀이 다음 말씀에 종종 하나 또는 그 이상의 "표제어"만으로 연결되어 있기 때문임을 밝힐 수 있었다. 이런 패턴은 이 복음의 콥트어와 그리스어 판본에서는 약 절반 정도만 관찰한 것이다.[4]

현대적(또는 포스트모던적인) 관점에서 보면, 「도마복음」이나 일반적인 영지주의가 얼핏 신약성경을 구성하는 내용보다 훨씬 "계몽된" 것처럼 보일 수 있다. 하지만 우리가 「도마복음」의 영지주의 세계관을 받아들인다면 우리는 그 모든 것을 받아들여야만 할 것이다. 그리고 이 수수께끼 같은 복음서의 마지막 내용은 베드로가 예수와 다른 제자들에게 "마리아가 우리를 떠나게 하소서. 왜냐하면 여성들은 생명의 가치가 없기 때문입니다"라고 말하는 것이다. 예수는 "나 자신이 그녀가 남자가 되도록 그녀를 인도할 것이다.

---

4) Nicholas Perrin, *Thomas and Tatian* (Atlanta: Society of Biblical Literature, 2002).

그래서 그녀도 너희들 남자들을 닮은 살아 있는 영이 될 수 있을 것이다. 왜 나하면 자신을 남성으로 만드는 모든 여성은 하늘나라에 들어갈 것이기 때 문이다"라고 대답하고 있다. 현대에 어떤 사람이 「도마복음」을 사용할 때, 그는 이런 관점을 거의 포함하지 않는다! 정말이지 「도마복음」은 그 가르침 에 관한 매우 선별적인 사용으로만 정경적인 복음서보다 우월한 것처럼 보 일 수 있다. 어떤 사람들이 주장하고 있는 것에도 불구하고 이것은 1세기 기 독교 역사와 기원에 어떤 중요한 창문을 열어주지 않는다. 단지 후대의 오 염만을 보여줄 따름이다.[5]

---

5) 특별히 Michael Fieger, *Das Thomasevangelium* (Münster: Aschendorff, 1991)을 보 라. 또한 Christopher Tuckett, "Thomas and the Synoptics," *Novum Testamentum* 30 (1988): 132-57과 Darrell L. Bock, *The Missing Gospels: Unearthing the Truth Behind Alternative Christianities* (Nashville: Thomas Nelson, 2006)를 보라.

48_우리는 콥트 교회의 「도마복음」을 어떻게 생각해야 하는가?
크레이그 L. 블롬버그

찰스 L. 퀄츠(Charles L. Quarles) 루이지애나 대학교 신앙과 학습 통합의 부학장이며, 신약성경과 그리스어를 가르치고 있는 William Peterson Carver Jr. 연구 교수다. 미드아메리카 침례신학교에서 신약성경 연구로 박사 학위를 취득했고, 뉴올리언스 침례신학교에서 "그 해의 탁월한 연구 교수"로 인정받았다. 퀄츠 교수는 학술적인 책과 대중적인 책을 모두 출간했는데, 그중에는 개인 저술도 있고, 다른 저자들과 함께 공동으로 저술한 책도 있다. 그와 함께 수많은 책과 논문도 편집했다.

우리는 「베드로복음」을 어떻게 생각해야 하는가?

■ 찰스 L. 퀼츠

회의론자들은 흔히 예수의 진짜 이야기는 4개의 신약성경 복음서에는 나타나지 않고 초기 교회가 억압했던 다른 "잃어버린 복음서들"에 등장한다고 주장한다. 이렇게 주장하는 우수한 자료 중 하나가 「베드로복음」이다. 이 논문은 「베드로복음」의 내용을 요약하고 그 문서의 신뢰성을 확인해주는 함축을 주제로 토론할 것이다. 그리고 「베드로복음」이 신약성경의 사복음서보다 후대의 것이며 덜 신뢰할 만하다는 강력한 증거를 제시할 것이다.

카이사레아의 유세비오스(Eusebius of Caesarea)는 『교회사』 3.3.1-4(4세기 초엽)에서 소위 「베드로복음」이라고 불리는 것을 주제로 논의한다. 그는 이 문서가 로수스에 있는 교회에서 논쟁의 주제가 되었다고 지적했다.[1] 안디옥의 주교 세라피온(Serapion of Antioch)은 로수스 교회에서 독서를 위해 그 문서를 처음으로 인정했지만 그 내용을 더욱 조심스럽게 살펴보고는 그 작품을 거부했다. 로수스 교회에 보내는 한 편지에서 세라피온은 그

---

1) Eusebius of Caesarea, *Ecclesiastical History*, 6.12.3-6(은성 역간, 2001).

문서가 일반적으로 신약성경의 복음서들과 일치하지만 가현설자들이 자신들의 잘못된 가르침을 지지하는 몇 가지 요소를 첨가했다고 주장했다. 세라피온은 「베드로복음」이 대략 기원후 200년에 쓰였다고 주장했고, 유세비오스가 이런 세라피온의 논의를 보존했다. 그 논의는 「베드로복음」에 관해 현존하는 가장 오래된 언급이 되었다.

1800년대 후반까지 세라피온과 유세비오스가 간략하게 언급한 것과 오리게네스(Origen, 185-254)가 한 번 언급한 것[2]을 제외하고는 이 신비로운 복음서에 대해서 아무것도 알려지지 않았다. 하지만 1886-1887년에 이집트 아크밈의 발굴 현장에서 고고학자들은 어떤 그리스도인 수도사의 관에서 복음서 조각 하나를 발견했다. 그 그리스어 조각은 약 60절 정도로 이루어져 있었고, 연대는 8세기나 9세기로 추정되었다. 그 조각의 마지막 절이 시몬 베드로를 저자로 확인해주고 있기에 대부분의 학자는 이 조각이 오랫동안 분실되었던 「베드로복음」의 한 부분이라고 결론짓고 있다.

학자들은 「베드로복음」의 원래 문서의 길이를 알지 못한다. 그 조각은 예수가 당한 재판의 끝부분에서 빌라도가 손을 씻는 것을 언급하면서 시작하여 부활하신 예수가 그의 제자들에게 나타난 것을 묘사하는 첫 부분에서 끝난다. 문서의 이 부분은 그것을 필사하는 일에 책임이 있던 서기관이 이용할 수 있는 모든 것이었다. 자신의 필사본의 시작과 끝에 있는 장식이 그 필사본이 완결된 것임을 지시하고 있기 때문이다. 이 고대의 서기관은 자신이 이용할 수 있는 그 복음서의 모든 것을 필사했다. 반면에 오리게네스는 마리아의 남편 요셉이 이전 결혼에서 아이를 가지고 있었다는 전승이 「베드로복음」이나 야고보의 책[3](the book of James)에 보존되어 있다고 주장했

---

2) Origen, *Commentary on Matthew*, 10.17.

3) 야고보의 원복음서로 알려져 있는 이 고대 문헌은 예수의 유년기 이야기를 적은 외경 복음서다. 이것은 예수의 어머니 마리아에게 관심이 집중되어 있고, 그녀의 생애를 더욱 자세하게 전달해주고 있다. 주님의 형제 야고보가 기록한 것으로 알려져 있다―역자 주.

다. 이 주장은「베드로복음」이 범위가 훨씬 넓고 예수 탄생의 이야기를 포함하고 있었다는 것을 암시할 수 있다. 하지만 오리게네스의 진술은 그 문서의 원래 길이를 결정하는 데 도움이 되지 못한다. 그는「베드로복음」의 내용에 관해서는 확신이 없는 것 같고, 그가 언급한 대안 자료인 야고보의 원복음서(protevangelium Jacobi)에도 그 언급이 나타나 있기 때문이다. 그 원래의 복음서는 예수의 재판과 십자가 처형, 부활에 관한 설명, 그리고 그의 제자들에게 부활 이후에 최소한 두 번 나타나 보이신 것을 포함하고 있다.

현재의 형태, 소위 말하는「베드로복음」은 예수의 재판이 끝나면서 시작한다. 빌라도가 예수에 관한 불의한 재판에서 자신의 무죄를 보이기 위해 손을 씻은 후 아리마데 요셉이 예수의 시신을 매장할 수 있는 허가를 요청하고 있다. 이 복음서에서는 신약성경의 복음서에서 예수를 조롱하고 침을 뱉고 때리고 채찍질하는 로마 병정들에게 할당되어 있는 역할을 유대인들이 대신한다. 동시에「베드로복음」의 저자는 유대인들이 십자가를 장식하는 명패(*titulus*)를 써넣고 예수의 옷을 나누었다며, 예수를 십자가에 못 박은 것에 대한 직접적인 책임이 유대인에게 있음을 주장한다. 유대인들은 예수의 고통이 길어지고 그에게 가해지는 고문이 강화되기를 바라면서 예수의 다리를 꺾어 그의 죽음을 앞당기기를 거부하고 있다.「베드로복음」의 저자는 다음과 같이 말함으로 유대인들의 유죄를 강조하고 있다. "그들은 모든 일을 성취했고 자신들의 머리에 자신들의 죄의 측량을 완료했다"(17절). "그런 다음 유대인들과 장로들과 제사장들은 그들이 그들 자신에게 얼마나 큰 악을 행했는지 알게 되었고 슬퍼하며 '우리의 죄에 화가 있도다. 예루살렘의 심판과 끝이 가까웠도다'라고 말하기 시작했다"(25절).

예수가 죽는 시간 어간에 여러 기적이 발생했고 이것은 많은 유대인들로 하여금 예수의 십자가 처형에서 그들의 역할에 관해 참회하도록 했다. 예수가 죽는 순간에 성전 휘장이 위에서 아래로 쭉 찢어졌다. 나중에 예수의 시신이 십자가에서 분리되어 땅에 닿자 지진이 발생했다. 이때 회개한 유대인들은 예수가 무죄였다고 선언하면서 서기관과 바리새인, 그리고 장로들을 협박한다. 유대 지도자들은 빌라도에게 예수의 제자들이 시신을 훔쳐가 부활을 각색해내지 못하도록 로마 군인으로 하여금 그것을 지키도록 할 것을 요청했다. 빌라도는 로마의 병정을 보내 무덤을 지키게 했고, 서기관과 장로들이 병정들을 따라갔다. 그들은 무덤에 돌을 굴려 막아놓고 일곱 개의 인으로 무덤을 봉인하고 무덤 입구에 진지를 구축한 후 그것을 지키기 시작했다. 이른 주일 아침 하늘이 열리고 밝은 빛으로 둘러싸인 두 사람이 무덤에 내려왔다. 무덤을 봉하고 있는 돌이 저절로 굴러갔고, 그들은 예수를 무덤 밖으로 마중하기 위해 들어섰다. 하늘에서 내려온 사람들이 무덤을 나올 때 그들은 키가 너무 커서 머리가 하늘에 부딪혔다. 부활한 예수도 키가 너무 커서 머리가 하늘에 닿았다. 십자가 하나가 그들 뒤 무덤에서 나와 공중에 떠 있었고, 하늘에서 음성이 물었다. "너는 잠자는 자들에게 전파하였느냐?" 십자가가 "예"라고 대답했다.

군인들은 이 사건을 빌라도에게 보고했지만 유대 지도자들의 요청으로 빌라도는 그 사건에 관해 누구에게도 말하지 말라는 함구령을 내렸다. 이른 아침에 막달라 마리아가 무덤으로 갔다. 그녀는 무덤에 앉아 있는 흰옷 입은 한 젊은이를 보았다. 그 젊은이는 예수가 부활했다고 그녀에게 알려주었다. 다음 구절에서 베드로와 안드레, 레위가 열두 명의 슬퍼하고 있는 구성원들을 떠나 고기를 잡으러 바다로 간다. 불행하게도 본문은 이 이야기를 소개하자마자 중단된다.

신학적 좌파를 주도하는 단체인 예수 세미나의 공동설립자인 존 도미닉 크로산(John Dominic Crossan)은 「베드로복음」이 복합적인 발전의 산물이라고 주장했다. 복음서의 가장 초기 단계는 "십자가 복음"이라 불리던 가설적인 자료였다. 크로산은 이 초기 단계가 마태, 마가, 누가, 요한복음에 나오

기독교를 위한 변론

는 예수의 죽음과 부활 이야기를 기록한 유일한 자료였다고 주장한다. 신약성경에 기록된 복음서의 출현 이후에 어느 후대의 편집자가 사복음서의 자료를 십자가 복음에 삽입했다. 훨씬 더 후대의 한 편집자가 이 잡동사니 복음서의 원래 자료와 더욱 새로운 자료 사이의 긴장을 알아차리고 그 문서를 다듬었다.

비록 크로산의 이론이 학문공동체에 있는 대부분의 학자를 설득하지는 못했지만, 최근에 한 학자는 다음과 같이 주장했다. "우리는 「베드로복음」에 관한 미래의 모든 연구가 크로산의 작업을 진지하게 고려하면서 시작할 것으로 예상할 수 있다."[4] 크로산의 이론이 사실이라면, 그것은 사복음서에 있는 예수의 죽음과 부활에 관한 설명의 확신에 대해 파괴적인 영향을 미칠 것이다. 크로산의 이론에 따르면 사복음서에 있는 예수의 죽음, 매장, 부활에 관한 설명을 위한 유일한 자료는 그것이 이미 마태와 마가와 누가와 요한의 손에 도달하기도 전에 완전히 신뢰할 수 없을 정도의 전설로 채색되었다. 사복음서는 십자가에 관한 이야기가 풍문으로 떠돌아다니고, 예수가 무덤에서 걸어 나올 때 그의 머리가 하늘에 부딪히는 거대한 크기의 예수로 가득 차 있는, 믿을 수 없는 전승의 믿을 수 없는 번안이라고 할 수 있다!

크로산의 대담한 주장에도 불구하고 그의 이론에 대한 증거는 매우 빈약하다. 아주 중요한 여러 단서는 「베드로복음」이 가장 늦은 복음서보다 후대에 기록되었고 2세기 중반에 속한다고 제안한다. 첫째, 「베드로복음」과 마태복음이 공유하는 문자적인 병행구절에 대한 엄밀한 분석은 「베드로복음」이 마태복음보다 후대에 기록되었고 마태복음을 하나의 자료로 활용했음을 보여준다. 이런 병행구절의 한 실례는 예수의 무덤을 지키라는 명령을 받은 군인과 관련된 설명이다. 정경적인 사복음서 가운데 오직 마태만이 이

---

4) Paul A. Mirecki, "Gospel of Peter," in *The Anchor Bible Dictionary*, ed. David N. Freedman (New York: Doubleday, 1992), 5:278-81, 특별히 280.

사건에 대한 설명을 「베드로복음」과 공유하고 있다. 마태복음과 「베드로복음」 두 곳에는 바리새인들이 예수가 제삼 일에 부활할 것이라는 거짓말에 관한 염려를 빌라도 앞에 모여 언급하는 것이 기록되어 있다. 두 복음서 모두 무덤을 지키고 봉인한 것을 설명하고 있다. 두 곳 모두 유대인들을 "사람들"로 서술하고 있다. 한 가지 일관된 문자적 병행구절은 한 가지 문서가 다른 문서에 문학적으로 의존하고 있음을 분명히 말해준다. 마태복음 27:64과 「베드로복음」 8:30 모두는 "그의 제자들이 와서 시체를 도둑질하여 가지 않도록"이라는 말을 정확하게 포함하고 있다. 크로산은 이 병행구절이 마태가 「베드로복음」의 초기 형태(십자가 복음)에 의존하고 있음을 보여준다고 주장한다. 하지만 두 문서의 어휘와 문법, 문체는 「베드로복음」이 마태복음에 매우 의존하고 있음을 강력하게 지지해준다. 마태복음의 문체와 관련한 주제에서 가장 존경받는 전문가 중 한 명이 로버트 건드리(Robert Gundry)다. 그는 이 구절을 "일련의 마태의 특징적 주장"이라 부르고 있다.[5] 이와 비슷하게 존 마이어(John Meier)도 다음과 같이 말한다. "누가 누구에게 의존하고 있는가에 이르게 될 때 모든 징조는 마태가 우선인 것을 가리킨다.…그 구절은 「베드로복음」의 나머지 부분에서는 전혀 찾아볼 수 없는 마태가 즐겨 쓰는 어휘와 문체의 일부분이다."[6] 「베드로복음」에 나타나는 다른 수많은 부분도 마태의 특징과 일치한다. 이 모든 것은 「베드로복음」이 마태복음에 의존하고 있음을 보여준다.

둘째, 「베드로복음」의 다른 특징들은 「베드로복음」이 마태복음보다 더 후대에 기록되었을 뿐만 아니라 심지어 신약성경 정경 가운데 가장 후대의 것인 요한계시록보다 더 후대에 기록된 것임을 암시한다. 예를 들어 마

---

5) Robert H. Gundry, *Matthew: A Commentary on His Handbook for a Mixed Church Under Persecution*, 2nd ed. (Grand Rapids: Eerdmans, 1994), 584.

6) John P. Meier, *The Roots of the Problem and the Person*, vol. 1 of *A Marginal Jew: Rethinking the Historical Jesus* (New Haven: Yale University Press, 1991), 117.

태는 로마 군병이 예수의 무덤에 봉인을 하고 있다고 말하지만, 「베드로복음」 8:33은 그 봉인이 일곱 인으로 봉인되고 있다고 덧붙인다. 일곱 인에 대한 언급은 즉각적인 문맥과 모순된다. 「베드로복음」 8:32-33은 자리한 모든 증인이 무덤에 봉인했다고 말한다. 하지만 최소 아홉 명의 증인이 그 자리에 있었고 이 사실은 독자들에게 최소한 9개의 봉인을 기대하게 한다. 일곱 인에 대한 어색한 언급을 가장 잘 설명한 것은 그 상세한 내용이 요한계시록 5:1에서 나왔다는 것이다. 요한계시록에 대한 이런 암시는 「베드로복음」 9:35과 12:50이 예수의 부활의 날을 "주의 날"로 언급하는 것과 잘 어울린다. 왜냐하면 이 용어는 신약성경에서 오직 요한계시록에만 나오며 고대의 모든 기독교 문헌 중 요한계시록에서 처음 등장하기 때문이다. 「베드로복음」에서 "주의 날"에 대한 언급은 요한계시록에 등장하는 원래적인 형태에서 후대에 발전한 것처럼 보이는 일종의 축약형이다.

　「베드로복음」이 2세기 중엽에 기록되었다고 생각할 때, 「베드로복음」에 있는 다른 특징들은 역사적인 자료들과 가장 잘 어울린다. 「베드로복음」은 예수가 죽은 자들에게 설교하기 위해 하데스(Hades)로 내려가셨다는 교리를 상정하고 있다. 하지만 이 교리는 기원후 150년경 순교자 유스티누스(Justin Martyr, 100-165)의 글에 처음으로 등장한다. 말하는 십자가는 다른 2세기 문헌에 나타나는 특징이다. 「사도서한」[7](*Epistola Apostolorum*) 16에 의하면, 재림의 때에 예수는 그 앞에 십자가가 앞서가며 구름 날개를 타고 오실 것이다. 이와 비슷하게 에티오피아어로 된 「베드로묵시록」 1은 다시 오시는 그리스도가 태양보다 7배나 더 빛나는 영광 가운데 오시고 그 얼굴 앞에 나아가는 십자가를 가지고 오신다고 묘사하고 있다. 비슷한 양식으로, 1세기 후반을 시작으로 기독교 문서들은 그리스도를 거인처럼 키가 크

---

7) 160-170년경에 소아시아에서 쓰인 에티오피아어로 된 외경이다―역자 주.

신 분으로 묘사하고 있다. 교회에 대한 예수의 수위성과 권위에 대한 풍유적인 묘사에서 「헤르마스의 목자」 83.1은 그리스도가 아주 키가 큰 분이어서 탑보다 더 높은 곳에 서 계신 것으로 묘사한다. 3세기 중엽이나 말엽으로 추정되는 「에스라4서」 2:43은 하나님의 아들의 비상한 크기에 대해 언급하고 있다. 이런 문서들과 「베드로복음」이 동일한 환경에서 만들어졌다고 생각할 때, 이런 공유된 구문상의 전략과 특징들이 가장 잘 이해된다.

이런 증거는 신약성경의 사복음서가 예수의 재판과 죽음, 매장과 부활에 관한 가장 믿을 만한 설명이라는 기독교의 주장을 확인해준다. 사복음서에서 십자가와 부활에 관한 설명은 십자가 복음이라고 주장되는 신뢰할 수 없는 자료에 순진하게 의존하기보다는 목격자들의 증언에 기초하고 있다. 「베드로복음」(과 소위 말하는 십자가 복음)은 분명히 신약성경 복음서들보다 후대의 것이며 전설적인 상상력이 넘치는 요소와 흔적이 전체적으로 흩어져 있다. 비록 「베드로복음」이 2세기 중엽 교회의 어떤 부문에 있었던 생각을 이해하는 데 도움이 될지는 모르지만, 그것은 지상에서의 예수의 마지막 날들에 대한 상세한 부분을 이해하는 데는 가치가 거의 없다.[8]

---

8) 더욱 상세한 토론을 위해서는 Charles L. Quarles, "The Gospel of Peter: Does It Contain a Pre-canonical Resurrection Narrative?" in *The Resurrection of Jesus: John Dominic Crossan and N. T. Wright in Dialogue*, ed. Robert Stewart (Minneapolis: Fortress, 2005), 106-20을 보라.

     기독교를 위한 변론

크레이그 A. 에반스(Craig A. Evans) 캐나다의 노바스코샤에 있는 아카디아 신학교에서 신약을 가르치는 페이전트 석좌 교수다. 『만들어진 예수』(*Fabricating Jesus*, 새물결플러스 역간, 2011) 그리고 N. T. 라이트와 함께 저술한 *Jesus, the Final Days*를 포함해 50권 이상의 책을 쓴 저자요 편집자다. 케임브리지 대학교와 더럼 대학교, 옥스퍼드 대학교, 예일 대학교 그리고 전 세계에 흩어져 있는 다른 종합대학교와 단과대학, 신학교에서 강의했고, 수많은 텔레비전 다큐멘터리에 출연했다.

50

우리는 「유다복음」을 어떻게 생각해야 하는가?

■ 크레이그 A. 에반스　2006년 4월 6일 목요일 내셔널지오그래픽 협회 (National Geographic Society)는 워싱턴 DC에 있는 본부에서 기자회견을 열어 약 120개의 뉴스 미디어가 참석한 가운데 「유다복음」의 발견과 복구, 번역을 주제로 발표했다. 이 이야기는 전 세계 십수 개의 주요 신문에 헤드라인 뉴스로 등장했고, 그날 저녁과 이어지는 여러 날 저녁에 다양한 뉴스 프로그램에서 토론의 주제가 되었다. 두 시간짜리 다큐멘터리가 4월 9일 주일 저녁 내셔널지오그래픽 채널에서 방송되었고 그 이후 여러 차례에 걸쳐 재방송되었다.

　「유다복음」은 무엇인가? 왜 다들 호들갑을 떨고 있는가? 그리스도인들과 다른 사람들은 그것에 대해 어떻게 생각해야만 하는가?

「유다복음」의 발견

탐구자들이 결정할 수 있는 최선의 것은 1970년대 후반, 아마도 1978 년 이집트의 한 동굴에서 여러 장의 파피루스로 구성된 가죽으로 묶인 코덱스(codex; 고대의 책)가 발견되었다는 것이다. 그 후 5년 동안 콥트어로 기록된[1] 코덱스는 이집트의 고물상 시장을 배회했다. 1983년에 콥트어 학자인 스테판 에멜(Stephen Emmel)은 제네바에서 최근에 발견된 코덱스를 살펴보았다. 그는 예전에 미국 클레어몬트 대학원에 소속되어 있다가 이와 유사한 나그함마디 코덱스에 관한 연구로 유명해진 제임스 로빈슨(James Robinson)과 함께 일하고 있었다. 에멜은 예수와 대화 중인 유다를 자주 언급하고 있는 한 가지 문서를 포함하여 4개의 문서를 찾아낼 수 있었다. 그는 이 코덱스가 진짜이며(즉 위조가 아니며) 아마도 연대는 4세기로 추정된다고 결론을 내렸다. 이어지는 과학적 실험은 에멜의 숙련된 추측을 확인해주었다.

코덱스 판매인은 자신이 원하던 가격을 받을 수 없었다. 그 후 코덱스는 미국으로 건너갔고, 뉴욕 주 롱아일랜드에 있는 안전금고에 보관되었으며 심각하게 훼손되어야만 했다. 또 다른 판매상은 아주 추운 환경이 수분으로 인한 손상에서 코덱스를 보호해줄 것이라고 잘못 생각해 그것을 냉장고 깊숙한 곳에 보관했다. 불행하게도 코덱스를 이루는 파피루스는 짙은 갈색으로 변했고, 코텍스는 파손되었다.

다행히 스위스에 있는 마에세나스 재단이 그 코덱스를 손에 넣었고 내셔널지오그래픽 협회의 지원으로 재생되고 부분적으로 복원되었다. "부분

---

1) 콥트어는 알렉산드로스 대왕이 기원전 4세기에 중동 땅을 정복한 이후에 그리스어의 알파벳(몇 가지 추가적인 문자들과 함께)을 채택했던 이집트의 언어다. 나그함마디 책들도 콥트어로 기록되어 있다.

                                기독교를 위한 변론

적으로 복원되었다"는 말은 수치상으로 확인할 수 없는 페이지가 (아마도 40페이지 이상) 분실되었고 「유다복음」에 대해 많이 이야기되는 부분 가운데서 단지 83%만 재구성되었다는 말이다.

내셔널지오그래픽 협회는 그 코덱스의 연대와 진정성을 확정짓기 위해 현명하게도 탄소 14와 잉크 분석, 그리고 다양한 형태의 이미지 분석을 포함한 일련의 실험을 받도록 위임했다. 탄소 14는 코덱스의 연대를 기원후 22-340년으로 추정했다. 현재 그 팀의 대다수 학자는 코덱스의 연대가 300-320년 사이로 추정된다는 쪽으로 생각이 기울어지고 있다(하지만 에멜은 조금 더 늦은 것으로 생각하고 있다).

2005년에 내셔널지오그래픽 협회는 「유다복음」의 해석을 지원하기 위하여 성경학자들로 이루어진 한 팀을 구성했다. 그들 대부분은 앞에서 언급했던 기자 회견에 참석해 발언했다.[2]

「유다복음」의 출간

로돌페 카써(Rodolphe Kasser), 마빈 메이어(Marvin Meyer), 그레고르 부르스트(Gregor Wurst)가 「유다복음」의 영어 번역본을 매력 있게 편집했고, 내셔널지오그래픽 협회가 그 책을 출간했다.[3] 이 책은 편집 및 번역자들

---

2) 지금은 차코스 코덱스(Codex Tchacos)로 불리는 코덱스의 매우 복잡하고 매혹적인 역사는 Herb Krosney의 풍부한 자료를 담고 있는 통찰력 있는 책 *The Lost Gospel: The Quest for the Gospel of Judas Iscariot* (Washington, DC: The National Geographic Society, 2006)에서 다루어졌다. 이 역사는 Andrew Cockburn, "The Judas Gospel," *National Geographic* 209, no. 9 (May 2006), 78-95에서도 주요하게 다루어졌다.

3) Rodolphe Kasser, Marvin Meyer, and Gregor Wurst, 편집과 번역, *The Gospel of Judas*, Bart D. Ehrman의 추가적인 주석이 첨부되어 있음(Washington, DC: The National Geographic Society, 2006). 콥트어 본문에 대한 영어번역과 사진은 내셔널지오그래픽 협

의 매우 유익한 서론적인 논문들을 포함하고 있다. 그 논문들은 코덱스의 상태와 다른 영지주의 본문들을 포함한 초기 기독교 문헌들과 「유다복음」의 관계를 설명한다.

「유다복음」은 차코스 코덱스(Codex Tchacos)의 33-58페이지에서 발견되지만 세 가지 다른 문서(또는 저술)가 차코스 코덱스에 있다. 1-9페이지는 「빌립에 관한 베드로의 편지」의 한 역본을 담고 있는데, 나그함마디의 코덱스 8의 두 번째 평론과 대략적으로 동일하다. 10-32페이지는 「야고보」의 책으로 대략 나그함마디의 코덱스 5의 세 번째 평론에 해당한다. 이것은 「야고보의 첫 번째 묵시」라는 제목을 가지고 있다. 59-66페이지는 제목이 없는 글인데 거기에는 알로게네스("낯선 사람")라는 인물이 등장한다. 이 평론은 너무나 단편적이어서 「알로게네스」(Allogenes)라는 제목의 나그함마디의 코덱스 11의 세 번째 평론과 관계가 있는 것처럼 보이지는 않는다. 그리고 마지막으로 이들 네 가지 문서와 관계없는 한 조각이 최근에 드러났는데 거기에는 페이지 번호 "108"이 있는 것처럼 보인다. 그렇다면 우리는 차코스 코덱스에서 최소 42페이지를 분실했다고 추론할 수 있다.

「유다복음」과 "영웅"으로서의 유다

「유다복음」은 "예수께서 배신자 유다와 나눈 대화에서 말씀하신 계시에 관한 비밀스러운 설명"(33페이지, 1-3줄)이라는 말로 시작한다. 이 저술은 "유다의 복음"(58페이지, 28-29줄)이라는 말로 결론을 맺고 있다. 이런 표현들은 대단히 충격적이다. 하지만 행간에서 일어나는 일은 대부분의 논쟁을

회의 웹사이트에서 볼 수 있다.

 기독교를 위한 변론

일으키고 있다. 그것은 유다가 일종의 영웅이라는 생각이다. 아래에서 나는 내셔널지오그래픽 협회가 이해하고 편집해서 출간한 「유다복음」의 메시지를 요약할 것이다.

배신자 유다는 예수의 가장 위대한 제자로 지목되고 있다. 유다만이 예수의 가장 심오한 가르침과 계시를 받을 수 있다. 예수는 다른 제자들의 기도와 희생을 비웃는다. 그들은 예수가 진정으로 누구신지, 누구로부터 그리고 어디서부터 예수가 왔는지를 온전하게 파악하지 못하고 있다. 하지만 유다는 예수 앞에 설 수 있다(35페이지, 8-9줄). "나는 당신이 누구이며 어디서 왔는지 알 수 있습니다. 당신은 바르벨로(Barbelo)라는 불멸의 영역에서 오셨습니다. 그리고 나는 당신을 보낸 분의 이름을 언급할 가치도 없습니다"(35페이지, 15-21줄). 이런 고백이 이루어진 이후 예수는 유다를 은밀하게 가르치고 있다.

이런 은밀한 가르침의 결론에서 유다는 구름으로 들어오도록 (그리고 변형되도록?) 초대를 받고 예수는 자신의 가장 놀라운 지시를 다음과 같이 말씀하신다. "너는 그들 모두를 능가할 것이다. 왜냐하면 너는 나를 옷 입고 있는 사람을 희생시킬 것이기 때문이다"(56페이지, 18-20줄). 즉 다른 제자들이 열등한 예배와 활동(추측건대 유대교의 방식으로 동물을 희생하는)으로 시간을 낭비하는 반면에 유다는 정말 중요한 희생, 즉 구원에 이르게 하는 희생을 수행할 것이다. 유다는 예수의 육체적인 몸을 희생제사로 드릴 것이며, 그렇게 하여 예수가 자신의 사명을 완수하게 허락할 것이다. 이런 식으로 유다는 정말이지 제자들 중 가장 위대한 사도가 된다.

따라서 이 이야기는 예수를 통치자들인 제사장들에게 넘겨주는 것으로 결론을 맺는다. "통치자인 제사장들은 투덜거렸다. 그[예수]가 기도하기 위해 거실에 들어갔기 때문이다. 하지만 몇몇 서기관들은 그가 기도하는 동안, 체포하기 위해 그를 주의 깊게 관찰하고 있었다. 그들은 유대 백성들을 두려워했고 모든 백성은 예수를 예언자로 여겼기 때문이다. 그들은 유다에게 접근했고 그에게 말했다. '그대는 여기서 무엇을 하고 있는가? 그대는 예수의 제자구나.' 유다는 그들이 원하는 대로 그들에게 대답했다. 그리고 유다는 약간의 돈을 받고 그[예수]를 그들에게 넘겨주었다"(58페이지, 9-29줄).[4] 재판이나 형 집행 또는 부활에 관한 언급은 전혀 없다. 「유다복음」은 예수가 자신의 구원 사명을 완수하는 데 유다가 도움을 주었다고 가르치고 있는 듯하다.

이것이 정말로 「유다복음」이 가르치고 있는 것인가? 우리는 이 질문에 대해 아래에서 살펴볼 것이다.

「유다복음」의 실제적 의미

기원후 180년에 이레나이우스(Irenaeus, 130-202)는 글을 통해, 자신과 다른 사람들이 가인당(Cainites)이라고 부르는 단체에 대해 통렬한 비난을 했다. 명백하게 이 그룹은 자기 동생 아벨을 죽인 가인부터 시작해서 자기의 스승 예수를 원수들에게 넘겨준 유다에 이르기까지 성경의 악인들을 영웅으로 만들고 있기 때문이다. 이레나이우스는 다음과 같이 말하고 있다.

다른 사람들은 다시금 가인이 위에 계신 권능자로부터 자신의 존재를 얻었고 에서와 고라와 소돔 사람들, 그리고 그 모든 사람이 그들(다른 사람들)과 관계되어 있다는 것을 인식하고 있다. 이런 설명에서 그들은 창조주에게 공격을 당했지만 그들 중 아무도 상처를 입지 않았다고 덧붙인다. 왜냐하면 소피아는 그녀에게 속

---

4) 이 번역은 Kasser, Meyer, and Wurst, *The Gospel of Judas*에 근거한 것이다.

       기독교를 위한 변론

한 그들을 보호하는 습관이 있기 때문이다. 그들은 배신자 유다가 철저히 이런 일들에 익숙했고 아무도 알지 못했던 진리를 그만이 알고 배반의 신비를 성취했다고 선언한다. 따라서 배신자 유다가 이 땅과 하늘의 모든 일을 혼란으로 내던졌다. 그들은 이런 유의 공상적인 역사를 만들어내고 있다. 그들은 이것을 「유다복음」이라고 부른다.[5]

다른 말로 하자면, 소위 가인당이라고 불리는 집단에 속한 사람들은 구약성경의 악인들과 관계가 있다. 그들은 그것을 정말로 믿는다. 그들은 위에 계신 빛의 하나님과 현저한 대조를 이루는 이 세상의 신이 악하다고 믿기 때문이다. 따라서 이 세상의 신이 미워하고 파괴하려고 시도하는 가인이나 에서 또는 소돔 사람들과 같은 어떤 사람들은 선한 사람들이며 빛의 하나님 편에 있는 사람들이다. 「유다복음」은 분명 이런 관점을 공유하고 있다.

「유다복음」은 기원후 66-70년과 115-117년에 있었던 파괴적인 전쟁의 결과로 출현한 유대교 비관주의에 기원을 두고 있는 것으로 추론되는 영지주의의 한 형태인 세트파[6](Sethian) 영지주의의 초기 실례인 것이 분명하다.[7]

미디어의 대대적인 홍보에도 불구하고 「유다복음」이 결코 우리를 위해 진정한 독립적인 자료, 즉 유다와 예수의 관계, 그리고 유다에 관한 우리의 지식을 보완해주는 자료를 보전하고 있는 것 같지는 않다. 의심할 것도 없이 몇몇 대중 작가는 "진정한 이야기"에 기초해 공상에 빠진 이야기를 만들어낼 것이다. 하지만 그들이 만들어내는 모든 것은 공상이 가득한 이야기다.

---

5) Irenaeus, *Against Heresies* 1.31.1. 번역은 Alexander Roberts and James Donaldson, eds., *The Ante-Nicene Fathers* 10 vols. (Edinburgh: T&T Clark, 1898; 재판, Grand Rapids: Eerdmans, 1989), 1:358에서 채택한 것이다.
6) 아담의 셋째 아들인 셋을 경배하는 데서 유래한 이름이다—역자 주.
7) 이런 흥미로운 가설에 대해서는 C. B. Smith II, *No Longer Jews: The Search for Gnostic Origins* (Peabody, MA: Hendrickson, 2004)를 보라.

로마 가톨릭의 신약 학자인 도널드 시니어(Donald Senior) 신부는 기자 회견에서 「유다복음」이 기독교 신학이나 복음 이야기에 대해 기독교 이해에 아무런 영향도 미치지 못할 것이라고 말했다. 다른 학자들도 비슷한 의견을 밝혔다.[8] 「유다복음」이 출간된 후 몇 달 동안 수많은 학자가 케세르와 마이어, 부르스트가 제공한 재구성과 번역 및 해석에 대한 심각한 유보를 표현하기 시작했다. 이런 우려를 표명하는 학자들은 성직자나 평신도가 아니라 콥트어 영지주의 본문에 전문적인 소양을 지닌 학자들이다. 이 학자들은 에이프릴 데코닉(April DeConick), 루이 팽쇼(Louis Painchaud), 버거 피어슨(Birger Pearson), 존 터너(John Turner)를 포함하는데, 이들 모두는 의심스러운 재구성과 불확실한 번역, 그리고 매우 의심스러운 해석을 지적했다.[9] 데코닉은 이 오류들이 분명하고 조직적으로 확인된 긴 내용을 담은 책을 출판한 첫 번째 사람이었다.[10]

가장 중요한 오류는 다음과 같은 것이다. (1) 마이어와 그의 동료들은 **다이몬**(*daimon*)이라는 단어를 유대교와 기독교 본문에서 일반적으로 이해하고 있는 것과 같이 "마귀"로 번역하는 대신에 "영"으로 번역하고 있다. 마이어와 동료들의 번역에서 예수는 유다를 긍정적인 어떤 것을 함축하는 "제13의 영"이라고 부르고 있다. 하지만 실제로 예수는 유다를 긍정적이지 않은

---

8) 나는 저널리즘의 멋진 작품에 관한 교정을 제공할 필요가 있다. "유다복음"이라는 글에서 Andrew Cockburn은 「유다복음」에 관한 나의 평가, 곧 "이 이야기는 무의미한 허구다"(91)라는 것에 대해 다음과 같은 말로 요약하고 있다. 곧 그렇지 않다. 「유다복음」은 무의미한 허구와는 거리가 멀다. 「유다복음」에는 특별히 세상과 예수의 사명을 매우 다른 용어로 이해했던 2세기 신비주의자들과 영지주의자들에게 의미 있는 것들로 가득 차 있다.

9) L. Painchaud, "À Propos de la (re)découverte de l'*Évangile de Judas*," *Laval théologique et philosophique* 62 (2006): 553-68; B. A. Pearson, "Judas Iscariot among the Gnostics: What the Gospel of Judas *Really* Says," *Biblical Archaeology Review* 34, no. 3 (2008): 52-57; J. D. Turner, "The Place of the *Gospel of Judas* in Sethian Tradition," in M. Scopello, ed., *The Gospel of Judas in Context* (Leiden: Brill, 2008).

10) A. D. DeConick, *The Thirteenth Apostle: What the Gospel of Judas Really Says* (New York: T&T Clark, 2007).

 기독교를 위한 변론

"제13의 귀신"이라고 부른다. (2) 마이어와 동료들은 유다가 거룩한 세대를 "위하여 구별된다"고 번역한다. 이것은 모든 영적인 사람이 열망하는 것이다. 하지만 본문은 "분리된다"라고 번역해야만 한다. 즉 유다는 거룩한 세대에 접근할 수 없다. (3) 마이어와 동료들은 유다가 거룩한 세대에게로 올라갈 것이라고 말하고 있다고 번역한다. 하지만 사실상 본문에서 유다는 올라가지 않을 것이라고 말하고 있다. (4) 마이어와 동료들은 본문에서 예수가 내주하는 몸으로서의 자신을 희생시킴에 있어 유다가 다른 제자들을 능가할 것이라고 말하고 있다고 번역한다. 이것은 유다의 행동이 긍정적이라는 것이다. 하지만 본문은 사실상 유다가 다른 제자들보다 더 나쁘다는 것을 의미하고 있다. 다른 제자들은 유대교의 양식으로 동물을 희생 제물로 바쳤지만, 유다는 인간 존재를 희생 제사로 바칠 것이고, 따라서 그는 어리석음에서 다른 제자들을 능가한다.

다른 몇몇 오류와 마찬가지로 이 오류들은 「유다복음」의 진정한 의미를 왜곡하고 있다. 그로 인해 새로운 편집과 재번역이 시도되고 있다.

결론

「유다복음」이 적절하게 번역되고 해설된다면, 우리는 결코 배신자 유다를 예수가 영광에 들어가도록 도움을 준 영웅으로, 제자 중 가장 현명한 사람으로 생각할 수 없다. 반대로 유다는 예수의 수난에 대한 극적인 개작과 재해석에서 비롯된 비극적인 인물이다. 이 개작은 반셈족주의(anti-Semitism)와 함께 사도적 교회를 능멸하는 것으로 점철되어 있다. 제자들은 예수의 진짜 신분이 무엇인지 이해하는 데 실패했다. 이 진리에 가장 근접한 사람이었던 배신자 유다마저도 결국에는 타락한 세상의 통치자들에게 인간 존재를 희생시킨 나쁜 인간 중 최악의 인물이 되었다. 다른 제자들처럼 유다는 멸망할 어둠의 타락한 세계를 결국 벗어날 수 없었다.

「유다복음」이 어떻게 해석되든지 상관없이 모든 학자가 이 2세기의 저술이 역사적 예수와 어떤 이유에서 그를 배반하기로 했던 그의 비극적인 제자에 대해 우리에게 아무런 진정한 정보를 제공하지 않는다는 데 동의하고 있다. 「유다복음」은 1세기의 역사가 아니라 2세기의 허구적 작품이다.

기독교를 위한 변론

기독교를 위한 변론

신앙을 위한 성경과 역사와 철학과 과학의 50가지 논증

Copyright ⓒ 새물결플러스 2016

1쇄발행_ 2016년 7월 13일
2쇄발행_ 2016년 8월 16일

엮은이_ 윌리엄 A. 뎀스키·마이클 R. 리코나
옮긴이_ 박찬호
펴낸이_ 김요한
펴낸곳_ 새물결플러스
편   집_ 왕희광·정인철·최율리·박규준·노재현·최정호·한바울·유진·신준호
디자인_ 서린나·송미현·박소민
마케팅_ 이승용·임성배
총   무_ 김명화·최혜영
영   상_ 최정호·조용석

아카데미_ 유영성·최경환·황혜전

홈페이지 www.hwpbooks.com
이메일 hwpbooks@hwpbooks.com
출판등록 2008년 8월 21일 제2008-24호
주소 (우) 07214 서울특별시 영등포구 양평로 11, 5층(당산동5가)
전화 02) 2652-3161
팩스 02) 2652-3191

ISBN 979-11-86409-64-0 03230
책값은 뒤표지에 있습니다.

이 도서의 국립중앙도서관 출판예정도서목록(CIP)은 서지정보유통지원시스템 홈페이지
(http://seoji.nl.go.kr)와 국가자료공동목록시스템(http://www.nl.go.kr/kolisnet)에
서 이용하실 수 있습니다(CIP제어번호: CIP2016016074).